교육정책론

이종재 · 이차영 · 김 용 · 송경오 공저

.EDUCATION
POLICY
.STUDIES

학지사

머리말

교육 '정책'은 중요하다. 이는 교육활동이 보다 바람직하게 이루어지도록 방향을 제시하고 조건을 정비하는 역할을 하기 때문이다. 물길을 어떻게 내는가에 따라 물이 흘러가는 모양이 정해지는 것처럼, 교육정책은 교육이라는 물의 흐름을 좌우하는 물길에 비유할 수 있다. 좋은 교육정책은, 바른 길로 인도된 물이 산야를 윤택하게 하고 시절을 좇아 실과를 맺게 하는 것처럼, 학교를 활기차게 하고 교사와 학생의 삶을 풍요롭게 한다. 반면, 잘못된 교육정책은 차라리 없느니만 못하다고 할 정도로 교육활동을 오도하고 교육조직 구성원의 삶을 괴롭힌다. 정책이 미치는 영향과 파급력은 그만큼 심대하다.

교육정책 '연구'는 중요하다. 직관과 경험으로 교육정책을 세우고 시행할 수도 있지만, 연구를 하면 좋은 정책을 만들 가능성이 높아지기 때문이다. 정책연구를 통해 정책에 대한 이해도를 높이는 것도 필요하지만, 그 이해를 통해 좋은 정책을 개발할 수 있다면 금상첨화일 것이다. 정책에 대한 깊은 연구 없이, 성급하게 구상하고 채택하는 교육정책은 시행착오와 부작용을 낳는다. 목하 교육문제가 절박하다는 이유로, 막연히 좋은 결과가 나올 것이라는 추측과 짐작으로, 또는 선진국에서 그런 정책이 성공했다는 이유로, 이런저런 교육정책이 교육현장을 휘저으며 명멸해 간 것을 우리는 알고 있다. 연구를 통해 정책의 타당성과 적합성을 높이는 일이 중요하다.

교육정책에 관한 연구서를 출간하는 일은 이전의 연구 성과를 정리하는 의미와 함께 후속 연구를 안내하는 의미를 지닌다. 이러한 의미를 잘 구현한 우리나라의 대표적 연구서로 김종철 교수의 『한국교육정책연구』(1989)를 꼽을 수 있다. 이 책은 한국교육정책의 역사적 전개과정을 개관하면서도, 교육정책 일반에 관한 이론적 논의의 초석을 다졌다. 『한국교육정책연구』 출간 이후에, 초등교육 정책부터 교원교육 정책에 이르기까지 우리나라에서 시행된 주요 교육정책들을 개관하는 저서들이 다수 출간되었다. 이들은 대부분 각 개별 정책의 도입 배경, 전개과정, 쟁점, 발전 과제 등을 정리해 놓고 있어서 해당 정책에 대한 내용을 파악하고자 하는 후속 연구자들에게 좋은 자료가 되기도 하였다. 그러나 개별 교육정책에 대한 소개를 떠나서, 교육정책 일반에 관한 이론적 논의를 심층적으로 발전시킨 연구서는 상대적으로 찾아보기 어렵다.

이 책을 준비할 때, 공저자들은 교육정책 일반에 관한 이론적 논의를 본격적으로 전개하자는 데 뜻을 모았다. 살다 보면 뜻대로 되지 않는 일들이 더 많은데, 다행스럽게도 이 책은 애초의 그 뜻을 웬만큼 살리는 모양을 갖추게 되었다. 그런 판단으로 이 책의 제목을 『교육정책론』으로 정하였다. 제목은 전통적으로 붙였으나, 참신하고 새로운 내용이 들어가도록 노력했다.

『교육정책론』은 총 4개의 부로 구성되어 있다. 제1부에서는 교육정책을 그 환경과 맥락 속에서 파악할 수 있음을 보여 준다. 교육정책은 우리가 관심을 거기에 집중하기 때문에 부각되어 보일 뿐이지, 실은 환경과 제도와 맥락에 연결되어 있다. 그러므로 그러한 상황적 맥락과의 연계 속에서 교육정책을 바라보는 시각을 갖는 것이 중요하다. 이러한 시각에 따라, 교육정책의 개념과 성격을 논하면서도, 우리나라의 정치적 · 경제적 · 사회적 맥락과 교육정책의 관련을 살피고, 아울러 교육정책이 이루어지는 법적인 틀과 제도적 구조를 드러내는 데 집중한다.

제2부에서는 정책에 관여하는 주요 행위자들의 정치적 교섭과정으로서 교육정책을 파악한다. 교육정책이 형성되고, 집행되며, 평가되는 일련의 과정을 정책과정이라고 한다. 여기서는 매 정책과정의 특성을 설명하는 최신의 이론을 충실히 소개하되, 그 이론들을 정치적 교섭과정에서 바라보고 해석하는 관점을 취하려고 노력하였다. 교육정책의 과정을 이론화하려거나 이론적 관점으로 정책과정을 설명하려는 연구자들에게 제2부의 내용이 도움이 되기를 기대한다.

제3부에서는 합리적 관점에서 교육정책을 분석하는 절차와 방법을 논의한다. 인간의 합리성에 한계가 없는 것도 아니고, 정책분석이 합리성에만 의존하는 것도 아니지만, 정책을 합리적 문제 해결 과정으로 보는 관점은 일면 여전히 유효하다. 이러한 관점에 따라, 정책분석을 개관하고 분석단계별 분석방법을 비교적 자세히 설명한다. 제3부의 내용이 정책분석의 실제적 지침이 되기를 기대한다. 아울러, 정책분석에 필요한 시각을 형성하는 데에 역사학, 사회학 등의 여러 학문적 관점이 활용될 수 있음을 밝히고 있다.

제4부에서는 교육정책의 설계와 주장 문제를 다룬다. 정책을 통해 교육문제를 해결하고 교육의 발전을 도모하려는 사람은 정책을 설계하고 그 과정에서 정책 주장(policy advocacy)을 하게 된다. 정책 설계에 있어서는 그 정책을 인도하는 규범적 가치가 정당화될 수 있는지, 그리고 그 정책 내용이 역사적 맥락에 부합하는지를 검토하는 것이 중요하다. 철학적 가치와 역사적 맥락에 대한 논의를 통해, 우리나라의 교육정책에 대한 거시적 관점과 발전적 전망을 갖게 되기를 기대한다.

이 책의 내용은 4개의 부와 13개의 장으로 구성되어 있지만, 전체적으로는 교육정책의 전모를 이해하고 보다 나은 정책을 개발하는 데 기여한다는 공통의 목적 아래 유기적으로 결합되어 있다. 교육정책은 보다 넓은 환경적 맥락과 연계되어 있으면서, 합리적 분석과 정치적 지도력의 발휘에 의해 형성·발전하는 것이다. 합리성과 정치성은 정책의 복합적 성격을 구성하며, 그 성격에 대한 이해를 바탕으로 역사적·사회적 맥락에 부합하는 정책설계가 이루어진다. 이제까지 우리의 교육정책이 공리주의 모형에 입각하여 제도교육의 효용 가치와 양적 성장을 견인하는 일에 기여하였다면, 향후의 정책방향은 새로운 모형에 입각하여 시대가 요구하는 규범적 가치를 추구할 필요가 있다.

이 책을 계획하고 원고를 준비하면서 출판하기까지 1년이 넘어 2년 가까운 시간을 보냈다. 공저자 모두의 전공 분야인데도 이만큼의 시간이 필요했던 까닭은 당연히 좋은 책을 만들겠다는 마음 때문이었는데, 그중에서도 내용 사이의 일관성(一貫性)과 상통성(相通性)을 높이고자 하였다. 원고의 내용과 관련하여 중요한 고비마다 공저자가 수시로 모여 함께 검토하고 의견을 나누었다. 각 부의 책임 집필은 한 사람이 하였지만(제1부: 김 용, 제2부: 송경오, 제3부: 이차영, 제4부: 이종재), 각 부의 구성과 주요 내용에는 공저자 모두의 생각이 반영되어 있다.

책을 만들고 보니 도움을 주신 분들이 떠오른다. 사제의 인연이 첫째인데, 교육정책 문제에 대한 공저자의 생각을 여기까지 이끌어 온 데에는 서울대학교의 교수이셨던 고(故) 김종철 선생님과 정범모 선생님의 은덕이 컸다. 공저자 사이의 인연도 사제관계로 맺어져 있는데, 이종재 선생님은 다른 집필자의 생각을 인도하면서 이 책을 계획하고 직접 집필하는 모범을 보이셨다. 학술서적 원고의 준비와 편집에는 그 분야의 전문적 식견과 안목이 요구된다. 서울대학교에서 교육정책을 연구하는 김영식 박사와 석사과정의 조성경 선생은 그 식견과 안목으로 자료를 수집하여 주었다. 교육행정학회와 교육정치학회에서 발표한 연구와 저술의 도움을 크게 받았다. 우리 학문공동체의 선배님들과 동학의 선생님들께 감사의 마음을 표하고 싶다.

이 책의 미흡한 부분은 전적으로 저자들의 책임이다. 학문공동체의 점검과

질정(叱正) 및 연구 성과를 반영하여 추후 보완되기를 기대한다. 발초첨풍(撥草瞻風), 무명(無明)의 거친 풀을 헤치고 진리의 덕풍(德風)을 우러러보려 했으나, 어디까지 갔는지는 조심스럽다.

2014년 11월
공저자의 뜻을 모아
이차영

차 례

● 제2부　교육정책의 과정 ●

● 제3부 교육정책의 분석 ●

제8장 정책분석의 개요 / 241

제9장 정책분석의 단계와 방법 / 271

제10장 교육정책분석과 학문적 관점 / 317

Education Policy

Education Policy

제1부

교육정책의 맥락과 정책연구

　제1부에서는 교육정책의 맥락과 정책연구를 다룬다. 교육정책은 복잡다단한 정책 환경의 영향을 받으며 일정한 제도적 구조에서 형성되고 집행, 평가된다. 교육정책은 그 자체가 재미있는 현상일 뿐만 아니라, 끊임없이 개선을 요구하는 활동이라는 점에서 연구의 대상이 된다. 제1부는 세 개의 장으로 구성되어 있다. 제1장에서는 교육정책의 맥락을 구성하는 정책 환경을 다룬다. 한국 교육정책의 전개 과정에 영향을 미친 주요 정책 환경을 분석하고, 향후 교육정책 환경의 변화를 전망한다. 제2장에서는 교육정책의 제도적 구조를 분석한다. 입법과 예산 과정을 포함하는 교육정책 형성 및 교육정책의 집행과 평가의 제도적 얼개를 분석한다. 제3장에서는 교육정책의 다양한 성격과 교육정책연구를 위한 이론을 검토한다.

교육정책의 맥락

이 장에서는 흔히 교육정책의 환경으로 개념화되는 교육정책의 맥락을 검토한다. 교육정책의 맥락은 다양한 차원에서 형성될 수 있는데, 경제 환경, 세계화, 인구 구조, 정치 구조, 이념 지형의 변화가 한국 교육정책의 전개에 끼친 영향을 분석하고, 향후 예상되는 변화를 전망한다.

1. 교육정책의 개념과 정책 환경

1) 정책의 개념

정책은 사회 곳곳에 편재하는 활동이자 현상이다. 정책의 편재성만큼 정책을 정의하는 일은 어렵다. 정책은 정부가 권력을 매개로 사회를 향하여 수행하는 모종의 활동으로 간략히 정의할 수 있는데, 이 정의에 포함된 주요 개념들, 즉 정부, 권력, 사회 등은 모두 명확히 정의하기가 수월하지 않다. 사회과학의 여러 분야에서 정부의 적절한 역할, 권력의 개념, 사회의 본질을 둘러싼 철학적 갈등이 격화되고 있는 현실은 정책을 정의하는 일이 점점 어려워지는 원인이 되고 있다(Fowler, 2004: 8).

정책에 대한 다양한 정의가 존재하지만, 그 수많은 정의들이 그저 낱낱으로, 공통 요소 없이 발산적인 형태로 존재하는 것만은 아니다. 정책에 관한 여러 정의들은 몇 가지로 수렴될 수 있다. 다만, 정부와 권력, 사회와 같은 정책을 구성하는 주요 개념을 이해하는 입장, 여러 개념들 또는 정책 현상 가운데 강조하는 요소에 따라서 정책을 이해하는 입장이 구분될 뿐이다. 안해균 (1984)은 정책에 대한 여러 정의를 종합한 후, 정책 개념에 내포된 특질을 다음과 같이 요약하였다.

- 정책은 주로 정부 활동이다.
- 정책은 실현하고자 하는 목표를 담지하고 있으며, 이 목표는 정책과정에서의 여러 가지 결정을 위한 지침으로 작용한다.
- 정책은 목표를 달성하기 위한 행동 경로를 지시한다.
- 정책은 공적 이익을 대변하는 특정 가치를 함축하고 있다.
- 정책의 주체는 개인, 집단, 정부 등 다양하다.
- 정책은 장기간 지속적으로 반복되어 일관성을 띤다. 이런 특징이 모여서 정책 유형이 형성된다.
- 정책은 거시적이고 전반적인 성격을 띠는 것으로서, 목표, 계획, 법규, 세부 결정 등에 대한 지침의 성격을 띤다.

2) 교육정책 환경의 개념과 분석의 의의

정책은 사회 문제에 대한 공적 반응이자 사회의 향방에 대한 합의의 매개

다. 정책은 사회 속에서 형성되고 사회 안에서 실현된다. 정책의 외부에 자리
하는 환경은 경제 상황, 인구 구조, 이데올로기적 신념 체제, 가치 체계, 정치
체계 등 매우 폭넓은 사회적 상황을 포괄하는 것으로서, 사회적 상황에는 수
시로 변화하는 것도 있지만 장기간에 걸쳐 연속성을 유지하는 것도 있다. 특
정 시점과 특정 공간에서 어떤 정책을 둘러싸고 있는 복잡한 사회적 차원을
정책 환경이라고 한다(Fowler, 2004: 54).

정책 환경은 정치 체제와 정책 체제의 중요한 구성 요소다. Easton(1965:
32)은 정치 체제를 환경으로부터 대중의 요구와 지지를 받아들이고 조합하여
공공정책이라는 산출물을 만들어 내는 기제로 보고, 정책 산출물은 다시 새
로운 산출물을 만들어 내어 새로운 요구를 창출한다고 주장하였다([그림 1-1]
참조).

그런데 이 모형은 정치 체제와 환경의 관계를 잘 보여 주지만, 정책 형성
과정의 핵심을 구성하는 의사결정이 어떻게 이루어지는지를 잘 설명하지 못
하는 문제점이 있다(노화준, 2012: 142). 정책 환경을 정책 체제의 구성 요소로
보는 입장은 이 문제에 대한 하나의 대안적 시각을 제시한다.

정책 환경은 정책 체제의 하나의 구성 요소다. Dunn(1994: 70)은 정책이 형

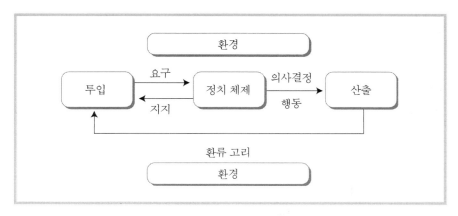

[그림 1-1] ··· 정치 체제 모형

출처: 노화준(2012), p. 141.

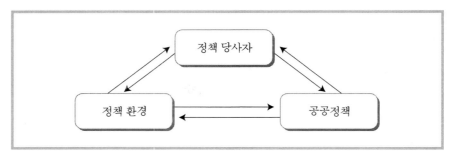

[그림 1-2] ··· 정책 체제의 세 가지 구성 요소

출처: Dunn (1994), p. 70.

성되는 전체적인 제도적 유형을 정책 체제(policy system)라고 개념화하였는데, 이 체제는 공공정책, 정책 당사자, 정책 환경으로 구성된다([그림 1-2] 참조; (Dye, 1978: 9).

공공정책은 어떤 정책 문제에 대하여 정부 관계자들이 내린 결정인데, 정책 문제에 대한 정의는 당해 정책에 영향을 미치거나 받을 수 있는 정책 당사자들에 따라 달라진다. 동일한 정책 문제에 대하여 여러 당사자들은 상이한 반응을 보일 수 있다. 한편, 정책 이슈를 둘러싼 사건이 발생하는 특정한 맥락을 정책 환경이라고 할 수 있는데, 정책 환경은 정책 당사자와 공공 정책에 영향을 미치기도 하고, 영향을 받기도 한다. 정책 문제와 마찬가지로, 정책 환경에 대한 정책 당사자들의 반응 역시 다를 수 있다. Dunn(1994: 70-71)은 이런 점을 들어 정책 체제는 본질적으로 변증법적인 과정을 포함한다고 말하였다. 즉, 정책 체제는 정책 당사자가 의식적으로 선택한 결과로 창조되는 주관적 인간 행위이지만, 관찰 가능한 행위와 그 결과로서 나타나는 객관적 실제이기도 하다. 실제로는 정책 결정의 객관적 차원과 주관적 차원은 나뉘지 않고 뒤섞여 있다.

다른 정책과 마찬가지로 교육정책 역시 복잡한 사회적 상황을 배경으로 형성되고 전개된다. 교육과 경제 발전, 교육과 사회 통합, 교육과 정치 발전과 같은 말을 종종 들을 수 있는데, 이는 교육 또는 교육정책이 사회의 여러 부문에 영향을 미치고 있거나 미칠 수 있음을 시사한다. 또 경제 발전과 교육, 정치와 교육, 문화와 교육이라는 말을 하는 일이 어렵지 않은 것은 사회 여러 부문이 교육과 교육정책에 영향을 끼치고 있음을 암시한다. 교육정책은 복잡한 사회적 환경 속에서 잉태되고 실현된다.

교육정책가에게는 물론, 학교 행정가나 교사에게도 교육정책 환경을 분석하는 일은 다음과 같은 이유에서 중요하다. 첫째, 어떤 정책이든 변화의 궤적을 지니는데, 정책의 변화는 정책 환경의 변화에 대한 조응이라는 관점에서 분석할 수 있다. 다시 말하여, 정책 환경이 어떻게 변화하였는가를 살펴보는 일은 정책의 변화 과정을 설명하는 데 유용하다. 같은 맥락에서, 정책 환경의 변화를 전망하는 일은 정책의 변화를 전망하는 일이 되기도 한다. 둘째, 어떤 사회나 특정 시점에서 사회 발전의 과제를 안고 있으며, 정책활동은 이 과제를 해결하기 위한 집단적 노력이라고 할 수 있다. 정책 환경을 분석하는 과정에서 사회 발전의 단계와 과제를 확인할 수 있다면, 그 시점에서 주력하여야 할 교육정책의 과제와 방향을 설정할 수 있다. 마지막으로, 정책 환경을 분석하는 일은 사회 변화에 대한 단기적 전망과 중장기적 전망을 하는 일이 되기도 하기 때문에, 교육정책가들은 장차 교육정책이 어떤 의제에 관심을 기울여야 할 것인지를 미리 생각해 볼 수 있으며, 학교장과 교사는 향후 자신이 어떤 교육적 상황에 놓이게 되며, 어떤 노력을 해야 할 것인지를 전망해 볼 수 있다.

정책학자인 Anderson(1984: 23-26)은 지형학적 특성, 인구학적 특성, 정치문화적 특성, 사회구조적 특성, 경제적 특성, 그리고 그 사회를 둘러싸고 있는 국제적 요인을 정책 환경을 구성하는 중요한 요인으로 들었다. 여기서는 교육정책 분석과 관련하여 의미 있는 정책 환경 요소로 경제, 세계화, 인구구조, 정치 및 사회 이념을 분석한다.

2. 경제 환경의 변화와 교육정책

1) 교육정책 환경에서 경제의 중요성

정책 환경으로서의 '사회'라고 하면 정치, 경제, 문화 등 다양한 현상을 포괄하지만, 그 가운데에서 가장 중요한 것은 단연 경제라고 할 수 있다. 교육정책 환경의 가장 중요한 두 가지 요소로서 경제 체제의 구조와 현재의 경제적 분위기를 드는 외국 학자도 있다(Fowler, 2004: 56). 교육정책의 대상이 되는 사회적·공공적 활동으로서의 교육은 상당한 재정의 지원을 필수적으로 수반하기 때문에 경제 상황은 곧 교육과 교육정책에 영향을 끼치게 된다. 또 교육은 경제 활동 인력을 양성하며 지식과 기술을 개발하여 제공하기 때문에, 교육과 경제는 긴밀한 관련을 형성하게 된다. 경제의 발전 정도에 따라 국가가 교육정책을 통하여 주력하고자 하는 부문이 달라진다. 경제 발전 정도에 따라 교육이 기여할 수 있는 것, 또는 교육에 기대하는 것이 달라지기 때문이다. 경제 발전 정도에 따라 새로운 사회 문제가 제기될 수 있으며, 교육은 이 문제에 적절한 방식으로 대응하여야 한다.

2) 한국의 경제 변화와 교육정책의 전개

한국은 세계에서 유래를 찾기 어려울 만큼 빠르게 경제 성장을 이루었다.[1] 한국전쟁 직후 폐허가 된 상황에서 국민의 삶은 피폐 그 자체였다고 할 수 있다. 교육을 재건하는 일이 교육정책의 긴급한 과제였으며, 정부는 초등학교 완전 취학을 달성하는 일을 교육정책의 목표로 설정하였다. 1960년대부터는 국가 주도 경제 성장 전략이 추진되었다. 박정희 정부는 1960년대에 환율 제도를 개혁하고 수출 촉진을 위한 각종 유인 체계를 정비하여 수출 진흥에 주력하고, 정부 주도로 공업화 정책을 추진하였다. 제2차 경제 개발 5개년 계획 (1967~1971년) 기간 동안 중화학공업 건설에 총력을 경주할 방침을 천명하고, 1970년대 들어 철강, 비철금속, 기계, 조선, 전자, 화학공업 등을 중심으로 중화학공업을 육성하였다.

이 시기 교육은 경제 발전에 기여하고자 직업교육을 확충하고 과학기술교육을 강화하였으며, 초등교육 여건을 개선하였다. 1960년대 들어 실업계 고등학교 중심의 직업교육 기반을 구축하고 대학에서의 과학기술교육을 지원하기 시작하였다. 또한 초등학교 취학률이 급격히 높아진 상황에서 과대 규모 학급과 2~3부제 수업 편제와 같은 문제를 개선하기 위하여 초등학교 교육 여건을 개선하기 위한 노력을 지속하였다. 한편, 초등학교 취학률이 증가함에 따라 중학교 교육에 대한 수요가 증가하였으며, 중학교 진학 과정에서 시험 경쟁이 심화되자 1969년 중학교 입학시험제도를 폐지하고, 뒤이어 1974년에 고등학교 입학시험 제도를 폐지하여 중등교육 기회를 확대하였다.

1960년대 이후 수출 주도의 발전 전략을 택한 것은 한국 경제가 세계 자본주의 체제에 깊숙이 편입되는 계기가 되었다. 1973년과 1979년에 오일쇼크를 겪으면서 어려운 여건이 조성되기도 하였지만 한국 경제는 꾸준히 발전하였다. 그러나 급속한 경제 성장의 이면에는 그늘도 드리웠다. 노동자의 권리는 상당히 제약당하였고, 노동운동을 탄압하는 정책이 오랫동안 실시되었다. 기업의 성장과 수출 증대는 상당 부분 저임금 정책에서 비롯된 것이었다. 당시 국민의 생활 여건은 여전히 어려운 형편에 있었다.

1980년대 들어 정부는 기존의 '성장 우선 정책'에서 '안정 위에서 성장 기반을 다지는 정책'으로 정책 방향을 선회하였다. 물가 안정 정책을 실시하였고, 중화학 공업 부문의 과잉 투자에 따른 비효율을 줄이기 위하여 산업 합리화 정책을 시행하였다. 이 시기에 세계적으로 이른바 3저 호황이라는 좋은 여건이 조성되어 가파르게 경제 성장을 이룰 수 있었으며, 1980년대 중후반부터는 국민의 생활 여건도 개선되었다.

이 시기 2차 산업 중심의 경제 구조가 3차 산업 중심의 경제 구조로 재편되었으며, 고등교육에 대한 수요가 확대되었다. 이와 함께 고등학교 졸업자가 늘어 가는 상황에서 정부는 1980년대 초에 대학 정원 억제 정책에서 대학 개방 정책으로 정책 방향을 선회하였다. 또한 양적 성장에서 질적 개선으로, 효율성보다는 적합성을, 행정적 통제보다는 자율성을 강조하는 방향으로 교육정책의 중점을 변화시켰다. 특수목적 고등학교를 설립하여 고등학교 교육의 다양화를 추구하였고, 대학교육의 질적 개선을 도모하였다. 또한 대통령 자문 교육개혁기구를 설치하여 교육개혁을 지속적으로 추진하였다.

1997년에는 금융위기를 겪고 국가 경제 상황이 나락으로 떨어졌다. 정부는 통화 및 재정 긴축, 기업 및 공공 부문 구조 개혁, 노사 관계 개혁으로 위기에 대응하였고, 비교적 단기간에 외환 위기를 극복할 수 있었다. 한편, IMF 구제 금융을 받으면서 신자유주의적 경제 체제를 구축하게 되었으나, 실업 정책과 복지 정책 면에서 큰 진전이 이루어지지 않아서 중산층과 서민의 삶의 여건은 상대적으로 악화되었다. 1990년대 중후반 세계화 전략이 확산되면서 외국에 진출하는 기업과 외국 투자 규모가 크게 늘었으며, 외국 자본과 기업의 한국 투자 역시 확대되었다.

이 시기 한국교육은 세계화의 흐름에서 국가 경쟁력 확보를 지원하고 지식 기반 경제에서 요구되는 참된 학업 성취와 국민 역량을 개발하는 인적 자원 개발형 교육체제를 수립하는 과제에 직면하였다. 정부는 세계화된 사회에서 살아갈 수 있는 인재를 육성하기 위하여 교육 세계화 정책을 강력하게 추진하였다. 초등학교에서부터 영어교육을 시작하도록 하였으며, 대학에는 국제화를 강력하게 요구하였다. 또 고등교육 개혁을 중점적으로 추진하였다. 대학에 대한 학술연구비 지원을 확대하고, 두뇌한국 21(Brain Korea 21: BK 21) 사업과 지방대학 혁신역량 강화사업(New University for Regional Innovation: NURI) 등을 통하여 대학의 연구 역량을 제고하여 국제 경쟁력을 갖추고 지역 혁신을 선도할 수 있도록 하였다.

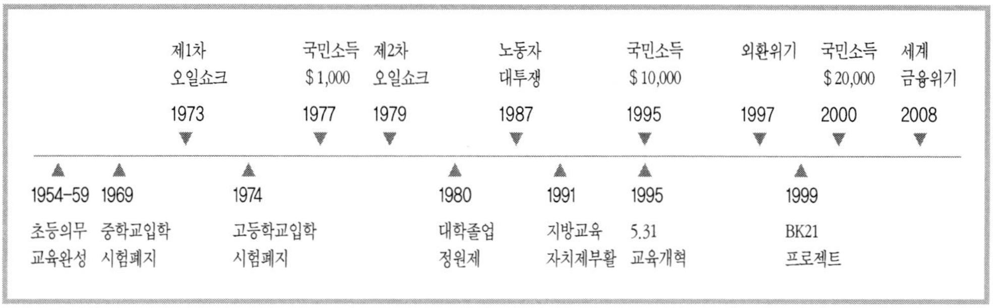

	제1차 오일쇼크	국민소득 $1,000	제2차 오일쇼크	노동자 대투쟁	국민소득 $10,000	외환위기	국민소득 $20,000	세계 금융위기
	1973 ▼	1977 ▼	1979 ▼	1987 ▼	1995 ▼	1997 ▼	2000 ▼	2008 ▼
▲ 1954-59 초등의무 교육완성	▲ 1969 중학교입학 시험폐지	▲ 1974 고등학교입학 시험폐지		▲ 1980 대학졸업 정원제	▲ 1991 지방교육 자치제부활	▲ 1995 5.31 교육개혁	▲ 1999 BK21 프로젝트	

[그림 1-3] ··· 한국경제와 교육정책 전개 과정의 주요 사건

2000년대 중반 잠시 한국 경제가 회복되는 듯하였으나, 2008년 국제 경제 위기 상황에서 한국경제 역시 다시 어려움을 겪고 있다. 오늘날 한국 경제는 성장 잠재력 둔화, 산업 내 양극화 심화, 소득 분배 악화, 재정 건전성 악화 등 다양한 구조적 위기에 직면해 있다. 경제와 교육정책의 변화 과정에서 의미 있는 사건이라고 할 수 있는 일을 정리하면 [그림 1-3]과 같다.

3) 급속한 경제 성장과 성장의 정체

1960년 당시 국민 1인당 소득은 148만 원에 불과하였으며, 당시 우리 국민의 삶은 세계 최빈국 수준이었다. 그러나 한국의 경제 발전 속도는 '기적'이라고 표현될 만큼 놀라운 것이어서 2012년 현재 국민 1인당 소득은 2,500만 원을 웃돈다. 1970년대 중화학공업 발전 전략을 통하여 국가의 경제 규모가 크게 확대되었으나, 당시 경제 발전은 저임금 장시간 노동을 토대로 하는 것이었기 때문에, 국민의 삶은 1980년대 중반 이후 본격적으로 개선되기 시작하였다. 2000년대 들어 1인당 소득 2만 달러 단계에 접어든 이후, 계속 유사한 수준을 유지하고 있다. [그림 1-4]는 1인당 국민총소득의 증가 과정을 보여 준다.

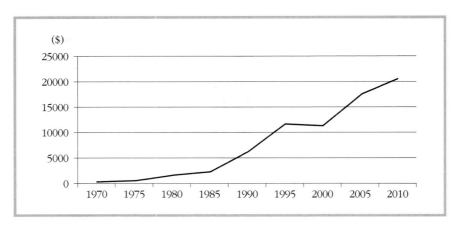

[그림 1-4] ··· 국민 1인당 소득 변화 추이(1970-2010)

출처: 한국은행 경제통계시스템(http://ecos.bok.co.kr)

　　그런데 교육정책 환경과 관련하여 더 의미 있게 볼 것은 경제성장률의 변
화이다. 한국은 1970년대부터 1990년대 중반까지 매년 5∼10%의 경제 성장
을 거두었다. 그러나 1997년 금융위기 직후 −5.70%의 최악의 경제성장률을
기록한 이후 2000년대 들어서는 평균 5% 이하로 떨어졌으며, 근래에는 2%

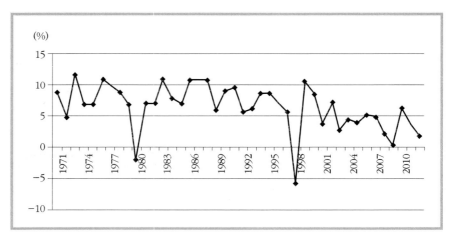

[그림 1-5] ··· 경제성장률 추이(1971-2010)

출처: 국가통계포털(http://kosis.kr)

대의 경제성장률도 쉽지 않다는 전망이 이루어지고 있다. 향후에는 저성장 구조가 고착될 것이라는 예상이 지배적이다.

　　이처럼 저성장이 계속된다는 것은 교육정책에 어떤 함의를 갖는가? 이것은 한마디로 교육에 투자할 수 있는 정부 재정이 축소될 가능성이 높다는 사실을 의미한다. 이른 바 '잃어버린 20년'을 겪고 있는 일본의 사례는 이를 잘 보여 준다. [그림 1-6](大桃敏行, 背戶博史(編), 2010: 41의 표를 그림 형태로 수정함)은 1997년과 2007년의 일본의 지방교육재정의 변화를 보여 준다. 성장의 시대를 경험해 온 우리에게는 낯선 일이지만, 해가 갈수록 교육 투자 규모가 감소할 수도 있다. 교육예산이 감소되면 교육시설에 대한 투자가 줄며, 학교 등 교육기관은 예산 절감 압박을 받게 된다.

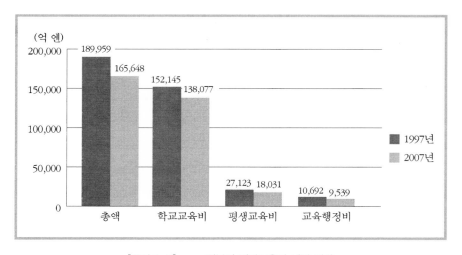

[그림 1-6] ··· 일본의 지방교육비 내역 변화

　　이미 선진국에서는 저성장이 1970년대 초반부터 현실화되었으며, 경제 전문가들은 저성장의 늪에 빠진 국가들이 가까운 장래에 저성장에서 탈피할 가능성은 거의 없다고 전망한다(Fowler, 2004: 61).

4) 확대되는 격차

경제 성장의 그늘에는 빈부 격차의 문제가 존재한다. 다양한 경제 지표는 한국 사회에서 빈부 격차가 심화되고 있음을 보여 준다. [그림 1-7]은 부의 불균등 배분을 보여 주는 지니계수의 변화를 나타낸다. 1995년 이후, 특히 1997년 금융위기 이후 지니계수가 가파르게 상승하고 있음을 알 수 있다.

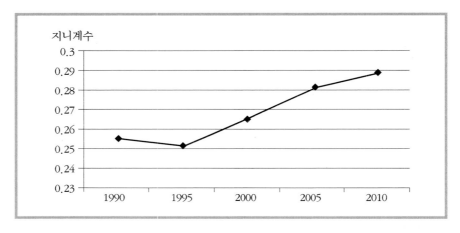

[그림 1-7] · · · 한국의 지니계수 변화(1990-2010)

출처: 국가통계포털(http://kosis.kr)

빈부 격차가 확대된다는 것은 다른 한편으로 중산층이 해체되고 빈곤층이 확대된다는 사실을 의미하기도 한다. [그림 1-8]은 한국의 중산층과 빈곤층의 변화 상황을 보여 주는데, 1990년대 후반 이후 중산층은 급격히 붕괴하고 있는 반면, 빈곤층이 계속 늘고 있음을 확인할 수 있다. 이런 경향은 시민이 생각하는 자기의 소비 계층 조사에서도 확인할 수 있다. [그림 1-9]는 시민의 자신의 소비 계층 인식을 보여 주고 있는데, 자신을 하류층이라고 인식하는 계층이 급속히 늘고 있음을 알 수 있다.

격차 확대 문제에 대응하기 위하여 교육부에서는 1990년대 말에 '교육복

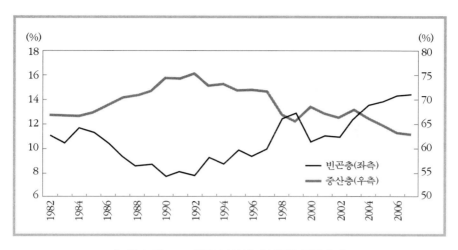

[그림 1-8]··· 한국의 중산층과 빈곤층 변화 추이

출처: 유경준, 최바울(2008).

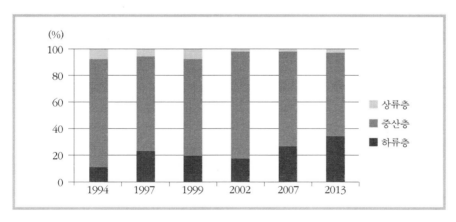

[그림 1-9]··· 자신이 생각하는 자기의 소비계층

출처: 한국소비자원(2013).

지 종합 대책'을 발표하였으며, 2000년대 들어 양극화가 중요한 사회문제가
된 이후 교육복지 정책을 본격적으로 추진하였다. 이 시기에 교육부는 '교육
복지투자우선구역(Education Welfare Priority Zone Plan) 지원 사업'을 통하여

경제력 차이로 발생하는 교육 여건 격차를 해소하여 교육 불평등을 완화하고자 하였는데, 학교와 지역사회의 연계를 통하여 학생들의 학력을 증진하고 정서 발달에 도움을 주는 다양한 사업을 추진하였다(김정원, 박인심, 2007).

　그러나 경제와 관련된 각종 지표를 통하여 학생들의 경제적 격차가 계속 확대될 것임을 예상할 수 있다. 또한 빈곤에 시달리는 학생들이 점차 늘어날 것이라는 전망도 할 수 있다. 빈곤은 이미 세계적 현상이며 세계 여러 국가에서 빈곤과 교육의 관계, 또는 교육의 빈곤에 대한 대응은 교육 연구와 실천의 새로운 주제가 되고 있다(이종재, 이차영, 김 용, 송경오, 2012: 518). 양극화 해소에 기여하기 위한 교육정책의 적극적 대응이 요구된다.

3. 세계화와 교육정책

1) 세계화의 진전

　오늘날 세계화는 지구촌 거의 모든 국가의 정책에 심대한 영향을 미치는 변화 요인이 되고 있다. 일반적으로 세계화는 "재화 및 용역과 생산요소, 즉 노동과 자본 시장이 더욱 밀접하게 국제적으로 통합되는 과정"(양동휴, 2005), 즉 지구적 수준에서의 경제적 통합 경향으로 생각되지만, 세계화는 경제적인 차원뿐만 아니라 문화, 정치는 물론 교육 부문 등 다양한 차원에서 진행되고 있다. 세계화 시대에 사회적·정치적·경제적 활동은 정치적 경계를 가로질러 확장되어, 한 지역의 사건이나 의사결정, 또는 활동이 지구촌 다른 곳의 개인이나 공동체에도 중요한 의미를 가지게 되었다. 또 세계적 차원에서 상호 연계성이 강화되고, 여러 요소 간의 상호 작용이 가속화되었다(Held & McGrew, 2007). 국제 무역 규모의 급증과 유튜브(Youtube)와 같은 매체, 그리고 사스(SARS) 또는 대량 살상 무기의 신속한 확산은 모두 세계화의 진전을 표상한다. 일반적으로 기술(특히 정보통신기술)과 지식경제, 다국적 기업의 출현, 제국으로서의 미국의 활동 등이 세계화 경제를 형성한 핵심 요인으로 제시되고 있다(Lauder, Brown, Dillabough, & Halsey, 2006: 32-37).

한국에서 세계화가 국가 수준의 화두로 제안된 것은 1990년대 중반 이후이지만, 한국 경제는 그전부터 세계화된 체제에 편입되어 있었다. 수출 중심의 경제 운용은 세계화 체제에 편입을 의미했기 때문이다. 한국은 이미 1960년대 들어 수출 위주의 경제 정책을 시작한 이후 계속 동일한 정책 기조를 유지하고 있으며, 국가 경제에서 수출과 수입이 차지하는 비중은 지속적으로 확대되고 있다. [그림 1-10]은 한국 경제에서 수출 및 수입 추이를 보여 준다.

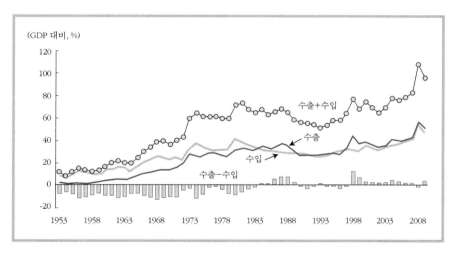

[그림 1-10] ··· 수출 및 수입 추이(1953-2008)
출처: 한국은행 경제통계시스템(http://ecos.bok.or.kr).

특히, 1990년대 후반 이후 경제 개방이 확대되고 세계적 수준에서 국경을 넘는 투자가 확대되고 있다. 한국에 대한 외국인의 투자 금액이 2000년대 들어 크게 증가하였고, 한국인의 해외 직접 투자도 활성화되고 있다.

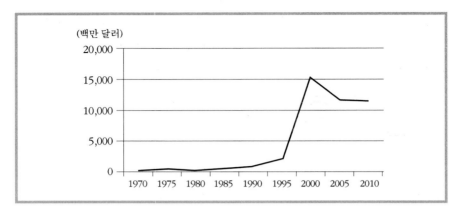

[그림 1-11] ··· 외국인 투자액(1970-2009)

출처: 한국경제60년사 편찬위원회(2010), pp. 80-81.

2) 세계화와 교육의 변화

세계화는 각국의 교육에 심대한 영향을 끼친다. 국경을 가로질러 학습자와 교수자의 이동이 확대되고, 여러 국가에서 교육 프로그램의 내용과 운영 방법의 유사성이 심화된다. 또한 학위와 자격의 국가 간 호환성이 증대되기도 한다. 국제 수준의 교육 거버넌스 기구의 활동이 활발해지는 것도 교육 부문 세계화 현상이다.

한국을 떠나 다른 국가에서 공부하는 학생, 그리고 다른 한편으로 외국에서 한국으로 공부하러 오는 학생들이 증가하는 것은 세계화의 가장 대표적인 현상이다. 고등교육 단계에서 외국 유학은 이미 오래전부터 이루어졌으며, 1990년대 말 이후 초·중등학생의 조기 유학이 급증하였으나, 2000년대 중반 최고점을 기록한 이후, 경제 위기 상황에서 유학생 수가 감소하는 추세에 있다([그림 1-12] 참조). 이와 함께, 세계화의 진전에 따라 한국에서 유학하는 외국인 학생 수가 증가하는 현상도 나타나고 있다([그림 1-13] 참조).

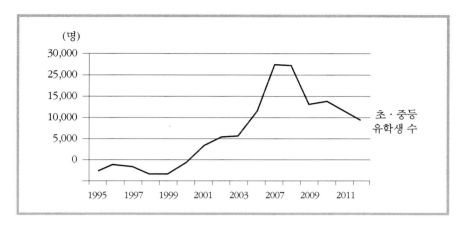

[그림 1-12] ••• 조기 유학생 수 변화

출처: 교육통계연보

주: 2005년과 2006년 통계는 없음

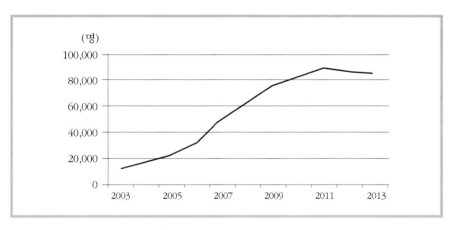

[그림 1-13] ••• 국내 외국인 유학생 수

출처: 교육부(2013년도 국내 외국인 유학생 통계)

한편, 교육 세계화가 진전되면서 교육 프로그램과 그 이수에 대한 국제적 호환성을 제고하고, 이를 실질적으로 뒷받침하기 위하여 국제적 차원의 질 평가 체제를 확립하기 위한 활동도 강화되고 있다. 특히 고등교육 분야에서 이와 같은 활동이 활발한데, 국제 공학교육 인증(Washington Accord)과 같이 학문 분야별로 한 나라를 대표하는 공학 교육인증 기관이 인증한 공학 교육 과정을 다른 회원국에서도 동일하게 인증해 주는 추세가 확산되고 있다(박재윤, 이혜영, 정일환, 김 용, 2008). 경영인증제(AACSB)와 같이 다른 학문 분야에서도 국제인증이 활발하다. 또 초·중등교육 단계에서도 IB(International Baccalaureate)와 AP(Advance Placement)가 중등학교 졸업 자격에 대한 호환 프로그램으로 활용되고 있다. 우리나라의 대학 중에도 공학 인증이나 경영학 인증을 받은 대학이 증가하고 있으며, 국내 외국인 학교와 국제학교 가운데 IB나 AP 과정을 운영하는 학교도 있다(강익수, 홍후조, 성열관, 2006). 이와 함께 외국 대학과 공동으로 학위를 수여하거나 외국 교육기관과 협력하여 교육 프로그램을 운영하는 사례도 크게 확산되고 있다(박재윤, 이혜영, 정일환, 김 용, 2008).

교육 ODA, 즉 교육 분야의 공적 개발 원조가 확대되고 있는 것도 주목할 만하다. 한국은 전쟁 직후 외국의 원조를 받는 국가에서 원조를 하는 나라로 변화하였다. 교육 분야의 공적 개발 원조는 급격히 증가하고 있으며([그림 1-14] 참조), 정부는 2006년부터 한국 교육의 해외 수출을 위한 모델을 개발하는 사업을 추진하고 있다.

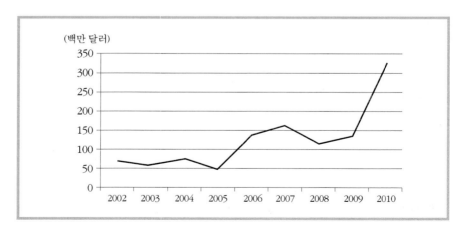

[그림 1-14] ··· 교육 부문 공적 개발 원조 규모의 변화
출처: 윤종혁 외(2012), p. 42.

개별 국가의 영역을 초월한 지구적 문제를 해결하기 위한 행위 주체들이 참여하는 사회적 조정 방식으로 정의되는 글로벌 거버넌스가 등장한 것도 세계화와 관련된다(이종재, 이차영, 김 용, 송경오, 2012: 214). 경제협력개발기구(OECD), 세계은행(World Bank), 세계무역기구(WTO)와 같은 국제 기구와 법인 형태의 비정부조직(예: 세이브더칠드런), 그리고 자선재단(예: 소로스재단)과 민간 기구(예: 세계경제포럼) 등이 교육정책에 영향을 미치는 주요 국제기구로 등장하고 있으며(Mundy & Ghali, 2009), 이들의 활동은 국내 교육정책 운용에도 상당한 영향을 끼치고 있다.

3) 세계화와 교육정책

세계화는 긍정적 측면과 부정적 측면을 함께 갖는다. 세계화의 진전으로 정치와 경제 영역에서 자유가 신장되며, 사회의 모든 영역에서 관료적 독점 대신 경쟁을 유도하고 시장적 유인을 잘 활용하면 자원이 효율적으로 배분되고 사회 내에 최대한의 복지를 달성할 수 있다는 기대가 제기되기도 한다(안병영, 2000). 그러나 부의 집중과 사회 양극화는 세계화의 부정적 영향으로 자주 비판되고 있다. 즉, 세계화에 직면한 정부는 기업 경쟁력을 높이기 위하여 기업에 대한 법인세를 인하하고 보조금을 지급하는데, 그 과정에서 국고와 재정이 점차 고갈된다. 국제 경쟁이 치열해지면서 노동자의 지위는 점차 하락하며 실질 임금도 낮아진다. 이렇게 하여 사회 양극화와 부의 집중이 이루어진다는 것이다(Martin & Schulmann, 1998: 276-284: 안병영, 2000: 34 재인용). 또한 많은 국가들에서 세계화의 결과 빈곤이 확산되고 사회 불안정이 심화되고 있다는 비판도 제기되고 있다(Stiglitz, 2006).

세계화는 교육에 직접적이고 강력한 영향을 미친다. 교육 세계화가 촉진되면 교육 프로그램의 질이 세계적 차원에서 보편성을 확보하고, 그 질이 상향될 것으로 기대된다. 또한 학위나 자격의 호환성이 높아져서 교육 관계자의 국제 이동성과 취업 기회가 확대될 것을 기대할 수도 있다. 아울러, 세계적 차원에서 생산·유통되는 각종 자료와 정보는 개별 국가의 교육정책 수준을 상향하는 데에도 기여할 것이라는 전망도 제기할 수 있다.

그러나 다른 한편으로 교육 세계화에 대한 경고도 이어지고 있다. 세계화된 경제에서는 일자리에 대한 전 지구적 경매가 형성되는데, 노동 시장에서는 값을 깎아내리는 방식의 역경매(dutch auction)가 작동한다. 역(逆)경매 상황에서는 특정 국가 내에서 형성된 교육, 직업, 보상 사이의 관계가 도전받고, 모든 노동자들의 생활 수준과 고용 안정이 위협받는다. 세계화는 고숙련 저임금 노동의 시대를 초래할 것이라는 우울한 전망도 제기된다(Brown & Lauder, 2006).

또한 학업성취도 국제비교연구(PISA)의 검사 결과나 대학의 국제 순위와 같은 비교 자료나 국제기구의 정책 권고 등은 한국의 교육정책에 상당한 영향을 미치고 있다. 이 결과 정책의 수렴 현상과 제도의 동형화(isomorphism)가 발생하며, 글로벌 거버넌스의 영향력 확대가 새로운 정책 도입에 정당성을 부여하고 합리화하는 근거로 작용하여, 국내 교육정책 결정 과정에서 숙의 민주주의 가치를 침해할 수도 있다는 경고에도 주의를 기울일 필요가 있다(신현석, 주영효, 2013).

4. 인구 구조의 변화와 교육정책

1) 교육정책 환경에서 인구 구조 분석의 의의

교육은 사람을 매개로 전개된다. 교육의 주체이자 대상인 사람들의 규모와 그들의 구성을 분석하는 일은 교육정책을 수립하고 집행하는 데에서 매우 중요한 의미를 지닌다. '베이비 붐 세대'로 일컬어지는 급증하는 인구를 학교로 수용하기 위하여 2부제 수업은 물론 3부제, 심지어 4부제 수업까지 했던 일이나, 근래 출산율이 저하되면서 학교 통폐합 문제가 심각하게 제기되는 것은 인구 규모와 교육이 얼마나 밀접하게 관련되어 있는지를 보여 준다. 인구 규모뿐만 아니라, 그 구성 역시 교육정책에 상당한 함의를 준다. 예를 들면, 미국이나 호주, 뉴질랜드와 같은 국가에서는 소수 민족 또는 소수 인종 교육이 늘 중요한 교육정책 의제가 되기 때문에 그 규모는 항상 관심의 대상이 된다. 한국 사회도 다문화 사회에 접어들고 있으며, 탈북자가 지속적으로 증가하는 현실은 교육정책에 새로운 도전이 되고 있다. Fowler(2004: 66)는 교육정책 탐구를 목적으로 인구 구조를 분석하기 위하여 다음 질문을 제기할 필요가 있다고 주장하였다. 미국 사회를 배경으로 한 질문이지만, 인종 관련 질문을 다문화 인구로, 영어를 한국어로 바꾸기만 하면 한국 사회의 인구 구조를 교육정책 환경이라는 측면에서 분석하고자 할 때 유용하게 활용할 수 있다.

- 50세 이상 인구 비율
- 5~18세 인구 비율
- 고소득 가정 비율
- 저소득 가정 비율
- 소수 인종 비율
- 백인 비율
- 영어를 모국어로 사용하는 사람 비율
- 총인구
- 교외, 도심 거주자 비율
- 가족 형태

2) 출산율 추이와 학령 인구의 변화

한국은 해방과 전쟁을 겪은 후 사회가 안정화되자 총인구와 함께 학생 수

도 급격하게 증가하기 시작했다. 1950년대 중반 이후부터 초등학생 수가 증
가하여 60년대 들어서는 그 속도가 더 빨라지게 되었다. 뒤이어 중학생과 고
등학생 수도 증가하였다([그림 1-15] 참조). 정부는 증가하는 학생을 수용하기
위하여 입학 기회를 확대하는 정책을 학교급에 따라 순차적으로 시행하였다.
1950년대 중반부터 초등의무교육 완성 계획을 추진하였고, 1969년에는 중학
교 무시험 입학 시험제도를, 1974년부터는 고등학교 평준화 제도를 시행하였
다. 또한 1980년에는 대학교육 기회를 확대하기 위하여 졸업정원제를 시행하
였다.

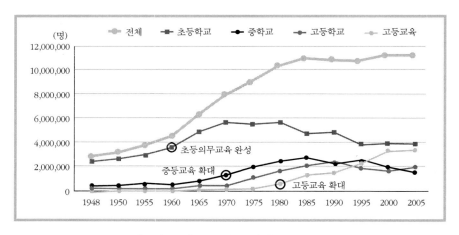

[그림 1-15] • • • 학교급별 학생 수 변화

출처: 이종재, 김성기, 김왕준, 김영식(2010), p. 57.

그러나 1980년대 중반 이후 학생 수 증가 속도는 더뎌지게 되었고, 이제는
학생 수 감소를 걱정하는 상황에 이르렀다. 근래 한국 사회의 인구 구조에서
가장 두드러진 특징은 세계 최저 수준의 출산율을 기록하고 있다는 사실이
다. 1965년 5.5명을 웃돌던 출산율은 1980년대 중반 2명 아래로 떨어졌고, 이
후 출산율은 회복되지 않고 있다. 2000년대 들어서는 세계에서 가장 낮은 수
준의 출산율을 기록하고 있다([그림 1-16] 참조).

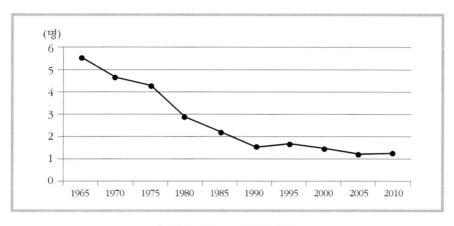

[그림 1-16] ··· 출산율 추이

출처: 국가통계포털(http://kosis.kr)

낮은 출산율은 학령 인구 급감으로 이어지고 있다. [그림 1-17]은 학령 인구의 변화를 보여 준다. 1980년에 1,400여 만 명에 달하던 학령 인구는 30년이 지난 2010년에 30% 가량 줄어들었다. 더 심각한 것은 향후 학령 인구 감소 속도가 한층 빨라져서 2020년에는 1980년의 절반가량으로, 2060년에는 1/3 가량으로 급감할 것으로 전망된다. 1980년에는 국민 10명 중 4명이 학생이었으나, 2060년에는 10명 중 1명만이 학생일 것으로 전망된다. 향후 저출산이 계속되어 학령 인구가 계속 감소하면, 학교 수와 교사 수, 교육 시설과 재정 모두 감소될 가능성이 있다.

초등학교의 경우, 농산촌은 말할 것도 없고 도시 지역 학교의 학생 수도 매년 큰 폭으로 감소하고 있으며, 학령 인구 감소의 영향은 이미 중등교육 단계에서도 나타나고 있다. 고등교육 단계의 학생 수는 2018년을 기점으로 수요와 공급의 역전 현상이 전망되므로, 고등교육 기관의 구조조정은 중요한 정책 과제가 되고 있다.

한편, 저출산 사회의 이면에는 고령화 사회가 존재한다. 의료 기술과 제도가 발전하고 식생활과 영양 섭취도 개선되어 사람의 평균 수명이 길어진다.

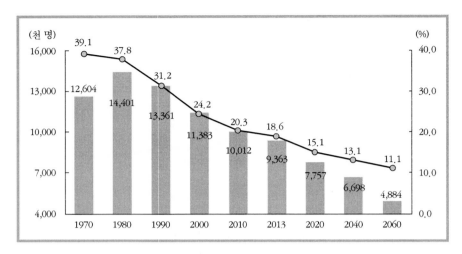

[그림 1-17] ··· 학령 인구 변화

출처: 교육부 내부 자료

유엔인구기금(UNFPA)에서 발표한 「2012 세계 인구 현황 보고서」에 따르면,
한국 여성의 평균 기대 수명은 84.0세, 남성은 77.3세로 조사되었다. [그림 1-
18]은 한국의 평균 수명 추이를 보여 주는데, 평균 수명이 연장됨에 따라 저출

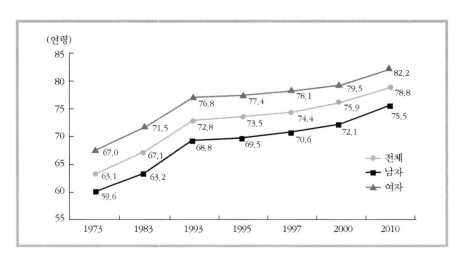

[그림 1-18] ··· 한국의 평균 수명 변화 추이

출처: 국가통계포털(http://kosis.kr)

산에도 불구하고 총인구는 향후 일정 기간 증가할 것으로 전망된다. 이와 같은 변화는 향후 성인 학습자의 증가 현상을 전망할 수 있게 하며, 고등교육기관의 프로그램과 운영에서 이들을 수용하기 위한 변화가 요청됨을 시사한다.

3) 다문화 사회와 탈북 청소년

인구 구성에서 주목할 만한 사실은 다문화 가정이 증가하고 다문화 가정 청소년이 급속히 늘고 있다는 것이다. [그림 1-19]는 다문화 청소년의 수를 보여 준다. 2006년 1만여 명에 미치지 않던 다문화 가정 청소년이 불과 6년 사이에 5배 가까이 증가한 것을 알 수 있다. 이와 같은 추세라면 향후 다문화 청소년에 대한 교육정책이 상당히 중요한 문제로 다루어져야 함을 전망할 수 있다. 또한 다문화 가정이 전국에 고루 분포하지 않고 농산촌 지역과 일부 도시 공단 지역을 중심으로 편포되어 있다는 점에서 지역별로 그 변화 추이를 확인하고 지역 맞춤형 정책을 구사할 필요도 제기된다.

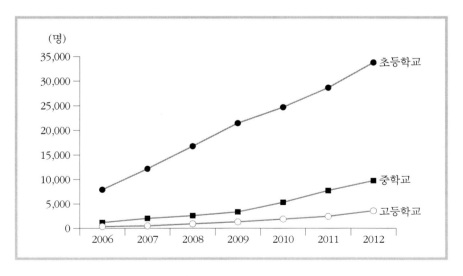

[그림 1-19] ••• 다문화 가정 청소년 현황

출처: 교육부 내부 자료

한편, 탈북 청소년도 지속적으로 늘고 있다. 북한의 정치, 경제 상황에 따라 향후 탈북자 규모는 변동 여지가 크지만, 지금까지의 추세로만 본다면 향후에도 지속적으로 탈북 청소년 수가 증가할 것으로 전망된다. 현재는 대다수 탈북 청소년들이 대안학교에서 교육을 받고 있으며, 일부는 일반 학교에서 통합 교육을 받고 있다. 향후에는 일반 학교에서 통합 교육을 받는 학생이 증가할 것으로 전망된다.

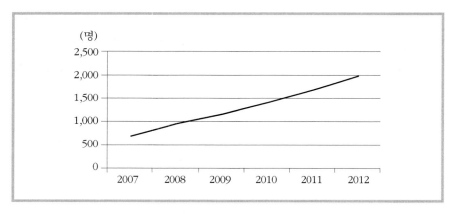

[그림 1-20] ··· 탈북 학생 수 변화 추이
출처: 교육부 내부 자료

이와 같은 사실은 교육 대상이 민족적 · 언어적 · 종교적으로 다양해짐을 의미한다. 다문화 가정과 청소년, 탈북 청소년의 정체성을 유지 보호하면서도 한국 사회에 통합시키는 일은 교육정책의 중요한 과제가 된다. 또 교사에게는 학급 구성원이 다양해짐에 따라 교육 활동에서 통합적 가치를 구현하는 일이 중요해질 것으로 전망된다.

5. 정치 구조의 변화와 교육정책

1) 정치 구조 분석의 의의

교육정책은 정치 과정을 통하여 결정되며, 정책 집행은 정치 과정의 통제의 대상이 된다. 한 사회의 정치 체제와 정치 행위자의 특성은 물론 정치 문화도 정책과정을 제약하는 중요한 요소가 된다(Fowler, 2004: 81). 연방제 국가와 단일 정부제 국가의 정부 간 관계가 동일하지 않고 대통령제 국가와 의원내각제 국가의 정책과정은 같지 않다. 또한 양당제가 확립된 국가와 다당제 국가에서의 정책 행위자들의 행위 양태 역시 같지 않다(노화준, 2012: 164-166). 이와 같은 사실은 교육정책 환경에서 정치 구조와 문화를 분석하는 일이 중요한 의미가 있음을 보여 준다.

2) 대통령제와 교육정책

한국은 대통령제 국가다. 대통령제는 의회로부터 독립하고 의회에 대해서 정치적 책임을 지지 않는 대통령을 중심으로 국정이 운영되고 대통령에 대해서만 정치적 책임을 지는 국무위원에 의해 구체적인 집행 업무가 행해지는 정부 형태를 말한다(허 영, 2003: 845). 대통령제는 고전적 권력 분립 사상에 입각해서 통치 기관의 조직 및 기능의 분리(separation of power)와 권력에 대한 견제·균형의 원리(checks and balances of powers)를 충실하게 실현시키기 위한 정부 형태를 뜻하며, 행정부는 그 성립 및 조직에 있어서 입법부로부터 독립되어 있으며 행정부와 입법부 간에 견제와 균형이 강조된 정부 형태다(남궁근, 2008: 128-129; 허 영, 2003: 845).

일반적으로 대통령제하의 권력 분립 상황에서 정책결정자들은 상당한 어려움을 경험한다(노화준, 2012: 165). 대통령은 정책에 대한 다수의 지지를 얻기 위하여 행정적 및 예산상의 양보를 제안함으로써 국회의원과 협상을 하여야 하며, 법안 기초(drafting) 과정에 국회의원이 깊숙이 개입하는 과정에서 행정부와 갈등을 빚기도 한다. 또 국회에서 이루어지는 심의 과정은 이해관계 집단과 유권자가 정책과정에 참여할 수 있는 통로를 열어 주기도 하는데, 그 과정에서 정책이 약화되거나 서로 내용이 상충되는 정책들이 제정되기도 한다(Howlett, Ramesh, & Perl, 2009: 60: 노화준, 2012: 165 재인용).

선행 연구(남궁근, 2008)에 따르면, 우리나라의 대통령은 특히 정책의제 설정에서 매우 강력한 권한을 행사하여 왔다. 그 이유는 ① 삼권분립 전통이 확립되어 있지 않아 대통령이 여당을 통하여 국회에 영향력을 행사할 여지가 많고, ② 정치제도가 취약하여 대통령을 중심으로 강력한 제도적 권력이 행사되어 왔으며, ③ 산업화 과정을 거치면서 행정부 주도의 국가 발전을 이루었고, ④ 남북 분단의 특수 상황하에서 대통령을 중심으로 행정부가 국정을 주도할 필요성이 인정되었기 때문이다(남궁근, 2008: 205-276).

근래 각 정부에는 대표적인 교육정책이 존재하였는데, 그것은 대통령의 의제 설정에 큰 영향을 받은 것이었다. 즉, 김대중 정부에서는 교육정보화 정책이 정보화 강국을 지향하는 대통령의 의지에 따라 강도 높게 추진되었으며, 노무현 정부에서는 사회 양극화 해소라는 대통령의 관심이 교육복지 정책에 대한 투자 확대로 나타났다. 이명박 정부에서는 영어교육이 강조되었고, 박근혜 정부에서는 한국사 교과서 국정화가 추진되었는데, 이것 역시 대통령의 의지와 무관하지 않다.

대통령은 의제 설정뿐만 아니라, 정책과정 전반에 지대한 영향력을 행사한다. 노무현 정부 당시 「사립학교법」 개정 과정은 이를 잘 보여 준다. 당시 정부는 사립학교에서 발생하는 각종 비리를 예방하기 위하여 개방이사제와 회계 감사 제도 도입을 골자로 하는 「사립학교법」 개정안을 준비하였다. 그러나 당시 야당인 한나라당은 「사립학교법」 개정안이 사립학교의 자주적 운영을 어렵게 함은 물론 국가 정체성의 위기로까지 귀결될 수 있다고 주장하며 원외 투쟁도 불사하였다. 「사립학교법」 개정을 둘러싸고 두 달여 동안 국회가 공전되었다. 이 기간에 사립학교 법인은 야당의 주장에 힘을 싣는 지지 활동을 전개하였고, 사립학교 민주화를 추진하던 세력들은 개정안을 원안대로 통과시킬 것을 촉구하였다. 결국 대통령의 결단으로 원안에서 후퇴된 안이 마련되어 「사립학교법」이 개정되었다.

대통령의 의지에 따라 교육정책이 결정되고 집행되는 것은 정당성을 가진 권력이 국민의 뜻을 실현하는 일과 다르지 않다는 점에서 긍정적으로 평가할 수도 있지만, 대통령의 교체에 따라 교육정책의 방향이 크게 달라지는 경우도 있다는 문제점도 나타나고 있다. 이런 문제점을 지양하고자 '국가교육위원회'와 같은 초정권적으로 국가 교육정책을 결정하는 기구를 만들어야 한다는 견해가 제기되고 있다(김용일 외, 2012).

3) 정당

한국의 정당은 이념 정당이라기보다는 지역에 근거한 정당으로서의 성격을 많이 띠었다고 평가된다. 이에 따라 과거에는 교육정책에 대하여 정당 간 대립은 심각하지 않았다. 그러나 서양의 경우는 정당이 이념에 따라 구분되며 교육정책에 대하여 명확하게 입장이 대립하는 경우도 종종 볼 수 있다. 예를 들면, 영국에서는 토니 블레어 집권 당시 학교 선택 정책을 둘러싸고 세 정당이 명확히 다른 입장을 천명하였다. 당시 노동당은 사립학교 재학생에 대해서는 지원하지 않고, 공교육의 틀 내에 있는 학교교육을 다양화하고 선택을 확대한다는 입장이었다. 이에 대하여 보수당은 사립학교 학생에게도 보조금을 지급하고, 사학을 선택 대상 학교에 끌어들여 교육의 시장 경쟁이 이루어질 때에만 전국적으로 교육 수준이 향상될 것이라고 주장하였다. 한편, 자유민주당은 노동당과 민주당이 모두 학교 선택을 교육 수준 향상의 만병통

치약인 것처럼 주장하는 것을 비판하면서, 거주지 근처의 학교에서 질 높은 교육을 받을 수 있도록 하여야 한다고 주장하였다(藤田英典, 1996: 82-85). 또한 미국에서는 국가 표준 성취기준을 제정하는 문제를 둘러싸고 민주당은 성취 기준에 찬성하는 입장을, 공화당은 강력하게 반대하는 입장을 견지하여 대립하였던 사례도 있다(Ravitch, 2010).

그런데 한국의 정당이 점차 이념 정당으로서의 성격을 띠어 가고 있다. 특히 근래 경제 운용에서 성장과 분배 중 무엇을 강조하는가, 그리고 복지 정책의 방향 등을 둘러싸고 정당 간 견해 차이가 확대되고 있다. 더불어 개별 교육정책 사안에 대한 찬반이 분명해지고 있다. 예를 들면, 근래 무상급식, 학생인권조례, 국제중학교, 자율형 사립고등학교 등을 둘러싼 논란에 대하여 양대 정당이 명확히 다른 입장을 표명한 것이 그 예다. 정당의 이념화가 심화된다면 향후에는 교육정책을 둘러싸고 정당 간 대립이 격화될 가능성이 있다. 다만, 현재는 정당이 관심을 가지는 문제가 지나치게 협소화된 경향이 있으며, 여전히 많은 이슈는 충분한 논의 없이 입법화되는 현상이 존재한다. 이에 대한 치밀한 분석이 필요하다.

한편, 정당이 선거를 앞두고 중도층의 표심을 공략하기 위하여 정책이 극단에 치우치지 않고 중앙으로 귀결되는 현상이 나타나고 있는 것도 현실이다. 실제로, 미국에서 학교 선택 정책과 협약학교(charter school) 정책은 공화당과 민주당의 지지를 받았으며, 「낙오학생방지법(No Child Left Behind Act)」 역시 초당적 지지를 받았다. 근래 한국의 교육정책과정에서도 신자유주의적 교육개혁 정책을 둘러싸고 양대 정당 사이에 세부안에 대한 차이는 있을지언정 정책의 방향에 대해서는 견해가 크게 다르지 않은 것이 사실이다.

과거 국회를 '통법부(通法部)'라고 부르던 시대가 있었다. 국회의원의 입법 활동이 활발하지 않고, 국회는 행정부에서 만든 법안을 통과시키기만 하는 곳이라는 비아냥이 섞인 표현이었다. 그러나 근래에는 국회의원의 입법 활동이 활발해져서 국회의원이 법률 제·개정안을 발의하는 빈도가 높아지고 있다(강석봉, 주철안, 2008). 국회의원이 발의한 법률안의 질이 행정부가 발의한 법률안의 질보다 떨어진다는 일반적 평가가 제기되기도 하지만, 대통령제하의 교육정책에서 발생할 수 있는 일반적인 문제점, 대통령 교체에 따른 교육정책 방향의 잦은 변동을 완화하기 위해서는 국회가 국민의 의사를 집약하여 법률을 제정하고 국회의 심의를 실질화하여 행정부를 견제하는 기관으로서 제 역할을 다하는 일이 매우 중요하다.

4) 교육자치와 지역정치

1991년 지방교육자치제가 부활한 이후에도 지역에서의 교육자치는 크게 활성화되지 않았지만, 교육감 주민직선제 시행을 계기로 교육자치가 진전되고 있다. 물론 여전히 중앙교육행정기관에서 결정하는 교육정책이 많기도 하고 그 영향력도 절대적이지만, 교육감 중에는 정책 창도자(policy entrepreneur) 역할을 수행하면서 교육정책 의제를 제안하고 시행하면서 중앙교육행정기관과 건전한 긴장 관계를 형성하는 경우도 나타나고 있다. 예를 들면, 혁신학교 정책은 한 시·도 교육청에서 시작되었지만 전국적 반향을 불러일으켰으며 (성열관, 이순철, 2011), 여러 교육청에서 참신한 교육정책을 제안하는 사례가 증가하고 있다.

이처럼 교육자치가 활성화되는 것은 교육정부 간 건전한 정책 경쟁이 시작될 수 있다는 점에서 긍정적 의미를 지닌다. 그러나 다른 한편으로는 어떤 교육정책을 국가 전체 차원에서 단기간에 확산시키기가 어려워질 수 있는 조건이 형성되고 있음을 함의하기도 한다. 즉, 그동안 한국의 교육정책은 일시에 전국적으로 확산되는 사례가 많았고, 그런 점에서 교육부의 정책 결정이 심대한 의미를 가졌다고 할 수 있다. 그러나 향후에는 국가 수준의 교육정책과 지역 수준의 교육정책의 방향이 같지 않고, 심지어 두 정부 간에 정책 갈등이 빚어질 수도 있다. 이미 지난 수년 동안 교원평가나 시국선언 교사에 대한 징계 등 여러 사안을 둘러싸고 교육부와 교육청 간의 법적 소송으로 비화될 만큼 심각한 갈등을 경험한 사례가 있다(김 용, 이차영, 2012).

한국과 달리, 기초자치단체 수준에서 교육자치를 시행하고 있는 미국에서는 전국적 규모에서 일관된 정책을 수립하고 시행하는 일이 매우 어렵고, 이에 따라 정책과정에서의 일관성(coherence in practice)을 제고하는 문제가 교육정책의 중요 과제가 된 지 이미 오래다(Cohen, 1995; Cohen & Spilliane, 1992). 또한 일본의 경우에도 도 · 도 · 부 · 현 교육위원회는 고등학교를 관장하고, 시 · 정 · 촌 교육위원회는 소학교와 중학교를 관장하기 때문에, 도 · 도 · 부 · 현 교육위원회의 정책 결정은 고등학교만을 대상으로 할 수밖에 없다는 현실이 교육 개선에 문제가 되기도 한다. 한국에서도 유사한 변화가 일어날 가능성이 없지 않다.

한편, 2006년과 2010년 지방교육자치에 관한 법률이 개정되어 교육위원회가 지방의회에 통합되어 운영되면서 지역 정치의 영향력하에서 초 · 중등교육정책이 결정되고 시행되고 있다. 그 이전에도 교육위원회가 위임형 의결기관이었던 탓에 지역정치의 영향을 전혀 받지 않았던 것은 아니지만, 지방의회 통합 이후에는 그 영향이 더 커지고 있다. 예를 들면, 서울시의회에서 무상급식과 학생인권조례 제정 등을 둘러싸고 양대 정당이 격돌하는 양상이 빚어진 것은 대표적인 사례다(김 용, 2013).

또한 주요 정당이 지역에 근거를 두고 있기 때문에, 지역 수준에서는 한 정당이 의회와 집행부를 모두 장악하여 지역 정치 구조 내에서 건전한 견제와 균형이 작동하지 않는 지역이 많다. 이런 경우 지방의회가 지방교육행정기관의 정책 결정과 집행에 대하여 적절한 감시자와 통제자의 역할을 하지 못하게 되고, 또 교육청과 의회가 결탁하여 주민의 의사와는 무관한 교육행정을 할 가능성도 있다. 향후 지방교육자치가 더욱 확대될 것이 예상되는 상황에서 지역정치의 구조와 정책과정은 중요한 분석 대상이 된다.

5) 정치문화: 중앙집권 전통과 권위주의

정치문화는 정치적 과정, 정치의 적절한 목적, 정치인을 위한 적정한 행동에 관한 신념을 포함한 정치에 대한 집단적인 사고방식을 일컫는다(Fowler, 2004: 95). Fowler(2004)는 미국의 정치문화를 전통적 정치문화, 도덕적 정치문화, 개인화 정치문화로 구분하였다. 전통적 정치문화는 시장과 규제받지 않은 상업적 기업에 대하여 양면 가치를 보이며, 확립된 엘리트가 정치적 리더십을 행사하여야 한다는 것을 내용으로 한다. 도덕적 리더십은 국가의 적극적 역할, 정치 참여 확대, 깨끗한 정부 등을 강조한다. 개인화된 정치문화는 정부는 경제적 측면에서 공리주의적 목적에 봉사하여야 하며, 기업과 개인, 교회 같은 사적 영역에 개입을 최소화할 것을 강조한다. 미국의 경우 지역에 따라 정치문화의 양상이 다르다는 지적이 제기된다.

한국의 정치문화 중 중요한 것은 중앙집권의 전통과 권위주의다. 전통적으로 한국 사회는 민족 간 대립이나 종교의 대립 또는 이데올로기의 차이로 인한 분열과 균열은 심하지 않았고, 정책적 차이나 이해관계의 대립도 크지 않았다. 동질성과 단일성을 배경으로 하고, 하늘과 땅을 연결하는 존재로서의 왕(王)이라는 존재가 상징하는 것처럼 중앙을 지향하는 정치문화가 역사적으로 지속되고 있다. 한국의 정치를 분석한 외국 학자는 "한국 정치는 중앙권력을 향해 모든 활동적 요소를 휘몰아가는 소용돌이"(Henderson, 1968)라고 표현하였다.

중앙집권화는 권위주의와 결합된다. 권위주의는 특정한 지위나 인물에 절대적인 권위나 위광(威光)을 인정하고 이에 따라 행동·평가하는 사회적 태도를 보이는 정치 문화를 일컫는다. 권위라고 인정되는 것은 대체로 그 시점에서의 권력자나 유력한 인물·사상으로, 현실적이고 세속적인 힘을 나타낸다. 그러므로 권위주의자 또는 권위주의적 사고에서는 힘의 맹신·일체화를 볼 수 있으며, 반이성적이고 반근대적인 내용을 가지는 것이 특징이다. 한국

정치문화의 중요한 특징으로 권위주의를 들 수 있다(윤천주, 1981). 중앙집권화와 권위주의가 결합하면서, 앞에서 살펴본 것처럼 교육정책에서 대통령의 영향력이 매우 강력하였다. 또 지방자치보다는 중앙집권의 정치 행정 문화가 오랫동안 유지되면서 교육부의 정책 결정이 모든 지역에 일시에 확산되는 정책 확산 유형이 나타났다.

지방자치의 진전에도 불구하고 중앙집권적 정책 결정 및 집행 구조는 여전히 온존하고 있다. 중앙 정부가 권한 이양에 소극적이며, 지방 재정의 자주성이 확립되지 못한 것 등이 그 원인이 되고 있다(김병준, 2012). 그러나 향후 지방자치와 교육자치가 진전되면 중앙집권적이고 권위주의적 정치 행정 문화에도 변화가 예상된다.

6. 이념 지형의 변화와 교육정책

1) 이념 지형 분석의 의의

사회를 구성하는 사람들의 마음, 한 사람 한 사람의 마음이 어우러져 형성하는 사회의 이념 또는 가치는 정책을 형성하는 중요한 요소가 된다. 정책을 분석할 때 사회에 편재하는 사상이나 신념 또는 가치를 검토하는 일은 다음 두 가지 이유에서 중요하다(Fowler, 2004: 108). 첫째, 사회의 지배적 사조는 사람들이 정책 문제를 정의하는 방식을 형성한다. 미국의 경우 가장 중요한 사조는 개인주의라고 할 수 있는데, 이런 맥락에서 다른 무엇보다 개인의 독립과 자조가 중요한 가치가 된다. 이런 경향은 사회적 책임보다는 개인의 관점에서 문제를 이해하도록 하는데, 예컨대 영유아 보육에 관한 문제에 대하여 "젊은 부부에 대한 사회적 지원이 충분하지 않다."는 관점에서 문제에 접근하기보다는 "너무 많은 젊은 여성이 일을 한다."는 점에서 문제를 파악하도록 한다(Bellah, Madsen, Sullivan, Swidler, & Tipton, 1996: viii: Fowler, 2004: 108 재인용). 둘째, 아이디어나 신념, 가치는 정책 문제에 대하여 사람들이 지각할 수 있는 가능한 해결책의 범위를 제약한다. 개인주의적 성향이 강한 미국에서 아동 보호의 문제가 제기되는 경우 정부가 공립 유아학교를 설립하는 방안을 강구하기보다는 젊은 여성이 가정에서 자녀와 더 많은 시간을 보내도록 홍보하는 활동을 우선 강구하는 것이 그 예다. 교육정책의 개발과 집행에서 아이디어의 중요성 때문에 어떤 정책이나 정책 제안도 그것을 떠받들고 있는 가치와 이데올로기 체계를 염두에 두지 않고는 완전히 이해될 수 없다(Fowler, 2004: 108).

2) 가치관과 행정

한 사회 구성원의 의식구조를 지배하는 가치관은 정책과정에도 투영된다. 한국인의 의식구조를 지배하고 있는 가치관은 어떤 것인가? 백완기(1975)는 오래 전에 한국인의 가치관과 행정 행태의 관련성을 연구한 일이 있다. 비록 오래된 연구이기는 하지만, 가치관이라는 것이 비교적 쉽게 변하지 않는 것이라는 점에서 여전히 시사하는 바를 찾을 수 있다. 그는 한국인의 가치관과 행정 행태를 다음과 같이 분석하였다.

첫째, 운명주의(fatalism)다. 운명주의는 인간 주위에서 일어나는 모든 일들, 즉 성공이나 실패, 재앙이나 축복과 같은 모든 일들이 인간의 의지나 능력 이외의 초자연적 힘(superficial force)이나 운에 의해서 결정된다고 믿는 사상이다. 행정가들이 운명주의에 젖어 있으면, 실패의 원인을 객관적인 분석을 통해서 파헤치려 하지 않는다. 정책이나 기획이 실패로 돌아갔을 때 그 책임을 인간의 능력으로는 통제할 수 없는 운이나 외부적 상황으로 돌려 버리는 경우가 많다. 또한 현존 안정 상태를 위협할 수도 있는 새로운 사업이나 모험은 아주 꺼린다.

둘째, 가족주의(familism)다. 이는 직계 가족이나 가까운 친족에 대한 충성심을 강조하는 것이며, '가족'에는 자신의 가족은 물론 고향, 출생지, 성장지, 출신학교 등 제1차적 집단에 대한 충성도 포함된다. 가족주의적 가치관이 지배하는 행정은 배타적이고 귀속주의적 행태를 띤다. 정책 결정에서 합리성이나 객관적 판단이 격감되며, 가족주의를 토대로 한 파벌주의나 분파주의는 개인의 능력이나 가치관을 자주적인 입장에서 발전시킬 기회를 박탈한다.

셋째, 권위주의(authoritarianism)다. 이는 모든 사물이나 사람을 등급화하고, 우열 관계에 기초를 둔 계층적 마음가짐이다. 권위주의적 색채가 짙은 행정 문화에서는 관료가 국민에 대하여 책임을 지려는 경향이 약하며, 상급자에 충성하려는 성향이 강화된다. 조직체 내에서 의견이나 행동에서 일치성(confirmity) 또는 동질성이 자주 나타나지만, 이는 자유스러운 의견 교환이나 토론 과정을 통하여 이루어지는 것이 아니라 하급자가 상급자의 의견에 좀처럼 반대하지 않으려는 태도에서 비롯되는 경우가 많다. 대부분의 정책이나 결정 행위가 고위층에서 이루어지며, 정책 결정이나 문제 해결에서 점진적 방법(incremental approach)이 채택될 여지가 적다. 권위주의적 성격을 가진 사람은 모든 사물을 흑백 아니면 선악의 양극단으로만 인식하려 하기 때문이다.

3) 평등주의

평등주의는 종종 한국의 지배적 사회 이념으로 논의된다(송호근, 2006). 그리고 이와 같은 이념 지형은 1969년의 중학교 무시험 입학, 1974년의 고등학교 평준화 정책의 사회 이념적 지형을 구성하였다. 또 기존의 교육기회 확장 정책은 1990년대까지 계속되었다. 이는 평등주의에 입각한 것이었다.

평등주의(egalitarianism)는 평등(equality)을 지향하는 심성 내지 정신적 특성이다. 평등주의는 개인적 차원과 사회적 차원으로 구분할 수 있다. 개인적 차원에서는 불평등을 참지 못하는 마음의 습관, 역으로 말하면 평등하기를 원하는 심성(mentality)이다. 사회적으로는 사회적으로 유용하다고 인정되는 가치, 즉 사회적 가치(social values)를 평등하게 분배할 것을 추구하는 이념이다(송호근, 2006: 41, 49).

평등주의는 사회 발전의 동력이 되기도 하고, 발전을 가로막는 해악이 되기도 한다. 개인적 차원에서 평등주의는 '노력의 에너지'다(송호근, 2006: 135). 평등은 성취 동기를 불러일으키며, 노력을 자기 발전하는 에너지다. 사회적 차원에서 평등주의는 공정성(fairness)에 대한 사회적 관심과 경각심을 불러일으키며, 인심(人心) 또는 인정(人情)과 관련이 깊다. 여유 있는 사람이든 형편이 어려운 사람이든 못살고 가난한 사람에게 무엇인가를 베풀고 싶어 한다(송호근, 2006: 135-136).

그러나 평등주의적 심성은 때로 부정적 결과를 빚어 내기도 한다. 평등주의 사회에서는 지배층 또는 크게 성공한 사람들이 정당성이 결여되고 신뢰와 존경을 받지 못하기도 한다. 이런 사회에서 일반 시민은 자기 보호와 이해 관철을 위해 편의적 수단과 비합리적 사고 양식을 선택하기도 한다.

교육기회(확대)와 관련한 정책의 결정과 실행에서 평등주의의 제 양상이 잘 나타난다. "나도 노력하면 잘살 수 있다."는 평등주의적 심성은 교육기회를 계속 확대하는 정책을 추진하도록 에너지를 불어넣었고, 정부는 학교급을 차례대로 높여 가면서 교육 접근 기회를 확대하였다. 아울러, 학생 선발 정책을 결정할 때 여러 가지 준거를 고려하여야 하지만, 그중 공정성은 늘 최상의 가치가 되었으며, 정부가 공정성과 수월성 등 여러 가치를 최적 선택하여 정책대안을 마련한 경우에도 학부모 및 학생들이 자신의 이해를 중심으로 선택을 하게 됨에 따라 정책 실행 과정에서 예기치 못한 문제가 발생하고 정책 실패로 귀결된 사례도 적지 않다.

한편, 1990년대 중반 이후 신자유주의가 사회 전반에 확산됨에 따라 기존의 평등주의에 비판을 가하는 사회의 이념 지형이 형성되고 있음을 유의할 필요가 있다. 부의 집중이 심화되는 과정에서, 평등주의에 대하여 강력하게 반대하는 집단이 형성되고 있으며, 다른 한편으로 평등주의에 대한 요구도 강력해지고 있다. 이처럼 평등주의에 대한 지지와 반대가 명확해지는 상황은 교육정책결정자들에게 쉽지 않은 도전이 되고 있다. 두 입장을 모두 존중할 수 있는 정책대안을 찾기가 어렵기 때문이다.

4) 국가와 시장

전통적으로 교육을 관장하는 주체는 국가였으나, 신자유주의 사조는 국가 실패가 명확한 상황에서 시장 중심의 교육 거버넌스를 확립하여야 한다고 주장한다. 국가와 시장은 여전히 교육 거버넌스의 주체가 되고 있다(이종재, 이차영, 김 용, 송경오, 2012).

한국의 교육정책과정을 되돌아볼 때, 교육정책과정에서 국가의 지도력과 영향력은 절대적이었다. 국가 주도의 교육기획과 사회 문제를 해결하기 위한 여러 차례의 대규모의 교육개혁은 한국 교육의 발전 과정 그 자체였다고 할 수 있다. 이와 같은 일이 가능한 배경에는 국민의 국가에 대한 절대적 지지가 뒷받침되었다고 할 수 있고, 또 국가가 역할을 수행하는 과정에서 국민의 국가에 대한 지지가 더 굳건해지기도 하였다.

그러나 신자유주의 교육개혁을 경험한 국가들에서와 마찬가지로 한국에서도 교육정책과정에서 국가의 역할을 축소하고 시장 원리에 따라 교육을 운영하여야 한다는 주장이 제기되고 힘을 얻어 가고 있다(신광식, 이주호, 1995). 이들은 국가는 교육정보의 활성화 등 최소 역할만을 수행하고, 학생의 학교 선택을 확대하고, 교직 사회에 엄밀한 성과 평가와 보상 체계를 구축하는 등 시장 기제에 따라 교육을 개선하여야 한다고 주장한다(박세일, 1995). 교육규제를 혁파하는 일도 시장 기제를 작동시키는 데에서 중요한 과제가 되며, 역대 정부는 거의 예외 없이 교육규제 개혁에 힘을 기울였다.[2] 이처럼 국가와 시장 가운데 어떤 주체가 교육정책과정에서 주도력을 발휘하여야 하는가는 근래 교육정책 운용의 중요한 주제가 되고 있다.

7. 한국의 교육정책 환경 변화의 함의

한국 교육을 둘러싼 경제 사회 환경은 향후 한국의 교육정책이 상당한 도전에 처할 것임을 시사한다. 과거와 같은 고성장 경제를 기대하기 힘든 현실에서 향후 교육에 대한 재정 투자는 위축될 것이다. 또한 경제 상황에서 비롯되는 양극화와 빈곤은 교실에 그대로 침투하여 교사의 교육 활동을 어렵게 할 것이다. 교사는 가정과 사회에서 충분하게 돌봄을 받지 못하는 학생을 돌보아야 하는 부담을 지게 될 것이다. 더 나아가, 저출산과 다문화 사회로의 진입은 학생의 구성에 큰 변화를 초래하여 교사는 교육 활동에서 차별과 편견을 지양하고 통합적 학급 운영을 과제로 부과받을 것이다. 이 과정에서 소진(burn-out)되고 교직을 떠나는 교사가 속출할 수도 있다. 미국의 교육정책 환경을 분석한 Fowler(2004: 75)가 표현한 것처럼, 한국의 교육자와 교육정책가들은 '더 적은 자원으로 더 많은 일을 해야 하는(do more with less)' 상황에 놓이게 될 것이다.

그런데 이런 복잡한 방정식을 풀기 위한 정책 여건도 전망이 밝은 것은 아니다. 교육정책을 둘러싼 사회적 이념의 분화가 이루어지고 있다. 교육정책이 평등과 수월성 중 무엇을 더 우선하여야 하는가에 관한 논쟁, 교육에서 국가와 시장의 역할을 어떻게 분배하여야 하는가에 관한 논란, 교육복지 정책의 방향과 내용에 관한 다양한 이견이 제기될 것이다. 또한 학생과 학부모는 저마다 자신의 입장에서 교육정책을 평가하고, 이 과정에서 계층 간, 지역 간 갈등이 격화될 가능성이 있다. 정치권은 문제 해결의 합리적이고 공정한 조정자로 역할을 하기보다는 갈등을 촉발하고 문제를 악화시킬 가능성이 없지 않다.

복잡한 문제 상황과 교육정책에 대한 다원화된 요구가 교차하는 상황에서 교육정책가는 현명하게 행동하여야 한다. 과거와 같이 중앙 집권적 경향을 고수하거나 권위주의적 정책 결정 방식을 답습하는 것은 문제를 더욱 악화시킬 뿐, 해결에 기여하지 못한다. 교육정책가는 부분적으로 정책 경쟁이 이루어질 수 있는 환경을 조성하여야 한다. 복잡한 문제와 다양한 요구가 상존할 때, 여러 주체들이 다양하게 문제 해결을 도모하고, 좋은 평가를 거둔 방식을 확산하고 나쁜 평가를 거둔 방식은 지양하도록 유도하는 것이 현명한 태도다. 이런 점에서 지방교육자치를 진전시키고 지역 간 격차가 심각해지지 않는 범위 내에서 다양한 정책활동이 가능하도록 조장하는 편이 바람직하다. 또한 학교 수준에서도 교육 격차를 확대시키지 않는 것과 같은 몇 가지 원칙 하에서 자율적인 운영을 권장하여야 한다. 이 과정에서 교육정책 연구자는 중요한 역할을 담당하여야 한다. 많은 현장에서 다양한 주체가 추진하는 각종 교육정책의 전개 과정과 결과를 분석·평가하고, 좋은 사례를 확산시킬 수 있는 일에 교육정책 연구자들은 기여하여야 한다.

아울러 어떤 국가나 한 시대의 당면한 과제를 해결해 가는 과정에서 교육정책의 도전 과제를 설정하고, 이를 해결해 가는 경우가 많다. 한국의 경우, 전쟁 이후 황폐한 상황에서 산업화와 경제 성장을 국가적 과제로 설정하였고, 정책 역량을 경주하였으며, 교육정책 역시 이런 흐름에서 추진되었다고 할 수 있다. 이후 민주주의를 신장하는 과제가 국가 발전 도상에서 제기되었으며, 교육정책은 교육의 민주화와 다양화를 통하여 민주주의 확대에 기여하였다. 근래에는 '선진화'라는 과제로 제시되기도 하고, 또 다른 이름을 활용할 수도 있겠지만, 또 한 번의 국가 발전의 도약이 필요하다는 주장이 여기저기에서 제기되고 있다. 양적 확대를 성취하고 질적으로 심화시키는 도상에 있는 한국 교육은 새로운 도전 과제에 직면하고 있다(이종재, 이차영, 김 용, 송경오, 2012).

　그러나 위기(危機)가 위험과 기회를 함께 일컫는 것처럼, 교육정책환경의 변화가 또 다른 기회를 제공할 수도 있다. 학령 인구가 감소하는 것은 과거에 비하여 경쟁 체제가 완화될 수 있으며, 60여 년 이상 한국 교육정책의 과제가 되어 온 사교육과의 전쟁이 종결될 수 있음을 함의할 수도 있다. 또한 양극화에 대하여 교육정책이 현명하게 대응한다면, 한국 사회가 한 단계 도약할 수도 있을 것이다. 통일 역시 한국 교육에 중대한 변화의 계기를 제공할 것이며, 세계화 속에서 한국 교육의 독특한 발전 경험이 각광받을 가능성은 점차 현실이 되어 가고 있다. 요약하자면, 교육이 한국 사회의 새로운 성장 동력이 될 수도 있을 것이다.

　한편, 어떤 국가가 직면하고 있는 정책 환경은 세계적 수준에서 보편적으로 형성되어 있는 것도 있지만, 그 국가에 특수한 정책 환경이 상당하다고 할 수 있다. 이 사실은 교육정책을 결정하고 운용하는 데 중요한 시사를 제공한다. 세계화된 정책 환경에서 다른 국가에서 성공적으로 시행된 정책 사례를 모방하여 적용하는 정책 차용(policy borrowing)이 널리 활용되고 있다. 그런데 어떤 교육정책이 한 국가에서 성공했다고 하는 것은 그 정책이 그 국가의 정책 환경에 잘 부합하였다는 것을 의미할 뿐, 다른 정책 환경에 둘러싸인 다른 국가에서도 똑같이 성공적으로 시행될 것이라고 기대할 수는 없다. 오히려 탈맥락적인 정책 차용은 차용 국가의 정책 개선에 해가 될 수도 있다(성열관, 2004). 따라서 외국의 교육정책을 차용할 때, 교육정책가는 그 국가에서 정책이 성공한 요인과 그 국가의 정책 환경을 엄밀하게 분석하고, 한국의 교육정책 환경에 어느 정도 부합할지 여부에 대하여 정책 차용 이전에 심사숙고하는 자세가 필요하다.

　지금까지 논의한 교육정책 환경의 변화와 교육정책의 과제를 정리하면 [그림 1-21]과 같다.

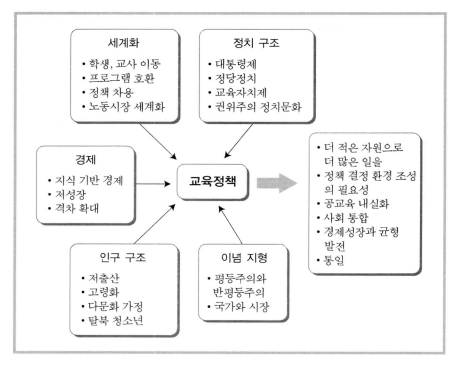

[그림 1-21] ··· 교육정책 환경의 변화와 교육정책의 과제

미주

1) 이 절의 내용은 다음 문헌 자료에 크게 의존하였다. 한국경제 60년사 편찬위원회(2010). 한 국경제 60년사. 한국개발연구원. 1-76; 이종재, 김성기, 김왕준, 김영식(2010). 교육기회의 확 대와 한국형 교육발전 전략; 이종재, 김성열, 돈 애덤스(공편). 한국교육 60년. 서울: 서울대학 교 출판부.

2) 그러나 교육 운영에서 시장 기제를 작동시키자는 주장이 현실에서는 국가의 역할을 최소화 하기보다는 오히려 일정한 수준까지 국가 역할을 확대하는 것으로 나타나고 있으며, 신자 유주의는 고전 자유주의자들과 달리 일정 수준의 국가의 적극적 역할을 긍정한다는 점에서 차이가 있다는 지적도 이루어지고 있다(Olssen, Codd, & O'Neill, 2004).

추천도서

Fowler, F. C. (2004). *Policy studies for educational leaders: An introduction* (2nd ed.). (신현석, 한유경 역, 2007). **교육정책의 이론과 실제**. 서울: 아카데미프레스.

　　교육정책 환경은 그 중요성에도 불구하고 상세하게 분석된 책이나 논문을 찾아보기가 쉽지 않지만, 이 책은 굉장히 예외적으로 교육정책 환경을 공부하는 데 도움을 준다. 이 책은 경제와 인구 구조, 정치 체제와 정치 문화, 가치와 이데올로기를 중심으로 미국의 교육정책 환경을 분석하고 있다. 한국의 교육정책 환경을 분석하는 데에도 크게 도움을 준다.

참고문헌

강석봉, 주철안(2008). 의원 발의 교육 법률안 증가와 그 영향 요인 분석. **교육행정학연구**, 26(4), 293-317.

강익수, 홍후조, 성열관(2006). 우수 고교생의 대학진학 준비 교육과정으로서의 AP와 IB 비교 연구. 비교교육연구, 16(4), 207-235.

김병준(2012). **지방자치론**(수정판). 파주: 법문사.

김정원, 박인심(2007). 교육복지투자우선지역지원사업 만족도와 성과 분석. 한국교육개발원.

김 용(2013). 지방의회 통합형 교육위원회의 활동 및 그 특징 분석. **교육행정학연구**, 31(3), 175-203.

김 용, 이차영(2012). 지방교육 거버넌스 주체간 권한 배분 관계의 합리화 방안 연구. 서울시교육청.

김용일 외(2012). 국가교육위원회 설립 방안 연구. 경기도교육청.

남궁근(2008). **정책학 –이론과 경험적 연구–**. 서울: 법문사.

노화준(2012). **정책학원론 –복잡성 과학과의 융합 학문적 시각–**. 서울: 박영사.

박세일(1995). 세계화 시대의 교육을 위한 발상의 전환 –규제에서 탈규제로–. 나라정책연구회(편). **소비자주권의 교육대개혁론**. 서울: 길벗. 15-35.

박재윤, 이혜영, 정일환, 김 용(2008). 세계화 시대의 교육제도 발전방안 연구. 한국
    교육개발원.
백완기(1975). 한국 행정의 근대화에 대한 문화심리학적 접근법. 한국행정학보, 제9호,
    71-102.
성열관(2004). 호모 에코노미쿠스 시대의 교육: 교육과정과 학교에 대한 선택 논쟁. 서울:
    문음사.
성열관, 이순철(2011). 혁신학교. 서울: 살림터.
송호근(2006). 한국의 평등주의, 그 마음의 습관. 서울: 삼성경제연구소.
신광식, 이주호(1995). 교육개혁의 과제와 방향: 경제적 접근. 한국개발연구원.
신현석, 주영효(2013). 글로벌 거버넌스와 한국의 교육정책: OECD/PISA를 중심으
    로. 교육학연구, 51(3), 133-159.
안병영(2000). 세계화와 신자유주의: 충격과 대응. 안병영, 임혁백(공편). 세계화와 신
    자유주의. 서울: 나남출판.
양동휴(2005). 세계화의 역사적 조망. 서울사회경제연구소(편). 신자유주의와 세계화.
    서울: 한울아카데미. 13-46.
유경준, 최바울(2008). KDI 이슈분석: 중산층의 정의와 추정. KDI 재정·사회정책 동
    향, 2(1), 83-96.
윤종혁 외(2012). 한국의 교육 ODA 실천 전략 연구. 한국교육개발원.
윤천주(1981). 정치문화와 통치형. 서울: 서울대학교 출판부.
이종재, 김성기, 김왕준, 김영식(2010). 교육기회의 확대와 한국형 교육발전 전략. 이
    종재, 김성열, 돈 애덤스(공편). 한국교육 60년. 서울: 서울대학교 출판부.
이종재, 이차영, 김 용, 송경오(2012). 한국교육행정론. 파주: 교육과학사.
허 영(2003). 헌법이론과 헌법(신정 제8판). 서울: 박영사.

大桃敏行, 背戸博史(編)(2010). 生涯學習-多樣化する自治体施策. 東京: 東洋館出版社.
藤田英典(1996). 敎育의 市場性/非市場性. 敎育と市場-敎育學年報5. 世織書房.

Anderson, J. E. (1984). *Public-policy making* (3rd ed.). New York: Holt.
Bellah, R. N., Madsen, R., Sullivan, W. M., Swidler, A., & Tipton, S. M. (1996).

Habits of the heart (updated ed.). Berkeley, CA: University of California Press.

Brown, P., & Lauder, H. (2006). Globalization, knowledge and the myth of the magnet Economy. In H. Lauder, P. Brown, J-A. Dillabough, & A. H. Halsey (Eds.)(2006). *Education, globalization, & social change.* Oxford: Oxford University Press.

Cohen, D. K. (1995). What is system in systemic reform? *Education researcher, 24*(9), 11–17, 31.

Cohen, D. K., & Spilliane, J. P. (1992). Policy and practice: the relations between governance and instruction. *Review of research in education. 18,* 3–49.

Dunn, W. N. (1994). *Public policy analysis*(2nd ed.). NJ: Prentice Hall.

Dye, T. R. (1978). *Understanding public policy.* NJ: Preatice-Hall.

Easton, D. (1965). *A system analysis of political life.* N.Y.: John Wiley & Sons, Inc.

Fowler, C. F. (2004). *Policy studies for educational leaders–An introduction* (2nd ed.). NJ: Pearson Prentice Hall.

Fowler, F. C. (2004). *Policy studies for educational leaders: An introduction* (2nd ed.). (신현석, 한유경 역, 2007). 교육정책의 이론과 실제. 서울: 아카데미프레스.

Henderson, G.(1968). *KOREA: The Politics of the Vortex.* (이종삼, 박행웅 역, 2013). 소용돌이의 한국정치(완역판). 서울: 한울아카데미.

Held, D., & McGrew, A. (2007). *Globalization/anti-globalization.* Cambridge: Polity Press.

Howlette, M., Ramesh, M., & Perl, A. (2009). *Studying public policy: Policy cycles and policy* sub systems. Oxford. NY: Oxford University Press.

Howlette, M., & Ramesh. M. (1995). *Studying public policy.* Oxford: Oxford University Press.

Lauder, H., Brown, P., Dillabough, J-A., & Halsey, A. H.(Eds.) (2006). *Education, globalization & social change.* Oxford: Oxford University Press.

Mundy, K., & Ghali, M. (2009). International and transnational policy actors in education. In G. Sykes et al. (Eds.), *Handbook of educational policy research.* New York: Routledge.

Olssen, M., Codd, J., & O'Neill, A-M. (2004). *Education policy-Globalization, citizenship & democracy*. (김 용 역, 2015). 신자유주의 교육정책, 계보와 그 너머. 서울: 학이시습.

Ravitch, D. (2010). *The Death and life of the great american school system-How testing and choice are undermining education*. (윤재원 역, 2011). 미국의 공교육 개혁, 그 빛과 그림자. 서울: 지식의 날개.

Stiglitz, J. E. (2006). *Making globalization work*. (홍민경 역, 2008). 인간의 얼굴을 한 세계화. 서울: 21세기북스.

교육정책의 제도적 구조

이 장에서는 교육정책이 형성되고 집행되며 평가되는 제도적 구조를 살펴본다. 어떤 국가나 교육정책과정의 제도적 구조를 형성하고 있으며, 교육정책 주체는 그 구조 안에서 정책 행위를 전개한다. 교육정책가는 정책 아이디어가 법률 형태로 구체화되고 예산화되는 구조와 정책이 집행되고 평가되는 제도적 구조를 이해할 때 효과적으로 교육정책 행위를 전개할 수 있다. 또한 헌법재판이 활성화되면서 교육정책에 대한 사법 심사가 중요한 의미를 가지게 되는데, 마지막 절에서는 교육정책에 대한 사법심사의 구조를 살펴본다.

1. 교육정책의 제도화

1) 개념 및 의의

민주주의 국가의 교육정책은 주권자인 국민의 의사로부터 출발하며, 최종적으로 국민이 해당 교육정책의 정당성을 승인할 때 비로소 성립하고 실행될 수 있다. 여기서 '국민이 정당성을 승인하는 일'은 현실적으로 국민의 대표로 구성된 국회에서 법률의 형태로 정책을 표현하는 일을 의미한다. 오늘날 민주국가의 행정은 법치주의를 기본 원리로 삼고 있으며, 법치 행정은, 모든 행정은 법률(여기서 법률은 '합헌적 법률'을 의미함)에 위반되지 않아야 한다는 의미의 법률 우위 원칙과 행정권의 발동에는 법률의 근거(작용법적 근거)가 있어야 한다는 의미의 법률 유보 원칙을 개념적 내포로 삼는 것이므로(김동희, 2004: 34-35), 교육정책 역시 법률에 근거를 두고 법률에 위반되지 않게 결정·집행하여야 한다. 교육정책이 법령의 형태로 표현되어 민주적 정당성을 확보하고 정부 예산을 투입하거나 정책 집행 주체를 명확히 하는 등의 방식으로 교육정책을 안정적으로 시행할 수 있는 조건을 확보하는 일을 교육정책의 제도화라고 할 수 있다.

교육정책은 교육제도와 긴밀한 관계를 형성한다. 일반적으로 제도는 사람들 간의 관계 또는 어떤 일이 이루어지는 과정을 구조화시키는 공식적 규칙이나 절차 또는 표준화된 관행을 의미한다. 공공적·조직적·사회적 활동으로서의 교육은 매우 많은 규칙이나 절차, 관행에 따라 이루어지는데, 이런 모든 것을 교육제도라고 통칭할 수 있다. 교육제도는 교육 단계나 제도의 대상 영역 또는 사무에 따라 다양하다. 예를 들면, 초·중등학교교육 단계의 제도와 고등교육 단계의 제도가 별도로 존재한다. 또한 교원인사 제도, 학생 선발 제도, 교육복지 제도 등 영역이나 사무에 따라 많은 제도가 성립되어 있다.

교육정책은 교육제도에서 배태되지만, 교육제도를 변화시키기도 한다. 교육제도를 운영하는 과정에서 어떤 문제가 노출되거나 더 나은 대안이 제시되는 경우, 이는 정책과정의 출발점을 구성한다. 정책 문제를 확인하고 목표를 설정하고, 대안을 탐색하여 결정한 결과로서 정책이 산출되는데, 정책은 기존의 제도를 변화시키거나 새로운 제도를 만들어 내는 것이 된다. 이런 의미에서 정책은 제도의 산물이며, 제도는 정책의 산물이라고 할 수 있다.

한편, 제도는 법의 표현이며 법은 제도의 정신이 응축된 것이기에(이종재, 이차영, 김 용, 송경오, 2012: 135), 새로운 제도를 만들어 내는 교육정책은 궁극적으로 법률 형식으로 제도화된다. 교육정책을 법률 형식으로 제도화하는 것은 다음과 같은 의의를 지닌다.

첫째, 민주주의 사회에서 법은 시민의 합의의 산물이라는 점을 상기할 때, 교육정책을 법률로 제도화하는 일은 국민의 대표로 구성된 국회에서 교육정책의 내용을 결정하는 일과 동일하며, 이는 교육정책의 민주성을 확보하는 일이라고도 할 수 있다. 둘째, 교육정책에서 법치 행정을 구현하는 일은 교육정책을 결정하고 집행하는 사람들이 법에 기속되도록 하고, 정책가의 자의적 결정으로 시민의 권리나 이익이 훼손되지 않도록 방어하는 의미가 있다. 이는 행정권을 법에 기속되도록 하고, 위법한 행정작용이 발생할 때에는 사법 심사를 통하여 국민의 권익을 보장하고자 했던 법치 행정의 의의(김동희, 2004: 28)와 상통한다. 셋째, 정의와 함께 법적 안정성이 법의 이념이라는 점을 상기할 때(최종고, 1991), 교육정책이 법률의 형태로 제도화된다는 것은 특별한 상황의 변화가 없는 한, 교육정책이 안정적으로 추진될 수 있도록 보장하는 의미가 있다. 넷째, 행정이 추구하는 궁극적 목적은 헌법상 보장된 개인의 기본권, 특히 표현의 자유와 적법 절차 그리고 평등권을 보호하는 것이다(Rosenbloom, 1989: 14-27: 표시열, 2008: 9-10 재인용). 교육정책 역시 좁게는 헌법상의 교육받을 권리를 실질적으로 보장하기 위한 것이어야 하고, 넓게는 인간다운 존엄과 가치를 실현할 수 있는 터전을 마련하는 활동이어야 한다.

그리고 인간의 존엄과 가치의 내용을 구성하는 각종 기본권을 보호할 수 있어야 한다. 이는 특히 교육정책을 담당하는 사람들에게 중요한 의미를 지니는데, 교육정책을 담당하는 공무원은 법률의 집행관이자 실질적인 입법관이며, 재판관처럼 생각하고 행동해야 한다는 주문(Rohr, 1986: 181-183: 표시열, 2008: 11 재인용)을 깊이 새길 필요가 있다.

2) 교육정책의 제도적 구조 개관

교육정책 결정과 집행을 포함하는 교육정책과정은 모두 일정한 제도적 구조하에서 이루어진다. 교육정책의 제도적 구조는 두 가지로 대별할 수 있는데, 교육정책이 형성 및 결정되고 집행·평가되는 과정에 관한 제도적 구조와 교육정책에 대한 사법심사에 관한 제도적 구조가 그것이다. 후자는 과거 형식적 법치주의를 극복하면서 법치주의라는 이름의 행정의 자의적 지배를 막고 시민의 기본권을 보장하기 위하여 확립된 것으로서, 오늘날 법치행정의 중요한 구성 요소가 된다.

교육정책의 정책과정(policy process)에 관한 제도적 구조는 다시 정책 형성 관련 제도적 구조와 정책 집행의 제도적 구조, 그리고 정책평가의 제도적 구조로 구분할 수 있다. 교육정책은 법률의 형태로 성립하고 정부 예산으로 편성될 때 비로소 정책으로서 결정되었다고 할 수 있기 때문에, 법률화와 예산화의 과정이 교육정책의 형성 과정을 구성한다. 한편, 교육정책은 중앙정부 또는 시·도 교육청의 각 부서 또는 기관이 책임을 나누고, 각 행정기관 등이 제각기 역할을 다하는 과정을 통하여 집행되기 때문에, 조직화의 과정이 교육정책 집행의 핵심을 구성한다. 마지막으로, 교육정책은 집행 후에 평가의 대상이 되는데, 교육정책 평가는 이중으로 이루어질 수 있다. 우선, 정책과정으로서의 평가가 존재하는데 이는 내부 평가라고 할 수 있으며, 다음에서 소개하는 헌법재판소나 법원에서 이루어지는 정책에 대한 사법심사는 행정 외부에서 이루어지는 외부 평가라고 할 수 있다.

　그런데 지방교육자치가 실시되고 있는 상황에서 국가 수준의 교육정책과 함께 지방자치단체 수준의 교육정책활동도 존재하며, 교육자치제의 심화에 따라 후자가 점차 강화되고 있다. 국가의 교육정책활동과 지방자치단체의 정책활동의 구조가 동일하지 않기 때문에 교육정책과정의 제도적 구조는 각각 두 가지, 즉 국가 수준과 지방 수준으로 나누어 살펴볼 수 있다.

　한편, 정책과정에 대한 제도적 구조와 달리 교육정책의 사법심사에 관련된 제도적 구조가 존재한다. 국가 수준의 교육정책은 법률에 근거한 정책과 명령 또는 규칙 등에 근거한 정책으로 나타나며, 지방자치단체의 교육정책은 조례나 교육규칙의 형식으로 표현된다. 현행법은 이에 대한 사법심사의 구조를 달리하기 때문에 이를 구분할 필요가 있다.

　교육정책의 제도적 구조를 간략히 나타내면 [그림 2-1]과 같다.

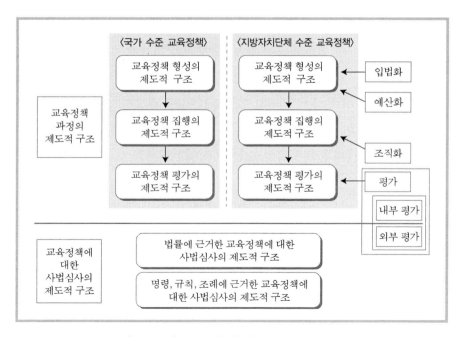

[그림 2-1] ··· 교육정책의 제도적 구조 개관

2. 교육정책과정의 제도적 구조

1) 교육정책 형성의 제도적 구조 - 입법화 과정

(1) 국가 수준 교육정책

① 개관

「정부조직법」 제28조는 인적자원개발정책, 학교교육·평생교육, 학술에 관한 사무를 교육부의 소관 사무로 규정하고 있으며, 교육부는 「교육부와 그 소속 기관 직제」에 따라 각 국·과에서 담당할 사무를 분장하고 있다. 교육부의 공무원은 정책 문제가 의제화되면 공무원 자신의 자료 조사, 관련 당사자 또는 전문가 협의나 정책 연구 과제 발주 등을 통하여 정책 문제에 대한 대안을 탐색하는 등 교육정책 형성 활동을 시작한다.

한편, 근래 국회의 입법 활동이 활발해지면서 국회의원이 법률을 제정·개정하는 방식으로 새로운 교육정책을 발의하기도 한다. 국회의원은 국민의 대표자로서 교육정책에 대한 문제를 발굴하고, 이를 해결하기 위한 대안을 직접 제시할 수 있다. 국회의원은 국회 내의 입법조사처의 도움을 받기도 하고, 공청회 등을 통하여 관련 당사자 또는 전문가의 의사를 수렴하여 정책을 성안한다.

대개의 교육정책은 법을 제정하거나 개정하는 입법과정(legislative process)을 통하여 실현되는데, 입법과정은 정치 과정 또는 정책 결정 과정이라고도 할 수 있으며, 민의를 수렴하며 갈등을 해결하고 통합하는 기능을 한다(국회법제실, 2011: 16-17). 교육정책의 변동은 궁극적으로는 교육 입법의 변동이라고 할 수 있다.

한편, 교육정책 중에는 반드시 법률의 제정·개정을 수반하지 않고, 현행 법률하에서 시행할 수 있는 것도 있다. 이런 정책은 최종적으로 국회의 예산 심의를 통과하는 경우 집행 절차를 기다릴 수 있으므로, 국회의 예산 심의가 정책을 승인하는 중요한 절차가 된다.

2 입법과정

입법과정은 법률의 제정과 개정을 포함하는데, 법률안의 입안과정, 국회에서의 심사, 의결과정, 그리고 법률안의 정부 이송 및 대통령의 공포라는 순차적 단계를 통하여 이루어진다. 입법 절차를 개관하면 [그림 2-2]와 같다(국회법제실, 2011: 19-27).

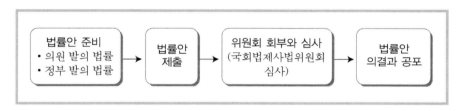

[그림 2-2] ··· 입법 절차 개관

가. 법률안 준비

법률안은 국회의원과 정부가 제출할 수 있는데(「헌법」 제52조), 전자를 의원 발의 입법이라고 하며, 후자를 정부 발의 입법이라고 한다.

• 의원 발의 법률안: 국회의원이 입법의 필요성을 인식하고 관련자들의 의사를 수렴하여 교육정책에 대한 입법을 결심하면, 현황 자료를 수집하고 이해 관계인을 대상으로 공청회를 여는 등 입법 준비에 착수한다. 이후 의원이 법률안의 초안을 작성하고 국회 법제실의 검토 및 수정, 보완을 거치거나 의원실이 국회 법제실에 입법 취지를 설명하고, 국회 법제실이 법률안을 성안한 후 의원이 이를 제출하기도 한다. 법률안을 시행하는

데에는 직간접적으로 예산이 소요되기 때문에 법률안 시행 전에 소요 비용을 분석한다. 이 일은 국회 예산정책처 예산분석실에서 담당하며, 비용추계서는 법률안과 함께 첨부되어 제출된다.

- 정부 제출 법률안: 교육부에서 법률안을 입안하여 국무회의에 제출하면 관계 부처 협의가 이루어지고, 이후 여당과의 당정 협의 과정을 거쳐서 입법을 예고한다. 입법 예고 후에는 규제 심사와 법제처의 심사, 차관 회의와 국무회의 심의를 거쳐서 대통령이 서명 및 부서(副署)하여 국회에 제출한다.

나. 법률안 제출

의원 발의 법률안은 국회의원이 의원 10인 이상의 찬성을 얻어 연서하여 의장에게 제출하며, 예산 조치를 수반하는 경우에는 비용 추계서를 함께 제출한다. 위원회(상임위원회 및 특별위원회)도 그 소관 사항에 관하여 법률안을 제출할 수 있다. 정부가 법률안을 제출할 경우에는 국무회의 심의를 거쳐 대통령 명의로 한다.

다. 위원회 회부와 심사

국회의장은 법률안이 제출되면 이를 의원에게 배부하고, 본 회의에 보고한 후 소관 상임위원회에 회부하여 심사하게 한다. 위원회는 제안자(발의 의원 또는 국무위원)의 취지 설명과 전문위원의 검토 보고를 들은 다음 법률안의 당부(當否)와 문제점에 관하여 토론한다. 심사 후에 원안 의결, 수정 의결, 폐기 또는 대안 의결 여부에 대한 표결을 한다.

라. 법제사법위원회의 체계 · 자구 심사

소관 상임위원회에서 법률안의 심사를 마쳤을 때에는 이를 법제사법위원회에 회부하여 법률 체계와 자구에 대한 심사를 한다. '체계 심사'는 위헌 여

부, 다른 법과의 저촉 여부, 현행 법령 체계와의 정합성을, '자구 심사'는 법
문 표현의 통일성, 일관성 등을 의미한다.

마. 본회의 의결

국회 본회의에서 법률안에 대한 보고가 이루어지며, 질의·토론을 거쳐 표
결한다. 의결된 법률안은 국회의장이 정부에 이송한다.

바. 법률안의 공포와 재의 요구

대통령은 이송된 법률안을 15일 이내에 공포하여야 하며, 이의가 있을 경
우 15일 이내에 이의서를 붙여 국회에 환부하고 재의를 요구할 수 있다. 대통
령으로부터 재의가 요구된 법률안은 본회의에 부의되어 무기명 투표로 표결
하며, 재적 의원 과반수의 출석과 출석 의원 2/3 이상의 찬성으로 재의결되면
그 법률안은 법률로서 확정된다. 확정된 법률안은 대통령이 이를 지체 없이
공포하여야 한다.

(2) 지방자치단체 수준 교육정책

① 개관

「지방교육자치에 관한 법률」 제2조는 지방자치단체의 교육·과학·기
술·체육, 그 밖의 학예에 관한 사무를 지방자치단체의 사무로 규정하고 있
다. 교육감은 시·도의 교육·학예에 관한 집행기관으로서(법 제18조), 지역
의 교육문제를 해결하기 위한 교육정책을 결정할 수 있다. 교육감이 지역의
교육의제를 인지하면 관련 당사자 또는 전문가의 의견을 수렴하고 정책 연구
를 통하여 대안을 검토하는 등의 방식을 활용하여 교육정책을 성안한다. 지
방의원뿐만 아니라 주민도 일정한 범위 내에서 교육정책의 형성 과정에 참여
할 수 있다. 지방자치단체는 법령의 범위 안에서 자치에 관한 규정을 제정할

수 있으므로(「헌법」 제117조 제1항), 지역 수준의 교육정책은 대체로 조례 제 정 · 개정 형식으로 결정된다.

한편, 지방자치단체의 교육정책 중에는 반드시 조례나 규칙 제정 · 개정을 수반하지 않고, 현행 자치법규하에서 시행할 수 있는 것도 있다. 이런 정책은 최종적으로 지방의회의 예산 심의를 통과하는 경우 집행 절차를 기다릴 수 있으므로, 지방의회의 예산 심의가 정책을 승인하는 중요한 절차가 된다.

② 조례 제정 절차

조례 제정 절차를 개관하면 [그림 2-3]과 같다(이기우, 하승수, 2007: 324- 325).

[그림 2-3] · · · 조례안 제정 절차

가. 조례안 발의

교육 · 학예에 관한 사항에 관하여 지방의회에서 의결할 의안은 교육감이 조례를 발의한다. 또 지방의회 재적 의원 1/5 이상 또는 의원 10명 이상의 연 서로도 조례안을 발의할 수 있으며, 지방의회의 위원회도 그 직무에 속하는 사항에 관하여 조례안을 발의할 수 있다. 뿐만 아니라 「지방자치법」 제15조에 따라 지방자치단체의 19세 이상 주민도 조례의 제정 또는 개폐를 청구할 수 있다. 주민의 조례 제정 또는 개폐 청구가 있으면 지방자치단체의 장은 청구 수리일로부터 60일 이내에 조례의 제정안 · 개정안 또는 폐지안을 지방의회 에 부의하여야 한다.

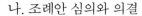

나. 조례안 심의와 의결

지방의회에 제출된 조례안은 상임위원회의 심사를 거쳐 지방의회가 심의하여 의결한다. 조례는 법에 특별한 규정이 있는 경우를 제외하고는 재적 의원 과반수의 출석과 출석 의원 과반수의 찬성으로 의결한다.

다. 이송 · 공포

조례안이 지방의회에서 의결된 경우에는 의장이 의결된 날로부터 5일 이내에 그 지방자치단체의 장에게 이를 이송하여야 한다. 지방자치단체의 장은 조례안을 이송받으면 20일 이내에 공포하여야 하며, 특별한 규정이 없는 한 공포일로부터 20일이 지나면 효력을 발생한다.

라. 재의 요구

교육감은 교육 · 학예 사무와 관련된 조례안에 대하여 재의 요구를 할 수 있다. 재의 요구에 대하여 지방의회가 재의를 부쳐 재적 의원 과반수의 출석과 출석 의원 2/3 이상의 찬성으로 전과 같은 의결을 하면 그 조례안은 조례로서 확정된다.

마. 보고

조례를 제정 · 개정 또는 폐지할 경우 이송일로부터 5일 이내에 시 · 도지사는 행정자치부장관에게, 시장 · 군수 · 구청장은 시 · 도지사에게 전문(全文)을 첨부하여 보고하여야 하며, 행정자치부장관은 이를 관계 중앙 행정 기관의 장(교육부장관)에게 통보하여야 한다.

(3) 행정상 입법 예고와 행정 예고

「행정절차법」에서는 행정의 공정성, 투명성 및 신뢰성을 확보하고 국민의 권익을 보호할 목적으로 행정상 입법 예고와 행정 예고를 시행하도록 규정하고 있다.

행정상 입법 예고는 법령 등(자치법규를 포함한다)을 제정 · 개정 또는 폐지하려는 경우, 해당 입법안을 마련한 행정청이 이를 예고하여야 하는 제도다 (제41조). 행정청은 입법안의 취지, 주요 내용 또는 전문을 관보, 공보나 인터넷, 신문, 방송 등을 통하여 특별한 사정이 없는 한 40일 이상(자치법규는 20일 이상) 예고하여야 한다. 단, 입법이 긴급을 요하는 경우나 상위 법령 등의 단순한 집행을 위한 경우 등은 예고하지 아니할 수 있다. 또한 행정청은 입법안에 관하여 공청회를 개최할 수도 있다(제45조).

행정 예고는 행정청이 국민 생활에 매우 큰 영향을 주는 사항, 많은 국민의 이해가 상충하는 사항, 많은 국민에게 불편이나 부담을 주는 사항 등에 관한 정책, 제도 및 계획을 수립, 시행하거나 변경하려는 경우, 이를 예고하는 제도다(제46조). 법령 등의 입법을 포함하는 행정 예고는 입법 예고로 갈음할 수 있으며, 행정 예고 기간은 특별한 사정이 없으면 20일 이상으로 한다.

(4) 지방자치단체의 정책 형성 과정에 대한 국가의 관여

「지방자치법」은 행정부가 지방자치행정의 적법성과 원활한 운영을 보장하기 위하여 지방자치단체를 감독할 수 있도록 규정하고 있다(이기우, 하승수, 2007: 193). 「지방자치법」은 지방의회의 의결이 법령에 위반되거나 공익을 현저히 해친다고 판단되면 교육부장관이 시 · 도지사 또는 교육감에 대하여 재의를 요구하게 할 수 있고, 재의 요구를 받은 시 · 도지사 또는 교육감은 의결 사항을 이송받은 날로부터 20일 이내에 지방의회에 재의를 요구하여야 한다(제172조 제1항). 만약, 지방자치단체의 장이 재의를 요구하지 않으면 재의 요구 기간 종료 후 7일 이내에 대법원에 직접 제소 및 집행정지 결정을 할 수 있다. 또 재의결된 사항이 법령에 위반된다고 판단됨에도 불구하고 해당 지방자치단체의 장이 소(訴)를 제기하지 않으면 그 지방자치단체의 장에게 제소를 지시하거나 직접 제소 및 집행정지 결정을 신청할 수 있다(제172조 제4항).

근래 지방자치단체의 교육정책활동에 대한 국가의 관여가 종종 발생하고 있다. 서울시의회에서 「서울특별시 교권 보호와 교육 활동 지원에 관한 조례안」을 통과시키자(2012. 5. 2.), 교육부(당시 교육과학기술부)에서 서울시교육감에게 재의 요구를 지시했고, 교육감이 재의를 요구하였다. 서울시의회는 조례안을 원안대로 재의결하였고(2012. 6. 20.), 서울시교육감이 조례를 공포하자(2012. 6. 25.), 교육부가 이 조례에 대한 무효 확인 소송과 조례 집행정지 결정 신청을 낸 일이 있다.

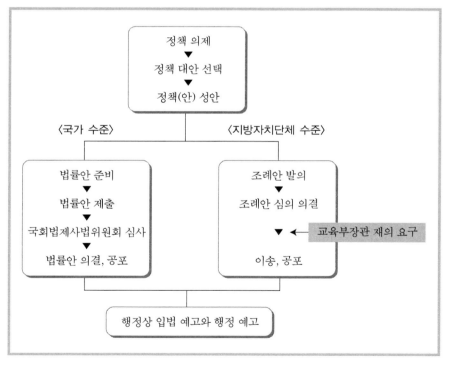

[그림 2-4] ··· 국가 및 지방교육행정기관의 정책 형성의 제도적 틀

2) 교육정책 형성의 제도적 구조 - 예산화 과정

정부의 교육정책 중에는 재정을 투입하지 않고도 집행할 수 있는 정책도 있지만, 대개의 교육정책은 상당한 재정 투입을 수반한다. 따라서 교육정책 집행에 소요될 예산을 확보하는 일은 교육정책 형성 과정의 중요한 단계를 구성한다. 일반적으로 예산은 정책의 목표와 우선 순위를 설정하는 기능, 정책 수단을 선택하는 기능, 정책 서비스 대상자를 선택하는 기능, 비용 부담을 배분하는 기능, 그리고 정책 집행의 통제와 관리 등을 포함하는 행정적 기능을 수행한다(하연섭, 2010: 42-46). 교육부의 예산을 살펴보면, 어떤 정책을 강조하고 있으며, 그 정책을 누구에게 어떤 수단을 활용하여 집행하려고 하는지를 알 수 있다. 예산은 정책을 간명하게 표현한다.

우리나라의 예산 과정은 네 단계, 즉 행정부의 정책 결정과 예산 편성, 국회의 예산 심의, 행정부의 예산 집행, 그리고 행정부에 의한 결산과 국회의 결산 승인으로 이루어진다(하연섭, 2010: 102). 여기서는 예산 편성 과정을 중심으로 정책 형성 단계의 예산화 과정을 살펴본다.

(1) 국가 수준 교육정책

국가 수준의 교육정책은 「국가재정법」에서 정한 예산 편성 절차에 따라 소요 예산을 확보하게 된다. 교육정책 집행에 필요한 재정은 행정부 내에서 교육부와 기획재정부 사이의 상호 작용을 통하여 예산안을 편성하고, 이후 국회의 심의를 통하여 의결되는데, 구체적인 과정은 다음과 같다.

교육부장관은 매년 1월 31일까지 당해 회계년도부터 5회계년도 이상의 기간 동안의 신규 사업 및 기획재정부장관이 정하는 주요 계속사업에 대한 중기사업계획서를 기획재정부정관에게 제출한다(법 제28조). 기획재정부장관은 국무회의의 심의를 거쳐 대통령의 승인을 얻은 다음 연도의 예산안 편성 지침을 매년 3월 31일까지 교육부장관에게 통보하고(법 제29조 제1항), 동일한 지침을 국회 예산결산특별위원회에 보고한다(법 제30조). 교육부장관은 법 제29조에 따른 예산안편성지침에 따라 다음 연도의 세입·세출 예산 등을 포함한 예산 요구서를 매년 5월 31일까지 기획재정부장관에게 제출한다(법 제31조 제1항). 기획재정부장관은 제출된 예산요구서가 지침에 부합하지 않을 때 교육부장관에게 수정·보완을 요구할 수 있다(법 제31조 제3항). 기획재정부장관은 법 제31조의 예산요구서에 따라 예산안을 편성하여 국무회의의 심의를 거친 후 대통령의 승인을 얻고, 승인된 예산안을 회계년도 개시 120일 전까지 국회에 제출한다(법 제33조).

정부 예산안이 국회에 제출되면, 국회에서 예산 심의가 시작된다. 그 과정은 정부 시정 연설, 소관 상임위원회 예비 심사, 예산결산특별위원회의 종합 심사, 그리고 본회의 심의·의결 순으로 이루어진다. 국회 의결 후에는 교육부장관이 예산 배정 요구서를 기획재정부장관에게 제출하고, 기획재정부장관은 요구서를 토대로 분기별 예산배정계획을 수립하여 국무회의에 상정한다. 국무회의 심의와 대통령 승인 후에 기획재정부는 교육부장관에게 예산을

교육부	기획재정부	국회
중기사업계획서 제출 ➡ (매년 1월 31일까지)		
	⬅ 예산안 편성지침 통보 (매년 3월 31일까지) 예산안편성지침 보고 ➡	
예산 요구서 제출 ➡ (매년 5월 31일까지)	예산 편성 (국무회의 심의, 대통령 승인)	상임위원회 심사, 예산결산특별 위원회 심사, 본회의 의결, 정부 이송
	예산안 제출 ➡ (회계년도 120일 이전까지)	

[그림 2-5] ·· 정부 예산 편성 및 국회 예산 심의 과정

배정한다(하연섭, 2010: 102).

(2) 지방자치단체 수준 교육정책

지방자치단체의 장은 재정을 계획성 있게 운용하기 위하여 매년 중기지방 재정계획을 수립하여 지방의회에 보고하고, 행정자치부장관에게 제출하여야 한다(「지방재정법」 제33조 제1항). 이때 지방자치단체장은 관계 법령에 따른 국가 계획 및 지역 계획과 연계하여 재정 계획을 수립하여야 한다. 행정자치부장관은 지방자치단체장이 제출한 각 지방자치단체의 중기지방재정계획을 기초로 관계 중앙행정기관의 장과 협의하여 매년 종합적인 중기지방재정계획을 수립하고, 국무회의에 보고한다(제33조 제3항). 행정자치부장관은 지방재정의 건전한 운용과 지방자치단체 간 재정운용의 균형을 확보하기 위하여 필요한 회계년도별 지방자치단체 예산편성기준을 정하여 지방자치단체에 보급한다(제38조 제2항). 지방자치단체장은 이 기준에 따라 예산안을 편성한다.

3) 교육정책 집행의 제도적 구조

(1) 국가 수준 교육정책

① 개관

예산은 당해 교육정책 사업의 추진 방법은 물론 추진 주체 등이 잠정적으로라도 결정된 상태에서만 편성될 수 있다. 예산이 확정된 후, 교육부는 각 부서에서 직접 추진할 사업과 외부 기관에 위탁할 사업 등을 구분하는 등 정책 사업을 조직화하고 집행을 예비한다.

국가 수준 교육정책은 다음과 같은 세 가지 양식으로 집행된다. 첫째, 교육부 자체가 집행자가 되는 경우다. 고등교육 기관 평가 또는 재정 지원 사업을 하는 경우가 이에 속한다. 시·도 교육청 평가 정책도 이에 속한다. 둘째, 국가 수준에서 결정된 정책을 교육청에 전달하고 교육청이 집행하도록 하는 경우다. 셋째, 국가 수준에서 결정된 정책을 교육청에 전달하고, 교육청에서 이 정책을 다시 학교로 전달한 후, 학교에서 집행하도록 하는 정책이다. 초·중등교육 분야의 대부분의 교육정책은 이런 방식으로 집행된다. 교원능력개발평가 정책이나 영어교육 정책 등 많은 사례를 들 수 있다.

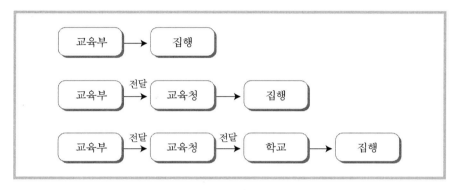

[그림 2-6] ··· 국가 수준 교육정책 집행 양식

국가 수준 교육정책을 집행하는 과정에서 상당한 재량을 행사할 수 있다. 그러나 법치행정의 원리에 따라 행정의 합법성이 준수되어야 하며, 행정 행위에는 성격에 따라 재량이 존재할 수 있기 때문에 재량권을 일탈하거나 남용하지 않는 범위 내에서 행정이 합목적성을 추구할 수 있다. 국가의 정책 집행 행위에 대하여 과정적·사후적으로 통제하는 제도를 통하여 교육정책 집행 행위의 합법성과 합목적성을 확보하고자 하고 있다.

② 과정적·사후적 통제 기제

국가는 교육정책 집행 행위의 합법성과 합목적성을 확보하기 위하여 3중의 제도적 기제를 통하여 집행 과정을 통제한다. 첫째, 중앙교육행정기관 스스로 정책 집행의 적정성을 통제한다. 「공공감사에 관한 법률」은 중앙행정기관 등의 내부 통제 제도를 내실화하고 그 운영의 적정성, 공정성 및 국민에 대한 책임성을 확보하고자 행정청 스스로 자체 감사 활동을 시행하도록 규정하고 있다. 둘째, 「헌법」 제97조는 국가 및 법률이 정한 단체의 회계 검사와 행정기관 및 공무원의 직무에 관한 감찰 등을 위하여 감사원을 두도록 규정하고 있고, 「감사원법」 제24조는 중앙행정기관의 사무와 그에 소속한 공무원의 직무를 감찰 사항으로 규정하고 있어 국가 수준 교육정책 집행은 감사원 감찰의 대상이 된다. 셋째, 「헌법」 제61조는 국회의 국정감사 권한을 규정하고 있으므로, 국회는 국정감사를 통하여 국가 수준 교육정책 집행의 적정성을 통제할 수 있다.

(2) 지방자치단체 수준 교육정책

1 개관

「지방자치법」 제9조는 "지방자치단체는 관할 구역의 자치사무와 법령에 따라 지방자치단체에 속하는 사무를 처리한다."고 규정하고 있다. 이른바 자치사무와 위임사무의 이원주의를 채택하고 있는 것이다. 자치사무는 지방자치단체가 그의 사무를 수행하면서 국가나 다른 지방자치단체의 간섭을 받지 않고 자기 책임하에 처리하는 사무를 의미하며, 위임사무는 법령에 의하여 국가가 그의 사무를 공법상의 법인인 지방자치단체나 지방자치단체의 장에게 위임한 사무를 의미한다. 지방자치단체에 위임한 사무를 단체위임사무, 지방자치단체의 장에게 위임한 사무를 기관위임 사무라고 한다(이기우, 하승수, 2008: 155-156). 사무의 성격에 따라 정책 집행 과정에 대한 통제 방식에는 차이가 있다.

한편, 자치사무와 위임사무를 불문하고, 지방자치단체 수준의 교육정책은 교육청에서 직접 집행하는 정책과 학교로 전달하여 학교에서 전달하는 정책으로 구분할 수 있다.

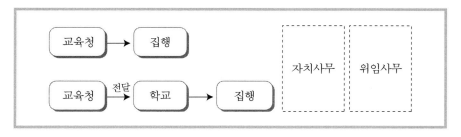

[그림 2-7] ··· 지방자치단체 수준 교육정책 집행 양식

　지방자치단체 역시 교육정책을 집행하는 과정에서 상당한 재량을 행사할 수 있다. 그러나 국가 수준 교육정책 집행과 마찬가지로 과정적·사후적으로 통제하는 제도를 통하여 교육정책 집행 행위의 합법성과 합목적성을 확보하고자 하고 있다. 다만, 사무의 성격에 따라서 제도화 기제는 다르다.

② 자치사무에 대한 과정적·사후적 통제 기제

　지방자치단체가 수행하는 자치사무의 합법성과 합목적성을 확보하기 위하여 다음과 같은 제도적 기제를 통한 통제가 이루어진다. 첫째, 「공공감사에 관한 법률」에 근거한 자체 감사 활동을 통하여 정책 집행의 적정성을 통제한다. 둘째, 지방의회는 지방행정기관의 사무의 적정성을 감독하는 일을 본연의 소임으로 삼고 있으며, 「지방자치법」 제41조는 매년 1회 지방자치단체의 사무에 관하여 행정사무 감사 및 조사를 실시하도록 규정하고 있으므로, 이를 통하여 정책 집행을 감독할 수 있다. 셋째, 지방자치단체의 자치 사무에 관한 명령이나 처분이 법령에 위반되는 경우 교육부장관은 시정을 명할 수 있다(「지방자치법」 제169조). 지방자치단체의 장이 시정명령에 이의가 있는 경우 대법원에 소를 제기하여 다툴 수 있다. 넷째, 「지방자치법」 제171조에 따라 중앙교육행정기관은 지방자치단체의 자치사무에 대하여 감사를 실시할 수 있다. 이 경우 감사는 법령 위반 사항에 대해서만 실시한다. 넷째, 「감사원법」에서 규정하는 감찰의 대상이 된다. 다섯째, 「헌법」 제61조는 국회의 국정

감사 권한을 규정하고 있으므로, 국회는 국정감사를 통하여 국가 수준 교육
정책 집행의 적정성을 통제할 수 있다.

③ 위임사무에 대한 과정적·사후적 통제 기제

지방자치단체가 수행하는 위임사무에 대하여도 「공공감사에 관한 법률」에
근거한 자체 감사와 감사원의 감찰, 국회의 국정감사가 이루어진다. 단체위
임사무에 대해서는 지방의회의 행정사무감사가 허용된다는 입장이 다수이지
만 이견이 있으며, 기관위임사무에 대해서는 행정사무감사를 허용하지 않는
것이 원칙이지만 「지방자치법」 제41조 제3항에서 예외를 인정하고 있다.

한편, 교육부장관은 위임사무를 수행하는 지방자치단체나 그 장에 대하여
「지방자치법」 제169조에 근거하여 자치단체의 사무에 관한 그 장의 명령이
나 처분이 법령에 위반되거나 현저히 부당하여 공익을 해친다고 인정되면 시
정을 명할 수 있다. 자치사무에 대해서는 합법성 감독만이 가능하지만, 위임
사무에 대해서는 합법성 감독과 함께 합목적성 감독도 가능하다. 이와 함께,
같은 법 제170조에 기하여 지방자치단체의 장이 국가 위임사무의 관리와 집
행을 명백히 게을리하고 있다고 인정되면 직무이행을 명령할 수 있다. 지방
자치단체의 장이 이행명령에 대하여 이의가 있으면 대법원에 소를 제기하여
다툴 수 있다.

자립형 사립고등학교 지정을 취소한 전라북도교육감에 대하여 교육부가
시정명령을 내리고, 교육감이 이에 불복하여 대법원에 취소 소송을 제기한
바 있으며(대법원 2011. 1. 27 선고 2010추42 판결), 시국 선언을 한 교사를 징계
하라는 교육부장관의 명령을 이행하지 않은 경기도교육감에 대하여 교육부
장관이 직무이행명령을 처분하고, 경기도교육감이 이를 대법원에 제소하여
다툰 사례가 있다(대법원 2013. 6. 27. 선고 2009추206 판결).

행정 실무에서는 자치사무와 위임사무, 단체위임사무와 기관위임사무 간
의 구별이 쉽지 않아서 국가의 지방자치단체에 대한 통제 과정에서 여러 가

2. 교육정책과정의 제도적 구조

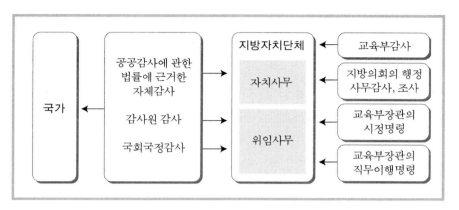

[그림 2-8] ··· 국가 및 지방교육행정기관의 정책 집행의 구조적 틀

지 문제가 제기되고 있다.

4) 교육정책 평가의 제도적 구조

교육정책에서 책무성에 대한 요구가 높아짐에 따라 중앙교육행정기관이나 지방교육행정기관이 행하는 교육정책 사무에 대한 평가가 활성화되고 있다. 중앙정부와 지방자치단체의 두 수준에서 이루어지는 정책평가를 구분하면 다음과 같다.

(1) 교육부 수준 정책

① 「정부업무평가 기본법」에 따른 정책평가

국정 운영의 능률성, 효과성 및 책임성을 확보하기 위하여 행정기관이 행하는 정책을 평가하고, 정부 업무를 수행함에 있어서 기관의 임무, 중장기 목표, 연도별 목표 및 성과 지표를 수립하고 그 집행 과정 및 결과를 경제성·능률성·효과성 등의 관점에서 관리하는 성과 관리를 제도화하기 위하여

「정부업무평가 기본법」(제정 2006. 3. 24.)을 시행하고 있다. 이 법에 따라 교육부는 매년 자체 평가를 실시하여야 한다(법 제14조). 또한 교육부의 특정 정책에 대하여 국무총리가 국정을 통합적으로 관리하기 위하여 필요한 정책을 평가하는 특정평가를 실시할 수 있으며(법 제19조), 평가 결과는 인터넷 홈페이지를 통하여 공개된다(법 제26조). 교육부는 평가 결과를 국회의 소관 상임위원회에 보고하여야 하며(법 제27조), 평가 결과는 예산 및 인사 등에 연계 반영되고(법 28조), 평가 결과에 따른 시정 조치가 가능하며(법 29조), 평가 결과에 따른 보상도 이루어진다(법 제30조).

② 국회의 결산 심의

국회는 예산 의결권과 함께 결산 심사권을 갖는다. 결산 심사는 예산 집행에 대한 사후 심사적 성질을 가지며(허 영, 2004: 871), 정책평가의 의미도 함께 지닌다. 우리 「헌법」은 국회에 대한 감사원의 결산 검사 보고 의무(「헌법」제99조)의 형식으로 국회의 결산 심사권을 간접적으로 규정하고 있다. 국회의 결산 심의 결과 위법, 부당한 예산 집행 사항이 발견된 때에는 국회는 본회의 의결 후 정부 또는 해당 기관에 변상 및 징계 조치 등 그 시정을 요구하고 그 처리 결과를 국회에 보고하도록 한다(「국회법」제84조 제2항).

(2) 지방자치단체 수준 정책

① 「정부업무평가 기본법」에 따른 정책평가

「정부업무평가 기본법」은 지방교육행정기관에도 적용된다. 이 법 제18조에 따라 지방교육행정기관은 매년 자체평가를 실시하여야 한다. 아울러, 지방교육행정기관이 수행하는 국가위임사무에 대하여는 교육부장관이 정책평가를 실시할 수 있다(법 제21조). 여타 내용은 교육부의 정책평가와 동일하다.

② 지방의회의 결산 심사

　교육위원회는 시·도의 교육·학예 사무에 관한 결산을 심사할 권한을 갖는다(「지방교육자치에 관한 법률」 제11조). 교육위원회에서 결산을 심사한 후에는 최종적으로 지방의회에서 결산의 승인을 의결한다(「지방자치법」 제39조). 지방의회의 결산 심사는 예산 집행에 대한 사후 심사적 성질을 가지며, 정책평가의 의미도 함께 지닌다.

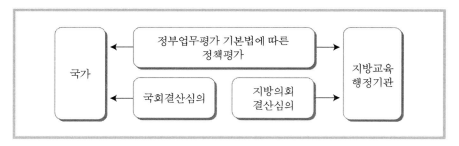

[그림 2-9] ••• 국가와 지방교육행정기관의 정책평가의 제도적 틀

3. 교육정책에 대한 사법심사의 제도적 구조

1) 의의 및 개요

　법치행정의 원리에 따라 교육정책은 「헌법」과 합헌적 법률에 의거하여 시행되어야 한다. 또 교육정책을 집행하는 행정 행위는 법률에 기속되며, 재량권을 일탈, 남용하지 않는 범위 내에서 합목적성을 추구하여야 한다. 그러나 교육정책이 시행되는 과정에서 근거 법률의 합헌성에 대한 의문이 제기될 수 있다. 또 교육정책과정에서 그 근거가 된 명령, 규칙, 처분의 위헌, 위법에 대한 의문이 제기될 수 있다. 또한 이 과정에서 위법 또는 부당한 행정 행위로

인하여 정당한 권리와 이익을 침해당했다고 주장하는 사람이 나타날 수도 있다. 이 경우 법률의 위헌성과 명령, 규칙 등의 위헌, 위법성을 심사하여 국가의 법 질서를 바로잡을 필요가 있으며, 위법 부당한 행정행위로 인하여 국민으로서의 권리나 이익을 침해당한 사람을 구제할 필요가 있다. 이런 목적에서 교육정책에 대한 사법심사가 이루어진다.

교육정책에 대한 사법심사는 다음과 같은 구조로 이루어진다. 교육정책의 근거가 된 법률의 위헌 여부 및 명령, 규칙, 처분의 위헌 및 위법성 여부를 심사하는 제도를 운용하고 있다. 이를 규범통제제도라고 한다. 둘째, 교육정책을 집행하는 작용으로 권리, 이익이 침해되었거나 침해될 것으로 주장하는 자가 행정 작용의 취소, 변경을 청구하거나 기타 피해 구제 또는 예방을 청구할 수 있도록 하고 있다. 이런 제도는 일차적으로는 행정 작용의 침해로부터 국민의 권리, 이익을 보호하기 위한 것이지만, 객관적 법 질서를 보호하는 면도 지니며 실질적 법치주의를 구현하는 방법이 된다. 이를 행정 구제라 부른다. 셋째, 지방교육자치가 활성화됨에 따라 중앙정부와 지방교육행정기관이 협력하여 수행할 정책 사무가 증가하는 한편, 그 과정에서 정부 간 갈등이 나타나기도 한다. 중앙정부와 지방교육행정기관이 특정 정책 사무에 관하여 각기 관할권을 주장하거나, 지방교육행정기관의 정책 사무 집행 또는 불이행에 대하여 중앙정부가 관여하는 경우, 그 관여의 적법성 여부를 둘러싼 갈등이 발생한다. 이와 같은 갈등이 원만히 협의되지 않는 경우 사법부에 판단을 맡길 수밖에 없게 되는데, 근래 이와 같은 사례가 증가하고 있다. 따라서 교육정책 사무 집행에서 정부 간 갈등을 해결하는 사법심사제도에 대한 이해의 필요성이 증가하고 있다.

이처럼 교육정책에 대한 사법심사 제도는 다양하지만, 규범통제제도가 대표적인 사법심사제도이기 때문에, 여기서는 교육정책에 대한 사법부 개입의 동향을 개관하고 한국의 규범통제제도를 설명한다.

2) 교육정책에 대한 사법부 개입의 의의와 동향

행정부는 법률에 의거하여 정책을 집행하는데, 법률은 추상적 문언으로 쓰인 것이 많아서 정책 집행에 어려움이 초래된다. 예를 들면, 「헌법」 제31조 제1항에는 '능력에 따라 균등하게' 교육받을 권리를 천명하고 있는데, '능력에 따라 균등하게'는 매우 다의적 해석이 가능하다. 예를 들면, 대학 입학 전형 정책이나 교육재정 배분 정책을 둘러싸고 이 조항에 대한 다양한 해석이 제기되는 사례를 종종 볼 수 있다.[1] 교육정책의 쟁점들은 반드시 해결하여야 하는 법리 논쟁으로 비화하는 경우가 대부분이며, 이때 법원은 법률의 해석자로서 다의적 해석이 가능한 법률의 의미를 특정함으로써 어느 한 편의 입장 또는 정책을 정당화한다. 만약 정부의 교육정책이 근거하고 있던 법률이 「헌법」에 위배된다거나 정부의 법률 해석이 잘못되었다고 판단하는 경우, 법원은 교육정책의 수립자로서 정책과정의 전면에 나서게 된다(Sergiovanni, Keller, McCarthy, & Fowler, 2009: 308-309). 미국의 경우 교육, 낙태 등 중요한 공공정책의 쟁점에 관하여 연방대법원이 통치한다는 말이 나올 정도로 연방대법원 판결이 결정적인 영향력을 행사한다(표시열, 2008: 38).

사법부가 교육정책에 개입하여 정책 변동을 초래한 가장 대표적인 사례로 Brown 판결(Brown v. Board of Education, 1954)을 들 수 있다. 1880년대 후반 미국의 여러 주에서 흑인과 백인을 공공 장소에서 분리하는 법을 제정하였다. 일례로, 루이지애나 주는 1890년 기차 객실의 설비 시설은 동일하게 하되 흑인과 백인을 따로 구분하여 탑승하도록 하는 내용의 법률을 제정하였다. 혼혈아였던 Plessy[2]는 백인 칸에 탔다가 법률 위반 혐의로 체포, 기소되었는데, 그는 당시 법률이 「헌법」에 위배된다고 주장하였다. 대법원은 Plessy 대 Ferguson 판결(Plessy v. Ferguson, 1896)에서 '분리하되 공평한(separate but equal)' 원칙을 지지하여 법률의 합헌을 선언하였다. 이후 60여 년 동안 유사한 정책이 시행되었다.

그러나 흑인 학생인 Brown이 인종 분리 정책을 요구하거나 허용하는 주의 법률이 법으로부터의 평등한 보호를 받을 권리를 보장하는 「수정 헌법 제14조」에 위배된다고 주장하며 소송을 제기하였다(Brown v. Board of Education, 1954). 이 사건에서 대법원은 분리 교육 시설은 원천적으로 불평등을 조장하며, 따라서 「헌법」에 명시된 법으로부터 평등하게 보호받을 권리를 훼손한다고 판결하였다. 이 재판 결과 '분리하되 공평한' 정책은 사라지고, 공립학교에서 인종 분리를 철폐하는 정책이 시행되게 되었다.[3]

한국에서는 헌법재판소의 기능이 활성화되면서 사법부가 교육정책에 결정적인 영향을 미치는 사례가 종종 발생하고 있다. 특히 위헌법률심판 사건에서 위헌으로 선언된 법률은 교육정책에 큰 영향을 끼친다. 몇 가지 사례를 살펴보면 다음과 같다.

1980년대 말까지 정부는 국립 사범대학 출신자를 국·공립학교에 우선 임용하는 교원정책을 시행하고 있었다. 그러나 이 정책이 국립 사범대학과 동일한 교육을 받고 있는 사립 사범대학 졸업생의 평등권 등을 침해하는지 여부를 헌법재판소에서 다투었다. 헌법재판소는 「교육공무원법」의 당해 조항은 차별을 정당화할 합리적 근거가 없이 차별을 하는 것으로서, 「헌법」상 평등 원칙에 어긋난다고 판시하였다(헌재 1990. 10. 8. 선고 89헌마89 결정). 이 결정 결과 국립 사범대학 졸업생의 우선 임용 제도는 폐지되고, 교원 임용 시험 제도가 도입되었다.

또 1980년대부터 정부는 과열 과외로 인한 문제를 해소하기 위하여 원칙적으로 과외를 금지하되 예외적으로 과외를 일부 허용하는 정책을 시행하고 있었다. 그러나 이 정책에 대하여 직업 선택의 자유를 침해하는지 여부를 헌법재판소에서 다투었다. 헌법재판소는 「학원의 설립·운영에 관한 법률」의 당해 조항이 직업 선택의 자유를 침해한다고 판단하였다(헌재 2000. 4. 27. 선고 98헌가16 결정). 이 결정 이후에 소규모 보습 학원에서의 과외 교습 등이 허용되었다.

사법부가 교육정책과정에 깊숙이 개입하는 데 대하여 환영하는 시각과 함께 신중한 입장도 존재한다. 사법부의 정당성(legitimacy)과 능력(capacity)이 종종 문제가 되기 때문이다. 즉, 사법부가 정책과정에 어느 정도 개입하는 것은 불가피하다 하더라도 사법부의 민주적 정당성 정도와 개입의 정도가 비례하여야 한다는 주장이 제기된다. 자칫 선출되지 않은 권력인 사법부가 민주적 정당성을 갖춘 입법부나 행정부의 활동을 지나치게 간섭할 수 있기 때문이다. 이와 함께 사법부의 능력에 대한 문제도 제기된다. 일반적으로 사법부는 중립적 입장에서 공정하게 문제를 해결한다는 평가를 받지만, 매우 복잡한 정책 이슈를 법률 문제로만 좁혀서 생각한다는 비판이 제기된다(표시열, 2008: 38-39).

3) 규범통제제도

교육정책의 근거가 되는 것은 국회가 제정한 법률인데, 이 법률이 헌법에 위배될 가능성이 있으며, 이 경우 행정부는 위헌 법률에 근거하여 정책 행위를 할 가능성이 있다. 따라서 법률의 위헌 여부를 심사하여 위헌 법률의 효력을 상실시킴으로써 「헌법」을 수호할 필요가 있으므로, 이를 규범통제제도라고 한다(허 영, 2004: 796).

규범통제에는 법원에 계속(係屬)된 구체적 사건이 기초가 되어 그 사건의 전제가 되는 법률에 대하여 위헌 여부를 심판하는 구체적 규범통제 방식과 구체적 사건이 기초가 되지 않는 경우에도 법률의 위헌 여부를 심판하는 추상적 규범통제 방식이 있다. 독일은 추상적 규범통제제도를 성공적으로 운영하는 국가로 평가되며, 우리나라는 구체적 규범통제제도를 운영하고 있다. 헌법재판소의 위헌법률심판제도와 대법원의 명령, 규칙, 처분 심사 제도가 대표적이다. 또 법률이 직접 국민의 기본권을 침해한 경우에 기본권의 침해를 받은 기본권 주체가 헌법재판소에 헌법소원심판을 직접 청구하여 해당 법률의 위헌 여부를 다투는 방식도 있다(법률에 의한 헌법소원심판)(정종섭, 2005: 28).

(1) 위헌법률심판

법률이 헌법에 위반되는지 여부가 재판의 전제가 된 때에는, 당해 사건을 담당하는 법원이 직권 또는 당사자의 신청에 의한 결정으로 헌법재판소에 위헌 여부 심판을 제청하고, 헌법재판소는 이에 대하여 심판한다(「헌법」제111조 제1항, 「헌법재판소법」제2조). 「헌법」을 국가의 최고법으로 삼고 있는 헌법국가의 법 구조에서 법률이나 명령은 「헌법」을 위반할 수 없으며, 「헌법」에 위반되는 법령은 법치주의와 헌법국가의 본질상 효력을 가지지 못한다. 위헌법률심판 제도는 입헌주의와 헌법 질서를 수호하고, 기본권을 보호하며, 권력분립과 진정한 민주주의를 실현하는 의의를 갖는다(정종섭, 2005: 228-231).

위헌법률심판 제도는 재판의 전제성을 갖출 때 심판을 제청할 수 있는 것으로서(「헌법재판소법」제41조 제1항, 제68조 제2항), 여기서 재판의 전제성이란 ① 소송 사건이 법원에 계속 중이어야 하고, ② 위헌 여부가 문제되는 법률 또는 법률 조항이 당해 소송 사건의 재판에 적용되어야 하며, ③ 그 법률 또는 법률 조항의 위헌 여부에 따라 당해 사건을 담당한 법원이 다른 내용의 재판을 하게 되는 경우를 말한다(헌재 1993. 11. 선고 92헌바39 결정). 예를 들면, 「학교용지 확보에 관한 특례법」에 따라 학교용지 부담금을 부과받은 사람이 부담금 부과 처분 취소 소송을 제기하면서, 사건 법률의 위헌 여부가 헌법재판소에 제청되어 심판이 이루어진 바 있다(헌재 2005. 3. 31 선고 2003헌가 20 결정).

헌법재판소는 법원의 제청이 부적법하거나 「헌법재판소법」제68조 제2항의 심판 청구가 부적법한 경우에 각하(却下) 결정을 내리며, 본안 심리를 한 결과 재판의 전제가 되는 법률 또는 법률조항이 「헌법」에 합치되는 경우에는 합헌 결정을 내린다. 그 반대의 경우에는 위헌 결정을 내리는데, 위헌 결정된 법률 또는 법률의 효력은 상실된다. 다만, 심판 대상 법률이나 법률 조항에

위헌적 요소가 있다고 하더라도 단순히 위헌 결정을 하여 심판 대상 법률이
나 법률 조항 전부에 대하여 효력을 상실시킬 수 없는 경우도 있고, 심판 대
상 법률이나 법률 조항 전부가 위헌이라고 하더라도 그 즉시 효력을 상실시
킬 수 없는 경우에는 한정합헌결정이나 한정위헌결정 또는 헌법불합치결정
을 내린다(정종섭, 2005: 349-383).

(2) 명령 · 규칙에 대한 위헌 · 위법 심사

법원은 명령 · 규칙이 헌법이나 법률에 위반되는 여부가 재판의 전제가 된
때에는 독자적으로 그에 대한 심판권을 갖고, 위헌 · 위법으로 판단되는 명령
과 규칙의 적용을 거부할 수 있다(「헌법」 제107조 제2항). 여기서 명령이라 함
은 그 내용의 여하를 막론하고 행정기관이 정립하는 위임명령과 집행명령 등
일반적 규범을 의미하며, 규칙은 행정권의 자주적 입법인 규칙뿐만 아니라
지방자치단체의 규칙과 조례 등을 포함한다. 위법으로 인정되는 경우 대법원
은 무효 선언을 하며, 당해 법원은 무효인 명령 · 규칙을 사건에 적용하지 아
니한다.

소규모 학교 통폐합 정책이 한창이던 1990년대 중반 경기도 가평군 두밀분
교의 폐지를 내용으로 하는 조례 개정안이 의결되자, 개정 조례가 「헌법」상
권리인 교육받을 권리를 침해한다고 주장하며 조례의 무효 확인을 구하는 소
송이 이루어졌다. 이 사건에서 대법원은 사건 조례가 교육받을 권리를 침해
하지 않는다고 판결하였다(대법원 1996.9.20. 95누7994).

4. 교육정책의 제도적 구조 개선의 과제

교육정책의 제도적 구조는 교육정책을 형성하고 집행하는 얼개를 구성하
고 있으므로, 제도적 구조를 개선하는 일은 궁극적으로 교육정책을 개선하는

일과 연결될 수 있다. 현행 교육정책의 제도적 구조는 다음과 같은 개선의 과제를 갖는다.

첫째, 민주국가에서 교육정책은 사회 공동체 구성원의 총의의 결과로 결정되어야 한다. 이것은 교육정책의 민주성을 의미하며, 민주성은 좋은 정책과 정책 성공의 중요한 요소가 된다. 국가의 주인인 국민이 행정부와 입법부를 구성하고, 별도로 사법부를 두어 세 주체 사이에 견제와 균형 관계를 형성하도록 하는 것은 민주주의의 제도적 근간을 구성한다. 이런 제도적 구성은 대통령이나 국회의원이 국민의 의사를 수렴하여 행정과 입법 활동을 전개할 것이라는 기대에서 비롯된 것이다. 그러나 현실적으로는 국민의 의사와 무관하게 자신의 신념을 의정 활동을 통하여 실현하려는 국회의원이 없지 않고, 대통령 선거가 개별 정책 모두에 대한 정당성을 승인하는 과정이 되지 않는 경우도 나타난다. 현행 제도적 구조가 정책의 민주성을 강화하는 데 문제점을 노정하고 있는 것이다. 이처럼 교육정책의 민주성이 확보되지 않은 결과로 정책의 변동이 심하며, 경우에 따라서는 정책에 대한 지지를 확보하지 못하여 집행 과정에서 어려움에 직면하기도 한다.

둘째, 교육정책의 민주성이 확보되지 않는 중요한 요인 중 하나는 의회가 충분히 기능을 수행하지 못하는 것과 관련된다. 국회나 지방의회 모두 예산 편성과 결산 심사, 법률 제정·개정, 국정감사 및 행정사무감사, 회의 등을 통하여 행정부를 견제할 수 있고, 이 권능은 국민 또는 주민의 의사에 따라 민주적으로 교육정책을 결정하고 집행하도록 하는 데 매우 중요하다. 그러나 행정부 공무원에 비하여 의회 의원의 전문성이 부족하고, 모든 의원이 주민의 의사를 성실하게 수렴하여 의정 활동에 반영하는 것도 아니기 때문에, 행정부의 정책에 대하여 실효성 있는 견제가 이루어지지 않는 경우가 없지 않다. 국회와 지방의회가 가지고 있는 권능을 효과적으로 행사할 수 있도록 의원 개개인의 노력과 전문성을 강화하고, 의회 활동을 지원하기 위한 제도적 장치를 보완할 필요가 있다.

셋째, 지방교육자치제가 심화되면서 특색 있는 교육정책을 시행하는 자치단체가 늘고 있다. 현행 「지방자치법」은 지방자치단체에 대한 국가의 관여 구조와 방식을 지나치게 포괄적으로 설정하고 있다. 또한 합법성 감독만이 가능한 자치사무에 비하여 합목적성 감독까지 가능한 위임사무의 비중이 지나치게 크고, 그나마 자치사무와 위임사무의 구분이 분명하지 않기 때문에 국가는 거의 모든 경우에 지방자치단체의 사무에 개입할 수 있으며, 그만큼 지방자치단체의 정책과정은 국가의 관여에 노출되기 쉽다. 교육자치를 발전시켜 가기 위해서는 지방자치단체의 자율적이고 창의적인 정책 개발과 집행을 장려할 필요가 있으므로, 국가의 지방자치단체에 대한 관여 구조와 방식을 개선할 필요가 있다.

넷째, 교육정책은 항상 평가와 개선의 대상이 되어야 하므로, 교육정책에 대한 사법심사에 대한 관심이 제고되어야 한다. 특히 교육행정의 효율성을 지선의 가치로 삼는 관행이 여전히 지속되고 있는 현실에서 헌법적 가치를 정점으로 하는 교육정책의 정당성을 제고하기 위하여 헌법재판과 같은 정책에 대한 사법심사는 더욱 강화되어야 한다. 이를 위하여 교육정책을 판단하는 잣대가 되는 「헌법」에 대한 해석론을 발전시키고, 헌법재판에 대한 교육적 해석을 심화시켜야 한다(이종재, 이차영, 김 용, 송경오, 2012: 128-129).

미주

1) 예를 들면, 기여입학제를 허용하는 것이 '능력에 따른' 교육에 위배되는지 여부, 장애 학생의 교육받을 권리를 보장하기 위하여 국가는 어느 수준까지 책임을 져야 하는지, 교육재정을 배분할 때 학생 수를 기준으로 배분하는 방식과 학급 수를 기준으로 재정을 배분하는 방식 중 어느 편이 헌법상 '균등한' 것인지 등에 관한 숱한 논란이 있다.

2) Plessy는 피의 1/8 정도가 흑인이었다.

3) 이 판결 이후 각 주에서 인종 분리 정책을 적극적으로 시정한 것은 아니었다. 1965년 「초·

중등교육법(Elementary and Secondary Education Act)」 입법 이후 본격적인 정책 전환이 이루어졌다. 당시 법률은 인종 통합 정책을 시행하지 않는 주에는 연방 재정을 지원하지 않는 내용을 담고 있었다. 이런 점에서 브라운 판결이 사법부가 공교육에 개입한 최초의 의미 있는 사건이라면, 「초·중등교육법」 제정은 연방 입법부가 공교육에 적극적인 활동을 시작한 전환점이 된다고 평가된다(Mead, 2009: 289).

추천도서

하연섭(2010). **정부예산과 재무행정**. 서울: 다산출판사.

이 책은 정책의 예산화 과정을 상세하게 소개하고 있다. 정부 각 부처에서 예산을 수립하는 과정을 상세히 설명하고 있으며, 예산 집행과 평가에 이르기까지 재무행정의 중요 사항을 정리하고 있다.

정종섭(2008). **헌법소송법**(제3판). 서울: 박영사.

이 책은 교육정책에 대한 사법심사의 구조를 이해하는 데 도움이 된다. 헌법소송의 의의와 함께 다양한 헌법소송을 구체적으로 설명하고 있다. 특히 위헌법률심판제도는 교육정책 연구자들에게 중요한 연구 거리가 되므로, 이 책을 통하여 관련 내용을 학습할 수 있다.

참고문헌

국회법제실(2011). 법제실무.

김동희(2004). **행정법 I**. 서울: 박영사.

이기우, 하승수(2007). **지방자치법**. 서울: 대영문화사.

이종재, 이차영, 김 용, 송경오(2012). **한국교육행정론**. 파주: 교육과학사.

정종섭(2008). **헌법소송법**(제3판). 서울: 박영사.

최종고(1991). **법학통론**(전정판). 서울: 박영사.

표시열(2008). 교육법 −이론 · 정책 · 판례−. 서울: 박영사.

하연섭(2010). 정부예산과 재무행정. 서울: 다산출판사.

허　영(2004). 한국헌법론(제4판). 서울: 박영사.

Mead, J. F. (2009). The role of law in educational policy formation, implementation, and research. In G. Sykes, B. Schneider, & D. N. Plank (Eds.), *Handbook of education policy research*. New York and London: Routledge.

Rohr, J. A. (1986). *To run a constitution: the legitimacy of the administrative state*. Lawrence: University of Kansas.

Rosenbloom, D. H. (1989). *Public administration: understanding management, politics and law in the public sector* (2nd ed.). NY: McGraw-Hill.

Sergiovanni, T. J., Keller, P., McCarthy, M. M., & Fowler, F. C. (2009). *Educational governance and administration* (6th ed.). Boston: Pearson.

교육정책연구

교육정책은 합리적 문제 해결 과정의 산물일 뿐만 아니라 정치적 과정이나 우연의 소산일 수도 있다. 교육정책의 다양하고 복잡한 성격은 교육정책연구의 폭이 넓고 깊이가 상당할 것임을 짐작하게 한다. 교육정책연구를 위하여 많은 개념과 모형, 이론 등 다양한 도구가 활용되며, 교육정책연구의 결과로서 교육정책연구의 도구가 개선된다. 이 장에서는 교육정책의 다양한 성격을 살펴보고, 교육정책연구의 성격과 도구를 설명한다. 공공선택론과 이익집단론, 신제도주의 등 교육정책 이론을 소개하고, 이 책에서 상정한 교육정책연구의 모형과 주요 연구 내용을 개관한다.

1. 교육정책의 성격

교육정책은 정책의 일종으로서, 이 책의 앞에서 소개한 정책의 개념 요소

를 공유한다. 그런데 동일한 사물에 대한 인식이 주체에 따라 다를 수 있듯
이, 교육정책을 바라보는 시각 역시 다양할 수 있다. 교육정책과정에서 어떤
요소와 현상에 주목하는가에 따라 교육정책을 바라보는 시각은 상당히 다를
수 있으며, 교육정책을 바라보는 각각의 시각은 곧 교육정책의 성격의 일단
에 주목하는 것이라고도 할 수 있다. 여기서는 교육정책의 성격을 살펴본다.

1) 합리적 문제 해결 과정의 산물로서의 정책

정책과정은 문제(problem)에서 출발한다. 정책활동은 바람직한 사회를 만
들기 위한 의도에서 출발한다고 할 수 있는데, 여기서 정책이 지향하는 바로
서의 '바람직한 사회'는 '바람직하지 않은 현실'을 배경으로 하는 것이기 때
문에 대개의 경우 정책은 현실 문제에서 출발한다. 이렇게 볼 때, 정책과정은
이미 존재하는 문제를 합리적으로 해결해 가는 과정과 다를 바 없으며, 문제
해결 과정의 산물이 바로 정책이라고 할 수 있다. 학계에서 널리 인용되는
"정책은 바람직한 사회 상태를 이룩하려는 정책목표와 이를 달성하기 위하
여 필요한 정책수단에 대하여 권위 있는 정부 기관이 공식적으로 결정한 기
본 방침"(정정길, 1997: 52)이라는 정의는 합리적 문제 해결의 산물로서의 정책
의 의미를 잘 드러낸다.

교육정책 역시 마찬가지다. 교육정책에 대한 가장 포괄적인 개념 정의라고
할 수 있는 다음의 정의를 살펴보자. "교육정책이란 사회적·공공적·조직
적 활동으로서의 교육 활동을 위하여, 국가와 공공 단체가 국민 또는 주민의
동의를 바탕으로 하여 공적으로 제시하며, 공권력을 배경으로 강행성을 가지
는 기본 방침 또는 지침을 의미한다. 그것은 교육 활동의 목표, 수단, 방법 등
에 관한 최적의 대안을 의도적·합리적으로 선택한 것이며, 교육이념을 구현
하기 위한 수단인 동시에, 교육제도와 그 운영을 위한 대강을 제시하며, 협의
의 교육행정에 대하여는 그 지침이 된다."(김종철, 1990: 680) 바로 이 정의에

서 '교육 활동을 위하여'라는 표현에서 동일한 맥락을 확인할 수 있다.

정책을 합리적 문제 해결 과정으로 이해하는 경우, 정책의 출발점으로서의 정책문제(policy problem), 정책의 지향으로서의 정책목표(policy goal), 목표 달성의 매개로서의 정책수단(policy instrument), 정책과정의 본질로서의 합리적 선택(또는 결정)(policy-making or decision-making), 그리고 합리적이고 공정한 행위자인 정책주체로서의 국가 등이 주요 개념으로 등장한다.

대체로 정책을 합리적 문제 해결 과정으로 바라보는 입장에서는, 정책문제는 '명확히 존재하며' '정의될 수 있는' 것으로 가정되며, 정책목표의 타당성과 정책수단의 적절성 역시 평가될 수 있고, 합리적으로 선택할 수 있는 것으로 가정된다. 아울러, 정책주체는 모든 정책과정을 합리적이고 공정하게 관리할 수 있다고 가정된다.

정책을 합리적 문제 해결 과정의 산물로 바라보는 경우, 정책은 분석의 대상이 된다. 정책분석은 합리성을 요체로 삼기 때문이다. 이 책의 제3부에서는 정책분석의 개요 및 단계와 방법을 검토하는데, 이는 정책을 합리적 문제 해결의 산물로 가정한 활동이다.

2) 정치적 이해관계 조정의 산물로서의 정책

정책이 합리적 문제 해결 과정의 산물인 것은 분명하지만, 그 과정이 진정 '합리적'일 수 있는가에 대하여는 상당한 의심이 제기될 수 있다. 합리적 문제 해결을 지향하는 어떤 과정에서나 "누구의 합리성인가(Whose rationality?)"라는 문제가 운명처럼 수반되기 때문이다. 정책을 구성하는 주요 개념 요소들은 거의 모두 정치적 갈등의 대상이 된다. 우선, 모든 사람이 정책문제를 동일하게 인식하지는 않는다. 예를 들면, 자신이 살고 있는 곳에 이웃한 학교에 학생을 배정하는 교육정책은 누군가에게는 문제가 되지 않지만, 누군가에게는 문제가 된다. 또한 무상급식을 선별적으로 제공하는 정책에 문제를 제기할 수 있는 사람도 있지만, 이 정책을 자연스러운 것으로 받아들이는 사람도 존재한다. 나아가, 누군가가 제기한 문제는 정책 의제로 전환되기도 하지만, 또 다른 사람이 제기한 문제는 의제화되지 못하고 단순한 문제 제기에 그치고, 결국 사라지기도 한다.

앞에서 소개한 정책과 교육정책의 개념 정의에 등장하는 "바람직한 사회"(정정길, 1997: 52)나 "교육을 위하여"(김종철, 1990: 680)라는 표현은 그 자체로 가치 함축적이다. 국가가 교육에 대한 책무성을 다하는 '바람직한' 모습이나 교육복지를 '위하여' 국가가 해야 하는 일은 사람에 따라 다르게 이해될 수 있다. 모든 사람이 교육정책에 대하여 동일한 요구를 가지는 것은 아니다.

한편, 교육정책은 한정된 자원을 배분하는 일로서의 성격을 지니기 때문에, 교육정책에 대한 선호는 사람이나 집단에 따라 극명하게 다를 수 있다. 예를 들면, 대학입학전형 정책에서 내신과 수능 점수 중 무엇을 중시할 것인가를 둘러싸고 농산촌과 도시, 일반계 고등학교와 특수목적 고등학교 학생(및 학부모) 간에 의견이 극명하게 갈리는 경우를 종종 볼 수 있다. 사람은 자신의 정책 선호를 드러내고, 정책이 자신의 선호에 근접할 수 있도록 다양한 활동을 전개하는데, 각 집단이 벌이는 다양한 활동은 정치적 양상을 띠게 된다. 이런 점에서 정책과정은 본질적으로 정치적(political) 과정이며, 정치적으로 이해관계를 조정한 산물이 곧 정책이라고 할 수 있다. "정책은 정책결정자들 간의 정치적 타협의 산물"(Lindblom, 1968: 4)이라는 정의는 이런 입장을 잘 보여 준다.

또한 교육정책을 결정하고 집행하는 주체는 공정하고 합리적으로 의사를 결정할 것으로 흔히 가정되지만, 그들이 공익의 대변자가 아니라 '합리적 경제인(rational economic man)'으로서 '재화의 교환 행위로서의 정치 및 정책과정(politics as exchange)'에 참여하는 일은 거의 모든 정책과정에서 관찰된다. 이 경우 교육정책을 둘러싼 정치적 갈등 양상은 한층 복잡해진다. 교육정책을 정치적 과정으로 이해하는 경우, '누가' 정책과정에 참여하며, 다양한 참여자들은 '어떻게' 자신의 이해를 관철시키는가라는 문제에 초점을 맞추게 된다. 이 문제에 대하여 많은 논의와 연구가 이루어지고 있다.

이 책의 제2부에서는 교육정책의 과정과 정책참여자를 분석한다. 이 책에서는 교육정책의 형성과 집행 및 평가 과정을 분석하면서, 교육정책은 정치적 이해관계 조정의 산물이라는 점에 특별히 관심을 기울였다.

3) 우연의 산물로서의 정책

정책을 합리적 문제 해결 관점에서 접근하는 것과 정치적 갈등과 타협이라는 관점에서 접근하는 경우는 정책의 성격을 명백히 다르게 인식하는 것이다. 그러나 두 접근 사이의 차이점에도 불구하고, 양자의 접근이 정책의 성격과 과정에 대하여 공유하는 요소도 없지 않다. 우선, 두 접근 모두 정책과정을 잘 계획되거나 조직된 과정으로 상정한다. 정책가가 정책문제를 해결하고 정책목표를 달성할 수 있는 최선의 대안을 탐색하고 의사 결정에 이르는 과정이나 여러 집단이 자신의 정치적 선호를 정책과정에서 실현하고자 갈등하고 타협하는 과정은 모두, 정책주체가 자신의 의도를 매개로 정책과정 전반을 계획하고 조직하는 과정으로 분석할 수 있다. 또한 정책주체가 정책과정을 계획하고 조직한 결과, 정책과정은 비교적 단순한 단선적 과정으로 묘사될 수 있다. 정책과정을 합리적 문제 해결로 보든, 이해의 조정으로 보든 이 점은 마찬가지다.

그런데 현실적으로 여러 정책이 결정되고 집행되는 과정을 살펴볼 때, 어떤 정책이 정책주체의 의도에 따라서 단선적으로 전개되기보다는, 매우 혼란스럽게 전개되는 경우를 어렵지 않게 찾을 수 있다. '정책의 난맥상'이라거나 '갈피를 잡지 못하는 정책'과 같이 언론에서 어떤 정책이 진행되는 과정을 묘사하는 표현은 정책과정이 반드시 합리적이며 단선적인 것만은 아니라는 사실을 잘 보여 준다. 문제를 해결하기 위하여 해결책을 찾는 것이 아니라, 해결책이 될 만한 것이 있기 때문에 문제를 찾아서 해결책에 끼워 맞추는 일도 있고(Cohen, March, & Olsen, 1972), 또는 유력한 참여자가 아닌 의외의 인물이 정책과정에 큰 영향을 끼치는 경우도 종종 볼 수 있다.

이와 같은 현상에 대한 이해는 연구로도 뒷받침되고 있다. 의사결정 과정을 실증적으로 분석한 연구 중에는, 실제로는 의사가 매우 불합리하게 결정되는 일이 빈번함을 지지하는 연구도 있다. 이른바 의사결정의 쓰레기통 모형(Garbage Can Model)이 그것인데, 이 모형은 조직이나 집단이 구성 단위나 구성원 간에 응집성이 매우 약한 혼란 상태에서 마치 쓰레기통에 마구 던져 넣은 쓰레기들이 뒤죽박죽으로 엉켜 있는 것처럼 불합리하게 의사결정이 이루어지는 현실을 표현한 것이다(Cohen, March, & Olsen, 1972).

정책을 결정하는 과정 역시 합리성과는 거리가 먼, 매우 우연한 과정일 수 있다. 물론, 정책문제의 성격이 단순하며, 정책환경이 정적인 경우에는 정책주체의 의도에 따라 합리적으로, 단선적으로 정책이 전개될 수 있다. 그러나 오늘날과 같이 정책문제의 성격이 복잡해지고, 정책주체들이 다양해질 뿐만 아니라 그들 사이의 관계가 복잡해지며, 정책환경의 역동성이 강화되는, 이른바 복잡성 동태(complex dynamics)가 강화되는 경우에는 정책과정의 우연성이 강화될 가능성이 높아진다(노화준, 2012).

정책을 우연적 과정의 산물로 이해하는 경우, 정책 분석은 매우 어려운 일이 될 수밖에 없으며, 극단적으로는 정책 분석의 불가능성을 인정할 수밖에 없는 상황에 직면할 수도 있다. 그러나 우연적 과정으로서의 정책과정을 분석하기 위한 노력은 계속되고 있다. 대표적으로, Kingdon(1995)은 정책 형성 과정 분석에 쓰레기통 모형을 활용하여, 정책은 문제의 흐름과 해결책의 흐름, 그리고 참여자의 흐름과 의사결정 기회의 흐름이 암죽과 같은 형태로 뒤죽박죽 섞여 있다가 우연히 결합하여 '정책의 창(policy window)'이 열리고, 네 개의 흐름이 우연히 결합할 때 정책이 형성된다는 분석의 얼개를 제시하고, 자신의 주장을 실증적으로 분석하였다. 이 모형은 한국의 교육정책과정을 분석할 때에도 종종 활용된다. 이 책의 제2부에서 다루는 정책 이론 가운데 일부는 정책을 우연의 산물로 가정한 것이다.

4) 담론으로서의 정책

교육 활동은 대개 '언어'를 매개로 이루어진다. 한 연구(Gronn, 1983: Fowler, 2004: 28 재인용)에 따르면, 미국의 교육장과 학교장은 그들 시간의 67~75%를 말하는 일에 사용한다고 한다. 교사의 수업 활동 역시 많은 경우 말을 주고받는 방식으로 이루어진다. 이 점에서는 교육정책도 마찬가지다. 교육정책은 문서 형태로 존재하며, 정책에 이르기까지의 과정은 대체로 언어를 매개로 이루어진다.

담론 분석(discourse analysis) 방법이 문학은 물론 사회과학계에 널리 활용되고 있는 것은 사회 현상 분석에서 언어의 중요성 때문이다. 담론 분석 연구자들은 언어를 다음과 같이 생각한다. 인간 생활의 불가분의 요소인 언어는 세상을 '있는 그대로' 비추는 거울이 아니며, 오히려 특정한 각도에서 특정한 부문에 초점을 맞추고 색상을 입히는 카메라와 같이 세상을 바라보는 틀이다(서덕희, 2010: 218-219). 또한 언어는 사실을 전달하는 도구가 아니며, 세상을 변화시키고 주체를 움직이게 하는 행위가 될 수 있다(서덕희, 2010: 219). 그런데 상대방을 움직이게 하는 언어에는 '힘(권력)'이 내포되어 있다. "모든 종류의 권력은 언어를 통하여 지시되고, 중개되거나 저항을 받는다." (Corson, 1995: 3: Fowler, 2004: 28 재인용)는 말처럼, 언어와 권력은 불가분의 관계에 있다. 교육정책에서 담론 분석에 주목하는 입장은 정책과정에서 정책주체들이 권력을 행사하는 언어적 기제를 명확히 하는 일에 관심을 갖는다.

교육정책과정에서 '언어'의 중요성은 여러 가지 사례로 알 수 있다. 미국에서 거대한 규모의 교육개혁을 촉발한 것은 『위기에 처한 국가(*A Nation at*

Risk)』라는 제목의 보고서였다. 보고서의 제목에 쓰인 '위기'라는 표현은 당시 미국 교육의 현실에 대한 특정한 관점을 명확하게 표현하고 있다. 또한 영국의 선거 과정에 등장했던 표현인 "교육이 잘되고 있지 않다(Education is not warking)"는 표현에는 의도적으로 잘못된 철자를 포함하여, 교육에 문제가 있음을 드러내고자 하였다. 오늘날 한국의 교육정책과정에서 종종 사용되는 '선진화' '특성화'라는 표현은 한국의 교육이 여전히 '선진'에는 이르지 못하고 교육기관의 '특색'이 약한 상태에 있음을, 그리고 그것이 한국 교육의 문제임을 암시한다.

그런데 말은 발화자와 청취자라는 사람을 전제로 한다. 사람들 사이의 권력 관계가 그들이 주고받는 말 속에 내재되어 있으며, 담론을 분석하는 과정에서 권력 관계를 드러낼 수 있다. Foucault(1971)는 이런 문제의식을 주창하고, 실증적 연구를 통하여 발전시킨 대표적인 사람이다. 그는 담론과 권력 사이의 문제에 연구를 집중하였으며, 그가 발전시킨 문제의식은 사회과학의 여러 분야에서 활용되고 있다. 교육정책을 분석하는 과정에도 그가 발전시킨 문제의식이 널리 활용되고 있다.[1]

대표적인 담론 분석 연구자인 Fairclough(2003)는 담론 분석의 세 가지 영역을 제안하였다. 첫째, 텍스트(text)인데, 회의 중에 이루어지는 말, 문서에 쓰인 글과 같은 것이다. 예를 들면, 한 학교의 회의를 분석하는 경우, 누가 말을 가장 많이 하며, 어떤 순서로 말을 하며, 어떤 용어가 사용되는가를 분석하면 회의에서의 권력 관계에 접근할 수 있다. 둘째, 담론 실천(discourse practice)인데, 이는 텍스트의 생산, 분배, 소비를 틀 지우는 모든 공식적이고 비공식적인 규칙과 전통을 의미한다. 예를 들면, 회의의 주재자를 선정하는 방식과 주체, 회의 안건을 정하는 주체와 방법, 이견이 있을 때의 처리 방식 등은 회의에서의 권력 관계에 접근할 수 있는 방법이 된다. 셋째, 텍스트와 담론 실천이 붙박혀 있는 사회적 실천(social practice)을 분석하는 것이다. 회의에 참여하는 주체들의 조직에서의 위치, 성역할에 관한 문화적 전통 등은 회의에

[그림 3-1] ··· 담론 분석의 세 영역

서의 상호작용을 이해하는 요소가 된다. 예를 들면, 장유유서(長幼有序)라는 한국 사회의 문화적 전통은 정책 의사결정 과정에서 말을 하는 순서나 이견의 해소 과정을 이해하는 데 중요한 단서가 된다. 요약하면, 다음과 같은 구조에서 담론 분석을 수행할 수 있다.

서덕희(2010: 220)는 세 가지 영역의 관계를 다음과 같이 알기 쉽게 설명하고 있다.

담론 분석은 담론이 형성되는 사회적 맥락과의 직접적 관련 속에서 형성 중인 담론적 구성체 내에서 그 의미를 파악하며, 내용뿐만 아니라 표현을 다루고, 그 표현이 어떤 사회적 구성을 불러일으키는지를 분석하려고 한다. 담론은 담론을 둘러싼 사회문화적 환경과 그 담론이 불러일으킬 물질적 효과를 중시한다.

교육정책분석에서 담론 분석이 이미 널리 활용되고 있는 서구 국가와 달리, 한국에서의 교육정책에 대한 담론 분석 연구는 아직 미미한 상태에 있다. 향후 한국의 교육정책연구에서 담론 분석이 활발해질 것으로 기대한다. 이 책의 제4부에서는 교육정책의 설계와 주장을 다루는데, 교육정책은 언어를 통하여 자신을 드러낸다는 점에서, 제4부의 내용 중 일부는 담론으로서의 정책을 상정한 것이다.

2. 교육정책연구의 도구와 이론

1) 교육정책연구의 도구

(1) 교육정책연구의 필요성

실제로서의 교육정책은 연구를 기다린다. 교육정책을 연구해야 하는 필요성은 분명하다. 교육정책은 사회 문제로서의 교육문제에 대하여 공적 권위체가 내놓은 해답이지만, 이 해답은 지속적으로 개선의 과정에 놓여야 한다. '더 나은 정책'에 대한 요구는 멈추지 않기 때문이다. 문제를 해결하기 위하여 또는 실제를 개선하기 위하여 교육정책 역시 개선되어야 하며, 연구는 이 일에 효과적으로 기여할 수 있다.

정책을 연구하는 일이 정책을 기술적으로 개선하는 의의만을 지니는 것은 아니다. 모든 정책과 마찬가지로, 교육정책 역시 가치를 배분하는 일과 관련된다는 사실을 상기하면 교육정책의 개선은 민주주의와 정의를 실현하는 일에 다름 아니게 되며, 교육정책연구는 민주주의와 정의에 실현에 기여한다고까지 말할 수 있다.

이와 같은 의의 때문인지 많은 교육정책연구가 이루어지고 있다. 교육부와 교육청 등 교육행정기관에서는 새로운 정책을 준비하거나 기존 정책을 평가하기 위하여 많은 교육정책연구를 발주한다. 한국교육개발원과 같은 연구 기관에서는 한 해 동안 수백여 건의 정책연구를 수행하고 있다. 『교육행정학연구』와 같은 전문 학술지에 발표되는 교육정책연구의 결과물도 적은 수가 아니다.

그런데 이처럼 많은 연구가 교육정책의 실제를 개선하는 데 얼마나 기여하는가? 이 질문에 대한 대답은 하나가 아닐 수 있지만, 근래 교육정책연구에서 나타나는 우려할 만한 경향을 지적하는 것으로 질문에 답할 수 있다. 노화준(2012: 33-34)은 정책학의 현재의 위상을 논하면서 매우 뼈아픈 자기 비판을 전개하고 있는데, 그의 비판은 교육정책연구에도 거의 완전히 부합하는 내용이라고 할 수 있다.

> …… '사회과학의 지혜로운 활용을 통한 좀 더 바람직한 정부(better go-vernment)'라는 약속은 이행되지 못하고 있는 것으로 보인다. 민주주의에 헌신하겠다는 규범적인 도전은 거대한 기술 관료 중심 행정을 지원하는 도구로 전락할 위험에 처해 있다. 그리고 정부 정책결정자들이 활용하고 있다고 자랑스럽게 말할 수 있는 정책학적 접근에 의해 산출된 연구결과들은 역설적으로 수요(demand)는 많으나 대부분의 경우 정책결정을 정당화하는 데 사용되는 정도 이외에는 거의 활용되지 않는 실정이며…….

많은 연구가 현실의 개선을 지향하였으나, 그 연구 결과가 실제의 개선에 어느 정도 기여했는지는 의문이다. 또한 그 연구들이 교육정책연구의 발전에 얼마나 기여했는지도 의문이다. 모름지기 연구라고 하면, 관심의 대상에 대한 실제에 대한 이해를 심화시켜야 하는데, 처방적 연구 또는 교육정책을 위한 연구가 이 목적 실현에 크게 기여한 것 같지도 않다. 향후에는 교육정책연구를 과학적 학문으로 성립시킬 수 있도록 이론적 줄기를 세우는 작업에 힘을 기울일 필요가 있다(이종재, 김 용, 2013).

(2) 교육정책연구의 도구

연구는 대상에 대한 여실한 이해를 추구하는 활동이라고 할 수 있는데, 연구를 위하여 모종의 도구가 필요하다. 이는 복잡한 건축물을 간단한 모형으로 파악하는 일 또는 한 장의 설계도로 자동차의 전모를 이해하는 일과 비슷하다. 우리는 적절한 도구를 활용할 때 대상에 접근할 수 있다. 한편, 좋은 연구는 기존에 활용하던 도구를 개선하거나 새로운 도구를 만들어 낸다. 좋은 연구란 대상을 더 잘 이해할 수 있도록 하는데, 기존 도구로서는 볼 수 없었거나, 왜곡되게 볼 수 있었던 부분을 개선하거나, 새로운 현상을 볼 수 있도록 하는 도구를 만들어 내는 연구가 좋은 연구다.

그렇다면 교육정책연구의 도구는 무엇인가? 모든 사회과학 분야와 마찬가지로, 교육정책연구 역시 복잡한 현실을 설명하고 예측하는 데 활용할 수 있는 이론이 가장 중요한 도구가 된다. 사실, 많은 교육정책연구는 이론을 경험적 현상에 적용하고 검증하는 내용으로 구성된다. 이론은 개념에서 출발하며, 모형이나 패러다임이라는 용어와 상호 교환적으로 사용되기도 하는데, 각각의 내용을 정리하면 다음과 같다.

- 개념(concept): 구체적인 것으로부터 일반화시켜서 형성한 추상 관념. 연구자가 특별히 과학적 연구 목적을 위하여 의도적으로 개발하였거나 채택한 개념을 구성개념(construct)이라고 함(Kerlinger, 1986: 26-27)
- 모형(model): 현실 세계의 본질적 특징을 부각시켜서 현실 세계를 질서 있게 정돈하고 단순화한 것. 복잡한 현실의 특징적 국면을 포착하여 이를 단순화한 개념적 모형(conceptual model)이 사회과학 연구에 자주 활용됨(남궁근, 1998: 118-119)
- 패러다임(paradigm): 특정 과학 공동체의 구성원들이 공유하는 세계관, 신념 체계 및 연구 과정의 체계, 즉 개념적·이론적·방법론적·도구적 체계를 지칭함. 패러다임은 특정 과학 공동체에서 문제 선정, 자료 평가, 이론 개발 등의 지침이 됨(Kuhn, 1970)
- 이론(theory): 현상을 설명하고 예측할 목적으로 변수들 간의 관계를 구체적으로 밝힘으로써 현상에 대한 체계적 견해를 제공하는 일단의 상호

관련된 개념, 정의, 명제들(Kerlinger, 1986: 8-9). 이론은 상호 관련된 개념들의 연결 관계 또는 규칙성을 나타내는 일반적 진술로 구성되며, 사회 현상을 설명하고 예측하는 데 있어서 전제로 쓰이며, 구체적인 가설을 도출하는 근거로서 경험적 연구의 지침이 됨(남궁근, 1998: 117-118)

교육정책의 연구과정에서 많은 개념과 모형, 이론이 산출되었으며, 이 책의 여러 부분에서 교육정책연구의 도구이자 결과라고 할 수 있는 각종 개념과 모형, 이론을 다루고 있다.

2) 교육정책연구의 이론

교육정책의 연구과정에서 많은 이론과 개념이 생산되고 있다. 개별 이론과 개념은 교육정책 현상의 특정 요소나 정책과정의 특정 국면에 주목한 것이 적지 않다. 따라서 교육정책 이론이나 개념을 몇 가지 차원으로 분류할 수 있는데, Cooper 등(2004: 44)은 많은 교육정책 이론을 네 가지로 분류하여 이론들 간의 관련성을 드러내고, 개별 이론들이 정책의 어떤 요소나 성격에 주목하는지를 보여 주었다([그림 3-2] 참조). 그들은 숱한 교육정책 이론과 개념을 다음 네 가지 차원으로 분류한다.

- 규범적 차원: 모든 정책은 바람직한 사회의 미래상이나 목적으로 표현한 것이기 때문에 대단히 규범적이다. 어떤 정책이든 근저에는 특정한 신념이나 가치, 이데올로기가 내재한다. 이 책의 제4부에서는 교육정책의 규범적 차원을 논의하고 있다.
- 구조적 차원: 교육정책은 특정한 제도적 구조에서 형성되고 집행된다. 정책과정의 제도적 구조와 더불어 정책환경을 구성하는 정치 및 사회의 구조도 교육정책에 지대한 영향을 미친다. 이 책의 제1부에서는 교육정

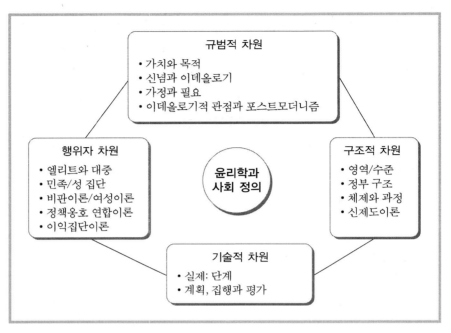

[그림 3-2] • • • 교육정책 이론의 네 가지 차원

출처: Cooper et al.(2004), p. 44.

책의 구조적 차원을 분석하고 있다.

• 행위자 차원: 교육정책에 참여하여 영향을 미치고 교육정책으로부터 혜택을 입는 다양한 행위자와 집단에 관한 이론이 존재한다. 이익집단론이나 정책 옹호연합 이론은 행위자 차원 접근의 주요한 이론이며, 이 책의 제2부에서 분석하고 있다.

• 기술적 차원: 정책을 체제적 시각에서 이해하고, 정책 계획과 실제, 집행과 평가를 포함하는 전 과정을 분석하기 위한 이론과 개념 도구가 존재한다. 이 책의 제3부에서는 교육정책 분석의 단계와 도구 등을 다룬다.

Cooper 등(2004)은 교육정책 이론을 이상과 같이 유형화하면서, 교육정책 이론의 핵심에는 윤리와 사회 정의에 대한 깊은 관심이 담겨 있어야 한다고

주장한다. 교육정책은 궁극적으로 '좋은 사회'를 지향하는 행위이므로, 교육
정책과정에서는 '좋은' 사회를 둘러싼 가치의 쟁투가 발생한다. 그러나 어떤
가치에 우선하여 형평과 사회 정의가 교육정책의 핵심 가치가 되어야 한다는
사실은 자명하다.

　여기서는 주목할 만한 교육정책 이론을 몇 가지 살펴보고자 한다. 규범적 차
원의 이론들은 Kahne(1996)이 잘 정리하고 있는데, 그 내용은 이 책의 제11장
에서 소개하고 있다. 기술적 차원의 주요 개념은 제3부에서 자세히 소개하고
있다. 여기서는 행위자 차원의 이론 중 공공선택이론과 이익집단론, 구조적
차원의 이론 중 신제도이론을 소개한다. 이 세 가지 이론은 근래 교육정책연
구에서 널리 활용되고 있다.

(1) 공공선택이론

　공공선택이론은 개인 수준에서 정책과정을 분석하는 데 유용한 이론이다.
공공선택이론은 정치적 행위자도 경제적 행위자와 같이, 자신의 효용(만족)을
극대화하기 위하여 합리적으로 행동하며, 개인이야말로 정책 분석의 기본 단
위이자 대상이 되어야 한다고 본다. 인간은 합리적인 효용 극대화를 추구하는
행위자(utility maximizer)라는 것이 공공선택이론이 가정하는 것이다.

　공공선택이론은 합리적 선택의 틀(rational choice framework)이 주체의 행위
에 강력한 영향을 미친다고 본다. 정치적 행위자는 정책결정자나 유권자를
막론하고 자신의 행동 노선을 선택할 때 자신의 이익(self-interest)을 극대화하
고자 하는 원칙에 따른다고 본다(Buchanan, 1980: 5). 또한 공공선택이론은 정
책과정을 여러 정치 행위자들이 경쟁적인 지대 추구(rent-seeking) 행태를 보
인다고 가정한다(Buchanan, 1980). 즉, 정책과정을 각 행위자가 더 많은 사회
적 잉여(social surplus)를 차지하기 위하여 경쟁하는 과정으로 본다. 그런데 사
회적 잉여(지대)는 생산적인 사회적 노동으로부터 일어나는데, 각 행위자는
아무런 비용을 지불하지 않으면서 다른 행위자의 행위로부터 발생한 잉여를

획득하고자 하는 무임승차(free-rider)의 행태를 나타내는 문제를 나타내기 때문에(노화준, 2012: 147), 공공선택 이론가들은 사회 전체에는 나쁜 영향을 미치며 특정 개인의 이익을 위하여 봉사하려는 효용 극대화 노력을 억제할 수 있는 제도를 발전시켜야 한다는 점을 주장한다(Buchanan, 1978: 170: 노화준, 2012: 147 재인용). 공공선택이론은 공공정책 결정을 둘러싸고 이루어지는 정치의 복잡성을 효용 극대화를 추구하는 개인의 목적 지향적 행위로 지나치게 단순화하고 있으며, 단순화의 결과 복잡한 현실에 대한 설명력이 떨어진다는 비판을 받고 있다(노화준, 2012: 147-148).

　　근래 이루어지고 있는 교육개혁은 공공선택이론에 영향을 받은 것이라고 할 수 있다. 공공선택이론을 교육 연구에 활용하고자 하는 사람들은 교육비는 계속 증가하는데 왜 학생의 학업 성취에는 큰 변화가 없는가라는 문제에 많은 관심을 가지고 있다(West, 2009). 공공선택이론에서 모든 개인의 행동을 자신의 이익 추구라고 보는 것처럼, 교사 역시 이기적인 동기에서 교육 활동에 종사한다고 본다. 특히 교사가 노동조합을 조직하여 단체 교섭을 하는 것은 학생의 성취와는 무관하게 교사 자신의 이익을 추구하기 위한 제도적 틀을 형성한 것이라고 본다. 또한 학교 내에는 교사가 학생을 위하여 노력하도록 유인하는 체제가 없다는 점도 문제의 원인으로 본다. 따라서 교육을 개혁하기 위해서는 교육의 질을 향상하기 위한 자기 이익적인 유인 체제를 설계할 필요가 있는데, 이런 맥락에서 시험 결과와 교사의 보수를 연계하는 방식의 책무성 정책과 학생이 학교를 선택하도록 함으로써 교사의 동기를 유발하고자 하는 방식의 정책이 널리 활용되고 있다(West, 2009). 그러나 근래 공공선택론자들의 예상과 어긋나는 교육개혁의 결과가 보고되고 있다. 공공선택론의 가장 큰 문제라고 할 수 있는, 단순한 가정의 문제가 제기되는 것이다. 교사는 단지 자신의 이익만을 추구하는 사람이라는 가정이 과연 현실에 얼마나 부합하는 것인지를 검토할 필요가 있다.

(2) 이익집단론

　정책학자들은 정책참여자를 둘러싸고 엘리트 이론과 다원주의론으로 양분되어 논의를 전개하였다. 엘리트 이론은 정책과정에 참여하는 세력들이 특정 소수에 국한되며, 이들이 국가의 정책을 좌우한다는 내용이다(정정길, 1997: 212). 미국 사회의 정책결정을 실증적으로 분석한 Mills(1956)는 미국 사회의 권력 엘리트는 거대 기업체 간부, 군 장성, 정치 집단의 정치가 등 세 영역에서 최정상에 있는 인사들로 구성되어 있으며, 이들이 미국의 주요 정책을 결정한다고 주장하였다. 그는 "인간의 운명을 결정하는 중요한 문제는 일반 대중이 거론하거나 결정하지 않는다."(Mills, 1956: 4)라고 하였다.

　이에 대하여 다원주의는 소수의 집단 또는 계층이 아닌, 사회를 구성하는 다양한 집단에 정치적 영향력이나 권력이 폭넓게 분산되어 있다는 가정에서 정책참여자를 분석한다(노화준, 2012: 151). 민주사회는 다양한 압력 단체들이 선거를 통해서 의견을 표출하는 정치 체제로서, 많은 압력단체나 이익단체가 정책결정의 다양한 국면에 다양한 방식으로 영향력을 행사한다는 것이다(Dahl, 1961; 노화준, 2012: 151 재인용). 다원주의 이론이 통일적으로 구축되어 있는 것은 아니다. 즉, 다원주의론 내에 다양한 분파가 존재한다. 그중 유력한 논의 중 하나는 이익집단론이다.

　이익집단론(interest group theory)은 조직화된 이익집단이 정책과정에 영향력을 미치는 과정과 그 결과 등에 관심을 갖는다. 대통령 선거 과정이나 교육부의 정책결정 및 집행과정에 다양한 이익집단이 의사를 표명하고 자신들의 요구에 가깝게 정책이 결정되고 집행되도록 압력을 가하는 모습을 종종 볼 수 있다. 미국의 경우는 이익단체로 공식적으로 등록을 하는 단체가 계속 증가하고 있으며, 그 단체들이 로비에 활용하는 금액이 크게 증가하고 있는데, 이는 교육 이익단체의 활동이 강력해지고 있음을 의미한다(Opfer, Young, & Fusarelli, 2008: 196-197).

　이익집단 일반에 관한 정책학계의 논의는 그 역사가 상당히 오래되었지만,

교육 이익집단(educational interest group)에 대한 본격적인 실증 연구는 매우 빈곤한 상태에 있다(Opfer, Young, & Fusarelli, 2008: 195). 그러나 교육정책과정에서 이익집단의 영향력이 높아짐에 따라 이에 관한 연구를 본격화할 필요가 있다. Opfer, Young 그리고 Fusarelli(2008)는 이익집단 연구의 세 가지 주요 질문을 다음과 같이 제시하였다.

- 이익집단이란 무엇인가?
- 이익집단은 정책에 어떻게 영향을 끼치는가?
- 이익집단은 어떻게 진화해 왔는가?

이익집단은 널리 쓰이는 용어이지만, 그 개념을 명확히 정의하기는 쉽지 않다. 이익집단을 정의하는 데에는 다음과 같은 쟁점이 존재한다(Opfer, Young, & Fusarelli, 2008). 첫째, 조직화에 관한 것이다. 단지 공동의 이해를 공유하는 사람들도 이익집단에 포함할 수 있는 것인지, 아니면 반드시 조직화되어야 하는 것인지, 조직화된다면 그것은 어느 수준에 이르러야 하는 것인지 등이 개념 정의에서 어려움으로 등장한다. 둘째, 이익집단의 활동의 수준도 개념 정의에 난점을 초래한다. 다시 말하여, 어느 정도 활동을 한 단체를 이익단체로 볼 것인가다. 예를 들어, 과거에 단 한 차례 활동한 단체를 이익단체로 볼 수 있는가라는 문제가 제기된다. 마지막으로, 정당과 이익집단을 구분하기가 수월하지 않다는 점이다. 현실적으로는 정당과 비공식적으로 관계를 맺고 있는, 이른바 '인공위성 집단들(satellite groups)'을 이익집단과 구분하는 일은 수월하지 않다.

이익집단이 어떻게 영향력을 행사하는가는 중요한 연구 과제가 된다(Opfer, Young, & Fusarelli, 2008). 선행 연구들은 이익집단 활동의 맥락이 중요하다는 점, 교육정책 영역과 학교급에 따라 여러 이익집단 간 영향력이 같지 않다는 사실을 보고하고 있다. 이와 함께 이익집단의 로비 활동(lobbying)에 대한 분석이 활발하게 이루어지고 있는데, 과거와 달리 전문성, 지식, 정보 등과 결합한 로비 활동이 정책과정에 상당한 영향을 미치는 실태가 보고되고 있다.

이익집단은 옹호 연합(advocacy coalitions)을 구축하는 일에 열심이며, 옹호 연합은 정책과정에 상당한 영향을 미치기도 한다. 자율형 사립고등학교 정책과정의 옹호 연합을 분석한 연구가 있으며(김민조, 박소영, 2012), 역사 교과의 수능 필수화, 학교교육 정보공개 정책 등도 옹호 연합의 관점에서 설명할 수 있을 것이다.

향후 이익집단 연구에서는 다음 주제에 관심을 기울일 필요가 있다(Opfer, Young, & Fusarelli, 2008: 208-209). 첫째, 개별적인 정책 기업가들(individual policy entrepreneurs)의 활동에 주목할 필요가 있다. 예를 들면, 빌 앤드 멜린다 게이츠 재단(B & MGF)을 설립하여 미국뿐만 아니라 세계 여러 국가의 교육에 상당한 영향력을 끼치고 있는 빌 게이츠(Bill Gates)의 활동은 중요한 연구 주제가 될 수 있다. 이들은 막대한 자금을 기반으로 종래와는 다른 방식으로, 달리 말하여 국가의 규제를 회피하여 교육정책에 영향을 미치고 있는데, 이들의 활동을 '트로이의 목마'에 비유하여 경계하는 견해도 있으며, 교육정책과정에 소수의 목소리가 극대화되는 것은 대의제 민주주의에 대한 위협이 된다는 경고도 나오고 있다(Fiorina, 1999: 409: Opfer, Young, & Fusarelli, 2008: 209 재인용). 둘째, 이익집단의 활동에서 인터넷이나 블로그의 활용과 그 영향에 대한 분석이 필요하다.

(3) 신제도주의

신제도주의는 행태주의의 원자적 설명 방식을 비판하면서 대안을 제시하고자 하는 이론이다. 행태주의는 집단행동을 개개인의 행동의 합으로 보고 개인의 행동을 설명함으로써 집단의 행동에 대한 설명을 대신하고자 한다. 그러나 신제도주의는 행위자는 과소사회화된 주체가 아니라 제도(institution)

라는 맥락 속에 존재하는 주체라는 점을 강조한다(김난도, 1997). 행위자는 제도 속에 존재하기 때문에, 제도가 인간의 선호나 유인에 어떻게 영향을 미치며, 주체의 행태에 어떻게 영향을 끼치는가를 분석의 초점으로 삼는다. 사실 행태주의 이전에 제도에 관심을 가진 연구 분파가 존재하였는데, 그들은 제도의 개념과 속성을 단지 기술하는 상태에 머무르고 있었다. 이들을 구제도주의라고 부르며, 이들과 대비하여 "제도가 중요하다(institutions matter)."라는 명제를 공유하는 연구 분파들을 신제도주의라고 부른다.

신제도주의는 하나의 큰 우산과 같은 것으로서, 그 안에는 다양한 분파가 존재한다. 경제학을 배경으로 성장한 합리적 선택 신제도주의, 정치학을 중심으로 연구가 활발한 역사적 신제도주의, 사회학에서 활발하게 연구되고 있는 사회학적 신제도주의 등이 존재하는데, 각 분파는 강조하는 것이나 활용하는 개념이 다르다. 다만, 차이에도 불구하고 신제도주의가 공유하는 내용은 다음과 같이 정리할 수 있다(하연섭, 2002).

첫째, 제도란 사회의 구조화된 어떤 측면을 의미한다. 사회 현상은 이런 구조적 측면에 중점을 두어 설명하여야 한다. 둘째, 제도는 주체의 행위를 제약한다. 제도 속의 주체의 행위는 규칙성을 띤다. 신제도주의는 과소 사회화된 개인이 아니라 제도 속에서 이루어지는 주체의 행위를 분석한다. 셋째, 제도가 주체의 행위를 제약하지만, 주체 간 상호작용의 결과로 제도가 변화하기도 한다. 제도는 독립 변수이자 종속 변수가 되기도 한다. 넷째, 제도는 법률, 규칙 등 공식적 측면을 지닐 수도 있고, 규범이나 관습 등과 같은 비공식적인 측면을 지닐 수도 있다. 다섯째, 제도는 안정성을 지닌다. 제도는 형성되고 나면 상황에 따라 쉽게 변화하지 않는다.

제도는 정책과정 참여자의 행태적 역할을 처방하고, 활동을 제약하며, 기대를 형성하는 일관되고 상호 연계되어 있는 한 세트의 공식·비공식적 규칙이다(Keohane, 1989: 163). 정책결정 관점에서 볼 때, 제도적 구조는 정치와 사회 생활을 구성하는 기본 단위로서, 개인의 선호, 능력 및 기본적인 정체성은 제도적 구조들에 의하여 틀 지어진다(노화준, 2012: 155). 또한 역사적 발전은 경로 의존적(path-dependence)이어서 일단 선택이 이루어지면 미래의 변화 가능성을 제약한다. 어떤 시점에서 정책결정들은 그 선행 단계에서 주어진 제도적 역량들(institutional capacities)의 함수로 발생하는 제한된 선택지들만을 이용할 수 있을 뿐이다(Krasner, 1988: 67). 이는, 제도는 주체가 문제를 해석하고 가능한 해결 방안에 대한 사고를 형성함으로써 주체의 행위에 영향을 미치며, 주체가 선택할 수 있는 해결 방안과 그 방안을 집행할 수 있는 방법과 정도를 제약함으로써 행위에 영향을 미친다는 것을 의미한다(노화준, 2012: 155-156).

신제도주의는 행태주의적 설명을 지양하여 정책 행위에 관한 더 정교한 설명을 제공하였다(정정길 외, 2010: 746-748). 특히 여러 신제도주의 분파는 제각기 기여하였다. 합리적 선택 신제도주의는 정책과정에 관계되는 행위자들이 어떤 제도적 유인에 따라 자신의 이익을 정책에 반영하려고 하는지, 그들은 어떤 상호작용을 통하여 정책과정에 참여하는지를 잘 설명한다. 역사적 신제도주의는 불합리하거나 비효율적이라고 간주되는 정책과정이 왜 지속되는지를 잘 설명한다. 사회학적 신제도주의는 습관이나 상징, 태도나 가치와 같은 문화까지도 행동에 영향을 미치는 제도 차원에 포함하고 있으며, 비공식적이고 비합리적인 것으로 보이는 정책결정과정이 더 거시적인 차원에서 제도로서 문화의 영향에 의한 것임을 설명하여 정책의 사회적 특성을 밝히는 데 기여한다.

그러나 각각의 설명에는 개선이 필요한 문제도 있다(정정길 외, 2010: 746-748). 합리적 선택 신제도주의는 그들의 논의의 출발이 되는 개인의 선호가 어떻게 형성되는가를 설명하지 못하며, 문화가 제도의 선택에 미치는 영향을 간과한다. 역사적 제도주의는 반증이 매우 어려운 방식으로 설명을 전개한다는 점에서 '이현령비현령(耳懸鈴鼻懸鈴)'이라는 비난을 받기도 한다. 사회학적 신제도주의는 제도 개념을 지나치게 확대하여 문화결정론 내지 제도결정론에 빠질 수 있다.

근래 교육정책연구에서의 신제도주의가 널리 활용되고 있다. 종래 통계적 방법을 활용한 정책 분석과 평가 연구가 주로 이루었던 점을 상기하면, 신제도주의적 정책 분석은 교육정책연구에 새로운 개념과 방법론적 다양성을 제공할 것으로 기대된다. 그러나 신제도주의를 활용한 교육정책 분석에서 지양하여야 할 한계도 나타나고 있다(윤인재, 나민주, 2013). 대다수 연구가 신제도주의의 개념과 이론을 원용하여 교육정책과정을 설명하는데, 이런 방식은 정책과정을 간결하고 명료하게 정책과정을 설명할 수는 있지만, 본래의 이론에 기반한 맥락이 무시되고 한국 교육정책과정의 특수한 상황에 대한 고려가 배제되는 등 정책 현상을 과도하게 단순화할 위험이 있다. 또한 많은 연구들이 교육정책의 변화를 설명할 때 정권 교체와 같은 외생적 변수를 설명에 도입하는데, 이 경우 설명력이 높지 않아서 연구의 타당성과 신뢰성을 저하할 수 있다. 신제도주의의 본령에 걸맞게 행위자와 제도 간의 상호작용을 엄밀하게 분석할 필요가 있다.

3. 교육정책연구의 범위와 내용

1) 교육정책연구의 얼개

교육정책은 실재하는 것이다. 이 명제는 교육정책에 대하여 두 가지 방향의 관심이 작동할 수 있음을 함의한다. 첫째, 존재하는 모든 것은 이해와 분석의 대상이 될 수 있기 때문에 실재하는 교육정책을 이해하고 분석하고자 하는 관심이 존재한다. 둘째, 자연 현상 자체를 이해하고자 하는 관심과 더불어, 자연을 개발하고 활용하고자 하는 관심이 존재하는 것처럼, 정책을 개발하고자 하는 관심에서 교육정책에 접근할 수도 있다. 교육정책 현상을 있는 그대로 이해하고자 하는 관심, 그리고 교육과 교육정책을 개선하기 위한 관심, 즉 분석과 개발이라는 두 가지 관심이 교육정책연구의 동기와 탐구 영역을 구성한다.

(1) 교육정책분석의 관심

교육정책에 대한 분석적 관점은 교육정책 현상을 이해하기 위한 동기에서 출발한다. 어떤 일에서나 마찬가지이지만, '이해'는 마음을 다하여 그 대상을 잘 바라보는 활동에서부터 시작한다. 숱한 교육정책을 관찰할 때 알 수 있는 것은 교육정책은 개방 체제에서 하나의 생명 주기를 갖는다는 사실이다.

교육정책은 어떤 문제 또는 목적의 산물이라고 할 수 있는데, 문제나 목적은 특정한 시간과 공간, 즉 환경에서 배태된 것이다. 교육정책은 특정한 맥락에서 구성되지만, 단지 맥락의 산물로서 교육정책이 발생하기만 하는 것이 아니라, 교육정책이 맥락 자체를 바꿀 수도 있다. 이 과정을 체제론적으로 설명하자면, 교육정책과 정책환경은 서로 영향을 주고받으면서 공진화(共進化, coevolution)한다. 한편, 교육정책의 맥락이라고 하면, 앞서 설명한 정책환경과 함께 교육정책이 이루어지는 제도적 구조도 들 수 있다. 교육정책은 어떤 얼개 속에서 결정되고 실행된다. 이런 점에서 교육정책은 제도적 얼개에 틀 지어져 있다고 할 수도 있다. 교육정책의 환경과 교육정책의 제도적 구조를 분석하는 일은 교육정책분석의 전통적 주제가 되어 왔다.

이와 함께, 정책환경과 영향을 주고받으며 제도적 얼개 속에서 만들어지고 실행되는 교육정책의 과정을 이해하는 일도 교육정책분석의 중요한 연구 문제가 된다. 교육정책은 어떻게 형성되는가, 교육정책은 어떻게 실행되는가, 누가 그 과정에 어떻게 참여하는가라는 문제는 교육정책분석의 가장 중요한 문제가 되어 왔다. 또한 교육정책을 어떤 기준에 따라 어떤 방식으로 평가할 것인가도 중요한 문제가 되어 왔다. 이와 같은 문제들이 교육정책분석에서 다루어진다.

(2) 분석의 중층성

앞에서 교육정책분석의 관심과 주제를 간단히 살펴보았는데, 엄밀하게 볼 때 정책 '분석'은 중층적 의미를 지닌다. 즉, 실재하는 정책 현상을 여실히 드러내기 위한 관심에서 비롯하는 분석, 그리고 정책을 개선하기 위한 관심에서 비롯하는 분석은 개념상으로뿐만 아니라 실제적으로도 구분된다. 전자를 이해적 분석 또는 후향적(後向的, retrospective) 분석이라고 한다면, 후자는 처방적 분석 또는 전향적(前向的, prospective) 분석이라고 할 수 있다. 이를 다른 개념으로 표현하면, 전자는 교육정책에 '대한' 분석, 후자는 교육정책을 '위한' 분석이라고도 할 수 있다.

이해적 · 후향적 분석은 교육정책을 이해하는 일에 가장 중요한 관심을 부여하며, 정책과정의 참여자와 그들 사이에서 일어나는 다양한 역동을 여실히 포착하는 일에 관심을 갖는다. 이해적 · 후향적 정책분석은 매우 복잡하고 혼란스럽게 보이는 교육정책 현상을 간명한 모형의 형태로 포착할 수 있도록 하는 일로 나타나며, 이런 분석의 결과 교육정책 이론이 산출된다.

한편, 처방적 · 전향적 분석은 교육과 교육정책을 개선하기 위한 목적에서 이루어진다. 무엇을 어떻게 해야 교육을 개선할 수 있는가, 또는 교육 문제를 해결(또는 완화)할 수 있는가라는 관심에서 처방적 · 전향적 분석이 이루어진다. 일반적으로, 이해적 · 후향적 분석이 정책연구자의 과업이라면, 처방적 · 전향적 분석은 정책 개발에 관심이 있는 이의 과업이 된다.

그런데 이 두 가지 분석적 접근은 개념상 분리됨에도 불구하고 긴밀한 관련을 갖는다. 우선, 더 나은 교육정책을 개발하고자 하는 일은 교육정책을 이해하는 일을 불가결하게 수반한다. 교육정책 현상을 이해하고자 하는 일은 교육정책의 '문법(grammar)'을 학습하는 일과 비슷한데, 그 문법을 학습하지 않고서는 더 나은 새로운 교육정책을 시행할 수 없기 때문이다. 또한 교육 문제나 정책 모두 역사성을 갖는다는 사실을 염두에 둘 때, 전향적 관심은 반드시 후향적 관심을 수반하지 않을 수 없다. 교육정책과 문제의 과거를 알지 못하고, 더 나은 미래를 향한 정책을 제안할 수 없다는 사실은 자명하다. 한편, 교육정책에 대하여 오로지 이해적·후향적 관심만으로 접근하는 경우에도, 그 분석의 결과는 처방적·전향적 관심을 가지고 있는 사람들에게 의미있는 도움을 줄 수 있다. 이런 점에서 교육정책분석에 대한 처방적·전향적 관심은 이해적·후향적 관심을 포괄한다고 할 수 있고, 두 가지 접근은 중층적 구조를 형성한다.[2]

(3) 교육정책 개발의 관심

　교육정책은 분석의 대상이자 개발의 대상이기도 하다. 정책에 대하여 관심을 가지고 있는 어떤 사람이나 자신이 속한 사회의 문제를 해결(또는 개선)하기 위하여, 또는 미래에 닥쳐올 변화에 능동적으로 대응하기 위하여 정책을 개발하고 실행하는 일에 관심을 갖는 것은 자연스럽다.

　교육정책 개발에 관심을 갖는 경우, 우선 정책을 개발하는 각각의 과정에 대하여 교육정책을 '위한' 관점에서 처방적·전향적 분석을 수행한다. 즉, 정책문제를 규정하고 대안을 구상하며, 평가 준거를 개발하고 대안을 심사한 후 정책을 제안하는 등의 단계에 따라 정책을 분석할 수 있다. 또한 정책을 시행한 후 그 결과를 평가하는 일도 분석 과정에 포함된다. 다른 한편으로, 현재의 상황을 분석하고, 미래에 예견되는 변화를 조망하면서 정책을 제안하는 일도 정책 개발의 관심에서 이루어진다.

　오늘날 교육정책 개발에 대한 관심은 국가를 막론하고 높아지고 있다. 세계화된 상황에서 교육을 국가 경쟁력 향상의 중요한 수단으로 여기는 국가가 많으며, 세계 여러 국가들은 과거보다 훨씬 많은 재정을 투입하여 대규모의 교육개혁 정책을 시행하고 있다. 국가가 교육정책을 개발하는 과정에서 정책의 효율성에 대한 관심이 높아지는 현상은 당연한 것이며, 이 과정에서 정책을 위한 분석이 활성화되고 정책 제안이 증가하고 있다. 그리고 오늘날 교육정책 개발은 한 국가의 울타리 안에서만 이루어지지 않고, 세계경제협력개발기구(OECD)나 유네스코(UNESCO)와 같은 국제기구를 통하여 지구적 차원에서 교육정책을 개발하는 일도 증가하고 있다.[3]

단기간에 민주화와 산업화를 모두 성취한 모범 국가로 꼽히는 한국의 발전 과정을 살펴볼 때에도 교육정책 개발의 의의가 잘 드러난다. 해방 직후부터 교육기회 확대를 위한 각종 교육정책이 개발되었으며, 특히 한국교육개발원(Korean Educational Development Institute: KEDI)과 같은 교육정책연구 기관을 통하여 교육정책을 개발하였다. 양적 확대에서 질적 개선으로 교육정책의 방향이 전환된 1980년대 중반 이후로도 연구 기관이나 대학에 소속한 교육정책 연구자들이 교육의 질적 개선을 위한 교육정책 개발에 헌신하고 있다.

지금까지 설명한 교육정책의 분석과 개발이라는 교육정책연구의 두 가지 영역을 중심으로 교육정책연구의 범위를 정리하면 [그림 3-2]와 같다. [그림 3-2]는 또한 이 책에서 포괄하는 교육정책연구의 내용 영역을 구성하기도 한다. 이 책의 제1부에서는 교육정책의 환경과 제도적 구조를 중심으로 교육

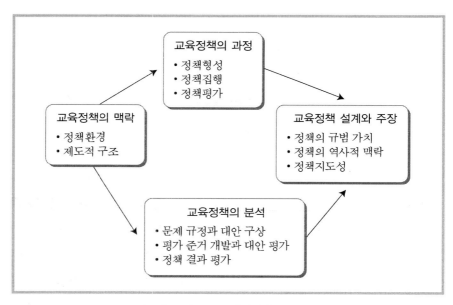

[그림 3-3]ᐧᐧᐧ 교육정책연구의 범위

정책의 맥락을 분석한다. 제2부에서는 교육정책의 정치적 성격을 중심에 두고 정책참여자와 교육정책과정을 분석한다. 이어서 제3부에서는 교육정책 분석의 단계와 방법, 아울러 교육정책분석을 위한 인접 학문을 검토한다. 마지막으로, 제4부에서는 교육정책의 개발에 관심을 가지고 정책의 규범가치와 역사적 맥락, 그리고 정책 지도성 등 정책 설계와 주장을 위한 내용을 검토한다.

2) 교육정책연구의 내용

앞서 설명한 교육정책연구 범위에는 구체적으로 다음과 같은 연구 내용이 포함된다.

- 교육정책은 그것을 둘러싸고 있는 정책환경과 공진화한다. 교육정책환경은 사회의 여러 측면을 포함하는데, 가장 중요하게는 그 사회의 경제상황을 들 수 있다. 경제의 변화 과정과 그 과정에서 파생되는 가능성과 문제점은 교육정책에 상당한 영향을 끼친다. 특히, 세계화된 경제 체제가 형성되는 과정에서 경제의 영향력은 더욱 증대하고 있으며, 이와는 별개로 세계화 현상 자체가 교육정책의 중요한 정책환경을 구성하고 있다. 정치 구조와 사회 이념 지형의 변화 등도 교육정책에 심대한 영향을 미치고 있다. 한 사회의 정책환경의 변화를 추적하고, 그 과정에서 교육정책은 어떻게 전개되었는지를 살펴보고, 향후 교육정책환경을 조망하고 어떤 정책적 과제가 제기될 것인지를 전망하는 일이 필요하다. 이 주제는 제1장에서 다루었다.
- 교육정책은 일정한 제도적 구조하에서 형성되고 집행, 평가된다. 대의제 민주주의 국가와 사회주의 국가에서 정책이 형성되고 집행되는 과정이 동일하지 않은 점은 교육정책이 특정한 제도적 구조의 산물임을 알 수

있게 한다. 한국은 국민의 의사를 법률로 형성하고, 정책 실행에 소요되는 예산을 확보하는 과정을 수반하여 정책을 형성한 후, 정책을 집행하고, 그 결과를 평가한다. 정책의 형성과 집행에서 평가에 이르는 모든 과정은 일정한 제도적 구조하에서 이루어지는데, 이 제도적 구조를 파악하는 일은 교육정책연구의 한 내용을 구성한다. 특히, 교육자치가 진전됨에 따라 국가 수준뿐만 아니라 지방자치단체 수준에서도 교육정책활동이 활성화되고 있기 때문에, 지방 수준의 교육정책의 제도적 구조도 파악할 필요가 있다. 이 내용은 제2장에서 다루었다.

• 교육정책은 의제 형성에서 결정, 집행과 평가에 이르기까지의 정책과정을 통하여 출현하고 종결된다. 교육정책과정에는 다양한 정책 행위자들이 등장하는데, 이들은 자신(과 자신이 속한 집단)의 선호에 정책을 근접하게 만들기 위하여 다양한 활동을 한다. 그 결과, 교육정책과정은 정치적 과정으로서의 성격을 강하게 띤다. 교육정책과정의 정치적 성격과, 그 주된 행위자인 정책참여자들의 실체를 파악하는 일은 교육정책연구의 주요 주제 중 하나다. 제4장에서는 한국의 교육정책과정의 행위자는 누구이며, 그들은 어떻게 정치적 상호작용을 하는지를 실증적으로 분석한다.

• 교육정책 형성은 문제의 확인과 의제 설정에서 시작한다. 사회에 편재한 문제 중 어떤 것은 정부 의제로 발전하며, 어떤 것은 의제화되지 못한다. 정책 의제화의 개념과 의의를 확인하고, 누가, 어떤 방식으로 의제화에 참여하는지를 분석하는 일 역시 교육정책연구의 중요한 대상이 된다. 제5장에서는 교육정책 형성에 관한 주요 개념과 이론을 살펴보고, 한국의 교육정책 형성과정에 관련된 연구 사례를 실증적으로 분석한다.

• 결정된 교육정책은 단지 문서에 지나지 않는 것으로서, 반드시 집행 절차를 수반하여야 한다. 정책 집행은 정책연구 초기에는 그다지 주목을 받지 못하다가, 1960년대 이후 미국에서 이루어진 대규모 교육정책의 효

과를 검증해 보고자 하는 과정에서 정책연구의 영역 또는 주제로서 각광을 받게 되었다. 특히 정책 집행 연구 과정에서 접근의 전환이 이루어졌고, 이 과정에서 많은 의미 있는 개념과 이론 모형이 등장하였다. 교육정책 집행과 관련이 깊은 개념 및 이론 모형을 정리하고, 한국의 교육정책 집행과정을 실증적으로 분석하는 일은 제6장에서 이루어진다.

• 교육정책의 효과를 검증할 목적에서나 정책을 개선하고자 하는 의도에서 많은 교육정책이 평가의 대상이 된다. 교육정책의 평가는 정책연구의 굳건한 영역으로 자리잡고 있다. 교육정책 개발이 활성화되는 것과 비례하여 교육정책 평가에 대한 요구와 관심도 높아지고 있다. 그러나 교육정책의 평가는 매우 복합적 사고를 필요로 하며 정교한 기법을 수반한다. 제7장에서는 교육정책 평가의 개념과 이론 모형, 기법 등을 소개하고, 한국의 교육정책 평가 사례를 소개한다.

• 교육정책과 정책과정은 정책분석의 대상이 된다. 앞서 간단히 살펴보았듯이, 정책분석의 초점에 따라서 교육정책에 '대한' 분석과 교육정책을 '위한' 분석이 구분되며, 분석의 대상과 분석 활동의 내용도 다양하다. 제8장에서는 정책분석의 성격을 규명하고, 정책분석의 단계와 접근 방법 및 유형을 소개한다. 마지막으로, 정책분석에서 윤리적 쟁점을 살펴본다.

• 일반적으로 정책분석은 문제 규정 → 대안 구상 → 평가 준거 개발 → 대안 심사 → 결론 도출(정책 제안) → 결과 평가의 단계로 구성된다. 제9장에서는 정책분석의 각 단계에서 고려하여야 할 사항을 구체적으로 제시한다. 문제를 규정하고 대안을 구상하는 단계에서, 그리고 평가 준거를 개발하고 대안을 평가하는 과정에서 어떤 점에 유의하여야 할 것인지를 제시한다. 또한 정책 행위를 제안하고 정책의 성과를 평가하는 단계에서 실무자가 유의하여야 할 사항을 정리한다. 이 장은 교육정책 실무자가 정책을 분석하는 실제에서 지침으로 활용할 수 있다.

- 정책분석은 다양한 학문 분야에서 정립된 안목과 연구 방법론, 지식 체계 등을 필요로 한다. 여러 사회과학 분야의 연구로부터 도출된 관점과 지식은 정책 현상을 이해할 수 있는 개념적 얼개와 정책분석을 위한 방법적 도구를 제공해 줄 수 있다. 그리고 정책문제에 대한 종합 학문적 해결책을 모색할 기회를 얻을 수도 있다. 여러 학문 분야 중 특히 역사학과 정치학, 경제학과 사회학, 인류학과 정책학은 교육정책분석에 의미 있게 기여할 수 있다. 제10장에서는 여러 사회과학 분야의 연구가 교육정책분석에 어떻게 기여할 수 있는지를 검토한다.

- 교육정책이 가치를 지향하는 활동이라는 점에서 '가치'는 교육정책연구의 중요한 내용을 구성한다. 특히, 미래를 지향하는 교육정책을 개발하고자 할 때, 어떤 가치를 지향할 것인가를 논의할 필요는 분명하다. 제11장에서는 교육정책을 연구·개발할 때 가치 규범을 논의할 필요성을 확인하고, 공리주의와 인간 자원, 민주적 공동체주의와 사회적 자본론, 전인교육론을 중심으로 교육정책분석과 개발에서 참조할 수 있는 제반 가치를 검토한다.

- 교육정책을 개발하는 과정은 역사적 시각을 가지고 과거와 미래를 조망하는 일로서의 성격을 지니기도 한다. 제12장에서는 한국의 교육정책 전개과정을 개관한다. 교육 기회의 확대, 교육 성과, 교육의 질, 교육 관리와 통제 등을 중심으로 한국 교육정책의 전개과정을 개관한다. 또한 이런 변화에 영향을 끼친 주요 요인들을 검토한다. 교육정책의 역사적 전개 과정을 되짚어 보는 일은 현재 한국 교육이 처한 상황을 이해하고, 향후 변화의 방향을 전망하는 데에도 유익하다.

- 제13장은 이 책을 마무리하며 교육정책 개발가들이 정책을 주장할 때 활용하여야 할 접근 방법과 그들에게 부과된 과제를 제시하고 있다. 현 단계의 한국 교육정책을 설계하고자 할 때 정치적 접근의 중요성을 자각할 필요가 있다. 또 정책개발자들은 정책을 주장하기 위하여 정책문제에

관여하고 유용한 정책 지식을 창출하고 제시할 수 있어야 한다. 이와 더불어 교육정책 지도성을 발휘하는 일이 정책 혁신가들의 과제가 되고 있다.

미주

1) 손흥숙(2013)은 담론 분석 방법을 활용한 많은 교육정책의 연구 사례를 소개하고 있다.
2) 교육정책연구자들은 주로 정책분석에 대한 이해적 · 후향적 관심을, 정책가들은 처방적 · 전향적 관심을 가지고 있지만, 정책분석이 중층적 성격을 가지는 데에서 짐작할 수 있는 것처럼 정책연구자들이 처방적 관심을 가지고 정책 개발에 뛰어드는 경우도 드물지 않고, 정책가들이 개발과정에서 이해적 · 후향적으로 정책을 분석하는 일도 드물지만 존재한다.
3) OECD는 가맹 국가 중등학교 학생들의 학업성취도 평가를 통하여 여러 국가의 교육정책 개발에 지대한 영향을 미쳤는데, 근래에는 대학생들의 학업성취도 평가 비교를 통하여 고등교육 부문에서도 그 영향력을 증대시키고 있다.

추천도서

Cooper, B., Fusarelli, L., & Vance Randall, E. (2004). *Better policies, better schools: Theories and applications.* Boston: Pearson Education.
교육정책 이론을 규범적 차원, 행위자 차원, 구조적 차원 및 기술적 차원으로 분류하고, 교육정책의 과정과 책무성 정책과 교원 정책, 교육재정 정책 등 교육정책의 주요 연구 주제를 네 가지 차원에서 분석하고 있다. 교육정책 이론과 접근 방법을 연습하는 데 매우 유용한 책이다.

참고문헌

김난도(1997). 신제도경제학의 제도 개념과 정책연구. 한국정책학회보, 6(1), 127–151.

김민조, 박소영(2012). 자율형 사립고 정책 과정에서 옹호연합의 형성과 작동. 교육행정학연구, 30(1), 337–361.

김종철(1990). 한국교육정책연구. 서울: 교육과학사.

남궁근(1998). 행정조사방법론(제2판). 서울: 법문사.

노화준(2012). 정책학원론(제3전정판) −복잡성 과학과의 융합 학문적 시각−. 서울: 박영사.

손흥숙(2013). 교육정책 분석을 위한 방법론 탐색: Fairclough의 비판적 담론 분석. 교육학연구, 51(1), 163–189.

서덕희(2010). 담론 분석. 교육비평, 28, 218–239.

안해균(1984). 정책학원론. 서울: 다산출판사.

윤인재, 나민주(2013). 신제도주의에 기반한 국내 교육정책 연구의 동향과 과제. 교육정치학연구, 20(2), 75–101.

이종재, 김성기, 김왕준, 김영식(2010). 교육기회의 확대와 한국형 교육발전 전략. 이종재, 김성열, 돈 애덤스(공편). 한국교육 60년. 서울: 서울대학교 출판부.

이종재, 김 용(2013). 교육행정학의 학풍. 한국교육행정학회(편). 한국 교육행정학연구 핸드북. 서울: 학지사. 61–73.

정정길(1997). 정책학원론(개정판). 서울: 대명출판사.

정정길 외(2010). 정책학원론(개정증보판). 서울: 대명출판사.

하연섭(2002). 제도 분석 −이론과 쟁점−. 서울: 다산출판사.

Buchanan, J. (1980). Rent seeking and profit seeking. In J. Buchanan, R. O. Tollison, & G. Tullock (Eds.). *Towards a theory of rent-seeking society*. Collage Stgation: Texas A&M Press.

Chubb, J., & Terry, M. (1990). *Politics, markets, and America's schools*. Washington, DC: Brookings Institution.

Cohen, M., March, J., & Olsen, J. (1972). A garbage can model of organizational

참고문헌 127

choice. *Administrative Science Quarterly, 17*(1), 1-25.

Cooper, B., Fusarelli, L., & Vance Randall, E. (2004). *Better policies, better schools: theories and applications.* Boston: Pearson Education.

Elmore, R. F. (2004). *School reform from the inside out: policy, practice, and performance.* Cambridge: Harvard Education Press.

Fairclough, N. (2003). *Analysing discourse: textual analysis of social research.* London: Routledge.

Foucault, M. (1971). *L'ordre du discours.* Gallimard. 이정우(해설)(2012). 담론의 질서 (개정판). 서울: 중원문화.

Fowler, F. C. (2004). *Policy studies for educational leaders* (2nd ed.). Upper Saddle River, NJ: Pearson.

Hanushek, E. (2001). Spending on schools. In T. Moe (Ed.), *A primer on American education* (pp. 69-88). Palo Alto, CA: Hoover Press.

Keohane, R. O. (1989). *International institutions and state power.* Boulder: Westview Press.

Kerlinger, F. N. (1986). *Foundations of behavioral research* (3rd ed.). New York: CBS College Publishing.

Kingdon, J. W. (1995). *Agendas, alternatives, and public policies* (2nd ed.). New York: HarperCollins College Publishers.

Krasner, S. D. (1988). Sovereignty: An institutional perspective. *Comparative Political Studies, 21*(1), 66-94.

Kuhn, T. (1970). *The structure of scientific revolution.* Chicago: The University of Chicago Press.

Lindblom, C. E. (1968). *The policymaking process.* Upper Saddle River, NJ: Prentice Hall.

Mills, C. W. (1956). *The power elite.* NY: Oxford University Press.

Opfer, V. D., Young, T. V., & Fusarelli, L. D. (2008). Politics of interest: Interest groups & advocacy coalitions in American education. In B. S. Cooper, J. G. Cibulka, & L. D. Fusarelli (Eds.), *Handbook of education politics and policy.*

New York and London: Routledge.

Sergiovanni, T. J., Kelleher, P., McCarthy, M. M., & Fowler, F. C. (2009). *Educational governance and administration* (6th ed.). Pearson

West, M. (2009). Public choice and the political economy of American education. In G. Sykes, B. Schneider, & D. N. Plank (Eds.), *Handbook of education policy research*. New York and London: Routledge.

Whitty, G., Power, S., & Halpin, D. (1998) *Devolution and choice in education-The school, the state and the market*. (이병곤 외 역, 2000). 학교, 국가 그리고 시장: 신자유주의 교육개혁의 예정된 실패. 서울: 내일을 여는 책.

Education Policy

Education Policy

제 2 부

교육정책의 과정

　　교육정책의 과정은 교육정책이 형성되는 과정부터 교육정책의 집행 후 정책
평가에 이르는 과정을 의미한다. 교육정책의 과정에는 다양한 정책행위자들이
관여하여 각 단계별로 영향력을 행사한다. 이러한 면에서 보면, 교육정책의 과
정은 상당한 동태성을 지닌 과정이라고 볼 수 있다. 제2부에서는 정책과정에 대
해 이론적 · 실증적인 지식을 다룬다. 제4장에서는 교육정책행위자, 제5장에서는
교육정책 형성과정을, 제6장에서는 교육정책 집행과정, 그리고 제7장에서는 교
육정책 평가과정에 대해 이론적 설명과 관련 이론들의 탐색을 통해 교육정책의
과정에 대한 기초적인 지식들을 제공한다. 이와 함께 각 장마다 전망과 시사점
을 통해 우리나라 실제적인 교육정책과정의 현 주소를 살펴보고, 앞으로 모색해
야 할 방향에 대해 제언한다.

교육정책행위자

정책은 일반적으로 공적인 관심이 되는 여러 이슈들을 다루는 정부의 행위다. 이러한 정책은 시민의 삶에 영향을 미치며, 이 때문에 시민은 개인적이거나 집단적으로 정책의 내용에 영향을 미치려 한다(정정길, 2010). 그런데 정부의 정책은 어느 특정한 순간에 정책의제로 채택되어 곧바로 정부의 정책으로 결정되는 것이 아니라 정책의 여러 과정에서 다양한 행위자가 끊임없이 상호작용하는 변화무쌍한 과정이다. 정책은 일방적으로 형성되는 것이 아니라 상호 의존적인 다양한 행위자 간의 협상, 연합, 갈등, 정치적 투쟁의 결과를 반영한다(Rhodes & March, 1992). 따라서 정책과정에서 나타나는 행위자 간 관계를 이해하는 것은 어떻게 정책형성과 결정이 이루어지고, 실제 현장에서 집행되는지에 대한 논의의 시작이라고 할 수 있다.

1. 교육정책행위자의 개념과 의의

1) 개념

교육정책행위자(policy actor)란 정책형성 단계부터 정책평가 단계에 이르기까지 일련의 교육정책과정에 상당한 영향력을 행사하는 주체를 의미한다. 실제로 이루어지는 교육정책의 과정은 여러 이해관계자의 복잡한 상호작용이 존재하는 정치적 과정이므로 정책행위자의 활동과 영향력이 교육정책과정에 직간접적 영향을 미친다. 교육정책행위자는 정책과정에 합법적으로 영향을 미칠 수 있는 권한을 지닌 공식적 행위자부터 비공식적 자격으로 영향력을 행사하는 행위자까지 다양하다. 정책현실에서 공식적인 정책행위자인 정부는 자신의 영역에서 모든 필요한 자원을 동원할 수 없으며, 이 때문에 정부는 외부의 비공식적 정책행위자와 협력하고 외부 행위자의 정책자원에 의존하게 된다.

이해관계가 많은 교육정책행위자는 정책문제를 정의하고 정책대안을 개발하며, 정책대안을 평가하고 최종적으로 선택하는 데 이르는 전 과정에 영향력을 행사하려고 한다. 대표적인 예로 참여정부 시절 사학정책의 추진 과정만 보더라도, 사학재단을 비롯하여 여러 이해관계집단과 시민단체, 이 분야와 관련된 대학교 및 연구기관, 그리고 관련 기관 및 일반 국민이 이 정책에 찬성하거나 반대하는 여론을 조성하려고 노력하였다. 또한 정책대안을 개발하고 설계하는 과정에서 정책의 내용이 자기 집단에 유리하도록 영향력을 행사하였다. 각 집단이 경주한 노력의 형태도 정책의 설계과정에 직접 참여하는 것을 비롯하여 공청회나 토론회의 개최를 통한 여론의 조성, 반대성명서의 발표, 관련 정부기관에의 항의 방문, 의회 등 선거직 공직자에 대한 압력, 집단파업 등 다양하였다. 교육정책행위자는 이러한 과정을 통해 정책대안을

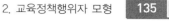

설계하고, 정책결정자가 정책을 선택하는 데 영향을 미치기 위해 노력한다.

2) 의의

교육정책행위자는 자신의 영향력을 행사하여 정책의 흐름을 변화시킬 수 있다는 점에서 중요한 존재다. 정치적 상호작용이 치열하게 일어나는 일련의 정책과정에서 교육정책행위자는 자신이 차지하는 권력이나 영향력에 따라 정책 내용이 변화하거나 수정할 수 있는 강력한 존재인 것이다. 심지어 교육정책과정에 참여하는 행위자가 누구냐에 따라 정책의 성격이 달라질 수도 있다. 따라서 교육정책행위자는 정책 내용 형성에 보다 우위의 영향력을 행사하기 위해 다양한 정치적 상호작용 게임에 참여한다. 정치적 영향력이 강한 개인이나 집단은 타협이나 흥정에서 유리하기 때문에 밀고 당기는 상호작용 과정에서 다른 집단과 연합을 통해 자신이 지지하는 정책대안이 채택될 수 있도록 한다. 전문지식을 가지고 있는 외부 전문가의 동원도 정책결정의 정당성 확보에 도움이 되기 때문에 자신에게 유리한 결정을 유도하는 데 활용한다.

2. 교육정책행위자 모형

우리나라 교육정책과정에 참여하고 있는 중요한 교육정책행위자가 누구인지, 그리고 이들의 상호작용을 고찰하기 위해 여러 학자들이 관련 모형들을 수립하였다. 대표적으로 김명한(1980)과 김윤태(1994)의 모형을 살펴볼 수 있는데, 여기서는 이들의 교육정책행위자 모형을 간단히 살펴본다. 그런 다음 우리나라 교육정책과정에 참여하는 행위자를 구조화하고, 이에 대해 설명한다.

1) 선행연구의 정책행위자 모형

김명한(1980)은 한국 사회의 체제 내에서 교육정책 수립과정에 가담하고 있는 중요한 행위자들을 체제모형으로 설명하였다. 김명한의 모형은 각기 다른 책임을 지닌 여러 집단과 개인이 한국 교육의 방향을 결정하는 정책결정 과정에 영향력을 행사하고 있음을 분명하게 보여 준다. [그림 4-1]에서 나타난 바와 같이 김명한은 정책행위자를 합법적 구조(legal structure)와 외부 구조(extra-legal structure)로 구분하여 살펴보았다. 합법적 구조의 정책행위자는 법률상으로 권한이 부여되어 있는 중앙 및 지방 수준의 공공정부기관이나 관리를 말하며, 이들은 정부의 투입 변인으로 간주된다. 반면, 외부 구조의 정책

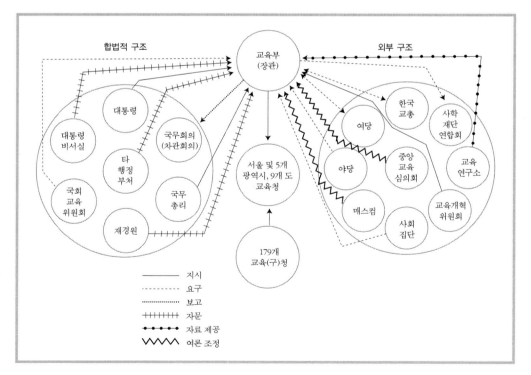

[그림 4-1] ··· 김명한(1974: 104)의 한국교육정책결정의 주요 투입변인 모형(교육정책론, 1996, p. 104, 재인용)

행위자는 공식적이거나 법률상의 존재는 아니지만, 정책결정과정에서 사회적인 투입 변인으로 간주된다.

한국교육정책에 영향력을 행사하는 중요한 정부의 투입 변인으로 합법적 정책행위자는 행정부의 수반인 대통령, 최상 행정기관인 국무회의와 법률을 제정하고 예산을 심의하는 국회, 그리고 교육정책 입안의 주무 부처인 교육부를 포함한다. 반면, 교육정책의 중요 사항을 심의하는 심의회, 대통령 직속기구인 교육개혁위원회, 한국교원단체총연합회나 한국대학교육협의회 및 사학재단연합회와 같은 전문집단과 한국교육학회나 한국교육개발원, 행동과학연구소와 같은 교육집단, 그리고 전국 대학 총학장회의나 전국 초·중등학교 교장회의와 같은 교직자회의, 정당 및 각종 사회단체는 외부에 존재하는 정책행위자로서 이들 역시 교육정책 수립에 영향력을 미치는 중요한 사회적 투입 변인이다.

반면, 김윤태(1994)는 [그림 4-2]와 같이 '한국교육정책 형성과정 모형'을 통해 우리나라 교육정책에 영향을 미치는 정책행위자로서 정치, 경제, 사회, 문화적인 환경, 정책결정자, 국회와 정당, 이익집단, 신문·방송, 연구소 및

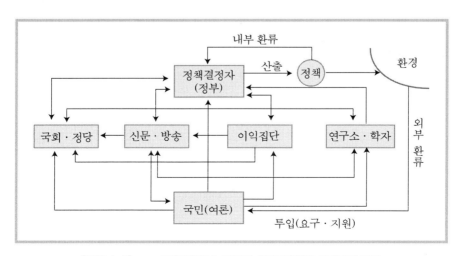

[그림 4-2] ··· 김윤태(1994: 209)의 한국교육정책 형성과정 모형

학자, 그리고 국민 등을 제시하였다. 이 정책 변인들은 모두 정책결정과정에 참여하는 단위로 보고, 이 단위 간의 상호작용, 곧 권력관계를 기초로 하여 거시적 관점에서 우리나라 교육정책 형성과정 모형을 수립한다.

김윤태는 이 모형에서 교육문제가 정책결정자에게 도달하기까지의 과정에 다양하게 참여하는 정책행위자의 역할과 외부 교육환경에 대해 서술하였다. 신문과 방송은 국민의 여론을 직접 수집하여 정부나 일반 국민에게 전달하는 역할을 수행한다. 국회와 정당도 정책 개발 및 평가에 필요한 정보를 수집하여 정책을 직접 입안하거나 정책결정자에게 전달하는 역할을 수행한다. 이익집단은 자신들의 권익을 위하여 정책적 요구사항을 직간접적으로 알리는 역할을 수행하고, 연구소와 학자는 정책결정에 필요한 지식과 정보를 제공할 책임을 지닌다. 이러한 다양한 정책행위자의 역동적인 역할수행을 통해 정책문제는 정책결정자인 교육부 장관에게 전달된다.

2) 한국의 교육정책행위자 모형

앞서 살펴본 두 모형은 정책형성과정에 초점을 맞춘 모형으로서 정책행위자의 구체적인 역할에 대해 제시하고 있으나, 이미 20여 년 전에 수립된 모형으로 현재의 변화된 교육정책행위자들을 반영하지 못하고 있다. 여기서는 우리나라 교육정책의 과정에서 주도적으로 영향력을 행사하는 정책행위자들을 [그림 4-3]과 같이 제시하고자 한다.

교육정책의 과정에 관여하는 정책행위자는 전통적 접근에 따라서 정책과정에 관여할 합법적 권한을 가진 공식적 행위자, 그리고 합법적 권한을 지니지는 못했지만 정책과정에서 상대적 영향력을 행사하는 비공식적 행위자로 구분해 살펴볼 수 있다. 공식적 행위자는 대표적으로 행정부, 입법부, 사법부로 구성된다. 행정부는 대통령 이외에 교육부와 교육청이 주요 행위자 역할을 수행하며, 입법부는 국회가 그리고 사법부는 헌법재판소와 대법원 등이

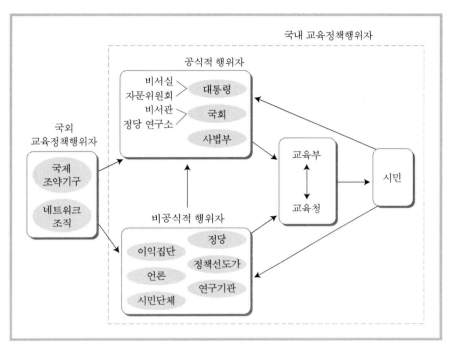

[그림 4-3] ··· 한국의 교육정책행위자 모형

교육정책행위자로 작용하고 있다. 이러한 공식적 행위자에게는 정책과정에 직접적으로 나서지는 않지만, 공식적 행위자들의 정책적 판단에 영향을 미치는 행위자로서 자문위원, 비서실, 비서관, 자체 연구소 등이 존재한다. 반면에 교육정책의 비공식적 행위자로서 이익집단, 언론, 시민단체, 정책선도가, 연구기관 등이 정책과정에 개입하여 공식적 행위자에게 영향을 미치게 된다. 최근에는 조약기구나 국제 네트워크 차원의 기관들이 우리나라 교육정책에 직접적으로 영향을 미치는 주요한 행위자로 작용하고 있다.

3. 한국의 교육정책행위자

앞에서 살펴보았듯이, 한국의 교육정책과정에는 다양한 정책행위자가 개입하고 있다. 행정부 수반으로서 대통령과 이들의 지휘·감독을 받는 교육부, 선거로 선출된 국회의원, 그리고 사법부가 교육정책과정에 공식적으로 참여한다. 그리고 합법적 권한을 부여받지는 않았지만, 시민사회의 발달로 비공식적 행위자의 교육정책과정에서의 역할도 점점 확대되고 있다. 교육관련 이익집단, 언론, 시민단체, 교육정책선도가, 연구기관 등이 교육정책과정에 참여하여 공식적 행위자들과 복잡한 상호작용이 이루어진다. 여기서는 우리나라의 공식적·비공식적 정책행위자가 교육정책과정에 어떠한 역할을 수행하는지를 살펴보고, 이들의 역할이 갖는 한계에 대해 짚어 본다.

1) 공식적 행위자

(1) 대통령, 청와대 비서실, 대통령 자문위원회

대통령은 교육정책의 의제 설정 및 결정과정에서 합법적으로 최고의 권한을 행사할 수 있는 정책행위자다. 대통령은 정책의제 설정부터 어떤 정책행위자보다도 많은 영향을 미치는데, 대통령의 선거 공약이나 국회 연설, 대국민연설 등을 통한 정책의제 제시는 어떤 정책행위자보다 관심 정도가 매우 높다(정정길, 2010; Kingdon, 2003). 정책의제화가 가능한 시기는 대통령 당선과 같은 사건을 계기로 정책의 창(window)이 열린다고 Kingdon(2003)이 언급할 정도로 대통령의 공약 사안은 빠르게 정책화되고, 단기간 내에 정책이 추진되기도 한다. 남궁근(2008) 또한 우리나라 대통령은 정치제도가 취약하여 대통령을 중심으로 강력한 제도적 권력이 형성되고, 산업화 과정을 거치면서 행정부 주도의 국가 발전이 이루어져 정책의제 설정에 있어 강력한 절대적 권한을 행사하고 있음을 지적하였다. 특히, 우리나라 정치 현실에서 대통령이 정책을 추진하면 청와대, 중앙정부, 여당, 옹호 연합 등 하부 행위자가 이에 맞추어 정책을 만들고 추진하는 정책형성 메커니즘이 존재하기 때문에(노화준, 2012) 대통령은 정책형성과정에서 빼놓을 수 없는 직간접적으로 중요한 정책행위자다. 예를 들면, 이명박 정부에서는 '기초학력 제로플랜'이라는 대통령 공약사업이 국가수준학업성취도평가 전수조사 실시로 정책화되었고, 박근혜 정부의 교육공약사업인 자유학기제 또한 바로 정책화되어 정책이 실행되고 있다. 대통령의 이러한 영향력은 우리나라뿐만 아니라 외국에서도 왕왕 찾아볼 수 있는데, 미국의 조지 부시 대통령은 공화당 대통령 후보 시절 자신의 공약 사항인 「낙오학생방지법(No Child Left Behind)」을 대통령으로 당선되자 법률로서 공식화하여 미국 전역에 정책으로 실시하기도 하였다.

또한 대통령은 국회에서 결정된 정책을 법률로서 최종 승인하거나 거부권을 행사할 수 있기 때문에 정책결정에 큰 영향력을 행사할 수 있다. 2013년에 국회에서 개정한 택시법에 대해 예산확보의 어려움을 이유로 이명박 대통령이 법률로서 공포하지 않은 채 다시 논의해 줄 것을 국회에 요구하는 거부권 행사 사례는 대통령이 정책결정과정에 상당한 영향력을 지닌 행위자임을 보여 준 대표적인 사례라고 볼 수 있다. 이 외에도 대통령은 행정부 지휘 감독권 및 공무원의 임명권을 통해 정책과정 전반에 걸쳐 막강한 영향력을 행사할 수 있다(노화준, 2012). 즉, 대통령은 행정부의 인사권을 지니고 있으므로 자신의 정책방향과 부합하는 교육부의 장관·차관이나 대통령 교육 관련 비서실, 교육자문기구의 구성 등을 통해 교육정책의 결정에 간접적으로 큰 영향을 미칠 수 있는 것이다.

청와대 교육 관련 비서실과 대통령 직속자문위원회는 공식적으로 교육정책에 대한 자문의 역할을 부여받았지만, 교육개혁정책의 의제 설정과 정책형성, 정책결정에까지 결정적 역할을 하는 경우가 있기 때문에(안선회, 2004) 교육정책의 주요 행위자가 될 수 있다. 예를 들면, 5·31 교육개혁을 주도했던 대통령교육자문위원회는 1995년 이후 우리나라 교육정책의 방향을 결정하는 데 중요한 역할을 담당하였고, 이때 제안된 정책들이 아직도 교육현장에 영향을 미치고 있다.

대의 민주주의하에서 국민의 선거로 당선된 대통령이 정책결정에 있어 지대한 권한을 부여받는 것은 어찌 보면 당연한 일이지만, 지나친 권한이 정책과정의 합리성과 적합성을 저하시킬 우려가 있다. 정정길(2010)이 지적하였듯이, 권위주의적이고 제왕적인 대통령의 경험이 문제시되었던 한국 상황에서 대통령의 영향력은 매우 크다. 실제로, 대통령의 공약은 어떠한 정책대안보다 빨리 정책화되고, 집권 내에 교육현장에 실행되며, 정책 말기까지도 정책에 대한 평가가 이루어지지 않은 채 다음 선거에서 새로운 교육공약이 제시되는 과정이 반복되고 있다. 하지만 교육정책의 가치는 다른 정책과의 경쟁을 통해 현실 적합성을 갖출 수 있다는 말을 새겨 본다면, 대통령의 공약은 철저한 검증을 통해 정책화될 필요가 있다.

(2) 교육부장관

교육부는 정책형성과정 전반에 걸쳐 실질적으로 중요한 정책행위자다. 교육부는 교육정책의 주무 부서로서 교육정책 관련 의제 설정, 정책형성, 정책결정, 정책집행, 정책평가 등의 정책과정 전반에 걸쳐 영향력을 행사한다. 교육부 내부에서도 장관·차관과 실장·국장 등 고위직 공무원이 어떤 주체보다 실질적인 권한을 가지고 핵심 역할을 수행한다. 개인적 성향에 따라 차이가 있을 수 있지만, 교육부 장관이 어떠한 의지를 지녔는가는 교육부 정책방향에 상당한 영향을 미칠 수 있다. 자신의 강력한 정책이념을 실현시키고자 하는 의지가 강하고, 이러한 의지가 대통령과의 교감이 이루어질 경우, 교육부 장관은 일련의 정책과정 추진에 상당한 영향력을 행사하게 된다. 교육부는 자신의 지위와 전문성을 활용하여 정책결정과정 전반에 중요한 역할을 담당한다.

이 외에 교육부 내에서 교육정책을 실제로 담당하는 행정관이 실질적으로 교육정책에 영향을 미치는 행위자로 볼 수 있다. 오늘날 대부분의 교육정책 문제들은 기술적으로 복잡하고 전문성을 요구하는 것이 많아 교육정책의 구체적인 내용은 전문적 능력을 지니고 있는 담당관이 결정한다. 의회는 개괄적이고 광범위한 지침만을 정하고, 세부 사항은 교육부 담당관이 결정하는 것이다. 특히, 정책결정 이후에 이루어지는 집행과정에서의 구체적이고 세부적인 정책결정에는 교육부 담당관이 결정적인 영향력을 행사하는 경우가 많다.

김윤태(1994)가 한국 교육정책 형성과정에서 가장 중요한 정책결정의 주체로서 교육부를 위치해 두었던 만큼, 교육부는 공식적인 권한을 부여받은 중요한 교육정책행위자다. 하지만 교육부가 다른 정책행위자와 협의를 통해 이해관계를 조정하지 못하는 경우, 이들이 자신에게 부여된 권력을 사용하여 일방적인 정책결정을 내림으로써 국가 관료주의를 심화시킬 수 있는 우려를 안고 있다. 이는 이해집단과의 지나친 갈등을 유발하고, 건전한 정책의 공론화 장을 해칠 수 있다.

(3) 교육감

오랫동안 교육부의 명령과 지시를 수행하는 집행기관으로서 역할을 수행해 온 17개 시·도 교육청은 최근 지방교육 자치의 실현으로 해당 지역의 중요한 정책행위자로 부상하고 있다. 주민의 선출로 정책과정에 참여할 수 있는 합법적 권한과 책임을 가진 교육감은 교육청이 추진하는 전반적인 정책과정에서 가장 강력한 영향력을 행사한다. 교육감은 오히려 교육부장관보다도 더 강력한 의제 설정뿐만 아니라 결정 권한을 법적으로 부여받고 있다고도 볼 수 있다.[1] 2010년 지방선거에서 진보교육감이 당선된 지역에서는 교육감의 선거공약이었던 무상급식을 정책화하여 추진하였다. 교육부와 정책이념이 상이한 교육감의 등장은 종종 교육부와 갈등을 빚기도 하지만, 우리나

라와 같이 중앙정부의 권한이 막강한 경우에 정부정책에 대한 견제와 주민
자치 실현이라는 취지하에서 주민이 선출한 교육감의 정책행위자로서의 역
할은 유지되어야 바람직할 것이다.

지방의 교육의회 또한 지역의 교육문제를 인지하고 의제를 설정하며, 특
히 정책결정과정에서 직접적인 영향력을 행사하는 지방의 주요한 정책행위
자다. 특히 교육감이 구현하려는 정책이 자치단체 고유의 결정 사항인 경우
교육의회는 강력한 영향력을 발휘하게 된다(오영석, 박태식, 1998). 예를 들면,
2010년 진보교육감이 여섯 지역에서 당선되었고, 학생인권조례 추진의 강
력한 의지를 보였지만, 실제 교육의회의 승인을 받아 조례로 선포되어 추진
된 곳은 서울, 경기, 광주 세 곳 뿐이었다. 2010년까지는 주민이 직접 선출한
교육위원으로 교육의회가 구성되었지만, 「지방교육자치법」 개정에 따라
2014년 지방선거부터는 교육위원을 선출하지 않고, 시의원만으로 교육의회
를 구성하게 되어 교육의회의 교육 전문성이 상당히 저해될 가능성을 안고
있다.

교육청의 공무원 또한 지방교육의 실질적인 정책행위자로 간주할 수 있는
데, 이들은 특히 정책대안을 구체화하거나 집행과정에서 영향을 미칠 수 있
다. 교육청 공무원은 교육감을 보좌하며 교육감에게 각종 정보와 자료를 제
공하여 정책의제 설정 및 정책대안 선택에 상당한 영향력을 미칠 수 있는데,
선출직 교육감과 달리 오랜 일선관료(street level bureaucrats)인 공무원은 자신
의 전문성을 행사하여 정책결정에 부정적 영향력을 미치기도 한다.

(4) 국회

국회는 국민의 직접 선거에 의해 선출된 기관으로서 민의를 가장 잘 반영
할 수 있는 공식적 정책행위자다. 일반적으로, 국회는 후진국보다 선진국에
서, 권위주의적 정치체제보다 민주주의적 정치체제에서, 민주주의 체제에서
도 의회제보다 대통령제에서 더 큰 역할을 한다. 그러나 미국이나 한국과 같

은 대통령중심제에서는 국회의 지위가 다소 약하다(정정길, 2010).

국회는 정책의제 설정부터 최종 정책결정에 이르기까지 직간접인 영향력을 행사할 수 있지만, 주로 의안 제안을 통해 선택된 정책대안을 공식화하는 역할을 수행한다. 특히, 중요 교육정책은 법률 형태로 확정되는 경우가 많으므로 교육정책 관련 법률안의 심의 · 의결과정에서 국회가 중요한 역할을 수행한다. 교육정책 결정이 법률의 형태가 아니라고 하더라도 국회는 교육정책 결정과정에 예산에 관한 권한을 행사할 수 있다는 점에서 중요한 행위자가 된다. 즉, 교육부의 내부 의사결정 과정과 재정경제원과의 협의를 통해 교육정책이 결정되고 예산안이 확정되었다고 하더라도, 국회는 예산안 심의를 통해 정책결정을 변동시킬 수 있다. 국회의 예산 심의권을 무기로 하여 법률로 확정되지 않는 정책 사안에도 교육부의 정책결정과정에 영향을 미칠 수 있다(안선회, 2004). 특히, 교육정책에 필요한 예산액이 클수록 국회의 예산 심의 과정에서 영향을 받을 가능성은 커질 수 있다.

공식적 정책행위자로서 국회는 정책결정과정 이외에도 가끔 정책의제 설정과 대안 형성의 역할을 수행하기도 한다. 원내 의원을 통해 필요한 정책의제를 의원 입법 형태로 법률안을 제출하는데, 2010년 대학강사법 추진이 대표적인 예로 볼 수 있다. 정책의제 설정이나 대안 형성을 위해서 국회는 전문적인 정책역량이 요구되는데, 이를 위해 국회비서관을 두거나 자체 연구소를 설치하기도 한다. 국회비서관은 정책 의제 및 결정에 필요한 전문지식과 정보를 수집하고 생산하여 국회의원을 지원한다. 또한 여의도연구소와 같이 특정정당 내 국회의원에게 정책 지원을 하는 자체 연구소도 정책의 개발과 분석을 통해 국회의 정책결정에 영향을 미치게 된다.

국회는 구성과 존립을 선거에 의존하기 때문에 민의를 잘 반영할 수 있지만, 민의에 주목하기보다는 정당의 공론이나 이익집단을 일방적으로 대변하는 경우 공식적 행위자로서 지니고 있는 이들의 권한이 오히려 교육현장을 훼손시킬 수 있다. 권위주의로 인해 다원화가 덜 표출된 정부에서는 의견 조율을 위한 활동이 거의 필요하지 않았지만, 사회가 다원화가 될수록 이해관계 당사자들의 의견 조율로 많은 시간이 필요하게 되었다. 이에 따라 국회에서도 외부 전문가의 의견 청취, 공청회 개최, 소위원회 구성, 정당 간의 타협 등의 활동이 필수적으로 요구된다.

(5) 대법원과 헌법재판소

사법부는 주로 판결을 통해 교육정책과정에 참여하는 공식적 정책행위자다. 사법부의 대표적인 정책행위자는 대법원과 헌법재판소로 볼 수 있는데, 대법원은 명령, 조례, 규칙의 위법심사를 통해, 헌법재판소는 법률의 위헌판결을 통해 법률의 효력을 정지시킴으로써 교육정책의 의제설정과 변화에 영향을 줄 수 있다(표시열, 2010). 예를 들면, 헌법재판소의 과외금지 법률 위헌 결정은 법령이 무효가 되면서 새로운 입법의 필요성과 함께 새로운 정책의제 설정의 계기가 되었다. 이 외에도 대법원의 전국교직원노동조합(전교조) 합법화, 교육공무원 정년 단축, 개방이사제에 관한 법적 판결들은 새로운 정책의제를 설정하거나 사실상 정책결정행위자로서 역할을 수행한 것으로 볼 수 있다. 최근 전교조의 법외노조 판결은 교원의 지위에 대한 급격한 정책적 변화를 일으킬 수 있는 사건이라고 볼 수 있다.

사법부는 정책과정에서 행정부를 견제할 수 있고, 정책과정에서 발생하는 갈등을 조정하는 역할을 수행할 수 있는 긍정적 측면이 존재하는 반면, 사법부의 판결이 절대적으로 정치적 중립성을 유지하기 어렵기 때문에 공정한 조정자 역할을 계속하는 것에 대한 논란이 존재한다. 예를 들면, 사법부는 국가의 정책결정과 관련하여 소송이 제기되면 법리에 따라 객관적으로 판결한다고 여기지만, 사실은 국민 여론, 사회적 분위기 등을 참작하여 판결하기 때문에 사법부의 최종 판결에 의해 새로운 진보적 교육정책 또는 보수적 정책이 수립될 수 있다(정정길, 2010). 따라서 이들의 엄격한 법리 해석과 적극적 개입이 위험할 수 있다. 사법부의 판단도 법리적 판단 기준뿐만 아니라 정치 풍토나 여론과 같은 초법리적 판단 기준에도 영향을 받기 때문이다. 예를 들어, 교사의 시국선언에 대해서 참여정부 시절에는 합법적이라고 판결을 내린 반면, 보수정부 시절에는 비합법적으로 판결을 내리는 행위를 보여주었다.

2) 비공식적 행위자

교육정책은 행정부, 입법부, 사법부와 같은 공식적인 정책행위자들에 의해서만 결정되지 않는다. 공식적 권한을 부여받지는 못했지만 정당, 이익집단, 정책선도가, 언론기관, 시민단체, 연구기관, 일반 시민 등 비공식적인 행위자도 교육정책과정에 중요한 역할을 수행한다.

(1) 정당

정당은 교육문제에 관한 국민의 각종 요구를 수렴하여 정책의제로 제기하고, 정책대안으로 전환시키는 정책행위자로 활동한다. 집권 여당은 당정협의회와 의원 입법을 통해 교육정책 결정에 영향력을 행사하는 정책행위자가 될 수 있다. 특히, 여당은 중요한 교육정책 결정을 좌우할 수 있기 때문에 법률로 확정되는 교육정책에는 더 큰 영향을 미칠 수 있다. 법률로 확정되지 않는 사안이라고 하더라도 예산심의권을 활용하여 교육부에 영향을 줄 수 있기 때문에 정책에 대한 영향력을 행사한다.

야당은 주로 직접 의원 입법의 형태로 국회에서 정책결정에 영향을 준다. 법률안으로 확정된 사안이 아니라 하더라도 예산 심의과정과 정책 질의과정을 통해 정부 고위층에 영향력을 행사한다. 야당은 주로 정부의 교육정책에 비판적 평가나 정책집행의 문제, 교육행정기관이나 관료의 위법·부당한 직무 행위를 지적하고 책임을 추궁함으로써 영향력을 행사한다.

정당은 민주주의 체제가 정착되면서 여당이 정책의제 설정과 정책형성, 정책결정에 대한 영향력이 증가되고 있다. 그러나 정당이 교육 부문에 대한 전문성이 부족한 경우에는 그 역할이 제한될 수밖에 없다. 이 경우 교육정책 의제를 교육적 안목과 전문적 판단보다는 정치적 판단에 의해서 결정하는 경우가 종종 존재한다. 예를 들어, 「사립학교법」 개정 논의 당시 여당이었던 열린우리당과 야당이었던 한나라당에서는 한국 교육적 상황에 대한 고려와 필요에 근거하여 법률 개정에 대한 찬반을 지지하기보다는 지지 기반 세력의 정치적 입장에 따라 행동하는 양상을 보인다(양승일, 2007)는 평가를 받았다.

(2) 이익집단

이익집단은 교육정책 결정과정 전반에 걸쳐 자신에게 유리한 방향으로 정책이 결정되도록 영향력을 행사하는 조직이나 개인들의 연합체다. 교육정책의 결정에 영향을 미치는 대표적인 이익집단에는 한국교원단체총연합회(이하 한국교총), 전국교직원노동조합(이하 전교조), 사학재단연합회, 한국대학교육협의회 등이 있다. 민주사회에서 이익집단의 영향력은 점점 커지고 있어 정책결정과정뿐만 아니라 정책 전반에 걸쳐서 중요한 역할을 담당하고 있다. 우리나라 경우에도 이익집단은 실제로 교육정책 결정과정에 참여하여 상당한 영향력을 행사해 왔다. 특히, 한국교총과 전교조가 정부와 국회에 다양한 압력 행사를 통해 초·중등교육의 정책결정에 큰 영향력을 행사해 왔다.

이익집단은 공식적으로는 공청회나 간담회, 각종 위원회, 민원청구를 통해서, 비공식적으로는 여론형성, 개인적 친분관계를 이용하여 정책결정에 영향을 미칠 수 있다. 때로는 국회나 교육부에서 정책안에 대해 관련 이익집단의 의견을 구하기 위해 마련된 공식적인 자리를 통해 교육정책과정에 참여하지만, 교육부를 비롯하여 행정기관과의 관계에서 마찰을 빚을 경우 자신의 입장을 관철시키기 위해 항의, 시위 등의 방식을 취하기도 한다. 「사립학교법」 개정 당시 사학연합회의 항의 방문이나 시위, 1998년 교원 정년 단축에 대해서 한국교총과 전교조 등 교원단체들이 함께 성명발표를 한 것이 대표적인 사례다. 사회가 복잡화, 분화 · 전문화되면서 교육구성원이 스스로 집단을 구성하여 사회적 · 경제적 지위 향상과 전문성 향상을 도모하는 것은 자연스러운 일이지만, 직업적 이익에 치우쳐 공익을 저해하기도 하고, 자신의 목적 달성을 위해 부당한 수단을 사용하기도 하는 모습을 보이고 있다(안선회, 2004).

(3) 정책선도가

교육정책 문제인식이나 의제 설정과정에서 정책선도가가 비공식적으로 영향력을 행사할 수 있다. 정책선도가란 교육정책 아이디어를 선도하는 이들을 의미하는데, 교육정책 문제에 관심을 가지고 좀 더 종합적이고 혁신적인 관점과 정책대안을 발전시키는 역할을 수행할 수 있다. 이들은 다양한 전문가들을 채용하여 자신들이 선도하는 이념적인 입장을 옹호할 수 있는 증거를 찾아 이를 기반으로 정책과정에 영향을 미치게 된다(노화준, 2012). 대표적인 사례로 미국의 빌 게이츠를 찾아볼 수 있다. 마이크로소프트사 창립자였던 빌게이츠는 은퇴 후 교육에 대한 영향력이 매우 커졌는데, '빌 앤드 멜린다 게이츠재단(B&MGF)'를 통해 연구뿐만 아니라 교육정책 의제 설정을 위한 로비 활동도 전개하고 있다. 그는 미국 공교육을 살리기 위한 전략으로서 차터스쿨, 시장 중심 학교개혁 그리고 표준화 시험을 강조하였는데, 자신의 주장을 교육정책으로 관철시키기 위해 정책행위자로 활동하고 있다.[2] 정책선도가는 새로운 교육정책 아이디어를 제공한다는 긍정적인 측면도 있지만, "아이디어는 강력한 정치적 수단이다. 일반 대중은 그것에 의해서 움직일 수도 있고, 잘못 인도될 수도 있으며, 움직이지 않을 수도 있다."(Smith, 1991: 노화준, 2012 재인용)라는 말처럼 그 위험성도 내포하고 있다.

(4) 언론기관

언론기관은 교육문제에 대해 여론을 형성하고 이 여론을 통해 교육정책 의제 설정과 정책결정에 영향을 미칠 수 있는 정책행위자다. 시민단체나 이익단체, 전문 연구자의 견해나 교육과 관련된 사건을 언론을 통해 드러내 보임으로써 정부의 정책의제 설정에 결정적인 영향을 미칠 수 있다. 예를 들어, 뉴스는 문제를 단순히 보도하는 데 그치지 않고, 사건을 통해 불분명했던 문제의 소재들을 깊이 있게 다루며, 문제의 성격과 범위를 지적하고 해결 방안들을 제안한다(노화준, 2012). 따라서 정책의제 설정과정에서 사회 문제를 일반 대중에게 알려 관심을 끌도록 하고, 정책의제화 단계까지 이르게 된다.

최근에는 대중매체의 발달로 TV, 신문 이외에도 인터넷 매체 및 SNS(Social Network Serviece)의 등장으로 교육문제점의 해결 방안에 대한 언론의 영향력이 더욱 커지고 있다. 일반 국민과 정부는 언론이 제공하는 정보 내에서 문제의 상황을 판단할 수밖에 없으므로 언론이 의도적 혹은 비의도적으로 사건을 부풀릴 경우 문제의 심각성과 본질이 왜곡될 수 있다. 예를 들면, 2000년대 초 우리 사회에서 심각한 문제로 대두된 '학교붕괴 현상'은 학교 현장보다는 언론기관에 의해서 문제가 확산되었고, 문제가 현실보다 과장되게 비춰진 경향을 보였다(조용환, 2000).

(5) 시민단체

학부모 단체를 포함하여 교육시민단체는 자발적인 참여를 기초로 각종 교육문제에 대해 의견을 청취하여 이를 정책의제 형성과 정책결정에 반영하기 위해 노력한다. 이들은 정부나 시장에 대한 견제의 역할을 수행하는데, 정부 시책에 대한 비판과 대안 제시를 시도하는 한편, 이해집단과 정부 간의 갈등 상황에서 중재자로서 역할을 수행하기도 한다. 예를 들어, 교육행정정보시스템(NEIS) 정책과 관련하여 교원단체와 교육부 간의 갈등 상황에서 '참교육을 위한 전국학부모회(이하 참교육학부모회)'가 갈등을 해결하기 위한 중재 방안을 제시하였다. 또한 최근에는 '사교육 걱정 없는 세상'이라는 시민단체가 선행학습 금지법을 이끌어 내는 중요한 정책행위자로 활동하였다. 정책행위자로서 시민단체는 정책입안과정에서 시민에 의한 국가 통제라는 민주주의의 중요한 참여의 장을 확대시킨다는 점에서 상당히 고무적이라고 할 수 있다. 경제 분야에서 '참여연대'가 보여 준 공헌과 같이 앞으로도 적극적으로 다양한 사상과 아이디어 확산을 통해 정부의 교육정책 개발에 영향을 미칠 필요가 있다.

(6) 연구기관과 교육전문가

연구기관과 교육전문가도 교육문제에 대한 정보와 지식을 생산하는 과정을 통해 교육정책의 결정에 영향력을 행사하게 된다. 한국교육개발원, 교육과정평가원, 교육학술정보원, 직업능력개발원 등 정부 출연 기관과 각 교육청 정책연구소가 대표적인 예다. 연구기관에서는 교육문제 해결을 위해 정책대안을 제시하거나 정책의 효과에 대해 평가함으로써 교육정책의 실질적인 행위자로 활동한다. 이 외에도 교육 관련 민간연구소, 대학교수와 같은 개인 연구자들이 교육정책 세미나, 공청회, TV 대담 등을 통하여 교육정책에 대한 나름대로의 의견을 제시하고 비판 · 평가 등으로 정책과정에 영향력을 행사할 수 있다.

정부 출연 기관의 경우 중단기적 정책개발에 많은 노력을 기울임으로써 정책과정에 큰 영향을 미치고 있다. 그러나 이들 대부분이 정부 부처가 정책 아이디어를 개발하기 위하여 그들의 산하기관으로 설치하면서 생겨났기 때문에 연구의 자율성이 제한되어 싱크탱크로서의 역할을 제대로 수행하지 못한다는 비판이 제기되고 있다. 노화준(2012)은 정부로부터 연구비를 받는 정부 출연 기관들이 단기적이고, 정부의 취향에 맞는 연구결과를 산출함으로써 장기적이고 혁신적인 정책개발과 아이디어의 제공에 한계가 있을 수밖에 없음을 지적한 바 있다.

(7) 일반 국민

모든 권력은 국민으로부터 나온다는 말처럼, 민주주의 국가에서 국민은 중요한 정책행위자다. 우선, 국민은 대통령과 국회의원, 선출직 공직자(도지사, 시장, 군수, 구청장, 각급 지방의회의 의원)를 선출하는 과정에서 교육정책에 영향을 미치게 된다. 대의 민주주의 사회에서는 국민이 대리인을 통해 선출직 공직자와 국회의원이 제시한 공약과 정책 실현의 기회를 투표로 부여함으로써 정책과정에 영향력을 행사하는 것이다. 이 외에도 일반 국민은 시민단체에 참여하거나 언론에 교육관련 정보를 제공함으로써 정책에 관여할 수 있다.

3) 국외 교육정책행위자

세계화의 진전에 따라 국제사회의 영향력은 교육 분야에서도 예외는 아니다. 따라서 국제교육기구 등이 교육정책 형성에 주요한 행위자로 등장하기 시작하였다. 국외의 교육정책행위자는 크게 조약기구와 네트워킹 조직으로 구분하여 살펴볼 수 있다. 국가 간 조약에 의해 법규적 권위를 가진 경우, 조약의 내용은 단순히 정책화될 뿐만 아니라 법률적 효력을 지니게 된다. 대표적인 예로 '아동에 관한 협약'은 국제조약에 의해 수립되었다. 이 외에 국외의 교육정책행위자는 네트워킹 형태로 상호 협조적 차원에서 교육정책에 영향을 미칠 수 있다. OECD나 유네스코가 좋은 예다. 이들은 학업성취결과에 대한 국제발표나 교사의 지위에 대한 국제적 권고 등을 통해 각 국가의 교육정책 형성에 결정적인 영향을 미칠 수 있다. 예를 들면, 미국의 아동낙오학생방지(NCLB) 정책은 OECD가 실시하는 국제수준학업성취도평가(PISA)에서 자국의 성적이 지속적으로 낮았던 사건이 계기가 되어 도입되었던 정책이라고 볼 수 있다. 한국에서도 2000년대 이후 핵심 역량 기반 교육과정이나 정책은 OECD가 추진한 DeSeCo 프로젝트 결과를 기초로 수립되었다고 볼 수 있다.

4. 교육정책행위자의 상호작용 유형

앞서 살펴본 여러 교육정책행위자들은 자신들의 견해가 관철되고 정책대 안으로 채택될 수 있도록 다양한 대응 전략을 구사한다. 교육정책행위자의 대응 전략은 정책형성과정에서 행위자가 동일한 행위를 반복적으로 행하면 서 형성된 행동으로 정치적 상호작용의 절차를 의미한다(노화준, 2012; 이종범, 1999). 정책대안을 놓고 밀고 당기는 정치적 게임과정에서 정책행위자는 설 득과 조정, 경쟁과 연합, 갈등과 협상, 정치적 투쟁의 전략을 활용한다.

1) 설득과 조정

교육정책행위자는 자신들의 정책대안을 관철시키기 위해서 합리적 이유, 사실적인 주장과 이론, 상황 조건 등을 제시하여 상대방을 설득하는 전략을 활용한다. 현상 유지 세력은 다양한 이유를 제시하여 기존 대안의 타당성을 주장할 것이고, 개혁 추진 세력은 이의 부당성과 새로운 대안의 타당성을 주 장하여 설득하려고 할 것이다. 이러한 설득 전략은 문제 형성 및 결정 단계에 실무자를 포함한 당사자 간의 공식적·비공식적 접촉으로 이루어진다. 특히 위원회의 논의 결과로서 의견의 불일치가 크거나 관련 기관의 반대가 강할 때, 이를 극복하기 위해서 비공식 접근을 시도한다. 중요한 쟁점일수록 기관 책임자의 견해가 중요하기 때문에 이들과의 비공식 접촉으로 쟁점에 관해 설 득과 조정으로 원하는 결과에 유리하도록 행동한다.

2) 경쟁과 연합

교육정책행위자는 반대 집단의 목소리를 낮추고 자신의 위치를 유리하게 유지하기 위해서 경쟁 전략을 사용한다. 내부 집단 간의 경쟁을 통해서 정보를 얻고 개혁의 아이디어를 얻음으로써 개혁을 추진하는 것이다. 또한 대상 조직에 대한 정보가 부족할 때 일부 내부 개혁 세력과 연합하여 개혁을 추진하기도 한다. 이와 동시에 교육정책행위자는 목적 달성을 위해 다른 집단과 연합을 시도한다. 교육정책행위자 간의 연합은 조직 목적의 달성을 위한 임시적 동맹으로서 정책형성과정에서 정치적 지지를 얻고 영향력을 행사할 수 있게 해 준다(Allison, 1971). 다른 집단과 연합을 하게 되면 그만큼 강력하게 되고, 정치적 영향력이 강한 개인이나 집단은 타협이나 흥정에서 유리하게 된다. 김덕근(2006)의 분석에 따르면, 교육행정정보시스템(NEIS) 정책형성과 정에서 전교조에 불리하게 돌아가던 여론이 어느 정도 소강 국면으로 들어가자, 전교조 단독으로 이익 표출 활동을 보이는 것보다는 다른 단체와의 연합 형성을 통해 이익 표출 활동을 전개하였다.

교육정책은 그 어떤 분야보다도 정부 부처 및 외부 정책 관련 집단들의 연

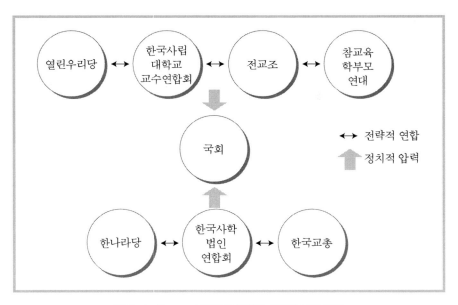

[그림 4-4] ··· 사학개정 법안을 둘러싼 연합 형성

합 형성과 그 연합들의 상호작용을 통해 정책대안이 제시되어 왔는데, 대표적인 사례로 참여정부 시절 사학개정 법안을 둘러싼 연합형성과정을 살펴볼수 있다. [그림 4-4]는 선행연구[3]의 내용을 토대로 사학개정 법안 추진에 참여한 다양한 정책행위자들과 이들이 어떻게 옹호 연합을 형성하고 있는지를보여 준다. 당시 사학정책을 둘러싸고 정책 옹호 연합은 「사립학교법」의 개정을 주장하는 찬성 옹호 연합과 개정을 반대하는 반대 옹호 연합으로 형성되었다. 찬성 옹호 연합은 주로 열린우리당, 한국사립대학교수연합회, 전교조, 참교육학부모연대였고, 반대 옹호 연합은 한나라당, 한국사학법인연합회, 한국교총 등이었다. 찬성 옹호 연합은 「사립학교법」 개정을 관철시키기위해 열린우리당이 입법화를 추진하고, 한국사립대학교수연합회와 전교조, 참교육학부모연대는 성명서 발표와 기자회견 등으로 정책을 옹호하는 전략을 보여 주었다. 반면, 반대 옹호 연합에서는 「사립학교법」 개정을 저지하는한나라당 정책적 전략에 한국사학법인연합회가 청원서 제출과, 한국교총의보도자료를 통해 지지를 형성하였다.

　정책행위자는 연합 형성과 유사하게 외부 전문가의 동원을 모색하기도 한다. 전문지식을 가지고 있는 외부 전문가의 동원도 정치적 영향력을 얻을 수있어 자신에게 유리한 결정을 유도할 수 있다. 게다가 외부 전문가의 참여나동원은 대외적으로 결정과정의 정당성 확보를 가능하게 해 준다. 이명박 정부에서는 전수 조사 방식의 국가수준학업성취도평가 정책의 정당성을 확보하기 위해 한국교육과정평가원의 전문적 견해를 동원하였고, 박근혜 정부에서도 공약사업이었던 자유학기제 정책을 전국 규모로 확대하기 위해 한국교육개발원에 자유학기제센터를 설치하는 등 다양한 각도에서 전문적 지식을동원하는 정책 행위를 보여 주고 있다.

3) 갈등과 협상

정책행위자 간에 갈등이 깊어진 경우 정책대안이 조금이라도 개정되기 위해서 행위자 간에 정치적 흥정과 거래로 타협점을 찾기도 한다. 박호근(2002)의 연구에 따르면, 찬성 연합과 반대 연합 간에 갈등이 심했던 「사립학교법」 개정과정에서 정책행위자 간의 갈등과 협상이 지속적으로 이루어졌던 것으로 보인다. 구체적으로, 사학재단 관계자들은 「사립학교법」 개정안에 찬성 또는 반대 입장을 보이고 있는 여야 의원에게 상당한 압력을 행사하거나 로비를 시도하였다. 이에 여야 국회의원과 교육부는 갈등을 빚고 있는 사학재단 관계자들에게 협상 전략을 내세우기도 하였는데, 당시 교육부 수장이었던 김진표 부총리가 천주교 주교를 만나 자립형 사립고등학교 확대 방침과 천주교계 사학의 전환을 적극 권유한 것도 「사립학교법」 통과를 위한 협상의 과정이었던 것으로 보인다.

4) 정치적 투쟁

교육정책행위자는 자신들의 주장을 관철시키기 위해 또는 채택된 정책대안이 자신들의 이익과 반하는 경우에 정치적 갈등을 빚기도 하고 투쟁에 나서기도 한다. 정치적 투쟁의 방식으로 강경 전략을 활용할 수 있는데, 불법시위, 폭력시위, 입법화(법률 재개정으로서 향후 조문변경을 어렵게 하는 전략)을 행사할 수 있다. 반면, 온건 전략의 정치적 투쟁으로 제도적 소수 전략, 정책 학습, 성명 전략, 촛불집회 전략, 기자회견 전략, 청원 전략, 배포 전략 그리고 명령 전략(법류 재개정의 하위 단계로서 상대적으로 법률보다 향후 조문 변경을 쉽게 할 수 있는 전략) 등을 행사하게 된다. 「사립학교법」 개정과정에서 이러한 정치적 투쟁이 분명하게 드러나기도 했다. 당시 각 정당들이 서로 다른 개정법안을 제출하여 논란을 거듭한 채 여야 간 협상이 진척되지 못하고 결국 여당 출신 국회의장이 직권상정으로 여당의 수정안을 표결 처리하여 통과시켰다. 이에 사학 등 보수 진영은 개방형 이사제, 대학평의원회 설치, 총장의 임명제한 조항 등에 문제를 제기하며 헌법소원과 신입생 배정 거부 등으로 반발하는 한편, 한나라당은 재개정 협상을 추진함으로써 정치적 논란과 갈등이 지속되었다(김보엽, 2007). 이 외에도 국민운동본부는 국회 교육위원회 위원을 직접 방문하거나 그들의 홈페이지에 비판적인 글쓰기, 야회집회, 성명서 발표 등을 시도하였다.

5. 전망과 시사점

교육정책은 정책행위자들의 끊임없는 상호작용의 산물이다. 정치적 과정에 다양한 행위자가 참여하여 조정과 협상, 경쟁과 연합, 정치적 투쟁 등 역동적 행위를 통해 교육정책은 의제화되고 수립된다. 이 과정에서 정책의 주도권을 누가 행사하느냐에 따라 정책형성의 향방이 달라질 수 있다. 특히, 교육정책 형성과정의 정책행위자 중에서 행정부의 영향력은 정책과정의 복잡성과 다원성 아래에서 막강해지는 경향이 있다. 노화준(2012)이 지적하였듯이, 행정 관료의 행태는 아직도 통제 지향적이며, 국민의 대리자나 정책혁신가로서의 역할 정립이 부족하다. 또한 대통령을 비롯한 공식적 정책행위자로서 행정부가 가장 큰 권한을 부여받고 있지만 대통령과 청와대 비서실의 영향력이 지나치게 크다. 대통령이 어떤 정책공약을 제시했는가에 따라서 정책의제와 방향이 완전히 바뀌는 것을 종종 목격하게 된다.

하지만 교육을 둘러싼 환경적 변화가 급격하게 진행되면서 교육정책이 해결해야 할 교육의 문제는 더욱 복잡하고 어려워지고 있어 다수의 지혜가 요구된다. 전문 분야의 학자나 연구기관, 정책자문기관이 공식적 행위자를 보완하고 있지만, 정책의 전문성과 민주성을 확보하기 위해서는 정책행위자의 균형이 필요하다. 예를 들면, 핀란드의 국가교육위원회처럼 행정부의 교체와 상관없이 교육정책의제 설정, 정책형성, 정책결정 과정에 다수의 정책행위자들이 안정적으로 참여가 가능한 제도적 장치가 필요해 보인다.

미주

1) 2014년 교육행정학회 춘계학술대회에서 정기오(2014)는 우리나라 「초중등교육법」 제7조에는 공립학교의 설치와 운영상 지도감독, 사립학교 및 그 학교법인의 설립과 지도감독, 장학지도 권한, 학원 및 과외교습에 관한 권한들이 모두 교육부 장관이 아닌 교육감의 권한으로 명시하고 있어 법적으로 교육감이 교육부 장관보다 보다 많은 권한을 가지고 있음을 언급하였다.

2) 미국 *Hiffington Post*(2013. 7. 16)는 점차 커지고 있는 빌게이츠의 교육정책 행위에 대해서 일부 미국 교사들의 반감을 드러내는 기사(Teachers' Letters To Bill Gates)를 내보낸 적이 있다. 출처: Huffington Post (2013), pp. 7-16.

3) 다음의 논문들을 참고하였다. 양승일(2007). 교육정책형성과정의 동태성 분석: 참여정부의 사학정책을 중심으로. 한국정책과학학회보, 11(2), 53-78; 박호근(2002). 교육정책 결정과정에 나타난 정치행태에 관한 연구: 제16대 국회교육위원회의 사립학교법 개정과정을 중심으로. 교육행정학연구, 20(2), 123-149.

추천도서

교육정책의 과정에 관여하는 정책행위자에 대해 본격적으로 논의한 저서를 찾기란 쉽지 않다. 일반 정책학에서 다루어지고 있는 정책행위자의 동태성 연구를 교육의 맥락에서 해석하여 공부할 필요가 있다.

김태훈(2006). 대한민국 교육정책은 누가 결정하는가. 태영출판사.
노화준(2012). 정책학원론. 박영사.

Scribner, J. D. (1997). *The politics of education: The seventy-sixth yearbook of the National Society for the Study of Education, Part I, II.* Chicago: The University of Chicago Press.

참고문헌

김덕근(2006). 역대 정부의 사립학교법 개정과정에서 나타난 교육정책결정구조 분석. 한국교원교육연구, 23(3), 75-94.

김명한(1974). The Educational policy-making process in the republic of Korea: A systems analysis North Texas State University 박사학위논문.

김보엽(2008). 한국사학정책의 변동 요인 및 과정 분석: 국민의 정부 및 참여정부의 사립학교법 개정 사례를 중심으로. 교육행정학연구, 26(3), 1-23.

김윤태(1994). 교육행정경영신론. 서울: 배영사.

남궁근(2008). 정책학: 이론과 경험적 연구. 서울: 법문사.

노화준(2012). 교육정책학원론. 서울: 박영사.

박호근(2002). 교육정책 결정과정에 나타난 정치행태에 관한 연구: 제16대 국회교육위원회의 사립학교법 개정과정을 중심으로. 교육행정학연구, 20(2), 123-149.

안선회(2004). 참여정부 교육정책 결정체제에 관한 연구. 고려대학교 석사학위논문.

양승일(2007). 교육정책형성과정의 동태성 분석: 참여정부의 사학정책을 중심으로. 한국정책과학학회보, 11(2), 53-78.

오영석, 박태식(1998). 지방자치단체 정책결정과정의 영향요인에 관한 연구. 한국행정논집, 10(1), 131-146.

이종범(1999). 개혁딜레마와 조직의 제도적 대응: 행정쇄신위원회의 조직화 규칙과 전략. 고려대정부학연구소, 5(1), 185-227. 서울: 나남출판.

정기오(2014). 교육부와 시도교육청의 관계분석 및 미래방향. 2014년도 한국교육행정학회 춘계학술대회 발표논문.

정정길(2010). 교육정책학원론. 서울: 박영사.

조용환(2000). "교실붕괴"의 교육인류학적 분석: 학교문화와 청소년문화의 갈등을 중심으로. 교육인류학연구, 3(2), 43-66.

표시열 (2007). 교육정책에 관한 사법부의 권한과 주요결정, 교육행정학연구, 25(2),
189-211.

한국교육행정학회(1996). 교육정책론. 하우.

Allison, G. (1971). *Essence of decision: Explaining the Cuban missile crisis.* New
York: Little Brocon.

Kingdon, J. W. (2003). *Agendas, alternatives, and public policies* (Updated second
edition). New York: Longman.

Rhodes, R. W., & March, D. (1992). *Policy networks in British Government.* Oxford:
Clarendon Press.

제**5**장

교육정책 형성과정

교육의 문제들은 계속해서 발생하지만, 이 문제들 중 어떤 것들은 정부의 정책의제로 채택되어 심각하게 정책대안이 마련되지만 또 어떤 것은 주목조차 받지 못한다. 어떤 정책문제가 의제화되어 정책으로 채택되는 것일까? 교육정책이 형성되는 과정은 단순하지 않으며 오히려 복잡하고 역동적이다. 교육문제를 해결하기 위해 문제를 정의하고, 문제 해결을 위한 대안들을 탐색하며, 대안들의 평가를 토대로 최종적으로 정책을 채택하는 일련의 과정에 다양한 정책행위자가 관여하고 정책환경이 영향을 미치게 된다. 교육정책 형성과정에 대한 이론적 기반이 수립되어 있을 때, 동태적인 교육정책 형성과정 현상을 보다 잘 이해할 수 있고 설명할 수 있는 토대가 마련될 수 있다. 이 장에서는 교육정책 형성과정의 개념과 의의를 살펴본 후 교육정책 형성과정을 설명하는 주요 이론에 대해 검토하고, 전망과 시사점을 밝혀 본다.

1. 교육정책 형성과정의 개념과 의의

1) 교육정책 형성과정의 개념

교육정책 형성과정은 교육정책 과정이 처음으로 시작되는 단계다. 정부가 교육의 여러 문제들 중에서 정책의 문제로 받아들여 검토하고 해결하는 행위를 보이는 시기다. 교육의 문제들을 해결하기 위한 첫 번째 관문이라고 볼 수 있는데, 이 과정에서 정책문제를 정의하고, 정책의제를 수립하며, 이를 채택하게 된다. 문제를 규정하고, 정책문제 해결 대안의 작성과 선택과정에 정책행위자들은 끊임없이 상호작용한다.

교육정책이 형성되는 과정은 [그림 5-1]과 같이 세 단계로 구분하여 살펴볼 수 있다. 교육문제 형성기는 교육문제 발생 후 사회적으로 쟁점화된 문제들 중에서 특정 문제를 정부가 검토하는 단계다. 일부 채택된 정책문제가 교육 관련 주체들 사이에서 의제화되는 단계가 교육정책 의제기에서 이루어진다. 일단 교육정책이 의제화되면 교육정책의 문제를 해결하기 위해 목표를 설정하고 정책대안을 마련하게 되는데, 이 단계를 교육정책 채택기라고 한다.

[그림 5-1] ··· 교육정책 형성의 단계

(1) 교육문제 형성기

우리 사회에는 여러 교육문제들이 존재한다. 과도한 사교육비, 학교폭력과 왕따, 교사의 지나친 행정 업무 부담, 학생의 낮은 학업 흥미도, 위기 학생의 증가, 대학생의 과도한 등록금 부담 등 끊임없이 교육문제가 발생한다. 하지만 이러한 교육문제가 모두 정책문제로 채택되지는 않는다. 발생한 모든 교육문제가 자연스럽게 정책문제로 전환되는 것이 아니라 정부에 의해서 중차대하고 공적인 문제로 인식되는 교육문제만이 정책문제로 받아들여지게 된다. 즉, 교육문제는 단지 어떤 상태나 외부의 사건 자체가 아니라, 인식되고 해석되는 것으로 정책결정자가 문제의 상태를 정의하는 것이다(Kingdon, 2003). 예를 들어, 과도한 사교육비나 교사의 지나친 행정 업무 부담, 위기 학생의 증가 등은 사회적 조건과 구조적으로 존재하는 교육문제들이지만 과도한 사교육비 부담의 문제가 정책문제로 받아들여지고 정책대안들이 제시되었던 것은 정책결정자들이 정책화가 보다 필요한 문제로 인지하였기 때문이다. Edelman(1988)은 정책문제들에 대한 아이디어들이 주로 사회적 담론에서 일어난다고 언급하였다. 신문의 사설이나 칼럼, 방송사가 주관하는 사회적 이슈에 대한 토론회, 학술단체들이 주관하는 학술토론회 등은 사회문제를 구성하여 제시하는 중요한 담론의 장이 되고 있는 것이다. 이러한 담론들을 통하여 사회적으로 얼마나 적실성이 높고 영향력 있는 이슈들이 정책문제로 구성될 수 있느냐 하는 것은 그러한 담론의 장에 참여하는 구성원들이 사회문제를 보고 구성할 수 있는 역량을 얼마나 갖추었느냐에 따라 결정된다.

그러면 여러 교육문제들 중에서 왜 일부의 문제만이 선별적으로 정책의제화되는가? 다시 말해, 정책행위자가 왜 어떤 문제는 정책문제로 받아들이는 반면, 어떤 문제는 관심 대상에서 제외하는가? 교육문제의 성격에 따라 정책의제 여부가 달라질 수 있다. 이슈화된 교육문제가 사회적으로 관심이 매우 높거나, 제기된 교육문제 자체가 매우 단순하고 분명한 경우 보다 쉽게 교육정책으로 의제화될 수 있다. 대표적인 예로, 우리나라에서 과도한 사교육비

문제는 사회적으로 큰 이슈가 되었고, 사교육비를 경감시켜야 한다는 분명한 주장이 제기됨으로써 다른 어떤 교육문제보다 쉽게 교육정책으로 의제화될 수 있었다. 또한 해당 교육문제가 이전에 선례가 있거나 관련해서 극적인 사건이 발생하는 경우 쉽게 채택될 수 있다. 학생 체벌 금지 정책은 최근 교사의 지나친 체벌이 폭력으로 비화되면서 사회적으로 보다 쉽게 정책으로 의제화될 수 있었다. 또한 특정 교육문제를 주도하는 집단의 영향력에 따라 정책의제 여부가 달라질 수 있다. 해당 교육문제와 관련된 이해집단들이 정부 차원에서 공식적으로 문제를 해결하도록 강력하게 압력을 행사할 경우 쉽게 정책의제로 채택될 수 있다. 특히, 한국은 대통령이나 중앙정부에 권력이 집중되어 있기 때문에 대통령이나 교육부 장관이 해당 교육문제에 관심을 보일 경우 다른 교육문제보다 쉽게 정책문제로 받아들여질 수 있다. 끝으로, 정치적 상황에 따라 특정 교육문제의 정책의제화가 달라질 수 있다. 대통령 선거와 같은 정치적 사건은 정책을 채택하고 집행하는 행정부의 성격을 바꿔 놓을 수 있기 때문에 특정 교육문제가 쉽게 정책의제로 채택될 수 있다. 예를 들어, 이명박 정부는 '고교다양화 프로젝트'라는 공약을 통해 사학의 자율성을 중요한 교육 가치로 받아들였고, 이는 자율형 사립고등학교 활성화라는 정책대안을 가져오게 되었다.

교육문제의 형성은 교육정책 과정에 참여하는 전문가 집단에 의해서도 형성된다. 정부 관료, 의회 보좌진, 학자, 연구자 등 정책 공동체 내의 전문가들에 의해 정책문제가 만들어지고, 포럼, 공청회, 논문, 토론을 통해서 논의될 수 있다. 특히, 정치적·경제적 위기 때에는 불확실성이 존재하기 때문에 정부의 정책 보좌진, 학자 그리고 그 밖의 전문가들은 새로운 아이디어와 지식에 주목하게 된다(Hess, 1992). 최근에는 교육문제가 학부모나 시민 단체에 의해 제기되는 경향이 증가하고 있다. 교육정책 문제로서 선택이 사회와 시민의 삶에 지대한 영향을 미침에 따라 최근 학부모 단체를 포함한 교육시민단체는 시민사회의 자발적인 참여에 기초하여 각종 교육문제에 대한 의견을 피력하고 있다.

(2) 교육정책 의제기

일단, 교육문제가 정책문제로 인식되고 나면, 정부는 공식적으로 의제를 형성하게 된다. 정책의제란 수많은 요구들 중에서 정책결정자가 어떤 대책을 강구하지 않을 수 없다고 느끼거나 선택하게 되는 요구(Anderson, 1984; Cobb & Elder, 1983)로, 정부가 사회문제를 정책적으로 해결하기 위한 행위다(노화준, 2012). 즉, 특정한 교육문제가 제기되는 것부터 시작하여 그 문제가 논의 과정을 거쳐서 정리되고 결정의 대상이 되도록 쟁점화되는 과정이 정책의제 형성과정인 것이다. 정책의제 형성과정은 규범적으로는 바람직한 사회가치의 실현을 위해 이해관계를 갖는 여러 개인 및 집단 간의 조정과 타협을 통해 형성된다. 현실에서는 정책행위자가 자신들의 이익을 위해 정책결정체제로 하여금 문제를 해결하게 하거나 이 문제를 방치하게 하기 위하여 제반 자원을 동원하는 등 치열한 경쟁이 전개된다. 이와 같이 정책의제 형성과정을 둘러싸고 이해관계를 달리하는 개인이나 집단 사이에 갈등을 일으킨다는 사실은 정책의제 형성과정이 정치적 성격을 띠고 있음을 의미한다.

정책의제 설정 단계에서는 다양한 정책의제 행위자에 의해서 정책형성이 공식화된다. 교육정책 의제화는 정부, 정당, 국회 상임위원회, 개별 국회의원, 대통령, 대통령 직속 특별위원회, 그리고 청원 및 건의 등으로 다양하게 이루어진다. 김덕근(2006)의 정책사례분석에 따르면, 과거 권위주의 시대의 교육정책 형성 구조는 이른바 철의 삼각[1]으로 일컬어지는 교육부−국회교육위원회−한국교총 간의 우호적인 관계에 기초하여 정책이 기획되고 집행되어 왔다. 이들은 정부와 유기적 협력 관계를 유지하면서 정부 업무의 위탁, 한국교총의 정책참여 등을 통해서 정책을 형성하여 왔다. 그러나 비공식적인 제안자로서 이익집단인 전교조의 등장과 전교조 합법화 이후 적극적인 활동이 전개되면서 전교조는 교육정책 형성 단계에 상당한 영향을 미치고 있으며, 전통적인 교육부–한국교총 간의 유기적 유착관계를 깨뜨리는 결과를 가져왔다. 또한 교육정책 형성과정에서 시민사회단체의 영향력이 증대하고 있다. 시민사회단체가 정책조언자로서 역할에 그치지 않고 적극적 행위자로 개입하면서 우리나라 교육정책 의제과정은 상당한 역동성을 보이고 있다.

(3) 교육정책 채택기

교육정책 채택기는 당면한 교육문제를 해결할 수 있는 정책대안을 탐색하고, 결과를 예측함으로써 정책대안 간의 비교와 평가를 통해 최적의 대안을 선택하는 과정이다. 분명하게 규명된 교육정책 문제를 해결하기 위해 정책대안의 탐색과정을 거친다. 정책문제를 해결하기 위해 어떠한 정책대안들이 제기될 수 있는가? 유사한 정책문제에 대해 다른 국가는 어떠한 정책대안을 제안하였는가? 학계의 이론적 연구나 정책보고서에서는 해당 문제 해결을 위해 어떠한 대안을 제시하는가? 이후 탐색된 정책대안이 가져올 결과에 대해서 미리 예측하는 과정을 거친다. 또한 정책대안들의 예측 결과를 놓고 우위를 비교한다. 제시된 정책대안들이 투입 대비 바람직한 산출 결과를 가져올 것인가? 표방했던 목표달성에 얼마나 효과가 있을 것인가를 판단하여 각 정책대안들의 우위를 비교한다. 정책대안들의 비교와 평가를 통해 어떠한 정책대안이 가장 우수한지를 최종적으로 판단하여 선택한다. 정책결정의 마지막 과정에서는 정책대안의 실현 가능성을 중점적으로 검토하게 된다.

그런데 교육정책의 결정과정이 비록 이와 같이 순차적으로 진행된다고 할지라도 반드시 합리적으로 이루어지는 것은 아니다. 교육정책 결정과정에 대한 정치학적 관점에서는 현실의 교육정책 결정은 정치적 이해관계, 정책결정자의 특정 이념이나 개인적 신념, 제한된 정보 등에 의해서 영향을 받아 합리적·분석적이 아닌 정치적으로 이루어진다.

정책의제화 단계에 비해 정책채택에 관여하는 행위자는 상대적으로 다양하지 않다. 한국에서 교육정책 결정의 관여자는 주로 대통령과 국회, 그리고 최근에는 교육감을 포함한다. 국회는 상임위원회의 의결과 본회의의 의결을 통해 정책결정에 관여하는 반면, 대통령은 국회에서 가결된 의안을 공포함으로써 정책형성 공식화 작업을 마무리 지을 수 있고, 거부권을 행사함으로써 국회에 재의결을 요구할 수 있다. 지방 수준에서는 교육감과 교육의회가 교육청이 추진하는 정책의 대안 선택과정에서 강력한 권한을 가지며, 직간접적인 영향력을 행사한다. 고등학교 평준화정책 결정과정을 분석한 임준희(2006)의 연구에 따르면, 정책의 최종 결정자인 교육감에게 정치적 영향력을 미치기 위해 교육 이해관계자들은 정치연합체를 결성하여 다양한 정치적 활동을 전개하였다. 또한 정책결정 권한을 직접 행사하게 되는 교육위원회도 단지 외부 이해관계자의 정치적 활동에 수동적으로 반응하기보다는 정치게임의 한 당사자로서 자신의 신념을 관철하기 위해 활동한다.

2) 교육정책 형성과정의 의의

민주주의 정치에서는 국민의 뜻과 의사가 반영되어 국민을 위한 정책을 그 이념으로 삼는다. 모든 정책문제가 국민의 참여에 의해서 이루어지는 것은 아니지만, 대의 민주주의 정치체제에서는 국민의 정치참여에 의한 정책의제의 설정이 그 근간을 이루고 있다. 즉, 민주주의의 중요한 특징은 정책의제 설정에 대중의 참여가 높은 비율을 차지한다는 것이며, 이를 통하여 정부의 개입이 요구되는 문제들이 밝혀지는 것이다. 따라서 한 나라의 민주주의와 정책과정의 수준은 정책형성과정에 국민의 정책참여가 어느 정도 이루어지고 있는지, 의제 설정과정에 누가 어느 정도 개입할 수 있는지를 통해 파악할 수 있다. 이러한 점에서 본다면, 민주사회에서 교육정책 형성과정에서의 동태성은 불가피하다. 다양한 정책행위자들이 참여하여 의견을 피력하는 복잡하고 역동적인 과정이 정책형성과정에서 이루어지는 것이다. 상이한 관점과 이해관계를 가진 다양한 개인과 집단에 의하여 상이한 내용으로 문제의식이 형성되며, 상이한 문제의식을 가진 사람들이 상이한 전략과 방법을 통하여 문제를 제기하고 해결을 요구하는 행위는 매우 역동적인 정치적 행위로 나타날 수밖에 없다. 그럼에도 이러한 정책형성과정의 다양한 행위자의 참여가 이루어질 때 국민의 요구에 부응하는 정책이 마련될 수 있다. 따라서 교육정책 형성과정은 국민의 문제 해결 요구를 정책결정 체제에 투입하는 과정으로서 중요하다.

2. 교육정책 형성이론

정책형성과정에 대한 이론적 탐색은 지난 시기 동안 정책학의 주된 초점 중 하나였다. 정책의제 설정과 정책결정과정에 대한 오랜 연구는 전통적으로 합리모형, 만족모형, 점증모형, 쓰레기통모형 등 다양한 이론적 기틀을 마련해 왔다. 교육정책 형성과정에 관한 이러한 모형들은 여타 정책학 저서에 잘 설명되어 있기 때문에 반복해서 언급할 필요는 없을 것이다. 여기서는 교육정책학 연구에서 정책형성과정 현상을 탐색하는 데 빈번하게 활용하고 있는 Kingdon(2003)의 정책 창 모형과 Sabatier(1978)의 정책옹호연합모형을 살펴보고자 한다. Kingdon의 모형은 대표적인 정책의제 설정모형으로 어떻게 문제들이 제기되고, 이들이 어떻게 정책적으로 관심을 받게 되어 의제로 설정되는지를 잘 설명하고 있다. Sabatier의 모형은 대표적인 정책결정모형으로 정책행위자가 정책을 채택하는 과정에서 어떻게 연합하고 지지하는지에 대해 구체적으로 언급하고 있다. 두 모형은 향후에도 특정 교육정책이 형성되는 과정을 분석하는 데 유용한 개념적 틀로 활용될 수 있을 것이다.

1) Kingdon의 정책 창 모형

Kingdon(2003)의 기본적인 문제의식은 "왜 어떠한 사회문제는 정책문제로 이슈화되어 정책결정자의 관심을 받게 되는 반면, 또 어떤 사회문제는 채택되지 않는가?"에 대한 물음에서 시작한다. 그는 정부가 정책을 선택하고 의제화하는 과정은 합리적으로 이루어지는 것이 아니라 예측 불가능하게 이루어진다는 정책의제 설정과정의 비합리성을 가정한다. 기존 합리모형이 전제하는 인과관계를 부정하는 Kingdon은 정책형성과정을 문제의 흐름(problem stream), 정책대안의 흐름(policy stream), 정치적 흐름(political stream) 그리고 정책의 창(policy window)이라는 개념을 통해 설명하였다. 불확실한 상황하에서 정책의제와 대안의 선택과정은 문제의 흐름, 정책대안의 흐름, 정치적 흐름이라는 세 가지 흐름이 각기 독립적으로 흐르고 있다가 어느 특정한 시점에 적절한 정책선도자를 만나서 한곳에 모여 결합하게 되면 정책의 창이 열리게 되고 정책의제로 채택되는 것이다. 여기서는 Kingdon의 모형을 구성하는 네 가지 핵심개념을 구체적으로 살펴본다.

(1) 핵심개념

① 문제의 흐름

Kingdon이 첫 번째 제시한 정책과정의 흐름은 문제의 흐름(problem stream)이다. 문제의 흐름에서는 사회에 존재하는 다양한 이슈들이 정책의제로 인식된다. 정책결정자 또는 정부 관리가 사회적 재난이나 사건사고 등 특정 문제에 대해 인식하는 상태, 특정 정책집행 결과에 대한 의견 수렴, 그리고 문제가 정의되는 방법에 따라 정책문제가 정책의제로 결정된다. Kingdon은 정책결정자들이 이와 같이 문제를 인식하는 데 있어 세 가지의 환경적 조건—주요 지표의 변화, 위기와 사건의 발생, 환류—이 가장 큰 영향을 미친다고 보고 있다. 주요 지표의 변화는 문제 상태의 계량화를 의미하는 것으로 좋은 예를 사교육비의 증가, 학교폭력의 급증이 통계적으로 제시되는 상황에서 찾아볼 수 있다. 사건의 발생이란 재난, 사고, 집단시위, 청원 등의 상황을 의미한다. 최근의 세월호 사건이나 경주리조트 붕괴사건 등은 안전문제와 관련한 정책의제의 필요성을 심어 주었다. 환류란 정책 집행 결과에 대한 의견 수렴을 의미하는데, 긍정적 또는 부정적 반응에 따라 정책결정자가 정책문제로 인식하는 정도가 달라질 수 있다.

② 정책대안의 흐름

정책대안의 흐름(policy stream)은 정책과정에 참여하는 전문가 집단이 정책공동체의 내부적 합의에 따라 대안을 선택 · 개발하는 과정이다. 즉, 정책의제가 되기 전에 다양한 이해 당사자들 사이에서 대안이 논의되는 흐름으로서, 정책대안의 흐름을 통해 여러 가지 정책대안들이 몇몇 가능한 대안들로 좁혀 가게 된다. 정책대안의 흐름은 주로 연구자와 같은 전문가 집단 및 전문성을 지니고 있는 관료, 오랜 기간 정책을 다루어 온 국회의원 보좌관 등에 의하여 만들어지고, 포럼, 공청회, 논문, 토론을 통해서 논의된다. 몇몇 대안은 기본적으로 변하지 않고 남게 되지만, 기술적으로 실행 가능성이 낮거나 정책결정자가 수용하기 어려운 경우 대안은 새로운 제안과 결합하거나 사라지게 된다. 정책대안의 흐름 과정에서는 특히 정책선도자의 역할이 중시된다. 이들은 자신이 지지하는 대안을 논리적으로 검증하여 선호하는 대안이 정책으로 받아들여질 수 있도록 정책 공동체의 구성원들을 적극적으로 설득하고 장기간에 걸쳐 정책대안을 소개한다.

③ 정치적 흐름

정치적 흐름(political stream)은 정치적 사건을 의미한다. 정치적 사건은 정책의제 설정에서 실질적으로 가장 중요한 역할을 수행하며, 문제나 정책대안

의 흐름과는 별개로 발생한다. 정치적 흐름은 '국가적 분위기' '이익집단의
압력활동' 그리고 '행정부 또는 입법부 주도 세력의 교체' 등을 통해 영향을
받게 된다. 특히, 행정부나 국회의 교체는 주요한 정책행위자들을 변동시키
는데, 이들의 변화는 정책의제의 변경까지 이어진다.

④ 정책의 창

정책의 창(policy windows)은 특정 문제의 흐름이 어떤 계기로 정책대안과
합류하고 정치적 상황이 어느 순간에 동시에 결합하면서 열리는 과정을 의미
한다. 즉, 정책과정 중에 문제와 정책대안 그리고 정치적 상황이 우연히 맞아
떨어질 때 정책의 창이 열리는 것이다. Kingdon은 사건의 발생이 점화 장치
가 되어 세 개의 흐름이 결합하는 현상을 정책의 창이 열린 것으로 표현하였
다. 정책의 창이 열렸다는 것은 어떤 정책을 지지하는 정책행위자가 자신의
특별한 문제에 정책결정자가 관심을 기울이도록 압력을 행사하여 정책변화
의 기회를 맞이하였다는 것을 의미한다. 즉, 정책행위자가 자신들의 이해관
계가 걸린 문제에 정부의 관심을 집중시키거나 옹호하는 정책대안을 관철시
킬 수 있는 기회인 셈이다. 이들은 정책의 창이 열리기를 기다리는데, 선호하
는 대안을 갖고 이를 사용할 수 있는 문제의 흐름을 기다리거나, 특정 문제에
관심을 기울여 줄 정권의 출현을 기다리기도 한다.

⑤ 정책선도가

특정한 정책의 문제, 정책대안, 정치적 변동이라는 세 흐름이 결합하여 정
책의 창이 열리도록 하기 위해서는 정책선도가(policy entrepreneur)의 역할이
중요하다. Kingdon(2003)은 정책선도가를 독립적으로 흐르고 있는 각 흐름을
자신의 의도에 맞게 정치적으로 변경하여, 흐름 사이의 결합을 만들고, 정책
의 창이 열리도록 시도하는 행위자이며, 모든 자원을 동원하여 정책의 방향
이 자신이 기대하는 대로 이루어지도록 하기 위해 노력하는 사람 또는 집단

으로 정의하였다. 이들은 자신들이 지지하는 정책 아이디어를 관철하기 위해 자신의 시간, 돈, 정력, 명성 등 각종 자원을 기꺼이 투자하여 정책의 창이 열리도록 시도한다.

정책선도가는 정책의 창이 열리기를 그저 기다리는 수동적인 존재가 아니라 각 흐름을 결합시켜 정책의 창을 열어서 정책의제 설정이나 정책변동을 유도하려는 적극적인 존재다. 정책과정에서 정책선도가는 자신만의 방식으로 문제를 인지하여 새로운 정책 아이디어를 제안하거나 정책대안을 구체화하기 위해 각종 기술적 자문을 제공한다. 정책문제와 정책대안을 개발하는 단계에서만이 아니라 정책의 창이 열리는 과정에서도 정책선도가의 역할을 수행한다. 이들은 자신들이 가진 모든 동원 가능한 자원을 활용하여 공청회 등에서 주장을 하고 정치적인 연계를 달성하며 정책 공동체 내에서의 협상 등을 통하여 자신이 선호하는 정책대안이 채택되도록 노력한다. 또한 채택된 정책의제가 정책현장에서 구현되도록 노력하는 등 필요한 정치적 지원을 끌어내는 데 자신의 자원을 집중한다. 이러한 의미에서, Kingdon(2003)은 문제의 흐름, 정책대안의 흐름, 정치적 흐름이 만나 정책의 창이 열리는 것은 적절한 시기에 이를 결합하는 적절한 정책선도가의 역할에 의해 크게 좌우된다고 언급하였다. 그만큼 정책선도가는 정책의제 설정에서 강력한 리더십을 발휘하는 정책주체로 인식되는 것이다.

교육정책 형성과정에서 정책선도가의 이러한 중심적인 역할 때문에 정책선도가는 상대방이 자신의 말을 듣게 할 수 있는 능력과 정치적 교섭력, 협상력, 끈질긴 신념을 가져야만 한다(Kingdon, 2003). 정책선도가는 어떤 고정적인 정책적 위치를 차지한 사람만이 가능한 것은 아니며, 정책공동체 내의 누구라도(예: 의원, 선거로 선출된 관료, 로비스트, 학자, 언론인 등) 정책선도가가 될 수 있다. 최근 미국의 교육정책 선도가의 대표적인 예로 마이크로소프트사의 사장이었던 빌 게이츠를 찾아볼 수 있는데, 그는 정책로비나 언론을 통해 학교 선택 및 교사 평가 강화 등 자신의 교육적 신념을 정책적으로 주장하면서 여론 형성에 큰 영향을 미치고 있다.

(2) 작동원리

교육정책 형성과정은 서로 별개의 세 가지 흐름들(문제의 흐름, 정책대안의 흐름, 정치적 흐름)이 상호 독립적인 경로를 따라 진행되다가 어떤 특정한 시점에 '정책의 창'이 열릴 때 서로 결합하게 된다. [그림 5-2]에서 보듯이, 세 흐름이 상호 분리된 채로 흘러 다니다가 어떤 중대한 시점에서 서로 합류하면서 큰 정책변화가 일어나는 것이다. 이때 정책선도가는 세 흐름이 결합하는 기회가 오기를 기다리면서 자신들의 정책대안과 문제를 항상 준비하고 있다. 자신들이 선호하는 대안을 갖고 이 해결책을 사용할 수 있는 문제가 흘러나오기를 기다리거나, 이들의 장점을 이용할 수 있는 흐름이 새로이 생성되기를 기다리기도 한다. 특정 문제가 전면에 부각될 기회, 즉 이러한 문제에 관심을 기울이는 새로운 정부의 출현을 기다리는 것이다.

그렇다면 정책의 창은 언제 열리는가? 정책의 창은 예측 가능하게 열릴 수도 있고, 예측 불가능한 상태에서 열리기도 한다. 예측 가능하게 열리는 경우

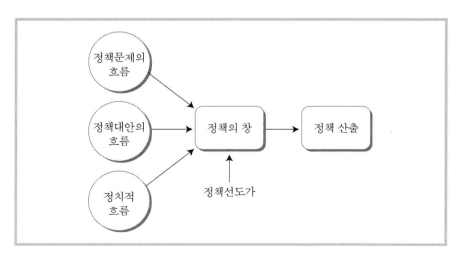

[그림 5-2]··· 정책 창 모형의 개념적 구조

는 국회에서의 법안심사 및 예산심의, 정책 기한 만료에 따라 재검토하는 상황이다. 반면, 정치적인 변화가 있을 경우에는 예측 불가능하다. 선거로 인하여 정권교체나 국회 내 정당 의석의 변화 등으로 정부의 정책결정자들이 새로운 교육문제에 관심을 갖게 되는 경우 정책의 창이 열리게 된다. 어떤 극적인 사건이 일어나는 경우에도 정책의 창이 열리게 된다. 우연히 벌어진 극적인 사건에서 특정한 정책문제는 심각성을 띠게 되고, 이 문제를 해결하기 위해 정책대안을 수립할 기회를 갖게 된다. 예를 들어, 세월호 사건 이후 안전에 대한 국민의 불안감이 높아짐에 따라 문제가 심각하게 부각되면, 정책선도자들은 주의를 기울이기 시작하고, 시설물 안전을 위해 각종 정책대안들을 의제화하기 시작한다. 정책 창은 보통 때보다 새로운 정책이나 법안이 채택될 가능성이 높은 일시적인 기회이지만, 정책의 창이 열리는 기회는 오래 머물러 있지 않는다. 만약 정책참여자들이 정책의 창이 열린 짧은 시간에 자신들이 지니고 있는 시간, 노력, 자금, 신망 등의 자원을 기꺼이 투자하려 한다면 정책변동은 가능할 것이나, 그렇지 못하다면 기회는 상실된다.

반대로 정책의 창은 언제 닫히게 되는가? 교육문제를 제기했던 정책활동가들이 해당 문제가 의사결정이나 입법과정에서 충분히 정책의제로 다루어졌다고 판단하거나, 정책결정이 되어 집행된 후 어느 정도 성과가 있어 만족을 느낄 때 정책의 창은 닫힌다. 정책문제로 이슈화되고 정책으로 의제화되었어도 정책선도가가 정책결정자의 결단을 유도하지 못했을 경우, 해당 이슈가 국민의 관심에서 벗어나게 된 경우, 정책의 창을 열었던 정책과정의 유력자(예: 대통령)의 지위에 변동이 생기는 경우, 그리고 해당 정책문제를 해결할 만한 정책대안이 마련되지 못했을 경우에도 정책의 창은 닫히게 된다. 한번 닫힌 정책의 창은 언제 다시 열릴지 예측하기 어렵다.

(3) 교육정책 적용 사례

Kingdon의 정책 창 모형을 활용하여 교육정책의 형성과정을 분석한 국내

의 정책 사례는 다수의 연구물은 아니지만, 몇몇 존재한다. 교원정년정책사
례(공병영, 2003), 교원능력개발평가정책사례(박균열, 2012), 교장공모제(이광
수, 김도기, 2010)와 같이 교원인사정책의 정책형성 과정을 탐색하기 위한 연
구와 「사립학교법」 개정사례(김보엽, 2008)와 관련한 정책과정을 분석한 연구
물에서 Kingdon 모형을 활용한 사례를 찾아볼 수 있다. 이러한 연구물들의 공
통적인 발견은 우리나라 교육정책들이 주로 정치적 사건에 의해서 정책변동
이 발생했다는 점이다. 사립학교에 관한 정책들은 5·16군사정변, 10·26사
건, 정권교체와 같은 중요한 정치적 사건에 큰 영향을 받아 정책변동이 이루
어졌고(김보엽, 2008), 교원능력개발평가제도 시범사업만을 전개하던 참여정
부에서 이명박 정부로의 행정부 교체가 정책변화의 촉발기제가 되었다. 이
러한 사실은 이명박 정부의 대학등록금 부담완화정책을 분석한 김시진과 김
재웅(2012)의 연구에서 보다 구체적으로 보여 준다. 이 연구 결과, 선거의 결
과와 같은 정치적 흐름이 등록금 부담완화 정책의제설정과정에서 가장 핵심
적인 변수였다.

　　잇따른 선거와 그에 따른 결과, 민심을 반영하고자 하는 정치권은 등록금
　　부담 경감을 요구하는 국민적 목소리를 정당 정책으로 쏟아냈다. 특히 여당
　　과 정부로서는 서울시무상급식 주민투표 부결이라는 정치적 사건을 통해
　　복지에 대한 민심의 열망을 반영할 수밖에 없었다고 할 수 있다. 보편적 복
　　지 정책에 대한 국민의 관심과 열망 속에서 집권 여당인 한나라당으로 하여
　　금 친서민정책을 마련하게 하는 원동력으로 작용한 것이다(김시진, 김재웅,
　　2012: 199).

또한 김시진과 김재웅(2012)의 연구에서는 우리나라 교육정책의 결정과정
이 예측 가능한 구조라기보다는 다양한 이해관계와 문제를 통해 역동적으로
변화하는 정책의 비합리적 구조라는 점을 강조한다.

반값등록금에 대한 논의가 확산된 시기에 청와대, 정부와 여당, 여당 내 분열 양상, 즉 반값등록금 찬성파와 반대파 사이에 갈등이 표출되었다. 이 같은 혼란은 한나라당의 대학등록금 쇄신안 발표가 정책공동체나 주요정책결정자들 간의 세밀한 논의나 합의 없이 갑작스럽게 이루어졌음을 반증하며, 이는 정책의 합리적인 대안을 이끌어내기 위해 순차적인 단계를 밟아 논의를 발전시킨 것이 아니라 특정한 사건이나 변화에 따라 정책대안의 내용이 바뀌어 비합리적인 모습을 보인 것이라고 할 수 있다(김시진, 김재웅, 2012: 196).

Kingdon의 정책 창 모형을 우리나라 교육정책에 적용하여 분석한 연구물들의 또 다른 공통적인 발견은 정책대안이 만들어지는 과정에서 정책선도가의 활동과 역할이 중요하다는 점이다. 이는 이미 공병영(2002)의 연구에서 정책선도가의 적극적인 노력을 통해 교원정년이 단축되는 정책이 만들어질 수 있었다는 점을 밝힌 바 있고, 이는 교원능력개발평가정책이나 교장공모제 정책형성과정에서도 동일하게 발견되었다. 이명박 정부의 대학등록금 부담완화정책에서도 실질적 반값등록금의 실현 가능성을 놓고 고등교육 예산 증대와 일부 세제 조정을 통해 이를 실현시킬 수 있다는 주장과 정부의 재정 부담을 가속화시키는 포퓰리즘에 불과하다는 주장이 팽팽히 맞설 때, 본질적인 부분을 개혁하기보다 간접적인 접근으로 등록금에 대한 부담 완화 효과를 위한 정책으로 견지되는 데 가장 큰 역할을 한 것은 교육부가 정책선도가로 나섰던 것으로 분석된다.

2) Sabatier의 정책옹호연합모형

Kingdon의 정책 창 모형이 교육정책 형성과정 중 정책의제의 과정에 초점을 두었다면, Sabatier(1991)의 정책옹호연합모형(policy advocay coalition framework)은 정책채택(결정)과정에서 나타나는 동태적 변화를 설명하기 위해 개

발된 모형이다. Sabatier(1991)는 전통적인 정책결정과정모형이 시간의 흐름
에 따른 정책의 변동과정을 적절하게 설명하지 못한다는 문제의식하에 정책
결정과정에 개입되는 변수들 간의 인과관계를 규명하고, 상이한 신념체계를
가진 행위자들이 서로 다른 정책옹호연합을 형성하면서 갈등과 상호작용을
통해 정책 산출물을 도출해 내는 과정을 설명한다. 1978년에 처음 정책옹호연
합모형을 발표한 Sabatier[2]는 비교적 최근까지도 Jenkins-Smith(1993), Weible
(2007) 등과의 협업 등을 통해 모형을 정교화시켜 왔다. 여기서는 정책옹호연
합모형을 구성하는 핵심개념들을 살펴보고, 작동 원리와 교육정책에서 적용
사례를 살펴본다.

(1) 핵심개념

Sabatier(1978; 1991)는 정책옹호연합모형을 구성하는 핵심요소로서 외적
변수, 정책옹호연합, 신념체계, 정책중개자를 포함하였다.

① 외적 변수

외적 변수(external parameters)란 정책결정과정에 영향을 미쳐 궁극적으로
상이한 정책산출물을 가져오는 외적 요인을 의미하는 것으로 상대적으로 안
정적인 외적 변수와 역동적인 외적 변수로 구분할 수 있다.

- 안정적인 외적 변수(stable external parameters): 정책 하위체제에 비교적
  안정적으로 영향을 미치는 변수를 의미한다. 이는 장기간에 걸쳐 정책주
  체의 의식과 행태에 지속적인 영향을 미칠 수 있다. 안정적인 외적 변수
  로는 문제의 속성, 자연 재원의 분포, 사회문화 가치, 제도적 구조를 포
  함한다. 문제의 속성이란 옹호연합 간 갈등이 되고 있는 쟁점을 의미한
  다. 고교평준화정책의 경우, 평준화 유지냐 해체냐가 문제의 속성이다.
  자연 재원의 기본적 분포는 재원의 궁극적 존재 역할을 의미한다. 그리

고 근본적인 사회문화 가치는 그 사회의 체제를 의미하는 것으로 민주주의체제, 중앙집권체제, 지방분권체제 등을 일컫는다. 마지막으로, 제도적 구조는 정책산출물로 인한 정책변동이 발생할 때까지 정책하위체제 전반에 기본적 영향을 미치는 제도를 의미한다.

- 역동적인 외적 변수(dynamic external events): 정책 하위체제에 보다 직접적인 영향을 줌으로써 정책의 핵심 내용을 단기간에 변화시킬 수 있는 변수를 의미한다. 역동적인 외적 변수로는 사회경제적 조건의 변화, 여론의 변화, 지배집단의 변화, 다른 하위체제로부터의 정책결정 및 영향 등을 포함한다. 사회경제적 조건의 변화란 IMF 외환위기, 저출산율 등 사회경제적으로 나타나는 급격한 변화를 의미한다. 여론의 변화는 해당 교육정책에 대한 국민들의 변화된 행태를 포함한다. 지배집단의 변화는 해당 교육정책을 실질적으로 입안하고 집행하는 정권의 변동을 의미한다. 마지막으로, 다른 하위체제로부터의 정책결정 및 영향은 본 체제 이외에 다른 부문에서 결정하고 영향을 주는 행태로서 대법원 및 헌법재판소 판결 등을 포함한다.

② 정책옹호연합

정책옹호연합(policy advocacy coalition)은 다양한 정책행위자들의 연합 형성을 의미한다. 즉, 국회나 행정부, 이익집단, 정당, 정책선도가, 언론 등과 같은 정책행위자들이 자신이 선호하는 정책대안을 채택하기 위해 연합 형성을 시도한다. 일단, 이들이 일정한 정책옹호연합을 형성하게 되면 상호 경쟁적이며 배타적 관계에서 갈등을 유발한다.

③ 신념체계

신념체계(belief systems)는 옹호연합을 구성하는 데 가장 중요한 조직 원리이며, 구성원들의 행동에 영향을 미치는 인식체계다. 정책에 대한 기본적인 가치, 정책수단에의 동의와 같은 주요한 신념체계를 공유하는 정책행위자들의 협력체가 바로 옹호연합이다. 신념체계는 정책결정과정에서 정책이념으로 나타날 수도 있고, 정책대안이나 전략선택의 기준이 될 수도 있다. 이러한 신념체계는 최상위 수준으로서 규범적 핵심(normative core)과 실제 집행되는 정책과 관련된 정책핵심(policy core), 그리고 행정상 혹은 입법상의 운용과정에서 나타나는 도구적 측면(instrumental aspect)의 계층적 구조로 구성되어 있다. 규범적 핵심이란 자유, 평등, 정의, 발전, 보존 등과 같은 가치의 우선순위를 정하는 것으로, 대표적인 예로 교육의 세계화를 보는 시각이 낙관적이냐 혹은 회의적이냐를 의미한다. 정책핵심은 정책에 관련되어 어떠한 특정 목표가 정해질 것인지 혹은 목표달성의 필수조건들이 어떠한 것인지에 관한 인식을 의미한다. 도구적 측면은 정책수단, 예산의 배분, 성과에 대한 평가, 법적 개정 등을 의미한다.

④ 정책중개자

정책옹호연합 간에는 대립과 갈등이 존재하므로 이를 중재해야 하는 정책중재자(policy brokers)가 존재한다. 정책중개자는 정책옹호연합 간의 정책갈등을 줄이면서 합리적인 타협점을 통해 정책이 산출될 수 있도록 조정하는 역할을 수행한다. 이들은 서로 경쟁하는 정책옹호연합을 조정해야 하기 때문에 주로 제3의 정책행위자인 관료나 시민단체로 구성된다.

(2) 작동 원리

Sabatier(1991)의 정책옹호연합모형은 정책결정과정에서 옹호연합들 간의 상호 경쟁적 작용과 외부 환경적 요인들이 정책산출에 어떠한 영향을 미치는지를 체계적으로 보여 준다. [그림 5-3]에서 보는 바와 같이, 정책 하위체제에는 여러 정책옹호연합이 존재한다. 해당 정책에 대한 지지자와 반대자는 자신들의 정책신념을 관철시키고, 선호하는 정책대안을 채택시키기 위해

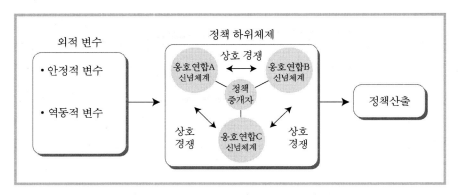

[그림 5-3] ··· 정책옹호연합모형의 개념적 구조

정책연합을 결성하고 다양한 전략들을 동원한다. 각각의 정책옹호연합들이 교육정책에 영향을 미치기 위해서는 다양한 자원과 전략을 동원하는 것이 중요한데, 각 옹호연합들이 동원할 수 있는 자원의 정도에 따라서 옹호연합은 정책경쟁에서 유리한 위치를 차지할 수 있다. 정책옹호연합들은 자신들이 추구하는 가치와 이해관계를 달성하기 위해 갈등이 불가피하다. 옹호연합 간의 이러한 갈등은 주로 물질적 이해관계보다는 옹호연합이 내부에 공유하고 있는 신념체계에 기반한 가치관의 갈등이다. 이렇듯 정책 하위체제 내에서는 옹호연합들 간의 정치적 역동성이 이루어지고, 이를 통해서 1차 정책변동이 이루어질 수 있다(Sabatier & Weible, 2007). 2차 정책변동은 정책 하위체제를 둘러싼 외적 변수들에 의해서 영향을 받아 발생할 수 있는데, 안정적 환경요인으로서 정책문제의 속성, 제도적 제약, 그리고 상대적으로 역동적인 환경인 사회경제적 변화나 정권교체 등에 의해서 정책변화가 일어나게 된다.

(3) 교육정책 적용 사례

최근 교육정책과정에 다양한 이해관계를 가진 정책행위자들에 대한 관심이 높아질수록 국내에서도 정책옹호연합모형을 기반으로 교육정책 현상을 분석하는 연구들이 증가하고 있다. 대표적으로 고교평준화정책의 도입을 둘러싸고 교육 이해관계자들의 정책연합을 분석한 임준희(2006)의 연구와 개방형 이사제의 도입과 운영을 둘러싸고 2차에 걸쳐 이루어진 참여정부 사학정책의 변동과정을 설명한 양승일(2007)의 연구, 그리고 자율형 사립고등학교 정책 과정을 분석한 김민조와 박소영(2012) 연구 등에서 정책옹호연합모형의 활용을 찾아볼 수 있다.

　이 연구들은 공통적으로 우리나라 교육정책들이 수립되고 집행되는 과정에서 2개 이상의 정책옹호연합을 형성하여 해당 정책에 대해 지지하거나 반대하는 활동을 펼친다는 사실을 보여 준다. 임준희(2006)의 연구에 따르면, 특정 지역의 고교평준화정책 수립과정에서 교육 이해관계자들은 크게 찬성자(지지자, 변화 추구 세력)와 반대자(수세 집안, 현행 유지 세력) 집단으로 나뉘었다. 진보적 교원노조(전교조)의 지도자, 학력이 낮은 학생의 학부모, 비명문 고등학교의 교사, 일부 지역인사, 일부 중학교 교사, 비명문 고등학교의 동창들은 평준화 도입을 지지했다. 반면, 교육청의 공무원, 교육위원회 위원, 우수한 성적의 학생을 둔 학부모, 명문 고등학교의 교사와 교장, 보수적인 교원단체(한국교총)의 지도자, 일부 중학교 교사, 명문 고등학교의 동창들, 그리고 일부 지역인사들이 경쟁과 선택을 지지하는 평준화 반대론자들이었다. 갈등 상황에서 각 교육 이해관계자들은 정치연합체를 결성하고 다양한 정치적 활동을 통해 최종 정책결정자인 교육감에게 정치적 영향력을 행사하였다(임준희, 2006). 자율형 사립고등학교 정책과정에서도 정책을 지지하거나 반대하는 2개의 옹호연합이 존재한다는 사실이 발견되었다. 지지연합의 경우 주로 교육의 수월성과 사학의 특수성을 강조하는 사학 관련자, 정부 및 교육과학기술부, 한나라당이 합법적이고 온건한 자원과 전략을 활용한 반면, 반대연합은 주로 고교평준화 찬성론자들인 교육 관련 시민단체들이 집단행동을 통해 자신들의 정책입장을 관철시키고자 하였다(김민조, 박소영, 2012). 사학정책 사례에서도 사학정책을 둘러싼 정책 하위체제의 정책옹호연합이 「사립학교법」 개정을 주장하는 찬성 옹호연합(열린우리당, 한국사립대학교수연합회, 전교조, 참교육학부모연대 등)과 「사립학교법」 개정을 반대하는 반대 옹호연합(한나라당, 한국사학법인연합회, 한국교총 등)이 서로 지지연합을 구성하였음을 보여 준다. 찬성 옹호연합은 사학이 공교육을 수행하고 있는 만큼 사학은 개인의 재산이 아닌 공공의 재산이라는 공유성의 정당성을 형성한 반면, 반대 옹호연합은 사유재산권의 정당성을 공유하고 있었다(양승일, 2007).

또 다른 특이점 중 하나는 모든 이해관계자들이 정책결정과정에 적극적으로 개입하는 정책행위자들이고, 채택된 정책결정은 이러한 정책연합들 간의 역동적인 정치적 산물이었다. 고교평준화정책의 과정에서 교육 이해관계자들은 자신들의 정치적 이익이나 가치의 보호, 유지 및 달성을 위해 정치적 게임에 참여한다는 것을 발견할 수 있었다. 심지어 정책결정 권한을 직접 행사하는 교육행정가나 교육위원도 단지 외부 이해관계자의 정치적 활동에 수동적으로 반응하기보다는 정치 게임의 한 당사자로서 자신의 신념을 관철하기 위해서 다양한 활동을 전개하였다(임준희, 2006). 이러한 점에서 임준희(2006)는 "비록 고등학교 평준화 정책방안이 합법성, 형평성, 효율성, 수월성, 학습의 질 제고 등의 형식적인 대의명분에 의해 주창되고 있을지라도 결국 정치적 이해관계자들(이익집단)의 권력투쟁의 산물"(p. 127)이라고 주장하였다. 자율형 사립고등학교 정책 추진과정에서도 지지연합과 반대연합은 자신들만의 신념체계를 변화시키지 않고 지속하였고, 이들 간의 갈등이 장기적으로 지속되고 선호하는 정책대안 채택에 주력하였다(김민조, 박소영, 2012). 양승일(2007)의 사학정책 사례에서도 「사립학교법」 개정안이 발의되면서 정책옹호연합 간 정책경로, 전략, 결정이 이어졌다는 사실을 보여 준다. 찬성 옹호연합측에서는 「사립학교법」 개정을 관철시키기 위해 입법 경로와 성명서, 촛불집회, 기자회견 등의 전략을 구사하였고, 반대 옹호연합측에서는 개정을 저지하기 위해서 청원서 제출, 보도자료 등의 정책적 전략을 행사하였다.

끝으로, 정책옹호연합모형을 활용하여 교육정책의 과정을 분석한 국내 연구들은 모두 변형된 모형을 활용했다는 점이 특이하다. 고교평준화정책과 교육 이해관계자들의 정책연합을 수행한 임준희(2006)의 연구에서는 Sabatier와 Jenkins-Smith(1993)의 정책옹호연합모형을 일부 수정하여 사용하였다. 그는 정책옹호연합모형이 고교평준화정책을 둘러싼 정치적 작용을 이해하는 데 매우 유용하다고 보면서도 이 모형이 지나치게 이익집단의 정치적 영향력을 강조하기 때문에 한국과 같이 오랜 중앙집권적 전통을 가진 정치 환경에서 교육부나 교육감과 같은 정책결정자의 역할이 과소평가된 경향이 있음을 지적하였다. 자율형 사립고등학교 정책과정을 분석한 김민조와 박소영(2012)도 Sabatier의 정책옹호연합모형이 왜 특정 정책이 장기간에 걸쳐 옹호연합 간에 첨예하게 갈등하고 대립하는 상황에 놓일 수 밖에 없었는지에 대한 논리적 · 체계적 설명을 제공해 줄 수 있는 유용한 모형임에도 불구하고, 개념적 요소가 너무 복잡하고 의미 또한 명확하지 않아 실제 사례에 적용하여 분석하는 데 한계가 있음을 지적하였다.

3. 전망과 시사점

정책형성과정을 설명하는 이론은 합리모형, 만족모형, 점증모형, 쓰레기통모형 등 상당히 오랫동안 이론적 기반을 구축해 왔다. 반면, Kingdon(2003)의 정책 창 모형이나 Sabatier(1991)의 정책옹호연합모형은 최근에 발달한 모형으로서, 비합리적이고 예측 불가능한 정책환경하에서 정책이해집단들의 역동적 관계에 의해서 정책이 산출되는 현상을 비교적 체계적으로 설명해 준다. 특히, 우리나라 교육정책연구에서는 두 모형을 활용한 연구들이 기타 다른 모형을 적용한 연구들보다 많은 비중을 차지하고 있는데, 이는 일반정책학 연구에서도 비슷한 경향을 보인다. 이는 아마도 정치적 역동성이 강한 우리 사회의 정책 상황을 반영하는 것으로 보인다(최성락, 박민정, 2012). 대학등록금 부담완화 정책사례를 분석한 김시진과 김재웅(2012)의 연구에서도 이와 같은 점을 언급하였는데, 다양한 이해관계와 문제를 통해 역동적으로 변화하는 정치활동이 교육정책의 형성에 결정적인 영향력을 행사하고 있음을 지적하였다. 앞서 살펴본 선행연구에서도 정치적 작용이 우리나라의 교육정책 결정에 결정적인 요인이었음을 대부분 보여 주었는데, 주요 교원인사정책이나 사학정책에 있어서 정치적 사건, 특히 선거를 통한 정권교체가 교육정책의 결정에 주된 요인이었다. 물론 Kingdon(2003)도 정치적 흐름이 다른 흐름보다도 중요한 역할을 하며, 정치적 사건 등을 계기로 정책의 창이 열린다고 하였지만, 우리나라의 교육정책 상황에서는 과도한 정치적 영향으로 인하여 정책형성과정의 문제화와 대안 제시의 중요성이 상대적으로 약화되는 경향을 보인다. 정치적 사건이 정책의제 설정이나 채택과정에서 강력하게 작용하기 때문에 선출 관료들의 선거공약은 다양한 정책행위자들의 견제하에서 검증되기보다는 곧바로 교육정책화되고 있는 현실이다.

다른 한편, 우리나라 대다수의 교육정책 채택과정에서 정책옹호연합이 형성되고 이들 간의 정치적 작용에 의해서 정책이 산출된다는 선행연구결과에 비추어 본다면, 교육정책의 결정이 정책 공동체의 합리적 대안 마련의 과정보다는 이해집단들의 연합 정도와 힘겨루기에서 승자의 정책대안이 채택되고 있는 형편이다. 이러한 점에서 김시진과 김재웅(2012)은 정책 관련 이해집단, 정책전문가, 정부, 정당 등 정책의제 설정과 결정과정에 참여하는 주요 집단이 갈등적인 사안에 대하여 민주적으로 합의해 나갈 수 있는 거버넌스 구조를 형성할 필요가 있음을 제안하였다.

미주

1) 제3자연맹이라고도 일컫는 철의 삼각(iron triangle)은 지극히 폐쇄적이고 제한된 참여 속에 결성된 안정적이고 호혜적인 동맹체를 의미한다(노화준, 2012).

2) Sabatier, P. (1978). The acquisition and utilization of technical information by administrative agencies. *Administrative Science Quarterly, 23*, 386-404.

추천도서

이 글에서는 정책형성과정을 설명하는 이론으로 Kingdon(2003)의 '정책창 모형'과 Sabatier(1991)의 '정책옹호연합모형'만을 다루었다. 정책형성과정에 대한 그 밖의 이론들을 살펴보기 위해서는 다음과 같은 책을 추천한다.

Cohen, M. D., March, J. G., & Olsen, J. P. (1972). A garbage can model of organizational choice. *Administrative Science Quarterly, 17*(1), 1-25.

Lindblom, C. (1968). *The policy-making process.* New Jersey: Prentice-Hall.

Majon, G. (1989). *Evidence, argument & persuasion in the policy process.* New Haven: Yale University Press.

참고문헌

공병영(2003). 교원정년정책 변동과정 연구: Kingdon의 정책흐름모형을 중심으로. 서울대학교 석사학위논문.

김덕근(2006). 교육정책참여자들의 이슈네트워크 분석. **교육행정학연구**, 24(2), 81-102.

김민조, 박소영(2012). 자율형 사립고 정책 과정에서 옹호연합의 형성과 작동. **교육행정학연구**, 30(1), 337-361.

김보엽(2008). 한국사학정책의 변동 요인 및 과정 분석: 국민의 정부 및 참여정부의 사립학교법 개정 사례를 중심으로. **교육행정학연구**, 26(3), 1-23.

김시진, 김재웅(2012). Kingdon의 정책흐름모형에 의한 대학등록금 부담완화정책 분석. **교육행정학연구**, 30(3), 181.

박균열(2012). Kingdon의 정책흐름모형을 적용한 교원능력개발평가제 정책변동 분석. 교육문제연구, 42, 41-71.

양승일(2007). 교육정책형성과정의 동태성 분석: 참여정부의 사학정책을 중심으로. 한국정책과학학회보, 11(2), 53-78.

이광수, 김도기(2010). Kingdon모형을 적용한 교장공모제 정책변동 분석. 교육행정학연구, 28(3), 133-155.

임준희(2006). 고교평준화정책과 교육이해관계자들의 정책연합. 교육행정학연구, 24(2), 125-147.

최성락, 박민정(2012). Kingdon 정책흐름모형 적용의 적실성에 대한 연구. 한국정책연구, 12(1), 119-137.

Anderson, J. E. (1984). *Public policy-making* (3rd ed.). New York: Holt.

Cobb, R. W., & Elder, C. D. (1983). *Participation in American politics: The dynamics of agenda-building* (2nd ed.). Baltimore: The Johns Hopkins University Press.

Edelman, M. (1988). *Constructing the political spectacle.* Chicago: University of Chicago Press.

Jenkins-Smith, C. H., & Sabatier, P. A. (1994). Evaluating the advocacy coalition framework. *Journal of Public Policy, 14*(2), 175-203.

Kingdon, J. W.(2003). *Agendas, alternatives, and public policies* (Updated second edition). New York: Longman.

Sabatier, P. (1978). The acquisition and utilization of technical information by administrative agencies. *Administrative Science Quarterly, 23,* 386-404.

Sabatier, P. A. (1991). Towards better theories of the policy proces. *Political Science and Politics, 24.*

Sabatier, P. A., & Jenkins-Smith, H. (Eds.) (1993). *Policy change and learning.* Boulder, COL: Westview Press.

Sabatier, P. A., & Weible, C. M. (2007). The advocacy coalition framework: Innovations and Clarifications. In P. A. Sabatier (Ed.), *Theories of the policy process* (pp. 189-220). Boulder, CO: Westview press.

제**6**장
교육정책 집행과정

일단 교육정책안이 채택되고 나면, 정책결정자는 해당 교육정책을 실행하도록 집행현장에 요구한다. 지난 시기 교육정책학의 일반적인 가정 중 하나는 정책이 형성되는 역동적인 과정을 거쳐 산출된 정책은 흠결이 없으므로 일선 관료들이 정책안을 따르기만 한다면, 정책의 의도했던 성과를 얻을 수 있을 것이라는 기대였다. 이러한 이유로 교육정책 집행과정에 대한 연구는 소홀히 다루어져 왔다. 하지만 최근에는 정책설계보다 정책집행이 정책의 성과를 이끈다는 새로운 주장이 제기되면서 정책집행의 과정에 대한 관심이 높아지고 있다. 교육정책의 집행과정을 고찰하는 일은 정책집행 자체를 개선하는 데 기여할 뿐만 아니라 정책집행의 분석을 통해 얻은 정보를 정책을 설계하고 형성하는 과정에서 활용할 수 있기에 중요하게 다루어질 필요가 있다. 이 장에서는 교육정책 집행과정을 개념적으로 살펴보고, 그 의미에 대해서 설명한다. 그런 다음, 교육정책 집행과정의 이론적 논의를 시대적으로 분석하고, 주요 모형들에 대해 고찰함으로써 우리나라 교육정책의 집행 현실을 성찰한다.

1. 교육정책 집행과정의 개념과 의의

1) 교육정책 집행과정의 개념

정책집행에 대한 고전적 접근에서 정책집행이란 결정된 정책의 내용을 실현하는 과정으로 개념화한다. Nakamura와 Smallwood(1980)가 언급하였듯이, 정책집행의 과정은 공적으로 책임 있는 개인이나 집단이 설계된 정책안을 실제 교육 현실에 적용하여 실행하는 과정이다. 이와 유사하게, Van Meter와 Van Horn(1975)도 정책집행을 정책결정에서 미리 설정된 목표를 성취하기 위하여 정부 부문과 민간 부문의 개인이나 집단이 수행하는 활동이라고 규정하였다.

그러나 정책집행에 관한 최근 관점에서는 정책집행을 단순히 결정된 정책을 따르는 과정이 아니라 다양한 정책행위자들 간의 동태적 상호작용으로, 정책형성의 과정에서 정책의 종결에 이르기까지의 정책과정 전반에 영향을 미치는 개념으로 다루고 있다. 예를 들면, Pressman과 Wildavsky(1973)는 정책집행의 과정을 정책결정에 의해 설정된 목표를 달성하기 위해 개인이나 집단이 행하는 활동들 사이의 적극적 상호작용으로 보았다. Lindblom(1980) 또한 정책집행은 항상 정책을 결정하거나 수정한다고 주장하면서 정책집행의 동태성이 정책결정의 과정에 미치는 영향을 강조하였다. 정책의 집행과정에 대한 이러한 적극적 개념은 McLaughlin(1987)에 의해 보다 분명해졌는데, 결정된 정책의 내용이 본질적으로 완벽하기란 불가능하므로 정책은 집행현장과의 끊임없는 갈등과 조정을 거쳐서 변화하게 된다는 것이다. 이렇게 본다면, 정책집행의 과정은 수립된 정책의 내용이 다양한 정책행위자들과의 상호작용에 의해 수정되고, 애매하고 추상적인 정책 목표와 수단이 구체화되면서 실질적인 정책의 내용으로 변화하는 과정이라고 볼 수 있다.

최근에는 유럽 중심으로 학교정책 연구자들 중 정책집행(policy implemen-
tation)이 정부의 시각에서 명령의 과정을 지나치게 강조하고 있으므로 교육
적 맥락에서는 학교교사의 행위에 초점을 맞추는 정책실행(policy enactment)
의 개념으로 이해할 필요가 있다고 제기하였다.[1]

2) 교육정책 집행과정의 의의

교육정책 집행과정은 왜 중요한가? 정책이 합리적으로 결정만 된다면 집행
은 자동적으로 수행될 것이라는 입장에서는 정책의 실패를 정책 그 자체에서
찾았다. 이는 교육정책 집행과정이 이해관계가 있는 다양한 정책행위자들 간
의 상호작용으로 이루어진다는 정책집행에 관한 인식 부족에서 비롯된다. 최
근에 정책집행이 주목받는 이유는 정책결정이 이루어진 후에 정책의 성공과
실패가 집행 단계의 내용과 전략에 달려 있기 때문이다. 정책의 집행과정 내
에서는 정책의도와 구체적인 정책실천 사이에 괴리가 불가피하게 존재하여
실제로 의도했던 목표를 달성하지 못하고 실패하게 되는 것이다. 실제 교육
현장에서 정책이 어떻게 시행되고 있느냐에 따라 정책의 효과가 달라질 수
있다. 정부가 아무리 중요하고 훌륭한 정책안을 입안하였다 할지라도 정책집
행이 이루어지지 않거나, 원래 의도한 방향으로 집행이 이루어지지 않으면
그 정책은 의도한 효과를 발휘하지 못하기 때문이다. 따라서 정책의 성과를
달성하기 위해 정책의 집행과정에 관심을 가지는 것이 필요하다.

2. 정책집행이론의 전개과정

1) 정책집행의 고전적 관점

20세기 중반까지만 해도 정책학 영역에서 정책집행은 결정된 정책이 집행만 되면 의도한 정책목표를 달성할 수 있고, 정책문제가 해결될 수 있는 과정이라고 여겨 왔다. 이러한 관점에서는 의도한 정책목표가 달성되지 못했을 경우, 이는 정책집행과정의 문제라기보다 애당초 정책결정이 잘못되어 정책이 실패한 것으로 본다. 따라서 정책과정의 중심은 이해집단들 간의 조정을 통한 정책의제 설정과 정책결정 단계에 놓여 있기 때문에 정책집행에 대한 관심은 거의 존재하지 않았다. 그리하여 1960년대까지는 정책집행 분야가 정책학계에서 하나의 독자적인 관심 분야로 떠오르지 못했고, 그때까지는 집행에 관한 연구가 수행되지 못했다.

2) 정책집행의 새로운 관점

1960년대 후반에 미국을 중심으로 정책집행 분야에 대한 관심이 서서히 형성되기 시작하였다. 이러한 관심의 등장에는 현실적 · 이론적 배경이 존재한다. 현실적으로는 1960년 미국 존슨 행정부가 '위대한 사회'라는 슬로건하에 추진한 수많은 사회정책의 실패가 정책집행의 관심을 불러왔다. 당시 존슨 행정부는 빈곤, 청소년 비행, 실업, 인종 및 성차별과 같은 사회문제를 해결하기 위해 각종 정책안을 수립하여 무난히 의회를 통과시켰고, 이와 같은 정책의 시행이 곧 사회개혁으로 이루어질 것이라고 기대하였다. 그러나 모호한 법률을 통과시켜 정책에 정당성을 부여하는 일은 쉬울지 몰라도 효과적인 프로그램 집행수단을 통해 정책을 실행하는 일은 어렵다는 사실이 드러나게 되었다. 이러한 미국의 상황이 1960년대 말, 정책집행에 대한 관심을 불러온 계기가 된 것이다.

또한 정책집행에 대한 관심은 이론적으로 정책과정에 대한 합리적 접근의 회의에서 비롯되었다. 고전적 정책학에서는 정책결정과 집행을 비롯하여 모든 정책의 과정이 합리적 모형에 기반하여 이루어진다고 보았으나, 일부 학자는 이와 같은 전제에 대해 의문을 제기하였다. 대표적으로, Lindblom(1980)은 '시간 끌기(muddling through)'라는 표현을 통해 정책의 과정은 불확실한 상황에 놓여 있으며 구체성을 확보하기에는 너무나도 복잡하고 미묘한 것이라고 언급하였다. 이렇듯 1970년대 이후 현실적 변화와 이론적 한계에 부딪힌 정책집행에 관한 고전적 관점은 새로운 관점으로 대체되기 시작하였다. 정책집행에 관한 새로운 관점은 지난 40여 년 동안 이론적 진화를 거듭해 왔는데, 1, 2세대를 거쳐 현재 3세대의 정책집행의 접근을 시도하고 있다(McLaughlin, 1987).

(1) 1세대 정책집행: 하향식 접근

새로운 관점의 등장으로 정책학자들의 정책집행에 대한 관심이 증대되면서 1세대 정책집행 접근에서는 정책의 실패 원인을 밝히는 데 주안점을 두었다. 오클랜드에서 실업자 구제를 위해 추진되었던 정책의 실패 원인을 규명했던 Pressman과 Wildavsky의 『집행(Implementation)』이라는 저서를 시작으로 여러 연구자들이 "정부 관료들에 의해 수행된 정책이 왜 성공하였는가, 혹은 왜 실패하였는가?"에 대한 원인을 밝히고자 하였다. 1세대 정책집행 연구자들은 정책결정자의 관점에서 정책집행 단계별로 집행을 위한 조건 또는 정책집행의 방해요인을 파악하였다. 즉, 정책결정에서 만들어진 정책을 출발점으로 삼아 해당 정책이 집행기관에 지시, 전달되고 이를 요구받은 집행기관이 집행을 준비하여 집행활동을 하는 과정을 정책결정까지 그리고 정책집행의 설계부터 집행현장까지 살펴보면서 연구와 관찰의 대상을 위에서부터 밑으로 이동시켰다. 이에 따라 1세대 정책집행은 하향식 접근이라고 불린다.

이러한 하향식 접근의 대표적인 학자로는 Van Meter와 Van Horn(1975), Sabatier와 Mazmanian(1980) 그리고 Nakamura와 Smallwood(1980) 등이 있다. 특히, Sabatier와 Mazmanian는 하향식 접근에 기반하여 정책의 성공적 집행을 좌우하는 요인에 대한 경험적·체계적 연구를 종합하고 정리하여 가장 방대하고 포괄적 변수들을 제시하였다. 이들이 하향식 접근에서 제기하고자 하는 주요 질문은 "정책대상 집단의 행동은 어느 정도 정책의 내용과 일치하는가?" "정책산출(policy output)과 정책영향(policy impact)을 좌우하는 주된 요인은 무엇인가?" 등이다. 이들은 정책의 집행과정에서 정책대상 집단의 순응 정도와 정책산출의 영향요인에 관심을 기울였다.

정책집행에서의 하향식 접근은 정책집행에 대한 최초의 관심을 불러일으켰고, 정책집행에 미치는 영향요인에 대해 보다 분명하고도 풍부한 결과를 제시하였다는 점에서 그 의의를 찾아볼 수 있다. 그러나 이 접근은 무엇보다도 정책행위자로서 일선 관료의 행태를 과소평가하여 단순히 순응 또는 불응의 대상으로만 간주했다는 한계를 갖는다.

(2) 2세대 정책집행: 상향식 접근

집행의 영향요인에 대한 탐색이 정책결정자의 입장에서 출발하였던 하향식 접근과 달리 정책이 실제 이루어지는 집행현장에서 원인을 찾아야 한다는 것이 제2세대 정책집행 연구자들의 문제의식이었다. 이들은 현장 적응적 정책집행의 입장에서 집행 문제의 원천을 일선 관료의 지식과 전문성, 유인기제, 집행 환경에서 찾았다. 특히, 정책의 집행이 시작되는 현장에서 집행의 영향요인을 탐색하기 때문에 상향식 접근으로 불리는 이 접근에서는 정책현장에서 움직이고 있는 일선 관료의 행태에 영향을 미치는 이들의 사고방식, 집행 대상집단이나 이해집단, 지방정부기관 등의 상호 관계를 연구의 출발점으로 하여 상층의 집행조직과 정책의 내용 등을 탐색하는 방식을 취한다. 상향식 접근에서도 정책결정자가 정책결정의 결과와 집행과정에 강한 영향력을 일부 행사한다는 가정에 대해서는 인정하지만, 하향식 접근과 달리 정책결정자가 집행과정에 결정적인 영향력을 행사해야 한다는 주장에 대해서는 반대한다. 집행현장을 중시하는 현장 적응적 정책집행의 입장에 기반하여 지나치게 세밀한 정책 지침이나 집행 요원의 순응 확보를 위한 과도한 통제가 현장의 특수한 사정에 대비되는 집행의 신축성을 저해하기 때문에 집행을 실패하게 된다고 보았다. 오히려 정책의 집행과정은 정책의 집행에 참여하는 행위자들 사이의 상호작용 또는 협상이 일어나는 정치적 과정이므로 집행 문제의 원천에 가까이 있는 일선 관료의 행태 및 전략을 분석해야 한다.

정책집행의 상향식 접근을 주장한 대표적인 학자로는 Lipsky(1980), Berman (1978), Elmore(1978) 등이 있다. Lipsky(1980)는 집행 현장에서 일하는 일선 관료가 불충분한 조직적·인적 자원과 신체적이고 심리적으로 위협적인 환경 하에 놓여 있고, 이들의 역할기대 또한 모호해서 이와 같은 집행 환경하에서 일선 관료들은 단순화(simplification)와 정형화(routinization)라는 메커니즘을 통해 복잡한 문제와 불확실한 상황에 대처한다는 점을 밝힌 바 있다. Berman (1978)은 교육, 의료, 사회복지 등 공공서비스 제공을 목적으로 하는 정책 분야에서 정책결정자의 결정을 그대로 집행하는 것이 최선의 집행이 아니라 개별적인 집행 환경에 부합하는 적응적 정책집행이 요망된다고 주장하였다. 바람직한 정책집행은 정책결정자가 추구하는 정책집행을 위해 집행기관의 표준 운영 절차가 변하는 조직적 적응(organizational adaptation)과 집행 환경의 특수성에 맞춘 정책결정자의 정책 프로그램 자체의 적응(project adaptation)이 동시에 일어나는 상호적응적 집행을 의미한다(Berman, 1978).

정책집행의 상향식 접근은 하향식 접근에서 다루지 못했던 집행이 일어나는 현장에서 출발하는 집행 전략을 수립하고, 일선 관료의 행동에 어려움을 주는 여러 요인들을 분명히 제시했다는 점에서 정책집행에 결정적인 공헌을 한 것으로 보인다. 반면, 일선 관료에 대한 지나친 관심 집중으로 다른 요인들의 상대적 중요성이 간과되었다는 점이 한계로 지적되었다.

(3) 3세대 정책집행: 통합적 접근

1980년대 후반을 정점으로 정책집행에 대한 연구들은 또 한 번의 변화를 시도하였다. 1세대 정책집행 연구의 하향식 접근과 2세대의 상향식 접근을 통합하려는 노력이 시작된 것이다. 계층제적 통제에 의거한 하향식 집행에 많은 문제가 있음을 인정하지만, 정책결정이 일선기관이나 정책대상 집단의 요구에 부응되어야 한다고 보는 상향식 집행에도 문제가 있다는 인식하에 양자를 통합하고자 하였다. Goggin(1990)은 미국의 주정부 간의 차이에 초점을 맞추고 그러한 차이를 설명하기 위해 의사소통체계와 방법론적 혁신을 포함하는 제3세대 연구 수행을 주장하였다. 그는 이 접근 방법을 통해 집행연구의 과학성을 개선하는 데 주 초점을 두고자 하였다. McLaughlin(1987) 또한 자신의 논문 「Learning from the experience: Lessons from policy implementation」에서 이제 정책집행 연구가 제3세대를 맞이했으며, 이는 거시적 접근과 미시적 접근이 결합하는 방식으로 행해져야 함을 강조하였다. 이렇듯 정책집행에 대한 현재의 연구는 새로운 접근을 맞이하여 그 구체적인 작업이 진행 중에 있다. 그러나 혹자는 제3세대까지 도달한 정책집행 연구가 현재 더 이상의 진척이 없는 교착상태에 빠졌음을 비판하는 상황이기도 하다. 이는 앞으로의 정책집행 연구의 과제로 남겨졌다.

3. 교육정책 집행모형

앞서 살펴본 바와 같이, 지난 40년 동안 정책집행이론은 상당한 진전을 이루어 왔다. 그중에서도 하향식 접근에 기반한 집행모형들은 공적 영역의 집행과정을 분석하기 위한 개념적 틀로 활용되고 있다. 여기서는 정책집행모형의 선구적 역할을 담당한 Pressman과 Wildavsky(1973)의 집행모형과 하향식 접근의 대표학자인 Elmore(1979)의 현장출발형 모형, Lipsky(1980)의 일선관료모형을 살펴본다.

1) Pressman과 Wildavsky의 집행 모형

Pressman과 Wildavsky(1973)는 미연방정부의 경제개발부(Economic Development Administration: EDA)가 1966년 캘리포니아 오클랜드 지역의 높은 실업률을 해소하기 위해 추진한 오클랜드 프로젝트 사례분석을 통해 정책집행의 중요성을 밝히고자 하였다. 오클랜드 프로젝트는 주로 흑인으로 구성된 저소득층의 고용증대를 꾀하고자 공공토목사업 확충, 민간기업에 대한 시설투자 지원을 기반으로 추진한 고용증대 프로그램이다. Pressman과 Wildavsky(1973)는 이 프로젝트를 사례분석함으로써 "일이 되도록 하는(getting things done) 목적을 가진 정책집행(implementation)이 어떻게 일의 실현을 망치는가(how not to get things done)"(p. 12)라는 문제의식에서 정책집행 실패의 과정과 원인을 기술하였다.

(1) 정책집행의 핵심원리

Pressman과 Wildavsky(1973)는 사례분석을 통해 정책집행에 관해 다음과 같이 몇 가지 교훈을 발견하였다.

- 정책집행은 정책설계가 이루어진 후 별도로 행해지는 과정이 아니므로 정책설계와 분리되어 다루어서는 안 된다.
- 정책의 집행과정 중에 의사결정단계는 최소한으로 마련되어야 한다.
- 정책 초기부터 업무수행을 계속 유지할 수 있는 조직 및 자원에 대한 지원이 지속되어야 한다.

- 정책을 처음부터 적극적으로 이끌던 리더가 계속 리더십을 발휘하는 것이 성공적인 정책집행에 중요하다.
- 정책은 단순할수록 바람직하다.

첫째, 정책집행은 정책설계가 이루어진 후 별도로 행해지는 과정이 아니므로 정책설계와 분리되어 다루어서는 안 된다. 정책의 수립과 집행은 서로 밀접한 관련을 맺고 있으므로 이를 분리시켜 설계하는 것이 아니라, 정책수립 당시부터 어떻게 집행이 가능할 것인지에 대한 고민하에 정책이 수립되어야 한다. Pressman과 Wildavsky(1973)는 정책의 목표와 이를 실현하는 집행수단이 정책수립 초반부터 함께 고려되어야 하기 때문에 직접적인 집행전략을 구체적으로 강구할 필요가 있다고 지적하였다. 그들이 분석한 오클랜드 정책사업의 경우, 정책 초기에 프로그램 설계와 기금 사용만을 강조할 뿐 구체적인 집행전략에 대해서는 논의하지 않았던 것이 집행 실패의 원인 중 하나로 밝혀졌다.

둘째, 정책의 집행과정 중에 의사결정 단계는 최소한이어야 성공적인 정책집행을 이끌 수 있다. Pressman과 Wildavsky(1973)는 정책의 집행과정 중에 결재나 승인을 거쳐야 하는 기관이 많아질수록 정책집행이 중단되거나 지체될 가능성이 높기 때문에 의사결정 단계를 최소한으로 마련해야 한다고 지적하였다. 그들이 분석한 오클랜드 정책사업의 경우, 정책의 집행과정 중에 관여한 개별적인 행정기관이 9개나 되어 모두 승인을 받아야 했는데, 이러한 상황은 신속하고 원활한 정책집행을 매우 어렵게 만들었다.

셋째, 정책 초기부터 업무 수행을 계속 유지할 수 있는 조직 및 자원에 대한 지원이 지속되어야 한다. 즉, 정책의 내용과 집행을 좀 더 밀접하게 조화시키기 위해서는 정책의 착수를 위한 기구뿐만 아니라 정책의 실행을 위한 정책집행기관에 대해서도 지속적인 관심을 가져야 한다(Pressman & Wildavsky, 1973). 이들의 분석에 따르면, 오클랜드의 정책사업을 추진했던 연방정부의 EDA 공무원들은 정책 초기에 신청 승인, 자금 운용, 그리고 지방교육구로부터 초기 동의를 얻는 활동에만 관심을 쏟았을 뿐, 집행기관이 초기의 업무 수행을 계속 유지할 수 있도록 지원하는 부분에 대해서는 상대적으로 소홀하였다.

넷째, 정책을 처음부터 적극적으로 이끌던 리더가 계속 리더십을 발휘하는 것이 성공적인 정책집행에 중요하다. Pressman과 Wildavsky(1973)가 분석한 오클랜드의 정책사례의 경우, 초기에 이 정책의 창시자이자 사업을 이끈 주요 인물이었던 EDA의 Foley가 1966년 가을부터 사업에 관여하지 않고 뒤이어 초기 사업 운영을 적극 뒷받침한 주요 인물들이 오클랜드 프로젝트를 떠남으로써 연방정부의 해당 사업에 대한 관심이 급격히 식었다고 당시 집행기관 내부보고서에서 밝히고 있다. 따라서 정책을 추진한 초기 리더의 지속적인 관여가 성공적인 집행에 중요한 요인이 된다.

다섯째, 정책은 단순할수록 바람직하다. Pressman과 Wildavsky(1973)는 정책의 집행과정에 지나치게 많은 중간 매개 집단들이 관여하게 되면, 집단적 행동의 복잡성 때문에 이들의 협조가 어려워져 집행이 어렵다고 주장하였다. 따라서 정책집행에 포함된 단계가 적으면 적을수록 정책집행은 신속히 이루어질 수 있다. 또한 정책의 방해요인이 개입할 시간이나 지점도 적어지기 때문에 오히려 정책의 성공을 가져올 수 있다.

이 외에도 미연방정부의 EDA가 추진하던 오클랜드 프로젝트는 이론적으로 타당하지 못한 접근을 취했고, 프로젝트 대상 선정의 오류라는 한계를 지니고 있다. 즉, 흑인 실업자를 채용하는 대가로 기업에 인건비 보조금을 지원하는 전략을 세움으로써 나중에 실업자를 고용한다는 약속하에 결국 기업의 자본을 지원하는 꼴이 되고 말았다. 또한 EDA는 원래 경제적으로 침체되어 있는 지역의 경제활성화를 위해 창설된 기구였는데, 오클랜드는 경제적으로 부흥한 지역 중 하나였다는 점에서 개발 대상 지역으로는 부적합하였다. 이렇듯, 정책집행의 1세대였던 Pressman과 Wildavsky(1973)는 오클랜드 프로젝트 집행 경험을 통해 정책실패의 원인을 정책의 집행과정을 통해 밝힘으로써 집행에 대한 관심을 불러일으키는 데 큰 공헌을 하였다.

(2) 교육정책 적용 사례

Pressman과 Wildavsky(1973)의 집행모형은 정책설계가 아니라 정책집행에서 정책실패의 원인을 규명했다는 점에서 이전의 정책연구와 차이가 있다. 특히, 1970년대 이후 정책집행을 이론화하려는 집행연구의 선구적 역할을 담당했다는 점에서 학문적 의의가 크다. 하지만 Pressman과 Wildavsky(1973)가 제시한 집행원리들은 개별 사례에서 발견되었던 사항들을 단순히 나열하였을 뿐, 체계적으로 정리하지 않아 요인들 간의 인과 관계를 파악할 수 없다는 한계를 가진다. 또한 집행을 성공적으로 이끌기 위해 실제로 정책수립 단계에서 어떠한 요소들이 구체적으로 고려되어야 하는지에 대한 설명이 미흡하다. 분석모형으로서 이러한 한계 때문인지 국내에서 교육정책뿐만 아니라 일반 정책 사례에서도 집행모형을 활용한 분석을 아직까지 찾아보기 어렵다.

2) Elmore의 현장출발형 접근

Elmore(1979)는 기존 정책집행의 방식이었던 상부하달형 접근(top-down approach)의 기본 가정, 즉 '명확한 정책목표와 구체적인 행정책임 제시, 그리고 잘 규정된 결과가 성공적인 정책집행을 가져올 것'이라는 점에 강한 의구심을 제기하였고, 대안적 접근으로서 현장출발형 모형을 제안하였다. 그는 이 모형을 통해 정책집행은 정책의도를 진술하는 것부터가 아니라 정책의 필요성을 제기한 가장 낮은 집행 단계의 구체적인 행태에 대한 탐색에서 시작할 것을 주장하였다. 즉, 집행과정에 대한 정확한 이해는 일선 관료와 대상집단의 행태에 대한 고찰을 통해서만 가능한 것이다. 이러한 문제의식에 기반하여 Elmore(1979)는 정책집행에서의 현장출발형 접근(backward-mapping approach)[2]을 제시하였다.

(1) 정책집행의 핵심원리

이 접근에 따르면, 정책의 과정은 집행을 주도하는 일선 관료에서 출발해야 하고, 정책문제의 원천을 가장 잘 알고 있는 일선 관료의 행태를 파악해야 한다. 이때, 일선 관료는 정책대상 집단, 관련 이익집단, 중간 매개집단, 지방정부의 관료 등을 포함한다. Elmore(1979)는 집행과정에 대한 정확한 이해는 일선 관료와 대상집단의 행태를 고찰하여야만 가능하기 때문에, 정책집행이 성공하기 위해서 '정책이 어떻게 결정되느냐'보다는 '정책을 실제로 집행하는 일선 관료와 대상집단이 어떤 행태를 보이는가'가 더욱 중요하다고 주장하였다.

〈표 6-1〉 상부하달형과 현장출발형 정책집행 접근의 비교

	상부하달형 접근	현장출발형 접근
기본 가정	정책결정자가 집행에 영향을 미치는 모든 조직적 · 정치적 · 기술적 과정을 통제할 수 있다.	집행 단계의 환경과 일선 관료의 행태가 정책적 해결의 가장 중요한 단계다.
정책문제 해결을 위한 접근 방법	조직의 위계적 명령에 기반한 강력한 통제가 중요하다.	현장에 가장 근접한 일선 관료의 지식과 능력을 높이기 위한 전문성 강화와 자유 재량이 중요하다.
분석 단계	-정책결정자의 의도를 가능한 명확히 진술한다. -목표달성을 위해 정책집행자에게 기대되는 사항들을 각 단계별로 구체화한다. -최종 집행과정에서 나타날 집행성과를 원래 의도한 정책목표와 비교한다.	-정책집행자가 집행 문제를 해결하기 위하여 어떤 행동을 해야 하는지를 서술한다. -이러한 행동을 도출시키는 조직 운용 절차는 무엇인지를 파악한다. -바람직한 행동과 조직 운용 절차를 유발하기 위해 필요한 재량과 자원을 파악한다. -집행에 가장 큰 영향력을 행사하는 조직 단위에게 재량과 자원을 집중시킨다.
집행의 성패 판단 기준	정책결정권자의 의도에 대한 순응 정도	일선 집행 관료의 바람직한 행동 유발 정도

〈표 6-1〉는 정책집행의 상부하달형 접근과의 비교를 통해 현장출발형 접근의 특징을 보다 구체적으로 설명하고 있다. 우선, 상부하달형 집행 접근에서는 정책결정자가 집행에 영향을 미치는 모든 조직적·정치적·기술적 과정을 통제할 수 있다는 가정하에 조직의 위계적 명령에 기반한 강력한 통제를 통해 당면한 정책문제를 해결한다. 따라서 상부하달형 집행 접근의 절차는 정책결정자의 의도를 가능한 명확히 진술하는 것이 우선적으로 중요하고, 이후 목표달성을 위해 정책집행자에게 기대되는 사항들을 각 단계별로 구체화한다. 마지막으로, 최종 집행과정에서 나타날 집행 성과를 원래 의도한 정책목표와 비교하는 과정을 거친다. 이때, 상부하달형 집행의 성공을 판단하는 기준은 정책의 의도대로 집행자가 순응한 정도가 된다.

반면, 현장출발형 집행 접근에서는 집행 단계에서의 학교환경과 일선 관료인 교사의 행태가 정책문제 해결의 키워드다. 따라서 교사가 당면한 문제를 해결하기 위해서는 학교현장에 가장 근접하여 활동하는 교사의 지식과 능력을 높이기 위한 전문성 강화와 자유 재량 부여가 중요하다. 현장출발형 집행을 수행하기 위해 몇 가지 절차를 거쳐야 하는데, 우선적으로 필요한 것은 당면한 정책문제를 해결하기 위해 교사가 어떤 바람직한 행동을 해야 하는지를 서술하는 일이 중요하다. 이후 교사의 바람직한 행동을 가능하게 해 줄 집행 조직의 운용 절차를 파악하고, 필요한 재량과 자원을 분석한다. 즉, 평교사부터 학교장, 교육청 공무원, 교육부 공무원으로 올라가면서 교사의 바람직한 행동과 조직 운용 절차를 유발시키기 위해 이들에게 어떠한 재량과 자원이 필요한지를 살펴보는 것이다. 이때, 실행과정의 구체적 행위자의 구조를 따라 각 단계별로 ① 정책 대상의 행위에 영향을 미치는 이 단위의 능력은 무엇인가, 그리고 ② 효과를 위해 요청되는 이 단위의 자원은 무엇인가라는 물음에 답한다. 이때, 재량과 자원은 문제 해결을 위한 집행에 가장 큰 영향력을 행사하는 조직 단위에 집중한다. 현장출발형 접근의 성패 기준은 일선 관료의 바람직한 행동을 얼마나 유발시킬 수 있는가에 달려 있다.

결론적으로, 현장출발형 접근에서 집행의 성공 또는 실패의 판단 기준은 정책결정권자의 의도에 대한 순응 정도가 아니라 일선 집행 관료의 바람직한 행동이 얼마나 유발되었는지에 따라 결정된다. 즉, 정책의 문제를 해결하는 능력은 학교 조직의 위계적 통제가 아니라 정책문제에 가장 근접해 있는 현장 교사의 문제 해결 능력에 달려 있으므로 이들의 전문성을 강화하고 자유 재량을 극대화하는 것이 중요하다. 조직의 위계적 통제 방식은 교사 개개인의 판단 능력과 문제 해결 능력을 약화시킴으로써 전체적으로 정책문제를 해결할 수 있는 가능성을 낮출 수 있다.

(2) 교육정책 적용 사례

Elmore(1979)의 현장출발형 접근은 집행 현장에서 업무를 수행하는 일선 관료의 능력과 행태, 그리고 이를 지원하는 조직 환경과 자원의 효과적인 포착을 가능하게 하는 접근 방법이다. 현장출발형 접근을 활용한 국내 교육정책 적용 사례를 찾아보기는 어렵지만, 이차영(2005)의 연구는 이와 유사한 분석틀을 활용하여 우리나라 교원인사정책의 수립과정을 분석하였다. 그의 연구에 따르면, 참여정부 시절 교육부는 교원의 인사정책 결정에 있어 종래의 결정 방식에서 벗어나 교육 관련 이해당사자 사이의 충분한 협의를 바탕으로 일정한 공통적 정책 방향이 도출되면 이를 정책화하겠다는 의지를 가지고 새로운 시도를 하였다. 이차영은 이러한 접근을 정부 주도의 결정 방식과 구별하여 '현장출발형 정책수립 방식'이라고 명명하고, 이러한 정책과정을 분석하였다. 분석 결과, 현장출발형 방식은 이해집단들 간의 정치적 관계 속에서 공식이 표류하거나 결정과정의 비효율성이 발생할 수 있다는 단점에도 불구하고, 정책수립에서 의견 수렴을 용이하게 하고 절차적 정당성을 보다 충실하게 확보할 수 있는 가능성을 보여 주었다.

이차영(2005)의 현장출발형 방식은 정책의 집행과정이 아니라 수립과정에서 활용되었지만, 정책 대상자들이 현안에 대해 충분히 의견 수렴 과정을 거쳐 합의점을 모색하고, 그 결과에 따라 이해관계자들이 수긍할 수 있는 합의된 정책을 추진하는 접근의 유용성을 잘 제시해 주고 있다. 이에 비해, 정부 주도 방식은 정책의 신속한 결정과 효율적 집행이라는 장점을 가지고 있음에도 정책 대상 집단의 요구 수렴에 취약하고 집행과정에서 사회적 갈등을 유발할 수 있다는 점이 지적되었다. 이러한 연구는 최근 교육부가 추진 중인 현장성이 중요한 교육정책의 집행 방식에도 Elmore(1979)의 현장출발형 접근의 도입을 고려할 필요가 있음을 시사한다. 예를 들면, '교육복지투자사업'이나 '학교폭력대책방안'과 같이 학교의 이해당사자들이 현장의 필요와 요구를 가장 잘 알고 있는 경우, 국가 주도의 정책수립과 집행 전략보다는 학교현장의 교사, 학생, 학부모, 학교 등 교육의 당사자들이 해당 교육문제를 해결하기 위해 각자 어떠한 역할을 수행해야 하고, 구성원들이 각자 맡은 역할을 제대로 해내기 위해서 어떠한 지원 환경이 교육청과 교육부 차원에서 마련되어야 하는지를 기술하는 전략을 구사할 필요가 있다.

3) Lipsky의 일선관료모형

Elmore의 일선 관료의 행태에 대한 관심은 Lipsky(1980)의 일선관료모형(Street-Level Bureaucracy Model)에서 보다 확장되어 언급된다. 일선관료모형은 시민과 대면적 접촉을 통해 상호작용하는 일선 관료가 실질적인 정책결정자이므로 이들의 직무 수행 행태와 역할에 주된 관심을 기울이는 것이 정책집행에서 가장 중요한 일임을 지적한다. 일선관료모형을 제시한 Lipsky(1980)에 따르면, 일선 관료란 일반 시민과 직접적으로 접촉하고 직무 수행에서 상당한 재량권을 가진 공공기관의 공무원으로서 교사, 경찰, 사회복지사, 하급 법원 판사 등을 포함한다. 이러한 일선 관료는 관료제 내에서 일하지만 직업에 있어 자유 재량이 상당히 광범위하고 시민에 대한 잠재적 영향력 역시 크다. 그러나 이들은 어려운 직무 환경을 맞이하여 대응 기제를 사용하고, 이를 제도화하게 된다.

(1) 정책집행의 원리

Lipsky(1980)가 수립한 일선관료모형의 집행 원리를 파악하기 위해서는 일선 관료의 특징, 당면한 업무 환경, 그리고 일선 관료의 대응 전략을 이해할 필요가 있다.

① 일선 관료 업무의 특징

일선 관료는 주로 사람을 상대로 업무를 수행한다는 점에서 여타 공무원과 차이가 있다. 이들은 일반 시민과 끊임없이 상호작용하게 되고, 일률적으로 정의를 내릴 수 없는 업무 상황에서 기계적 집행보다는 상황 적응적이고 인간적으로 대처하게 된다. 업무의 이러한 특성 때문에 일선 관료는 비록 관료제 구조에서 일하지만 직무의 자율성 폭이 넓고 의사결정에서 상당한 재량권을 행사할 수 있다(Lipsky, 1980). 이러한 의미에서 본다면, 일선 관료가 자신의 재량권을 어떻게 행사하느냐에 따라서 실질적으로 정책을 재구성한다고 볼 수 있다.

② 일선 관료의 업무 환경

Lipsky(1980)는 정책이 어떻게 실질적으로 집행되는지를 살펴보기 위해서는 현장의 최전방에서 활동하는 일선 관료의 업무 환경에 대해 이해할 필요가 있다고 주장하였다. 그는 일선 관료가 처한 업무 환경이 자원의 부족과 권위에 대한 위협에 시달리고, 직무 수행에 대해 모호하고 대립되는 역할기대를 가지며, 평가가 곤란하다는 특징을 제시하였다.

① 자원 부족: 일선 관료가 수행해야 하는 업무의 양에 비해 그들에게 제공되는 자원은 만성적으로 부족하다. 일선 관료가 제공하는 서비스에 대

한 수요는 공급 능력에 비해 항상 앞서서 증가한다. 시간과 정보의 부족, 기술적인 지원의 부족은 상대적으로 불확실성이 높은 일선 관료의 업무 환경을 더욱 악화시키는 요소가 될 수 있다.

② 권위에 대한 위협과 도전: 일선 관료의 업무 환경은 항상 육체적·심리적 위협이 존재한다. 이러한 위협의 존재는 일선 관료가 가지는 권위에 도전이 될 수 있다. 외부로부터 위협이 커질수록 일선 관료는 자신의 권위가 떨어진다고 여긴다.

③ 직무 수행에 대한 역할기대의 충돌: 관료제하에서 일선 관료는 무사공평주의로 업무를 처리해야 한다는 역할기대를 부여받지만, 자원 부족과 업무 환경의 적응으로 공평한 업무를 행하는 것이 사실상 불가능하다. 실제로, 집행 현장에서 만나게 되는 개개인과 개별 사례에 대해서는 특별한 고려가 필요하다는 현실적인 요구 간의 괴리가 발생한다. 일선 관료의 집행 성과에 대한 기대 중 일부분은 비현실적이거나 또는 이상과 현실 간의 상호 갈등을 일으키는 것이기 때문에 달성되기 어렵다.

④ 업무 수행 정도 평가의 어려움: 일선 관료는 성취해야 할 목표가 명목상으론 분명하지만, 실제 평가에 적용할 수 있는 구체적이고 가시적인 목표를 설정하기 곤란하기 때문에 이들의 업무 수행 정도를 평가하기가 사실상 어렵다. 즉, 일선 관료의 직무 수행을 목표와 연계시켜서 평가할 만한 객관적인 기준을 정하기가 어렵다. 특히, 일선 관료에게 공공 서비스를 제공받는 고객은 주로 일선 관료의 능력을 평가하기 어려운 비자발적인 위치에 있기 때문에(예: 사회복지사의 경우 장애인이나 기초수급대상자, 교사의 경우 학생) 일선 관료에 대한 효과적인 통제가 어렵다.

이와 같이, 일선 관료는 업무 특징상 자유 재량에도 불구하고, 불확실한 상황에 직면했을 때 직무를 보다 용이하게 하기 위하여 대응기제를 개발하게 된다. Lipsky(1980)에 따르면, 작업 현장에서 적응하기 위해 일선 관료는 단순

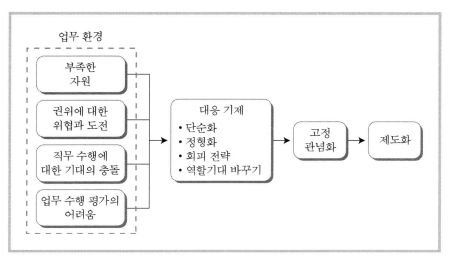

[그림 6-1] • • • Lipsky의 일선 관료 행태의 제도화 과정

화(simplification), 정형화(routinization), 책임 전가, 역할기대 바꾸기 등을 사용하며, 이것이 고정관념화(stereotype) 과정을 거쳐 제도화된다. [그림 6-1]은 일선 관료의 직무 상황에 대한 적응과정 메커니즘이 고정관념화에 의하여 제도화되는 과정을 보여 준다.

③ 일선 관료의 대응 기제

일선 관료는 불확실한 상황에 직면했을 때 직무를 보다 용이하게 하기 위하여 다음과 같은 적응 메커니즘을 작동한다.

① 단순화: 일선 관료가 복잡한 업무 환경을 자신이 이해하고 처리하기 쉬운 환경으로 구조화시켜 인지하는 것으로 부족한 자원에 대처하고, 업무에 대한 부담을 경감하는 가장 쉬운 방법으로 채택한다. 이들은 복잡한 문제에 대해 재빨리 결정을 내려 시간을 절약하고 정책 대상집단과의 갈등을 피하고자 한다.

② 정형화: 일선 관료는 복잡한 상황하에서 업무 수행 방식을 습관적이고 규칙적으로 패턴화시키는 정형화 전략을 사용하기도 한다(Lipsky, 1980). 정형화는 문제 상황을 미리 구조화시켜 관심을 집중시키는 전략으로 경찰이 모든 법률이 아니라 제한된 법률만을 집행하는 것, 교사가 학생에 대한 충분한 이해나 배경지식 없이 일률적인 방식으로 가르치는 것을 의미한다. 이런 경우 단순화와 정형화의 전략은 신속한 결정과 업무 수행, 결정에 대한 불안이나 긴장을 감소키는 장점이 있지만, 행정 절차와 관련한 결정의 오류를 초래하는 부정적인 측면도 있다.

③ 회피 전략: 일선 관료는 자신의 권위에 대한 위협과 도전을 줄이기 위해 위협에 대한 대응 기제를 활용하기도 한다. Lipsky(1980)에 따르면, 위협에 대한 대응 기제로 잠재적인 공격자(potential assailants)의 특징을 사전에 정의해 놓거나 자신의 관여를 최소한으로 줄이는 회피 전략을 사용한다. 예를 들어, 교사는 자신의 권위에 대한 위협에 대처하기 위해 문제가 되는 학생의 특징을 옷차림이나 가정배경 등을 기준으로 분류함으로써 학교 현장에서 이들에 대한 의사결정을 단순화시켜 버린다.

④ 역할기대 바꾸기: 일선 관료는 자신의 역할기대에 있어 이상과 현실사이의 괴리에 적응하기 위해 자신의 역할기대를 재정의(changing role expectations)하거나 정책 대상집단에 대해 재정의(changing definition of the clientele)하는 대응 기제를 활용한다. 일선 관료가 자신의 인지구조 속에 단순화시켜 놓은 인종, 성, 학력, 경제적 계급, 문화적 계급 등의 기준을 가지고 정책 대상집단을 정의한 후, 해결해야 할 문제의 원인이 고객 자신에게 있거나 사회경제적 구조의 전반적인 변화 없이는 해결이 불가능하다고 주장함으로써 책임을 전가하는 방식이다. 예를 들면, 문제 학생이 일으킨 사건에 대한 책임은 가정이나 사회적인 문제의 탓으로 돌려 버리고 교사로서 자신이 해 줄 수 있는 것은 아무것도 없다는 식으로 인식한다.

④ 일선 관료 행태의 제도화 과정

앞서 살펴보았듯이, 일선 관료는 불리한 업무 여건에 대응하기 위해 단순화, 정형화, 회피전략 그리고 역할 바꾸기 등의 기제를 활용하게 되고, 이러한 행태들은 일정한 패턴화 경향을 보이면서 정책집행의 제도화 과정으로 발전하게 된다. Lipsky(1976)는 일선 관료가 정책 대상집단과의 상호작용을 통해 관료적 편견을 강화하는 고정관념화(stereotype)가 이루어진다고 보았다. 예를 들면, 일선 관료로서 교사는 학생의 실질적인 능력과 상관없이 학생 우열화를 당연시하고, 정보에 대해 선택적인 관심을 가져 편견을 강화하게 된다. 이렇게 제도화된 대응 기제는 어렵고 복잡한 직무 환경에 적응하는 과정에서 형성된 체계적 행위 규칙이라고 볼 수 있다.

(2) 교육정책 적용 사례

Lipsky(1980)의 모형은 관료제 조직에서 일선 관료의 표준운영규칙의 개념이 정책집행 현장에서는 실제로 어떻게 작동되고 있는지를 보여 주는 의미있는 분석 틀이라고 할 수 있다. 특히, 학교 조직을 종종 관료제적 속성으로 관찰하면서 이들의 역기능에 대해 논하지만, 충분한 업무 환경이 조성되어 있지 않은 상황하에서 일선 관료로서 교사가 어떻게 행동할 수밖에 없는지를 구체적으로 설명하고 있다. 일선관료모형은 교사의 행태가 정책집행의 실질적인 질을 결정할 수 있음을 보여 줌으로써 정책집행에서 교사와 그들의 업무 환경의 중요성을 부각시킨다. 그러나 이 모형은 교육과 사회복지, 치안의 영역이 근본적으로 다른 근무 환경이고, 일선 관료의 재량권이 실행되는 맥락도 차이가 있을 수밖에 없는데, 하나의 이론을 지나치게 획일적으로 다루고 있다는 점에서 한계가 있다. 이러한 한계를 반영하여, Howe(1991)는 일선 관료 모형을 정책집행에서 단일한 분석 틀로 사용하기보다는 다른 분석 틀과 함께 사용해야 한다고 언급하였다.

국내의 일반정책학 영역에서는 Lipsky(1980)의 일선관료모형을 활용하여 사회복지사나 경찰, 일선 공무원의 행태를 분석한 사례를 종종 찾아볼 수 있는 것에 비해, 교육정책 분야에서는 적용 사례를 쉽게 찾아보기 어렵다. 국내 교육정책 적용 사례로는 박소영과 송선영(2007)의 연구를 발견할 수 있는데, 이 연구에서는 수시모집제도를 운영하는 고3 담임교사가 주어진 직무 환경 내에서 어떻게 정책에 대응하는지 그 양상을 흥미롭게 분석하였다. 이들의 분석에 따르면, 수시모집제도를 운영하는 담임교사는 시간과 인적 자원의 부족, 그리고 신분에 대한 위협과 서로 다른 이해집단으로부터 상반된 역할기대로 인하여 스트레스를 받고 있었다. 이러한 열악한 직무 환경에서 고3 담임교사들은, Lipsky(1980)가 지적하였듯이, 정보를 단순화시키고, 대상집단인 학생을 선입견에 따라 범주화하고 업무를 재정의하는 방식으로 업무량을 조정하는 대응 전략을 구사하였다.

향후 교육정책 영역에서 교사를 비롯한 교육현장 일선 관료의 집행 환경과 대응 기제는 더욱 활발하게 분석될 필요가 있는 연구 주제다. 특히, 불충분한 자원과 심리적 위협이 존재하는 교직 환경에서 교사로서 역할기대에 현실적 괴리를 느끼는 교사가 어떤 식으로 일상의 복잡한 문제와 불확실한 상황에 대처하는지, 그리고 학생에 대한 편견과 고정관념을 갖게 되는지에 대해 구체적인 분석이 필요하다.

4. 전망과 시사점

외국에서도 정책집행에 대해 관심을 가지기 시작한 것은 비교적 최근의 일이다. 1970년대 이전만 해도 정책학자들 사이에서는 이해집단 간의 복잡한 조정과정을 거쳐 탄생한 정책이 법률로서 공식화되기만 하면 정책의 집행은 큰 문제없이 의도한 대로 잘 시행될 것이라는 견해가 지배적이었다. 이러한 연유로 정책집행에 대한 연구는 정책학 영역에서 관심을 거의 받지 못했고,

독자적인 학문 영역으로 발전하지 못했다. Pressman과 Wildavsky에 의해서 촉발된 정책집행에 관한 연구는 1970년대 말 이후에는 다양한 시각의 이론적 논의들과 결합되어 여러 의미 있는 연구들이 수행되어 왔다. 비록 학문적 역사는 길지 않지만, 정책의 실패 원인을 집행자와 집행자가 처한 업무 환경 등으로 확장하여 살펴볼 수 있다는 점에서 정책집행 연구는 정책연구에 확장된 시각을 제공하고 있다. 최근에는 지금까지의 정책집행 연구에 대해 평가하면서, 새로운 접근을 신중하게 모색하는 학문적 진전을 보이고 있다.[3]

이러한 전세계적인 학문적 분위기에 부응하여, 국내 일반정책학 영역에서도 1980년대 후반부터 정책집행에 대한 이론적 · 실증적 연구가 본격적으로 시도되었다. 반면, 앞에서 살펴보았듯이, 교육 분야의 경우 정책집행에 관한 연구들은 매우 미미한 수준에서 이루어지고 있다. 지금까지 국내 교육정책에 대한 분석은 주로 교육정책 형성과정이 주류를 차지하여 정치화 과정에 대한 연구 중심으로 수행되어 왔다. 이차영(2005)은 우리나라 교육정책이 자주 바뀌고 그 내용이 미치는 파급 효과가 너무 커서 그 후속 조치에 주목하다 보면 집행과정을 돌아볼 여유가 없었고, 새로운 시각에서 해석하는 방식의 논의는 거의 이루어지지 못했다고 지적하였다. 뿐만 아니라 누구나 세부적인 수준까지 알 수 있을 정도로 공개적으로 교육정책이 집행되지 않아 그 구체적인 맥락을 알 수 없었던 상황에 대해서도 언급하였다.

그러나 문제는 다원주의 사회에서 이해관계 집단이 복잡해질수록 정책의 결정과정에서 다수의 지지를 얻기 위해서는 정책목표가 모호해지기 때문에 결정된 정책 내용은 정책의 집행과정에서 언제든지 수정 · 보완이 가능해야 한다. 또한 애매하고 추상적인 정책 목표와 수단은 집행과정에서 구체화되면서 실질적인 정책으로 변하기 때문에 정책의 달성에 직접적으로 영향을 미치는 주요 정책행위자는 정책결정자가 아니라 정책집행자인 일선 관료다. 특히, 우리나라는 교육정책 수립에 있어 정치화 과정이 매우 크기 때문에, 정책집행자인 교육부나 교육청의 각 관료들이 정책에 대해서 해석하고 이를 운영하는 의존이 강해 이들에 의한 정책 변형이 이루어질 수밖에 없는 상황이다. 이러한 교훈에도 불구하고, 우리는 한번 수립된 정책이 정책 대상집단의 반발과 문제 제기에도 개선되지 않고 일정 기간 존속하다가 갑자기 폐기되는 경우를 종종 목격하곤 한다. 정책결정이 이루어지고 나면, 집행은 자동적으로 잘될 것이라는 인식이 정책 현실에서 받아들여지고, 정책집행에서 하향적이고 일방적인 방식의 권위주의적 태도는 여전히 팽배해 있다. 교육정책의 집행에 대한 실제적·이론적 성찰이 필요한 시점이다.

미주

1) 보다 구체적인 내용은 Ball, J. S. (2012). *How sclools do policy: Policy enactments in secondary school.* HY: Routledge을 참고하길 바란다.

2) Elmore(1980)의 'backwarding mapping apporach'는 국내에서 하향식 접근이라는 표현으로 자주 사용되었으나, 이 글에서는 이차영(2005)이 언급했던 현장출발형 접근이 가장 적합하다고 판단하여 이 용어를 사용한다.

3) 외국의 최근 정책집행에 대한 연구 경향은 40여 년 동안 추진해 온 정책집행 연구에 대한 성찰이 이루어지고 있다. 예를 들면, deLeon(1999)은 그간 모든 개념적·이론적·방법론적 노력에도 불구하고 집행연구들은 여전히 애매모호하고, 사례연구가 주종을 이룬 연구 경향으로 인하여 연구 결과의 학문적 축적이 제대로 이루어지지 않았음을 지적하였다. 또한 실제 정책담당자에게 줄 수 있는 조언이 때로는 지나치게 장황하거나, 때로는 개별 정책 상황에서의 현실 적합성이 낮아 큰 도움을 주지 못한다는 지적도 제기되었다. 따라서 제3세대 정책집행연구를 주장하는 학자들 사이에서는 지금까지의 집행연구를 평가하고 어떤 방향으로 발전해야 할지에 대한 신중한 논의가 필요한 때라고 주장하고 있다.

추천도서

　정책집행 모형에 관한 이론적 공부를 원한다면 Pressman과 Wildavsky(1973)의 *Implementation*과 Elmore(1979)의 *Backward mapping*, 그리고 Lipsky(1980)의 *Street-level bureacracy*를 직접 읽어 보는 것이 도움이 된다. 정책집행의 이론적 전개 과정은 McLaughlin(1987)이 Rand 연구결과에 기초한 교훈을 적은 Learning from experiences: Lessons from policy implementation이 유익하다.

Elmore, R. F. (1979). Backward mapping: Implementation research and policy decision. *Political Science Quarterly, 94*(4), 601–616.

Lipsky, M. (1980). *Street-level bureaucracy: Dilemmas of the individual in public services*. New York: Russell Sage Foundation.

McLaughlin, M. W. (1987). Learning from experience: Lessons from policy implementation. *Educational Evaluation and Policy Analysis, 9*(2), 171–178.

Pressman, J. L., & Wildavsky, A. (1973). *Implementation*. Berkeley: University of California Press.

참고문헌

박소영, 송선영(2007). 수시모집제도의 집행분석: Lipsky의 일선관료모형을 중심으로. 교육행정학연구, 24(2), 403–423.

이차영(2005). 현장 출발형 교원정책 수립 시도 사례의 비판적 검토. 교원교육연구, 22(1), 267–283.

Ball, J. S. (2012). *How schools do policy: Policy enactments in secondary school*. NY: Routledge.

Berman, P. (1978). The study of macro-and micro-implementation. *Public Policy, 26*(2), 157–184.

Berman, P. (1980). Thinking about programmed and adaptive implementation:

Matching strategies to situations. In H. Ingram & D. Mann (Eds.), *Why policies succeed or fail*. Beverly Hills: Sage.

deLeon, P. (1999). The missing link revisited: Contemporary implementation research. *Policy Studies Review, 16*(3/4), 311-338.

Elmore, R. F.(1979). Backward mapping: Implementation research and policy decision. *Political Science Quarterly, 94*(4), 601-616.

Goggin, M.(1990). *Implementation theory and practice: Towards a third generation*. Glenview. IL: Scott, Foresman.

Lindblom, C. (1980). *The science of public policy*. London: Routledge.

Lipsky, M. (1980). *Street-level bureaucracy: Dilemmas of the individual in public services*. Russell Sage Foundation.

McLaughlin, M. W. (1987). Learning from experience: Lessons from policy imple-mentation. *Educational Evaluation and Policy Analysis, 9*(2), 171-178.

Nakamura, R. T., & Smallwood, F. (1980). *The politics of policy implementation*. New York: 51. Martin's Press.

Pressman, J. L., & Wildavsky, A. (1973). *Implementation*. Berkeley: University of California Press.

Sabatier, P., & Mazmanian, D. (1980). The implementation of public policy: A framework for analysis. *Policy Studies Journal, 8*, 538-560.

Van Meter, D. S., & Van Horn, C. E.(1975). The policy implementation process: A conceptual framework. *Administration and Society, 6*(4), 435-487.

교육정책 평가과정

제**7**장

정책평가는 교육정책과정의 마지막 단계다. 정책의제로 채택된 대안들이 집행되고 나면, 해당 문제가 얼마나 해결되었는지, 정책의 목적과 수단이 올바르게 선택되었는지를 평가한다. 하지만 정책평가는 다른 한편으로 교육정책과정의 새로운 시작이 될 수 있다. 정책의 평가 결과를 토대로 정책의 문제를 새롭게 정의할 수 있고, 정책목표와 내용을 변경하기 때문이다. 이렇게 교육정책의 과정은 하나의 순환과정을 거친다. 정책평가는 정책학 분야 중에서도 가장 최근에 관심을 받기 시작하였지만, 최근 정책 영역에서 가장 활발하게 활용되고 있다. 특히, 정부 정책의 급속한 증가에도 불구하고, 정책의 잦은 실패는 다양한 정책평가의 이론뿐만 아니라 구체적인 평가기법까지 발전하고 있는 추세다. 이 장에서는 정책평가의 개념과 유형을 살펴봄으로써 정책평가에 대한 이해를 높인다. 또한 정책평가의 이론적 전개과정과 평가의 정치적 성격에 대해 고찰함으로써 향후 교육정책 평가연구에 대한 시사점을 도출한다.

1. 교육정책평가의 개념과 의의

1) 교육정책평가의 개념

일반적으로 평가란 어떤 것의 장점, 유용성, 가치 등을 결정하는 일이다 (Scriven, 1991). 이러한 면에서 본다면, 정책평가[1]란 이미 실시한 정책의 장점을 파악하고 가치를 판단하는 과정이다. 그런데 정책의 유용성을 판단하는 일은 대체로 정책의 성과를 중심으로 이루어져 왔기 때문에 정책학에서의 정책평가는 정부에서 실시한 정책이 소기의 성과를 얻었는지 여부를 판단하는 일련의 활동에 주목해 왔다. 예를 들면, Nachmias(1979)는 정책평가를 "정책이나 공공사업계획이 그 대상에 미치는 효과를 달성하고자 하는 목표와 관련하여 객관적이고 체계적이며 실증적으로 검토하는 것"(p. 4)이라고 정의하였고, Wholey(1973)는 한 발 더 나아가 정책결정자에게 최대한 도움을 주는 것이 정책평가의 궁극적인 목적이며 이를 위해서는 성과평가가 가장 중요하다고 언급하였다. 국내 학자들도 정책평가를 정부에서 실시하는 정책의 내용과 집행을 평가하고 그 성과를 측정하는 일련의 활동(노화준, 2003; 이종수, 2000)으로 정의하고 있어 정책평가의 주된 초점이 정부가 실시한 정책의 성과 측정에 맞춰져 있음을 알 수 있다. 특히 이러한 경향은 정책평가가 정책과정의 다른 어떤 하위 영역보다도 문제 해결 중심의 처방적 성격을 상대적으로 강하게 갖고 있기 때문에 성과 측정이 더욱 강조되는 것으로 보인다.

반면, 스웨덴 정책학자인 Vedung(1997)[2]은 정책평가란 그 목적을 달성하는 데 효과가 있는지를 따져 보는 것을 넘어서 현재 운용하고 있는 정책을 개선하고자 하는 활동을 포함하는 개념으로 보아야 한다고 주장하였다. 즉, 평가는 좀 더 나은 방향으로 나아가기 위해 총체적으로 '뒤를 돌아본다'는 회고적 의미를 내포하고 있으므로 정책평가를 단순히 성과 판단에 국한하지 않고, 설정한 가치 준거가 올바른지, 준거에 따른 정책수단이 유용했는지 등을 판단하는 일련의 지적(知的)인 과정으로 보아야 하는 것이다(Vedung, 1997). 따라서 교육정책평가란 정책목표에 부합하는 성과뿐만 아니라 정책이 추구하는 가치 준거와 정책수단 등 정부의 교육정책 자체를 개선하고 보완하려는 지적인 판단 작업으로 이해할 필요가 있다.

2) 교육정책평가의 의의

그렇다면 교육정책 평가과정은 왜 필요한가? 정책성과의 측면에서만 본다면, 교육정책평가는 정책에 대한 책무성 확보 때문에 필요하다. 책무성 확보란 기본적으로 일선 정책집행자가 그들에게 주어진 권한을 적절하게 행사하고 있는지, 그들의 의무를 정당하게 수행해 왔는지를 판단하는 행위다(이윤식, 2010). 교육정책은 국민의 세금으로 운영되기 때문에 정책의 결정자나 집행자가 최선을 다해 교육정책을 운영할 수 있도록 책임감을 부여하기 위해 정책평가가 요구되는 것이다(노화준, 2010). 특히 1980년대 중반 이후 신공공관리론의 영향으로 정부의 정책에 대한 책무성은 더욱 강화되면서 이를 증명하기 위해서는 경험이나 통찰력만으로는 부족하기 때문에 체계적인 성과분석을 통한 책무성 확인 차원에서 정책평가가 더욱 강조되는 추세다. 대표적인 예로, 전수조사 방식의 국가수준학업성취도 평가정책은 일정한 기초학력 미달 학생 비율이 감소한 결과를 기초로 해당 학교와 교사가 더 나은 학업성취도 평가결과를 위해 노력하도록 이들의 행동을 규제함으로써 책무성을 확보하고자 하였다.

정책평가는 정책개선을 위해서도 필요한 과정이다. 정책향상이라는 목표는 정책의 운영과 방향을 점진적으로 개선함으로써 가능해지고, 정책평가의 과정은 정책을 개량하고 개선하는 데 주도적인 역할을 수행할 수 있다(Vedung, 1997). 정정길(2010)은 정책이란 좀 더 좋은 사회를 만들기 위하여 정부가 수행하는 활동으로 보아야 하기 때문에 정책평가는 과연 그 정책이 의미 있는 것인가, 그 정책이 달성할 것으로 기대하였던 바를 달성하였는가에 대해 답할 수 있는 활동이어야 한다고 언급하였다. 즉, 정책평가를 통해 정책의 목적과 운영 방향이 개선될 수 있어야 한다. 이 경우, 교육정책평가의 주된 물음은 "교육정책을 어떻게 더 나은 것으로 만들 수 있을 것인가"에 놓이게 되고, 교육정책을 보다 능률적이고 현실 적합성 있게 수립 · 운영하기 위해 교육정책평가의 필요성이 강조된다.

3) 교육정책평가의 유형

교육정책평가의 유사 개념과 유형을 통해 그 의미를 보다 구체적으로 파악할 수 있다. 일반정책학에서는 정책평가의 유형을 다양한 방식으로 구분하지만, 여기서는 평가 주체에 따른 유형만을 살펴보기로 한다.

(1) 정책평가와 감사

정책평가는 중앙의 감사원 및 각 부처의 감사관들과 지방자치단체에서 감사담당관이 실시하는 감사(audit)와 비교하여 살펴볼 수 있다. 이윤식(2010)은 감사의 개념을 "조사 대상과 행정 활동이 운영 및 성과 모형이나 기준과의 일치 여부를 확증하고자 세부적으로 점검하는 절차"(p. 23)로 정의하고, 감사를 재무회계 및 합법성 여부 감사와 성과 감사로 구분하였다. 이에 반해 정책평가는 주로 정책의 결과 및 집행과정에 초점을 맞추어 이루어지고, 특별히 지정된 평가관이 존재하지 않는 특징을 보여 준다. 이윤식(2010)에 따르면, 전문가나 외주에 거의 의존하지 않는 감사와 달리, 정책평가는 외부 전문가를 통한 분석과 평가가 이루어지고 있기 때문에 오히려 개방적 체제를 유지할 수 있다.

(2) 내부평가와 외부평가

교육정책 평가는 평가 주체에 따라 내부평가와 외부평가로 유형화할 수 있다. 내부평가는 평가의 대상이 되는 정책집행기관 내부 직원들이 자체적으로 평가를 수행하는 경우를 의미한다. 반면에 외부평가는 정책집행기관과 무관한 제3의 평가전문가들이 평가하는 경우를 의미한다. 내부적으로 정책평가를 실시할 경우, 해당 교육기관에 대해 상대적으로 많은 정보를 알고 현장 맥락적인 평가작업을 수행할 수 있는 이점이 있다. 하지만 부정적 평가결과에 대한 부담감으로 평가에 있어 공정성과 객관성 확보에 어려움을 겪을 수 있다. 평가결과의 객관성은 외부평가를 통해 상대적으로 극복할 수 있다. 하지만 외부평가는 해당 교육기관에 대한 정확한 정보를 얻기 어렵고, 이에 따라 평가 대상자들의 저항에 부딪힐 수 있기 때문에 오히려 평가결과의 중립성과 객관성을 유지하기 어려울 수 있다. 이러한 이유로 이윤식(2010)은 두 평가주체가 공동적으로 평가 작업에 참여하는 것이 상대적으로 바람직한 대안이 될 수 있을 것이라고 제안하였다.

2. 정책평가이론의 전개과정

정책과정에 대한 제 이론들에 비해 정책평가이론은 상대적으로 학문적 성장이 늦었지만, 지난 반세기 동안 이론적 논의의 진전을 이루어 왔다. Parsons(2002)의 분석에 따르면, 정책평가이론은 적어도 세 가지 접근에 의해서 발전해 왔는데, 실증주의에 입각한 합리주의적 접근, 이해관계자 협상 중심의 실용주의적 접근, 그리고 후기실증주의에 기반한 구성주의적 접근으로 구분하여 살펴볼 수 있다.

1) 정책평가의 합리주의적 접근

정책평가에 대한 합리주의적 접근은 실증주의에 입각하여 신고전파 경제학(Neo-Classical Economics), 실험주의(Experimentalism), 관리주의(Managerialism), 공공선택론(Public Choice Theory)의 학문적 토대로 성장하였다. Guba 와 Lincoln(1989)은 정책평가의 이론적 전개과정을 크게 4세대로 구분하여 현상의 정확한 측정에 관심을 가진 제1세대 정책평가부터 정책 프로그램의 성과 여부 판단을 강조하는 제3세대에 이르기까지 논리실증주의에 입각하여 정책평가에 대한 접근이 이루어져 왔음을 언급하였다. 교육 영역에서 초·중등학교 표준화 검사를 활용한 정책효과 검증이나 설정된 목표에 기초하여 강점과 약점을 기술해 주는 평가 방법 모두가 교육정책평가의 합리주의적 접근의 예라고 볼 수 있다.

합리주의적 정책평가는 대공황 극복을 위해 미국의 루스벨트 대통령이 정부 주도의 경제개발 및 사회복지 정책을 추진하면서, 이러한 정책을 효과적으로 수행하기 위한 전략으로 성장하게 되었다. 이후 1960년대에 미국은 '가난과의 전쟁'이라는 기치하에 가난하고 소외된 사람의 삶을 개선하기 위한 다양한 정책을 실시하였고, 이에 대한 체계적 평가를 의무화하기 시작하였다. 특히, 1965년 미국「초·중등교육법」은 프로그램 평가의 의무화를 명시하였고, 이는 결과적으로 1960년대와 1970년대에 정책평가가 양적으로 크게 팽창하는 계기가 되었다.

시대별로 발전을 거듭해 온 정책평가의 합리주의적 접근은 1980년대 이후 정책의 성과를 강조하는 경향을 보이고 있다. Wholey(1976)에 따르면, 정책평가는 정책결정자와 정책집행자에게 최대한 도움을 주는 성과평가를 목표로 삼아야 한다. 성과평가는 정책결정자와 정책집행자가 진정으로 필요로 하는 시점에 적은 비용으로 평가 정보가 제공될 수 있어야 하며, 사전단계부터 사후단계까지 일관된 평가지표를 적용하는 선형(logic) 모형과 평가결과를 예산과 인사에 반영하는 관리기법으로 성과 지향적 정책평가 방법 등이 제안되었다. Sasaki(1985; 이성우, 2008 재인용)는 결과 지향적 성과평가를 미국 정책평가의 주류로 인식하고 최근 빠른 속도로 발전하는 경영학의 기법을 정책평가에 적극적으로 도입할 것을 주장하였다. 특히 세계화 진전과 더불어 정부의 기업화와 민영화가 하나의 흐름이 되고 있는 신공공관리론적 입장에서는 다학문적 접근 방법과 성과를 정책평가에 받아들여 발전시켜야 한다고 강력하게 주장하였다. 정책평가에 대한 이러한 접근에서는 공공부문도 민간기업처럼 이익이 바로 정책판단의 기본이며 성과를 최대화하는 것이 정책 성공의 잣대가 된다. 즉, 공공부문에서 효율성을 기반으로 생산성의 극대화 여부가 정책을 통한 공공개입을 훌륭하게 수행했는가를 측정하는 기준이 되는 것이다. 흔히 일반 정책학에서 사용되는 경제모형으로 비용-편익, 비용-효과 방법이 모두 이러한 논리실증주의에 기반한 합리주의적 접근의 정책평가 방법이라고 볼 수 있다.

2) 정책평가의 실용주의적 접근

한편, 정책평가는 어떠한 논리적 기법을 활용하더라도 합리적 결정이 불가능하다는 전제하에 이해관계자들 사이의 협상을 중시하는 정책평가의 실용주의적 접근이 제기되었다. 실용주의적 접근에 따르면, 합리주의적 정책평가는 현대 민주주의 국가의 공공부문 활동에서 일반적으로 요구되는 여러 요건들을 간과하고 있으므로 다른 정책평가모형과 마찬가지로 부분적으로만 활용되어야 한다. 합리주의적 접근에 입각한 정책평가는 겉으로 보기에는 과학적으로 보일지는 몰라도 법적 형평성, 절차상의 공정성, 대표성, 참여의 가치와 생산성·효율성 사이에 어떻게 균형이 이루어져야 하는지에 대해서는 거의 고려하지 않는다(Vedung, 1997). 따라서 실용주의적 접근에서는 공공 토론, 여론 형성, 타협 등 정치적 과정을 통해서만이 정책평가가 제대로 수행될 수 있다는 입장을 취한다. 대표적으로, Campbell(1969)은 정책형성의 과정에 이해관계자들이 이미 관여하고 있기 때문에 정책평가의 과정에서도 이들에 대한 적절한 정보가 제공될 수 있어야 한다고 주장한다. 이러한 의미에서 실제 세계에서 정책평가는 과학이라기보다는 이해관계자들의 조정을 이끌어 내는 기술(art)인 것이다.

3) 정책평가의 구성주의적 접근

정책평가의 실용주의적 접근의 비평에도 불구하고, 최근까지도 합리주의적 접근은 정책평가의 주류를 차지하고 있다. 이러한 논리실증주의에 기반을 둔 합리주의적 정책평가에 대한 또 다른 대안적 접근은 후기실증주의 철학에 근거한 정책평가학자들에 의해서도 제기되었다. Parsons(2002)의 분류에 따르면, 해석주의와 비판적 현실주의가 합리주의적 정책평가의 전제조건의 한계를 지적하면서 정책평가에 있어 해석학적 이해를 요구한다. 이들은 불확실하고 복잡한 현실 세계에서 인간의 인식적 한계를 받아들여야 하고, 이를 극복하기 위해서는 경제적 합리성이 아니라 다수의 참여를 통한 절차적·소통적 합리성(Habermas, 1981)에 기반을 둔 정책평가가 이루어져야 한다고 주장한다. 대표적으로 Stake(1975)에 따르면, 정책평가자는 다원주의적 환경하에서 정책과정에는 서로 다른 기대와 가치를 가진 다양한 구성원들과 이해관계자들이 관여하고 있음을 이해해야 한다. 공공정책은 상반된 이익을 갖는 다양한 입장의 이해관계자들 사이의 협상력에 의하여 결정되기 때문에 이러한 이해관계자들의 관점을 고려하는 반응적 평가(responsive evaluation)가 요구된다. 이를 위해 정책평가자는 단순히 평가전문가의 역할에 머무르는 것이 아니라 발견적 학습 교사 및 촉진자 역할을 수행해야 한다.

정책평가의 방법론적 측면에서, 합리주의적 접근에서 사용하는 정량적 평가는 대체로 표준화된 도구들이다. 또한 의도된 목적이 얼만큼 실현되었느냐를 측정하여 평가하는 효과성 평가로서 의도된 결과와 관찰된 결과만을 비교한다. 이러한 방식은 정책평가 현장을 지나치게 단순화시키고, 평가자의 관점과 평가를 위하여 수집되는 자료는 매우 제한적일 수밖에 없다. 반면, 구성주의적 정책평가에서는 성과에 관한 자료를 수집하는 것에 그치지 않고 선례와 과정에 관한 정보를 포함한 보다 넓은 범위의 자료를 수집하여 평가하는 종합적 평가 방식을 지지한다.

Stake(1975) 이후 정책평가의 구성주의적 입장은 Lincoln과 Guba 등이 이어 받아 정책평가에 있어 새로운 입장을 강화하기 시작하였다. Guba와 Lincoln(1989)은 정책평가이론이 3세대까지의 합리주의적 전개과정과 달리 1990년대 이후 제4세대 정책평가로서 구성주의적 접근의 등장을 알렸다. 이들의 주장에 따르면, 정책평가자는 정책성과를 판단하는 행위자라기보다는 이해관계자이며 정책 대상집단과의 협상자, 협력자 그리고 평가의 촉진자로 보아야 한다. 정책평가의 구성주의적 접근에서는 사례연구 외에도, 소집단 토의, 등급 부여(rating) 사전-사후 비교, 역할연기의 이용 등 다양한 정성적 기법들을 소개하였다.

3. 교육정책평가모형

비교적 최근에 발전한 정책평가이론이지만, 그 특성상 실제 세계에 직접적으로 영향을 미칠 수 있다는 점에서 정책을 평가하는 다양한 분석틀이 제기되었다. 일반 정책학 영역에서는 학자에 따라 여러 차별적인 정책평가모형이 제시되었으나,[3] 여기서는 최근 국내 교육정책 영역에서 흔히 활용되고 있는 효과성 모형과 정책평가의 구성주의적 접근에 기반한 동료중심 정책평가모형을 소개한다.

1) 효과성 모형

정책평가의 효과성 모형은 고전적 접근이지만, 가장 빈번하게 활용된 평가모형 중 하나다. 이 모형은 정부 개입의 실제적인 결과를 강조하며, 발달 수준에 따라 목표달성모형, 부수효과 평가모형, 목표배제 평가모형, 포괄적 평가모형, 고객지향적 평가모형 그리고 관련자 모형 등이 정책의 효과성 측면에서 강조되어 왔다(Vedung, 1997). 한때 미국과 유럽에서는 목표달성모형이 가장 적합한 정책평가모형이라는 믿음이 존재했고, 모든 효과성 모형의 기본모형이라고 볼 수 있기에 여기서는 목표달성모형을 기반으로 정책평가의 효과성 모형을 검토한다.

(1) 운영원리

목표달성에 기반을 둔 효과성 모형은 말 그대로 목표달성을 측정하여 도달여부를 정책평가의 효과성 기준으로 삼는다. 이때 중요시되는 사안은 '성취된 결과가 정책의 목표와 일치하는가, 바로 그 정책에 의해 이러한 결과가 도출되었는가'를 파악할 수 있어야 한다(Vedung, 1997). 목표달성에 기반을 둔 정책평가는 매우 명료하게 운영될 수 있다. [그림 7-1]에서 보는 바와 같이,

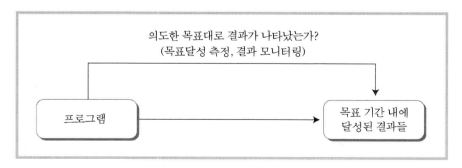

[그림 7-1] ••• 목표달성에 기반을 둔 효과성 모형

출처: Vedung(1997), p. 63.

어떤 정책의 목표를 찾아내고 그 목표가 실제로 의미하는 바와 우선순위를 알아내서 그것들을 측정 가능한 구체적인 형태로 전환시킨다. 이것이 정책목표의 명료화 단계다. 다음으로는 사전에 설정된 목표가 실제로 어느 정도 달성되었는가를 알아보는 것으로 정책목표의 실제적인 완수 정도를 측정하는 단계다. 이 경우 사전에 진술된 목표와 실제 결과 사이의 불일치 정도가 정책의 성패를 측정하는 기준이 된다. 세 번째 단계에서는 해당 정책이 목표달성에 어느 정도 도움이 되었는지, 오히려 방해가 되었는지를 규명함으로써 정책의 목표달성 기여 정도를 파악하는 단계라고 할 수 있다.

목표달성에 기반한 효과성 모형은 해당 프로그램의 실질적인 내용 및 산출 그리고 결과에 대해서만 관심을 가질 뿐 처리의 형평성이나 과정의 적절성 및 기타 프로그램의 절차에 관해서는 관심을 두지 않는다(Vedung, 1997). 즉, 평가자는 정책집행자가 원래 달성하려고 의도했던 정책의 목표를 달성했는지의 여부에 대해서만 관심이 있기 때문에 정책목표가 유일한 평가 기준이 된다.

합법적 절차를 거쳐 수립된 정책의 목표를 현장에서 실제로 달성되었는지를 규명한다는 점에서 목표달성에 기반을 둔 효과성 모형은 교육정책 분야에서도 주요 평가모형으로 활용되어 왔다. 그러나 이 모형은 정책평가를 위해 몇 가지 중대한 한계를 지닌다. 무엇보다도, 미리 결정된 정책목표의 달성 여부만을 평가하기 때문에 예측하지 못했던 부작용이나 우연히 발견되는 긍정적인 결과를 평가과정에 포함시킬 수 없다. 또한 목표달성에 기반한 효과성 모형에서는 정책의 결과에만 집중하기 때문에 정책이 집행되는 과정과 이 과정에 영향을 미치는 요인들에 대해서는 고려할 수 없다. Vedung(1997)은 목표달성에 기반한 효과성 모형이 집행과정과 영향 요인에 대해서는 블랙박스처럼 취급하여 전혀 그 안을 들여다보려 하지 않는다고 지적하였다. 이후 부수효과모형 등을 개발하여 목표달성에 기반을 둔 효과성 모형의 한계를 극복하고자 하였으나, 효과성 모형이 가지는 근본적인 한계는 정책이 실행되는 교육현장의 맥락을 고려하지 못하는 것에서 비롯된다. 즉, 정책이 집행되는 과정

을 지나치게 상부하달식으로 판단하여 결정된 정책이 그대로 현장에서 실현
될 수 있을 것이라고 가정한다.

(2) 교육정책 적용 사례

목표달성에 기반을 둔 효과성 모형으로 평가하는 과정은 매우 명료하기 때
문에 교육정책 분야에서도 이 모형을 활용한 정책평가분석 사례를 종종 발견
할 수 있다. 대표적으로, 조성호(2009)는 수도권 대학규제정책의 실효성이 과
연 큰 것인지에 대해 평가하기 위해 효과성 평가를 실시하였다. 대학규제정
책이 '수도권 인구 억제'라는 정책목표의 달성에 기여하는지를 분석하기 위
해 효과성을 평가 기준으로 설정하였고, 대학입지에 대한 규제와 입학정원에
대한 규제가 실제로 인구집중을 억제하였는지를 1982년부터 2007년까지의
수도권과 비수도권의 인구증감 추이를 통해 살펴보았다. 분석 결과, 수도권
의 대학입학 정원이 1982년에서 2007년까지 약 9.16% 감소하였지만, 수도권
의 인구 비중은 오히려 전체 인구 대비 약 12.12% 상승하여 수도권 대학규제
가 인구집중 억제라는 정책의 목표달성에 실효성이 크지 않다고 결론을 내렸
다. 목표달성에 기반을 둔 효과성 모형을 활용하여 정책평가를 실시한 경우,
하나의 정책목표에 집중하는 탓에 정책이 추구하는 다양한 가치, 특히 사회
적인 맥락에서 의미 있는 가치나 조건에 대해서는 고려하지 못한다는 한계를
보여 준다. 조성호(2009)의 연구에서도 효과성 모형을 활용함으로써 수도권
대학규제정책은 수도권 인구 억제라는 정책목표도 있지만, 지역 균형발전이
라는 가치와 지방대학 육성의 필요성 등을 간과했다고 볼 수 있다.

2) 동료중심 정책평가모형

합리주의적 접근에 기초하여 이루어진 전통적인 효과성 정책평가모형은
실제 학교 현장에서 일어나는 다양성과 복잡성을 고려하지 못한다는 문제의

식에 기반하여 새로운 정책평가 접근 방법이 다양하게 제안되었다. 여기서는 대안적 정책평가모형의 선구자로서 Stake와 그의 학문적 계보를 잇는 Guba 와 Lincoln(1989)이 '제4세대 평가모형(4th generation evaluation)'에서 소개한 교육분야에서의 정책평가 방법, 그리고 이들의 생각을 발전시킨 Vedung(1997)의 '전문가 모형' 등을 종합하여 '동료중심 정책평가모형'을 제안한다.

(1) 운영원리

동료중심 정책평가모형에서는 실제 정책이 실행되는 학교 현장의 맥락이 상당히 복잡하고 다양하기 때문에 이러한 현장의 특성을 이해해서 정책평가를 실시해야 한다. 현장 맥락의 정책평가는 주관적이며, 관련 집단 혹은 학교 구성원 대다수가 참여하는 형태로 행해질 수밖에 없다. Guba와 Lincoln (1989)에 따르면, 정책현실에는 다원적인 행위자들이 존재하므로 정책평가의 실재는 평가자와 피평가자 간의 상호작용에 의해서 이루어진다. 즉, 다양한 이해관계자들 간의 협상과 협력의 과정을 기반으로 정책평가가 구성된다. 정책평가가 이루어지는 모든 과정은 협상을 하려는 이해관계자들로 구성되기 때문에 이들은 각자 권한을 가지고 있으며, 서로 다른 이해관계자들의 다양한 관점과 견해가 결합되는 것이기 때문에 보다 교훈적일 수 있다.

동료중심의 정책평가에서는 평가자가 개별 관료나 학자로서 피평가자와 일방적인 관계에 있기보다는 관련 전문가와 동료집단이 참여하는 특징을 갖는다. 평가자로서 동료집단은 전문 분야의 동료집단으로 이루어진 집단으로 합의체 집단을 의미한다. 동료집단의 검토(peer review 또는 collegial evaluation)라는 접근 방법은 특정 전문 분야에서 일단의 평가자들을 선발하여 그 전문 분야 자체의 기준과 업무 성과의 질적 표준을 바탕으로 하여 다른 구성원의 업무 성과를 평가한다. 동료집단의 검토는 특히 평가 대상에 대한 전반적인 질적 판단을 실시하는 것을 그 목표로 하고 있다. 또한 이러한 동료집단 형태의 평가는 하나가 아니라 두 집단에 의해 시행되기도 한다. 이들 집단은 독립

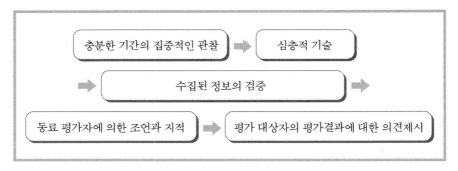

[그림 7-2] ··· 동료중심 교육정책 평가모형

적으로 작업을 하지만, 최종적으로는 자신들의 결과와 판단을 서로 조정하는 과정을 거친다. 이러한 점에서 동료집단의 검토는 공공정책의 집행 산출, 결과에 대한 회고적인 사정 절차라고 할 수 있다.

동료중심의 정책평가모형은 Guba와 Lincoln(1989)이 예시화한 정책평가과정을 통해 보다 구체적으로 파악할 수 있는데, [그림 7-2]와 같은 절차를 통해 정책평가가 진행된다.

동료평가자 집단이 선정되고 나면 이들은 충분한 기간 동안 관찰하고 심층적으로 기술한다. 이후 수집된 정보를 검토하는데 자료와 이론, 평가대상의 환경 등을 종합하여 점검한다. 검토를 실시하는 사람과 검토를 받는 사람은 그 검토과정 전반에 걸쳐 상호작용을 하게 된다. 평가자에게 있어서는 평가대상자의 관심사와 주장을 진지하게 받아들이고 평가과정에 그것을 포함시키거나 최소한 고려한다는 것은 매우 중요한 일이다. 동료집단의 평가방식을 통해 연구결과를 평가하는 과정은 반드시 상호작용방식을 통해 진행되어야 한다. 즉, 평가자는 평가 대상자의 말에 귀를 기울여야 하고, 평가 대상자에게는 평가자의 보고서가 최종적으로 마무리되기 전에 그 보고서에 대한 의견을 제시할 기회가 주어져야 한다.

동료 평가자는 사전에 결정된 목표나 실질적인 성과에 평가초점을 두어야 하는 것이 아니라 현재 학교조직에서 의사결정과정이 진행 중인 사안이나 미래의 의사결정 형태를 평가의 대상으로 삼아야 한다. 이러한 점에서 대부분의 정책평가모형들이 과거에 설정된 목표를 평가 대상으로 삼는 회고 지향적인 경향을 지닌 반면, 동료중심의 정책평가는 미래 지향적인 측면을 평가 대상으로 삼는다. 즉, 사정 활동 가운데 과거 지향적인 부분을 통해 가까운 장래의 기획과정의 구체적인 의사결정 상황에서 사용될 적절한 정보와 판단을 도출해 내야 한다. 평가는 해당 정책의 전후 맥락에 민감해야 한다. 이 경우, 평가자의 역할은 정치적·행정적으로 실현 가능한 대안을 찾는 일에 국한시켜야 한다. 이러한 점에서 Guba와 Lincoln(1989)은 평가자에게는 평가 대상 프로그램의 목표에 대한 정보가 필요한 것이 아니라 앞으로 의사결정이 어떻게 내려질지, 누가 그 의사결정을 내릴지, 그 시간적인 계획은 어떠한지, 그리고 어떤 기준을 적용할 것인지 등에 대한 정보가 필요하다고 언급하였다. 따라서 평가자는 그 상황마다 각기 다른 평가를 행해야 한다.

동료중심의 정책평가모형에서는 정책의 문제를 해결하기 위해 정책과정에 참여하는 평가자와 피평가자 모두가 일방적 관계가 아닌 전문적 동료이므로 해당 학교 맥락에 기반하여 정책평가가 이루어질 수 있다. 이는 학교가 당면한 문제해결에 실질적으로 도움이 될 수 있는 정책평가가 시행될 수 있다는 이점이 있다. 반면, 동료집단의 검토는 신뢰성이 떨어지는 결과를 도출해 내는 경우가 종종 있다. 함께 일하는 사람들이 각기 크게 다른 준거 기준과 성과 기준을 사용해서 그다지 쓸모없는 결론에 도달하지 않도록 경계해야 한다.

(2) 교육정책 적용 사례

Guba와 Lincoln(1989)의 제4세대 평가모형은 교육학 분야에서 먼저 수립되어 일반 정책학 분야에서 채택하여 발전시켰지만, 정작 교육정책평가 영역에서의 이론적 논의나 적용 사례는 거의 찾아보기 어렵다. 다만, 현실에서는 합리적 접근에 기반한 정책평가가 학교 현장의 맥락을 반영하지 못한다는 문제가 지속적으로 제기되면서 학교 내부자 자체평가와 외부평가가 결합한 초·중등학교 평가정책이 유사한 형태로 실시되고 있다. 또한 최근 실시되고 있는 고등교육기관 평가(대학평가인증, 대학특성화사업)에서도 정부 관료가 아닌 동료집단에 의한 정책평가가 실시되었다. 하지만 이러한 평가 방식은 평가 대상자의 측면에서는 유사한 틀을 취하고 있지만, 동료중심 정책평가모형이 일방적 평가 관계가 아닌 조직 내부자와 외부자 간의 상호작용에 의해서 정책평가의 내용이 구성될 수 있다는 점에서 큰 차이가 있다.

4. 교육정책평가의 정치화

정책은 반드시 합리적 기준에 근거해 수립되고 운영되지 않으며, 정치체제 내 정책행위자 간의 타협과 협상이라는 정치적 과정을 통해 수립되고 집행되기 때문에 좀 더 정확한 정책평가를 위해 정치 영역에 관한 이해가 필요하다. 뿐만 아니라 여타 정책의 과정이 그러하듯이, 정책평가과정 또한 정치적 속성을 지니고 있다. 정책평가자는 종종 자신이 객관적인 사실을 기초로 교육정책을 평가했기 때문에 정치적으로 편향되지 않고 완전히 가치 중립적이라고 생각하지만, 정책평가의 과정 역시 본질적으로 정치성을 탈피하기 어렵다. 여기서는 교육정책평가의 정치적 속성과 우리나라 정책평가의 정치성에 대해 살펴본다. 이를 통해 교육정책평가의 정치화가 가져올 수 있는 위험성에 대해 논의한다.

1) 교육정책평가의 정치적 속성

평가란 본래 정치적이다. 왜, 누가, 무엇을, 어떻게 평가할 것인가에 대해 관련 집단 간의 이해가 엇갈린다는 사실은 평가가 신뢰할 수 있으며 타당하게 객관적으로 측정하는 기술적인 문제를 넘어서서 정치적일 수 있음을 보여준다(김재웅, 2007). 아무리 좋은 의도를 가지고 평가를 하더라도 어떤 기준으로 어떻게 평가할 것인가에 따라 한 집단에게 유리한 결과를 가져오고, 다른 집단에게 불리한 결과를 가져올 수 있기 때문에 평가자는 평가과정에서 모종의 권력을 행사하게 된다. 김재웅(2007)은 교사평가정책에 내재해 있는 정치적 현상을 분석하였는데, 교사를 왜 평가하는가, 누가 평가할 것인가, 무엇을 평가할 것인가, 어떤 기준으로 어떻게 평가할 것인가, 그리고 평가 결과를 어떻게 활용할 것인가에 대한 문제에 대해 가치를 부여하는 것은 평가가 특정 기준에 따라 이루어질 수밖에 없는 정치적 과정임을 주장한다. 이러한 맥락에서 본다면, 교육정책 평가의 행위는 기술적 · 방법적일 뿐만 아니라 정치적 행위다. 정책평가를 위해 목표를 설정하고, 그 목표를 달성하기 위해 어떠한 평가 대상과 방법을 결정할지는 정치적 선택이다. 정책평가 결과를 어떻게 해석할 것인지, 그리고 평가 결과 가운데 어떤 것을 선택적으로 더 강조할 것인지 결정하는 일 또한 정치적 맥락 안에 들어와 있는 것이다.

우선, 정책평가의 대상을 선정하는 데 있어서도 정치성은 내재되어 있다. 어떤 정책은 선정되어 평가되는 반면, 또 다른 정책은 그런 점이 전혀 고려되지 않는다. 예를 들면, 평가자는 권력구조에 지장을 초래하는 정책보다 정치적인 권력구조에 직접적으로 영향을 미치지 않는 정책을 평가하려고 하고, 이미 오래전부터 있어 온 정책을 연구하려고 한다(이윤식, 2010). 이는 어떤 정책을 선정해 평가하는 데에는 이미 정치적 의미가 내재해 있음을 의미한다.

정책평가의 결과를 해석하는 일 또한 정치성을 내재하고 있다. 정책을 성공했느냐 또는 실패했느냐 하는 것을 평가하는 것은 무엇을 기준으로 보느냐에 따라서 정치적일 수 있다. 시간에 관계없이 정책이 성공했느냐 실패했느냐를 평가할 수 있는 객관적이고 고정된 평가 기준을 찾기 어렵기 때문이다. 그뿐 아니라 무엇을 성공으로 보느냐 하는 성공에 대한 정의도 어렵다(노화준,

2010). 예를 들면, 이명박 정부가 2008년 정권 초기부터 추진했던 기초수준 미달학생 비율 감소를 위한 국가수준학업성취도평가의 전수조사와 결과 공개 정책이 정책을 추진한 정부 입장에서는 성공적이었다고 평가하지만, 일선 학교 그리고 이를 처음부터 반대했던 학자들은 오히려 교육 현장의 도덕적 해이와 교육과정 왜곡을 가져온 실패한 사업으로 보고 있다. 이 사례만 보더라도 정책의 성공과 실패에 대한 평가에는 상당한 정도의 주관성이 개입하는 것을 배제하기 어렵기 때문에 교육정책 평가과정은 정치적일 수밖에 없다. 이렇듯 교육정책 평가과정은 내재적으로 정치성을 지니고 있기 때문에 정책평가자는 자신이 평가과정에서 정치적 역할을 수행하고 있음을 부인할 수 없다.

2) 교육정책평가의 정치화 경향

교육정책평가의 정치화는 최근 전세계적으로 강화되고 있는 경향을 보인다. 신자유주의의 영향으로 소비와 유통을 활발하게 이끌 수 있는 국가의 역할이 강조되면서, 특히 평가를 통해 공급의 질을 효과적으로 관리하려는 의도가 다분하다(성열관, 심연미, 2008). 이를 두고 성열관과 심연미(2008)는 '평가적 국가'라고 명명하고, 사회 전 분야에 걸쳐 국가 주도의 평가가 이루어지고 있음을 지적하였다. 김재웅(2010)도 현대사회를 '평가만능시대'로 보고, 평가 대상에 대한 질 관리, 경쟁력 강화 그리고 고객 만족을 위해서는 모든 부문에서 평가가 필수처럼 요구되고 있음을 언급하였다. 정부가 책임지고 있는 공공부문에서는 선거 결과를 의식하는 정치가가 주민에 대한 책무성을 높인다는 명목으로 평가를 활용한다. 우리나라에서 공기업에 대한 공적 책무성 강화 수단으로 여러 평가를 강화하는 것도 같은 맥락에서 이해할 수 있다. 교육 분야도 예외는 아니어서 공교육의 질 관리를 위해 국가 주도의 행정평가 메커니즘의 작동을 강조해 왔다. 최근에는 국가 주도의 행정평가에서 공교육에 시장원리를 도입하여 학부모가 교사와 학교에 대해 직접적인 평가를 실시하는 시장평가 메커니즘(Chubb & Moe, 1990)이 부각되고 있다. 미국 공교육체제에서 학교 선택권 확대나 한국의 5·31 교육개혁 이후 소비자주권론을 기반으로 교사 평가에 학생과 학부모가 참여하는 전략을 대표적인 사례로 볼 수 있다. 그런데 문제는 교육 분야의 책무성 강화를 위해 도입한 정책평가가 학교 현장의 장점을 위축시킬 수 있다는 위험성에 있다. 아무리 좋은 의도를 가지고 평가를 한다고 하더라도 평가자가 지니고 있는 기준에 맞춰야 좋은 평가를 받을 수 있다는 평가의 내재된 정치적 속성(김재웅, 2007) 때문에 전문적 재량에 따라 창조적인 교수활동을 추진해야 하는 교사와 단위 학교는 획일화된 평가 기준에 따를 수밖에 없는 상황에 놓이게 된다.

3) 교육정책평가 정치화의 위험성

더 큰 문제는 교육정책평가의 정치화가 남용되거나 악용될 수 있는 가능성이다. '감사사회(audit society)'라 불릴 정도로 평가가 만연해 있는 현대사회에서 정책평가는 교육 주체의 책무성을 강화한다는 장점이 존재하지만, 정책평가가 지닌 어두운 면은 교육 실재를 오히려 훼손시킬 수 있는 위험성을 지니고 있다. 이윤식(2010)은 정치적으로 이용하는 정책평가 행위에 대해 언급하였는데, 정책의 매력적인 측면을 과시하거나 업무 성과 가운데 잘된 부분만을 표출하기 위해 정치적으로 정책평가를 이용할 수 있다고 하였다. 즉, 정책평가를 합리적이고 객관적이며 과학적인 연구인 듯한 모습을 보이기 위한 도구로 사용해 여러 다양한 관련자를 회유하거나 성공적이고 좋은 업적만을 보여 주고 실패하고 나쁜 측면은 감추려고 평가를 실시하는 행태를 보인다는 것이다. 이는 특히 선출직 관료나 의원이 앞으로의 선거를 대비하여 업적을 남기기 위해 기존 정책의 정확한 효과를 기다릴 시간적 여유가 별로 없기 때문에 정책의 평가결과를 과대포장하거나 축소시키는 전략을 활용한다.

교육정책 분야에서도 이러한 사례를 종종 목격할 수 있는데, 정권교체 때마다 새로운 교육정책이 제시되며, 이는 대통령 임기인 5년 안에 각종 정책평가로 효과성을 빠르게 증명한 후 새로운 대통령의 등장과 함께 정책이 폐기되거나 해당정책의 문제점이 지적되기도 한다. 대표적인 사례로 이명박 정부가 추진하던 전수조사 방식의 국가수준학업성취도 평가정책은 학교 현장의 거센 반대에도 불구하고 초·중·고등학교에 걸쳐 전면 실시되었고, 해마다 기초학력 미달학생 비율이 감소되는 가시적인 정책성과를 보여 주었다. 하지만 학교현장에서는 기초학력 미달학생 비율을 줄이기 위해 각종 도덕적 해이 현상을 보여 주었고, 시험 과목 중심의 교육과정 왜곡이라는 문제가 드러났지만, 이명박 정부 시절의 정책평가과정에서는 이러한 문제 현상들이 반영되지 않았다. 이후 박근혜 정부에 들어서야 정책문제로 받아들여져 초등학교 단계의 국가수준학업성취도 평가정책이 폐지되는 상황에 이르렀다.

정책평가는 때때로 정치적으로 악용되기도 한다. 정책평가가 정책의 순수한 결과물이라기보다는 권력행사의 수단으로 이용당하는 것이다. 정책평가가 진행되는 동안 정치적 압력을 행사하여 평가결과의 내용을 변동시키거나 위축시킬 수 있다(이윤식, 2010). 하나의 전략으로, 정부기관은 정책평가자를 압박하여 정부가 처한 상황을 고려해서 평가 자료를 해석하도록 유도할 수 있다. 평가자의 입장에서 정부기관은 평가 의뢰인이기 때문에 정부기관의 의도에 부합하여 정책적 제언을 진술하기도 한다. 만약 부정적인 정책평가 결과가 도출된 경우, 그 내용을 아예 공개하지 않을 수도 있다. 더 나아가, 정부기관의 의사결정자의 정치적 편향에 따라 정책의 평가결과를 의도적으로 왜곡할 수도 있다. 2013년 한국교육개발원에서 수행한 서울형 혁신학교 평가에서 혁신학교가 일반학교에 비해 학업성취도가 현저히 낮아 예산 투입의 성과가 미흡하다는 결과를 발표하였다. 하지만 서울형 혁신학교들이 대부분 취약 지역을 중심으로 지정되었고, 보고서에서 활용한 학업성취도 자료는 혁신학교 지정 후 불과 3개월에 지나지 않아 혁신학교의 성과를 평가하는 잣

대로는 부적절하다고 지적되면서 혁신학교 평가결과에 대한 편파성 논란이 제기되기도 하였다.[4)]

5. 전망과 시사점

이 장에서는 교육정책 평가과정의 이론적 기반을 살펴보았다. 우선, 지난 반세기 동안 정책평가의 이론과 기법은 합리주의적 접근에 기반하여 주도적으로 발전해 왔다고 볼 수 있다. 특히, 1980년대 이후 신공공관리론의 영향하에 생산성과 효율성을 중시하는 정책평가모형은 전세계적으로 지배적인 경향을 보이고 있다. 하지만 합리주의적 정책평가가 현대 민주주의 국가의 공공부문 활동에서 일반적으로 요구되는 중요한 가치들(예: 참여의 가치, 절차상의 공정성, 형평성 등)과 어떻게 균형을 이룰 수 있을지에 대해서는 계속해서 한계로 지적되어 왔다. 이러한 문제의식하에 최근 미국과 유럽의 정책평가학자들은 하나의 정책평가모형이 가장 적절한 해답을 제공해 줄 것이라는 그릇된 믿음을 버리고, 대신 여러 가지 다양한 정책평가모형이 서로 경합하면서 공공부문에서 요구되는 다양한 가치들을 실현할 수 있는 접근이 필요함을 주장하고 있다. 즉, 다양한 평가모형들이 각자 조금씩 다른 부분적인 전망과 해답만을 제시해 줄 뿐이기 때문에 하나의 단일한 평가모형이 아닌 몇 가지 평가모형을 결합해서 사용하는 방식을 권장하는 것이다(이성우, 2008). 우리나라 교육정책평가에서도 목표달성에 기반한 효과성 모형을 포함한 정책평가의 합리주의적 접근을 무비판적으로 받아들여 주도적으로 활용하고 있음을 쉽게 찾아볼 수 있다. 교육정책의 평가자와 결정자는 이 단일한 평가모형이 교육정책을 평가하는 데 가장 합리적인 해답을 제공해 줄 것이라고 여기는 경향이 강하다. 하지만 다원화된 민주주의 사회에서 효율성과 생산성 가치에 묻힌 교육의 주요 가치(예: 공공성, 참여의 가치 등)를 회복하기 위해 대안적 접근과의 균형 있는 결합이 필요할 것이다.

둘째, 우리나라 교육정책평가의 발전을 위해 교육조직 외부자(예: 행정 관료, 학자) 중심으로 추진하던 일방적인 정책평가 방식의 전환이 필요하다. 지금까지 교육정책평가는 평가자와 피평가자가 엄격하게 구분되어 관료나 개인 학자 중심으로 구성된 외부 평가자는 항상 평가를 실시하는 입장에 놓이고, 정책집행의 당사자인 단위 학교와 교사는 항상 평가를 받아야 하는 입장에 놓여 왔다. 행정 관료와 국가로부터 의뢰받은 외부 전문가들이 직접 나서서 정책의 평가결과에 따라 단위 학교의 책무를 묻거나 단위 학교와 시·도 교육청에게 행정 사항 이행을 요구한다. 하지만 교육정책평가의 일방적인 관계에서는 무엇이 좋은 정책인가, 정책을 실현하기 위해 현장에서 무엇이 필요한가에 대한 구성원 간의 충분한 숙의가 이루어지지 못한 채 외부 평가자에 의해 평가 기준이 결정되고, 이들의 평가관이 그대로 현장에 강제되며, 평가자와 피평가자 간에는 위계적 관계가 강화되는 결과를 초래할 수밖에 없다. 다원적 민주주의로 진행함에 따라 질 높은 정책 정보를 다양한 교육 주체로부터 제공받아 정책의 발전을 꾀하기 위해서는 정책평가 패러다임의 전환이 필요하다. 즉, 교육정책평가에 있어서 정책평가자 혼자서 평가 정보를 생산하는 것이 아니라 다양한 정책 맥락을 이해하고, 다양한 이해관계자들의 민주적 참여 속에서 반응적이고 숙의적인 정책평가가 이루어질 수 있는 방향으로의 전환을 하여야 한다. 특히, 현장의 교사도 평가자로 생각하는 평가 방식이 요구된다. 이들은 학교 조직의 내부 주체로서 교육에 대해 가장 큰 책무성을 가지고 자율적 전문성에 따라 스스로 통제할 수 있는 존재다. 또한 교육활동에 있어서는 가장 전문적 지식과 수준을 갖추고 있기 때문에 내부 평가자로서 정책의 평가과정에 참여하여 정책발전에 이바지할 수 있을 것이다. 이러한 맥락에서 이성우(2008)는 정책평가가 더 이상 '평가를 위한 평가'에 머물지 않고 '변화를 위한 평가'로 나아가기 위해 평가자가 단독 재판관의 역할에 머물지 않고, 배심원들과 함께 재판을 진행하는 재판관의 역할, 촉진자의 역할을 신중하게 해 나가는 민주적·참여적 평가가 필요함을 제기한 바 있다.

끝으로, 모든 정책의 과정과 마찬가지로, 정책평가는 정치적 과정으로 이루어진다. 평가에 본질적으로 내재된 정치성을 벗어나기란 어렵다. 이것이 피할 수 없는 현실이라면, 정책평가에서 공정성을 제고하기 위해 정책이 평가되는 과정과 구조 그리고 여건에 대한 다양한 이해가 전제될 필요가 있다. 정책평가자는 대부분 정부가 평가 의뢰인이기 때문에 공식적인 평가 틀과 지표에서 평가를 시작해야 하지만, 평가 대상이 되는 현장에 대한 맥락과 해당 정책이 추구하고자 하는 다양한 가치들에 대해 충분한 고려가 전제되어야 할 것이다.

미주

1) 평가가 어떤 활용의 가치를 판단하는 과정이라는 점에서 사물이나 현상을 수치화하는 '측정'과 다르다(김재웅, 2007).

2) Vedung(1997: 17-18)의 인용에 따르면, 정책평가란 오래전 고대시대부터 왕후가 학자에게 정부 시책의 집행, 산출 및 결과 등에 대해 회고적인 사정(retrospective assessment)을 하도록 하여 국정 운영을 담당하고 있는 사람들이 자신이 한 일을 반성하고 깊은 이해와 올바른 기초 위에서 의사결정을 내릴 수 있도록 해 주는 것에서 유래하였다.

3) 정책평가모형에 관한 대표적인 논의는 Vedung(1997)의 분류인데, 이 분류는 평가모형을 정책 관여의 실제적인 결과에 초점을 맞춰 크게 효과성 모형, 경제성 모형 그리고 전문가 모형 그리고 의사결정모형으로 구분하였다. 이 외에도 Chelimsky(1985)는 사전분석모형, 평가성 평정모형, 형성개발평가모형, 효과성 평가모형, 정책 및 문제 모니터링 모형, 메타평가 또는 평가종합모형 등으로 평가모형을 분류하였다. 보다 구체적인 내용은 이윤식(2010)의 정책평가론을 참조할 필요가 있다.

4) 이 내용을 기사로 다룬 한겨레신문에서는 14개 혁신학교 평가를 거부하는 등 연구가 정상적으로 이뤄지지 않아서 정책을 결정하는 자료로 사용하기 어렵고, ABC 등급을 나눈 기준

도 설명하지 않았으며, 학생 · 교사 · 학부모 인터뷰와 만족도 조사 결과도 밝히지 않았다고 언급하였다(한겨레신문, 2013. 11. 11.).

추천도서

　교육 분야에서 정책평가를 이론적으로 탐색한 서적은 찾아보기가 어렵다. 정책평가에서 활용되고 있는 다양한 평가모형에 대해서 공부하고 싶다면 스웨덴 정책학자 Vedung(1997)의 책을 추천하며, 앞서 언급한 동료 중심의 정책평가모형에 대해 공부하고 싶다면 Guba와 Lincoln(1989)의 저서를 읽어 보기를 권한다. 또한 정책평가의 정치성에 대해서는 국내 서적으로 이윤식(2010)의 저서가 있다.

이윤식(2010). 정책평가론. 서울: 대영출판사.

Vedung, E. (1997). *Public policy and program evaluation.* (이경옥 역, 2007). 정책평가론. 서울: 법문사.

Guba, E., & Lincoln, Y. (1989) *Fourth generation evaluation.* Newbury Park, CA: Sage.

참고문헌

김재웅(2007). 교사 평가의 정치학: 새로운 교사 평가제의 도입 및 시범운영과정을 중심으로. 교육정치학연구, 15(1), 7-32.

노화준(2010). 정책분석론. 서울: 법문사.

성열관, 심연미(2008). 신자유주의 교육정치학적 해석과 전망. 한국교육정치학회 학술대회논문집, 1.

이성우(2008). 후기 실증주의와 질적연구방법의 정책분석평가연구에의 적용가능성. 정책분석평가학회보, 18(4).

이윤식(2010). 정책평가론. 서울: 대영문화사.

이종수(2000). 행정학사전. 서울: 대영문화사.

정정길(2004). 정책평가: 이론과 적용. 서울: 법영사.

조성호(2009). 수도권 대학규제정책의 영향평가에 관한 연구. 한국정책연구, 9(3), 151-171.

한겨레신문(2013. 11. 11.). 졸속평가 근거로… 서울교육청 "혁신학교 추가 없다".

Campbell, D. T. (1969). Reforms as experiments. *American Psychologist, 24*(4), 409-429.

Chelimsky, E. (1985). Old patterns and new directions in program evaluation. In E. Chelimsky (Ed.). *Program evaluation: Patterns and directions.* Washington, DC: American Society for Public Administration.

Chubb, J. E., & Moe, T. M. (1990). *Politics, markets and America's schools.* Washington, DC: The Brookings Institution.

Guba, E., & Lincoln, Y. (1989) *Fourth generation evaluation.* Park, CA: Sage.

Habermas, J. (1981). *Theory of Communicative Action Vol. 1: Reason and the Rationalization of Society.* Translated by McCarthy. Boston, MA: Beacon Press.

Nachmias, D. (1979). *Public policy evaluation: Approaches and method.* NY: St. Martin's Press.

Parsons, W. (2002). Analytical frameworks for policy and project evaluation: Contextualizing welfare economics, public choice and management approaches. In L. Giorgi & A. Pearman (Ed.), *Project and policy evaluation in Transport.* Burlington, UK: Ashgate Publishing Company. 144-180.

Scriven, M. (1991). *Evaluation thesaurus* (4th ed.). Newbury Park, CA: Sage.

Stake, R. E. (1975). *Evaluating the arts in education: A responsive approach.* Columbus, OH: Merrill.

Vedung, E. (1997). *Public policy and program evaluation.* (이경옥 역, 2007). 정책평가론. 서울: 법문사.

Wholey, J. S. (1973). Contributions of social intervention research to government practies. *Annals of the New York Academy of Sciences, 218,* 31-42.

제3부

교육정책의 분석

제3부에서는 교육정책의 '분석' 문제를 다룬다. 정책분석이란 이미 이루어진 정책이나 향후에 이루어질 정책에 대하여 그 정책에 포함된 불분명한 개념과 사실관계 등을 명확히 함으로써 그 정책의 성격과 효과 여부를 드러내고자 하는 지적 활동을 말한다. 제3부는 세 개의 장으로 이루어져 있다. 제8장에서는 정책분석 전반을 개관하고, 제9장에서는 정책분석의 단계와 단계별 분석 방법을 검토한다. 그리고 제10장에서는 정책분석에 필요한 시각을 형성하는 데 도움이 되는 여러 학문적 관점을 살펴본다.

제 **8** 장

정책분석의 개요

이 장에서는 정책분석이 무엇인지를 개관한다. 먼저, 정책분석의 의미와 성격을 명확히 하고, 분석 활동이 어떤 단계를 거쳐 이루어지는지를 알아본다. 다음으로, 정책분석을 위한 접근 방식을 살펴보고, 정책분석의 유형을 점검한다. 마지막으로, 정책분석에 따르는 윤리적 문제들을 검토한다.

1. 정책분석의 성격

1) 정책분석의 의미

(1) 정책분석의 개념

정책분석은 '정책'과 '분석'의 합성어다. 정책이 무엇인가에 대한 설명은 이 책의 제1장에서 충분히 다루었으므로, 여기서는 분석의 의미에 대해 구체적으로 알아본다.

정책분석에서 '분석'의 의미는 다양하게 해석될 수 있다. 분석의 일반적인 의미는 얽혀 있거나 복잡한 것을 풀어 그 요소나 성분, 측면 등을 밝히는 일을 말하고, 논리학에서는 개념을 각개의 속성으로 나누어 그 의미와 구성을 명확하게 하는 일을 말한다. 이러한 의미 때문에 분석이라고 하면 흔히 종합과 대비되는 것으로, 분석은 나누는 것인 반면 종합은 모으는 것이라고 생각하거나, 분석은 부분에 관한 것이고 종합은 전체에 관한 것이라는 오해를 하기도 한다.

그러나 부분을 전체 속에서 파악하면서 그 부분의 구성과 성격을 명확하게 하는 것도 분석이고, 불분명한 채로 위장된 언명(言明)의 체계를 분명하게 하는 것 또한 분석이다. 즉, 전체로서 하나의 이름을 가지고 있는 특정 교육정책이 있다고 할 때, 정책분석이란 그 정책을 구성 요소로 구분하고 분해하는 활동뿐만 아니라, 직관·판단·실험·유추 등의 방법을 활용하여 그 정책이 해결하려는 문제의 성격이 무엇인지 밝히고, 정책 관련 쟁점을 정리하고, 정책의 집행 결과를 평가하여, 정책결정 시 의도한 변화가 실제로 이루어졌는지 등을 판단하는 지적 활동 일반을 포괄적으로 지칭한다.

좀 더 압축하여 표현하면, 정책분석이란 이미 이루어진 정책이거나 향후에 이루어질 정책에 대하여 그 정책에 포함된 불분명한 개념과 사실관계 등을 명확히 함으로써 그 정책의 성격과 효과 여부를 드러내는 지적 활동을 말한다. 이미 이루어진 정책을 분석할 때에는, 정부가 어떤 정책결정을 했는지, 왜 그런 결정을 했는지, 그렇게 결정하는 것 말고 달리 결정할 수는 없었는지, 그리고 그 정책의 집행결과 무엇이 달라졌는지 등을 연구한다. 그리고 향후에 이루어질 정책을 분석하는 경우에는, 어떤 정책결정을 해야 하는지, 왜 그렇게 해야 하는지, 다른 대안은 없을 것인지, 그 정책으로 무엇이 어떻게 달라질 것으로 보는지 등을 연구한다.

(2) 정책분석과 정책평가의 관계

정책분석의 의미를 이와 같이 이해했을 때, 그것은 정책평가와 같은 것인가 혹은 다르다면 어떻게 다른가 하는 문제가 제기된다. 정책평가 역시 정부 정책에 대하여 그 정책이 올바른 문제 인식으로부터 출발했는지, 정책대안은 적절했는지, 집행은 효과적이었는지 등을 직관·판단·실험·유추 등의 방법을 활용하여 분명하게 하는 지적 활동이기 때문이다.

정책분석과 정책평가의 개념상 차이를 밝히고자 했던 정책연구자들이 일찍부터 있었다. 연구자들(Anthony, 1965: 16; Beckman, 1977: 222; Poland, 1974: 333; Wildavsky, 1969: 293-302)은 대체로 정책분석이 미래지향적인 접근인 반면, 정책평가는 과거 지향적인 접근이라는 식으로 구분하였다. 즉, 정책분석은 최종적으로 결정될 정책대안이 선택되어 집행되었을 때 어떤 결과가 나오게 될지를 예측하는 것인 반면, 정책평가는 이미 집행이 이루어진 정책에 대하여 그 경과와 결과를 반성적으로 회고하는 것이란 뜻이다. 정책평가는 비록 과거를 돌아보는 것이긴 하지만 그 목적이 미래에 대한 정책조언에 있기 때문에, 정책평가가 정책분석에 활용될 수 있다고 본다. 이러한 개념 구분 방식은 일견 분명해 보이는 장점이 있었기 때문에 한동안 학계에서 받아들여졌으나, 오늘날은 그러한 영역 구분이 의심을 받고 있다. 정책평가가 이미 이루어진 정책에 대해 평가를 한다는 점에 대해서는 별로 이견이 없으나, 정책분석이 꼭 향후의 정책 제안에만 관심을 두는 것은 아니라 기왕의 정책에 대한 분석도 얼마든지 가능하다고 보기 때문이다.

정책평가와 정책분석을 구분하는 또 하나의 방법으로, 평가와 분석이라는 개념 속에 포함되는 활동의 내용적 특성에 주목하는 경우가 있다. 평가는 말 그대로 가치에 대한 판단을 핵심 활동으로 하기 때문에, 정책평가는 평가 대상 정책에 대한 가치판단을 전제로 한다. 반면, 분석은 개념의 명료화나 사실관계의 파악 혹은 장래 추세의 예측에만 머무르는 경우가 얼마든지 있을 수 있다. 물론, 분석에서도 평가를 하는 경우가 있고, 사실 파악은 그 후속 단계인 평가로 곧장 이어지기도 하지만, 평가가 분석의 필수조건인 것은 아니란 뜻이다. 달리 말하면, 정책평가를 위해서는 정책분석이 꼭 필요하지만, 정책을 분석하는 일이 반드시 그 정책을 평가하는 일까지 해야 하는 것은 아니다.

지금까지의 논의를 정리하여 그림으로 나타내면 [그림 8-1]과 같다. 정책분석과 정책평가는 대상 정책의 범위와 활동의 내용적 특성을 기준으로 하여 각각 구분할 수 있다. 대상 정책의 범위에서 보면, 정책평가는 기왕의 정책을 대상으로 하지만, 정책분석은 기왕의 정책뿐만 아니라 향후의 정책을 제안하는 것에 대해서까지 관심을 가진다는 점에서 구분된다. 다음으로 활동의 내용적 특성에서 보면, 정책분석 활동은 개념의 명료화나 사실관계 확인을 반드시 포함하지만 가치 판단 활동은 할 수도 있고 하지 않을 수도 있다. 그에 비해, 정책평가 활동은 가치 판단을 반드시 포함하고, 그 전제로서 개념 명료화와 사실관계 확인이라는 활동을 필요로 한다는 점에서 정책분석 활동과 구분된다.

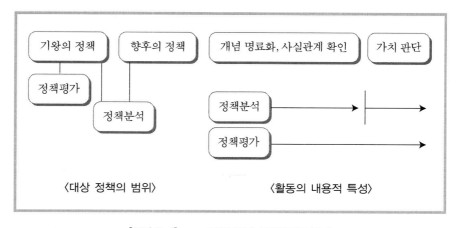

[그림 8-1] ··· 정책분석과 정책평가의 관계

(3) 정책분석의 의의

이러한 정책분석의 의의로는, 그 분석의 효과가 누구에게 미치는가를 기준으로, 다음 세 가지를 생각할 수 있다. 즉, ① 분석을 통해 공공정책의 질이 향상되도록 정책결정자를 도울 수 있고, ② 정책연구자로 하여금 정책연구의 축적과 진보에 기여할 수 있게 하며, ③ 일반인으로 하여금 정책에 대한 이해를 더욱 깊게 할 수 있다.

정책분석이 곧 정책결정은 아니지만, 잘 이루어진 분석은 그 결과를 통해 정책결정자로 하여금 좋은 결정을 내리도록 동기화하고 그들에게 필요한 정보와 자료를 제공하는 역할을 한다. 정책연구자는 그 자신이 하는 일이 곧 정책분석이라 할 수 있을 정도로, 정책분석은 정책연구에서 주요 위치를 차지하고 있다. 그러므로 정책분석은 정책연구의 축적과 진보에 기여할 수 있다. 일반인은 정책을 자신의 이해관계와 결부시켜 평가하거나 그렇지 않으면 무관심한 경우가 많은데, 이 분석 결과를 통해 해당 정책의 정체와 전모를 파악하는 데 도움을 얻을 수 있다.

결론적으로, 정책분석이 잘 이루어지면 그 분석에 기초하여 정책결정자나 정책연구자뿐만 아니라 일반인도 도움을 받을 수 있고, 무엇보다 더 나은 정책결정을 유도함으로써 정책을 통한 인간 삶의 수준 향상이라는 정책의 취지 구현에 도움이 된다.

(4) 정책분석의 목적

정책분석은 학술적 · 이론적 목적에 의해 이루어질 수도 있고, 정책적 · 실천적 목적에서 이루어질 수도 있다. 학술적 · 이론적 목적에 따라 정책분석을 하는 경우에는 정책의 '이해'를 위해 분석을 하는 것이라고 할 수 있는 반면, 정책적 · 실천적 목적에 따라 정책을 분석하는 경우에는 정책의 '처방'을 위해 분석을 하는 것이라고 말할 수 있다. 정책의 '이해'를 위한 분석과 '처방'을 위한 분석은 실제로 분리하기는 힘들지만 개념적으로 구분할 수 있다.

〈표 8-1〉은 이 두 가지 목적의 차이를 보여 준다.[1)]

〈표 8-1〉 정책의 '이해'를 위한 분석과 '처방'을 위한 분석

구분	정책의 '이해'를 위한 분석	정책의 '처방'을 위한 분석
주된 분석 대상	기왕의 정책	형성/집행 중에 있는 정책
정책에 대한 분석가의 위치	국외자, 관찰자, 연구자	내부자, 행위자, 정책실천가
분석활동의 성격	−기술적(記述的) −현상 설명, 예측, 지식 축적	−처방적(處方的) −문제와 대안의 점검 및 평가, 정책대안의 창도
분석의 의의	정책에 대한 이해의 증진	정책과정의 실제적 문제 해결

정책의 '이해'를 위한 분석은 기왕에 이루어진 정책을 주된 분석 대상으로 삼는다. 간혹 현재 진행 중에 있는 정책을 분석 대상으로 삼는 경우도 있지만, 그러한 정책은 아직 전모가 드러난 정책도 아니고, 언제 그 성격이 바뀔지 모르는 유동성 높은 정책이기 때문에 학술적 분석의 대상으로 삼기에는 부적절한 면이 있다. 이 분석에서 분석가는 특정 정책을 탐구의 대상으로 놓고 바라보기 때문에, 정책에 대한 국외자, 관찰자 및 연구자의 입장에서 대상 정책을 조사 · 추적 · 사유 · 비교 · 평가하는 활동을 수행한다. 주로 기술적(記述的) 정책분석에 치중하며, 현상의 설명과 예측 및 지식 축적에 관심을 기울인다. 정책에 대한 분석의 결과가 나중에 정책의 과정에서 실제로 활용될 수는 있지만, 이 분석 활동 자체가 정책과정의 일부가 되는 것은 아니다. 이 분석 활동의 일차적 의의는 분석 대상 정책에 대한 이해의 증진에 있다. 물론 이 이해를 바탕으로, 유사한 정책문제에 대한 실제적 해결책 강구에 도움을 얻을 수는 있다.

한편, 정책의 '처방'을 위한 분석은 정책의 과정에서 정책 활동의 일환으로서 정책을 분석하는 것을 말한다. 이 분석에서 분석가는 특정 정책에 대해 내부자, 행위자, 정책실천가의 입장에서 조사·추적·사유·비교·평가하는 활동을 수행한다. 주로 평가적·처방적 정책분석에 치중하며, 문제와 상황과 대안을 모니터링하고 평가하여 좋은 정책대안을 창도하는 데 관심을 기울인다. 정책의 '처방'을 위한 분석에서는 그 분석 자체가 정책과정의 일부다. 정책을 형성하거나 집행하는 매 단계에 놓인 정책실천가로서, 다음 단계의 정책과정으로 원만하게 진입하기 위해 분석 활동을 하는 것이다. 이러한 분석은 정책입안자나 정책집행자 자신의 직관적·경험적 분석에 전형적으로 들어 있고, 제기된 문제의 해결을 위한 실천 방도 발굴에 중점을 둔다.

2) 정책분석의 대상과 분석 활동의 내용

(1) 정책분석의 대상

교육정책의 분석에서 분석의 대상은 당연히 교육정책이다. 그런데 그 교육정책의 어떤 측면을 분석하려 하는가에 따라 분석 대상은 다시 세분된다. 말하자면, 교육정책의 분야별 '내용'이 분석 대상이 될 수도 있고, 교육정책이 형성·집행되는 '과정'을 분석 대상으로 삼을 수도 있으며, 교육정책이 시대에 따라 변화되는 '추세'를 분석 대상으로 부각시킬 수도 있다.

교육정책의 분야별 '내용'에 대한 점검은 유아교육정책, 초등교육정책, 중등교육정책, 고등교육정책, 평생교육정책, 교육과정정책, 교원정책, 통일교육정책 등과 같이 특정 분야의 교육정책 내용이 어떻게 되어 있고, 그 정책이 해당 분야에서 제기된 문제를 해결하는 데 적절한지 등을 점검한다. 특정 분야 정책의 '내용'을 분석 대상으로 삼는 경우, 대체로 분석가는 정책을 제도의 산물로 본다. 즉, 정책은 「헌법」이나 각종 법규에 제도적 기반을 두고서, 합법적 권한을 지닌 정부기관에 의해 결정되고 집행되는 것이라는, 제도주의적 시각을 확인할 수 있다는 뜻이다. 제도주의적 시각에서는 특정 정책이 탄생하게 된 법과 제도의 공식적 구조에 관심을 기울인다. 그러한 구조에서 어떤 내용을 지닌 정책이 등장하는지, 그 내용의 정책은 어떤 효과와 한계를 갖는지 등이 분석의 초점이다.

한편, 교육정책의 '과정'을 분석 대상으로 삼는 경우에는 해당 정책의 탄생에서 소멸에 이르는 과정상의 특성과 이행 단계별 변화과정을 점검하는 데 초점을 맞춘다. 정책 '내용'에 대한 분석이 주로 정책의 정태적(靜態的) 측면에 관심을 기울인다면, 정책 '과정'에 대한 분석은 주로 정책의 동태적(動態的) 측면에 관심을 기울이는 것으로 대조할 수 있다. 특정의 정책이나 제도가 누구에 의하여 어떻게 작동하는지를 살피는 동태적 분석은 정치적 영향력의 소재에 따라 엘리트주의와 다원주의로 그 분석의 관점이 구분된다. 엘리트주의에서는 소수의 지배 엘리트가 정책과정을 전체적으로 장악한다고 본다. 불평등하게 배분된 정치권력 관계에서 엘리트는 자신의 선호와 가치체계에 따라 압도적인 영향력을 행사한다고 본다. 이에 비해, 다원주의에서는 정치권력이 사회의 여러 구성원이나 집단에 골고루 분산되어 있다고 본다. 다양한 집단의 참여 속에서 견제와 균형 및 협상과 타협이 이루어짐으로써 공공정책이 만들어진다고 보는 것이다.

그리고 교육정책의 '추세'를 분석 대상으로 삼는 경우에는 해당 정책의 시대별 변화 양상을 추적하고 장래의 동향을 예측하는 데 초점을 맞춘다. 정책의 중점이나 주요 이념 및 정책 수단 등이 어떻게 변화했는지 그 과정상의 특성을 추출하고, 그를 통해 향후의 흐름까지 추정하는 데 관심을 둔다. 추세의 분석에서는 비교적 긴 시기를 대상으로 하여 추세를 이어 가게 하는 힘이 무엇인지, 그 추세를 변화시키는 결정적인 계기가 무엇인지 등을 드러내려 하는 데 공을 들인다.

(2) 분석 활동의 내용적 특성

분석 활동은 분석 대상에 대해 '과학적' '철학적' 연구를 통한 '처방 제시'의 특성을 보인다. 과학적 연구의 중점이 '무엇이 사실인지'를 밝히는 실증적·경험적 연구에 치중하고 있다면, 철학적 연구에서는 '무엇이 적절하고 올바른 선택인지'에 대한 규범적 가치판단을 배제하지 않는다는 차이가 있다. 과학적 사고와 연구는 인과법칙의 정립을 목적으로 하는데, 이 법칙의 정립은 가설의 설정과 그 검증을 통한 수락 혹은 기각의 축적을 통해 이루어진다. 반면, 철학적 접근에서는 무엇이 옳고 그른지, 무엇이 특정의 상황적 조건에서 가장 바람직한 것인지 하는 문제에 대한 가치 판단을 회피하지 않는다. 과학적 연구와 철학적 연구에는 공통적으로 관련 개념의 명료화, 정보의 수집과 해석, 현상에 대한 기술과 설명, 판단 등의 지적 활동이 포함된다.

그리고 정책분석에서는 문제 해결을 위한 최적의 처방을 제시하는 속성도 함께 보인다. 처방적 접근에서는 정해진 목표를 달성하는 데 가장 효과적인 방법이나 수단을 찾아내는 것에 초점을 맞춘다. 문제 상황에 대한 올바른 처방을 내리는 데에는, 실증적·경험적 연구를 통한 사실관계의 파악과 함께, 무엇이 교육적 규범에 부합하는지에 대한 가치판단이 함께 요구된다. 즉, 처방의 과정에는 과학적 접근과 철학적 접근에 의한 분석의 결과가 활용된다는 뜻이다.

정책분석 활동은 한편으로는 학문적 속성을 지니면서 다른 한편으로는 기예적(技藝的) 속성을 지닌다(Wildavsky, 1979). 그러므로 정책분석가는 분석을 위한 학문 연구의 방법을 숙지하고 그것을 타당하게 적용할 줄 알아야 할 뿐만 아니라, 분석이 행해지는 상황의 정치적 특성과 대중의 선호를 민감하게 인지할 줄 알아야 한다. 그렇게 해야 정책결정자나 정책수용자에게 적합한 분석 방법을 선택하고, 분석 결과를 제시하며, 정책과정을 실천적으로 개선하는 데 기여할 수 있기 때문이다.

정책분석 활동에 과학적·철학적·처방적 성격이 있고, 또한 학문적 속성과 기예적 속성이 함께 있는 것처럼, 분석 활동은 가히 종합 학술적 기지(機智)를 요구한다. 이를 토대로 분석가가 실제로 하는 일을 보면 정책문제의 구조화, 창의적 대안의 모색, 대안 적용 결과의 예측, 선호 정책의 제안, 집행과정과 결과의 점검, 정책성과의 평가 등과 같은 일을 한다. 즉, 분석 활동 속에는 정의(definition), 탐색(exploration), 예측(forecasting), 제안(recommendation/prescription), 점검(monitoring)과 평가(evaluation/appraisal) 활동이 포함된다.

3) 정책분석 활동의 난점

교육정책을 포함하여, 정책을 분석의 대상으로 삼는 인간의 활동에는 다음과 같은 몇 가지 난점이 있다.

첫째, 공공정책 문제는 항상 복합적이고, 다면적이며, 논쟁적이고, 이해가 상충하기 때문에 그에 대한 객관적 분석 작업이 용이하지 않다. 복잡다단하게 얽혀 있는 문제는 분석가 개인의 능력 범위를 초월해 있는 경우가 많고, 해당 문제에 관련된 첨예한 이해관계는 분석 작업의 착수를 주저하게 만들고, 그 작업의 진행과정을 왜곡시킬 수 있다. 인간은 합리적 존재이기도 하지만 경우에 따라 비합리적·초합리적 존재이기도 하다. 정책의 과정 속에 있는 인간도 그러하며, 그 정책을 분석하는 인간 또한 그러하다. 즉, 정책이 합리적 사고의 결과물인 것만도 아니며, 합리적 분석을 통해 그 전모를 파악할 수 있는 것 또한 아니라는 뜻이다. 그러므로 정책을 합리적으로 분석한다는 것이 쉬운 일이 아니며, 또 분석할 수 있다 하더라도 그것으로 정책의 성격을 전면적으로 드러내는 데에는 한계가 있다는 점을 자각하는 것이 중요하다.

둘째, 시간적 제약에 따라 정책에 대한 심층적 분석이 어렵다. 정책분석은 대체로 분석가의 이론적 호기심에서 출발하기보다는 실제 상황에서 제기된 문제 해결의 필요로 출발하는 경우가 많기 때문에, 일정하게 정해진 시간의 제약하에서 분석 작업이 이루어지는 특징을 보인다. 이처럼 정해진 일정에 분석 결과를 도출해야 하는 상황에서는 시간적 제약 때문에 표면적으로 드러난 현상에 대한 분석에 그칠 가능성이 크고, 심층적이고 구조적인 분석 결과를 얻기가 어렵다.

셋째, 정책문제 자체가 정치적으로 논쟁적인 경우에는 시민이나 정책결정자가 분석의 결과를 있는 그대로 수용하기 어렵다. 예를 들면, 4대강 사업의 필요성, 국가정보원의 대통령선거 개입 의혹 사건의 실체, 고교평준화정책의 효과 등의 문제는 정치적으로 굉장히 논쟁적인 이슈이기 때문에, 어떤 분석 결과가 나오더라도 특정 선입견에 경도되지 않은 시각으로 그 결과를 수용하기 어렵다는 뜻이다. 경우에 따라서는, 정책분석의 결과가 분석가 자신이 선호하는 이념이나 그가 소속된 집단의 진영 논리를 반영할 수 있다. 또한 그렇지 않은 경우라 할지라도, 외부인은 분석가가 그런 영향하에 놓여 있을 것이라고 예상하여 분석 결과의 객관성을 신뢰하지 않을 가능성이 있다.

2. 정책분석의 단계

정책분석 활동은 몇 단계의 전형적인 인지과정을 거친다. 각 단계의 구분방식과 명칭은 다양할 수 있으나, 통상적으로 '문제의 규정 → 대안의 구상 → 평가 준거의 개발 및 선택 → 대안의 심사·분석 → 결론의 도출 → 정책성과의 평가'라는 체계적 절차를 거치는 것으로 알려져 있다.

1) 문제의 규정

이 단계는 분석의 첫 출발 단계로서, 분석의 대상이 될 정책문제를 선정하고 그 문제의 정체를 밝히는 것을 주 임무로 한다. 문제의 규정은, 의사의 환자에 대한 진단이나 자동차 수리공의 고장 차 진단과 유사하게, 나타난 증상이 무엇인지를 먼저 분명하게 하고 그러한 증상이 나타나게 된 배경 혹은 기제를 살피는 것이 이 단계의 주요 과제다.

문제의 규정 단계에서는, 다음과 같은 질문에 답할 만한 사실과 자료(근거)를 수집하고, 수집된 자료를 종합적으로 고려하여 문제의 정체를 분명하게 한다.

- 무엇이 문제인가?
- 그 문제는 누가 문제라고 제기하는가?
- 그 문제에 의해 누가, 얼마나 심각한 정도로 영향을 받는가?
- 그것은 얼마나 고질적인 문제인가?
- 그 문제의 양상은 무엇인가?
- 그 문제의 주된 원인은 무엇인가?

정책문제가 규정되었다면 그것을 정의한다. 정책문제가 무엇인지를 정책 관련자나 정책분석가 자신에게 명확하게 표현하는 것을 정책문제의 정의라 한다. 정책문제를 정의할 때 유의할 점은 분석가가 내심으로 생각할 수도 있는 특정의 해결 방안이 정의 자체에 포함되지 않도록 하는 것이다. 문제를 정의하면서 부주의하게 어떤 해결 방안을 포함하게 되면, 이후의 분석 과정이 그로부터 부정적인 영향을 받기 때문이다. 예를 들면, "탈북 청소년을 위한 별도의 학교 건립이 너무 늦어지고 있다."는 식으로 문제 정의를 했다고 가정하자. 이러한 문제 정의는 '별도의 학교 건립이 시급함'을 암시함으로써, 탈북 청소년을 위한 또 다른 문제에 대한 해결책, 예컨대 기존의 학교에 수용하여 통합과 적응의 효과를 도모한다거나, 그들을 위해 이미 확보한 교육시설을 효율적으로 활용한다거나 하는 해결책을 미리 도외시함으로써 여러 가능한 해결책의 모색을 사전에 차단하는 부정적 결과를 낳는다. 그렇기 때문에 앞의 정의보다는 "탈북 청소년의 교육을 위한 시설과 공간의 배려가 부족하다."는 식의 문제 정의가 좀 더 바람직하다.

2) 대안의 구상

　문제가 규정되면, 그를 해결할 수 있을 것이라고 기대되는 다양하고 창의적인 방안들을 고안하게 되는데, 이를 대안 구상이라고 한다. 이를 대안이라고 하는 까닭은 방안들끼리 서로 대체(代替) 관계에 있는 선택지임을 드러내기 위해서다.

　대안의 구상을 가능하게 하는 데에는 창의력, 사례 조사, 정책 대상집단의 의견 수렴, 해당 분야 전문가의 전문적 판단 등이 도움이 된다. 대안 구상 단계에서는 대안의 경제성이나 효과성 및 실행 가능성 등을 따지기보다는 일단 가능한 대안을 풍부하게 창의적으로 도출해 본다는 생각으로 접근하는 것이 좋다. 대안별 내용 점검은 이후의 대안 평가 단계에서 본격적으로 이루어지기 때문이다.

　대안을 구상하는 과정에서는 정부가 어떤 정책수단을 강구할 수 있는지를 아는 일이 필요하다. 정책목표의 달성을 위하여 정부가 취할 수 있는 조치 혹은 수단은 다양하지만, 대체로 다음과 같은 다양한 정책수단이 동원될 수 있다.

- 규칙이나 규정의 제정
- 직접적인 지도와 감독
- 행정 · 재정 지원
- 과세나 재정 지출
- 시장기제의 유인
- 교육을 통한 의식 전환
- 정보의 수집, 가공, 공개, 전파

3) 평가 준거의 개발 및 선택

여러 대안을 구상하고 나면 그 대안 사이의 적절성을 판단하는 평가 준거를 개발하여, 구체적 정책 문제에 맞게 적용해야 한다. 평가의 준거는 다양한데, 그들은 상호 보완적일 수도 상충적일 수도 있다. 이 단계에서는 여러 준거 가운데 특정 상황에 더 적합한 준거가 무엇인지, 상충적인 준거는 어떻게 처리할지 등의 문제를 점검하는 것이 중요하다. 준거의 개발과 선택에 정책분석가의 이념적 편견이 작용할 수 있다. 그러나 분석과정에서는 최대한 중립적·객관적 위치를 유지하는 것이 중요하다. 따라서 분석의 과정과 그 근거를 개방하여 어떤 평가 준거가 왜 중요하게 취급되었는지에 대해 공적인 검증을 거치게 할 필요가 있다. 정책분석에서 일반적으로 활용되는 평가 준거는 다음과 같다.

- 효과성
- 능률성
- 공정성(형평성, 평등)
- 자유(자율)
- 실현 가능성(정치적, 경제적, 윤리적, 기술적)

4) 대안의 심사·분석

평가의 준거가 정해지면 그 준거에 따라 대안들의 적절성 여부를 심사한다. 이 심사의 목표는 최적 대안을 선택하는 데 있다. 대안들의 적절성 여부는 각 대안이 초래할 것으로 기대되는 정책결과의 예측치에 의해 판단된다. 선택된 대안이 적용될 경우에 발생할 결과를 예측하는 데에는 각종 계량적 분석기법이 동원될 수도 있고, 전문적 식견과 안목 혹은 경험이 동원될 수도 있으며, 경우에 따라서는 정책 대상 집단과 정책 관련 집단의 의견을 참고할 수도 있다. 이렇게 하여 결과가 예측되면 대안별 예상 결과를 비교하면서 그 결과들의 적절성 여부를 심사하는 것이다.

여기서 적절한 것이 무엇을 말하는지, 즉 적절함의 내용을 구체화할 필요가 있다. 대체로 다음 내용들이 적절성의 심사기준이 된다. 이 기준들 가운데 어떤 기준을 중요하게 취급하는가에 따라 대안별 심사분석 결과가 달라진다. 기준의 중요도에 따라 선택, 집중, 우선순위의 조정, 포기 등이 이루어지기 때문이다.

- 각 대안이 문제 해결에 기여할 가능성
- 대안별 비용/효과
- 각 대안이 사회적 공정성에 미치는 영향
- 시대 상황에 대한 적합성
- 개별 교육기관의 자율과 교육 수준의 탁월성 및 다양성 등 교육 이념에 부합하는 정도
- 그 대안이 실행에 옮겨질 수 있는 가능성

5) 결론의 도출

최적 대안이 선택되면 분석가는 그 최적 대안을 중심으로 결론으로 도출하고 그것을 정책결정자에게 제안한다. 제안을 할 때에는 대안의 예상 효과만을 강조하는 것에서 더 나아가, 분석가는 대안의 위험과 불확실성을 밝히고, 외부효과와 파급효과를 식별하고, 정책집행을 위해 유념해야 할 사항까지 함께 분명히 할 필요가 있다. 그리고 분석가는 결론을 도출하기 전에 자신의 분석과정을 스스로 다시 한 번 점검하는 것이 바람직하다. 수집된 자료와 정보의 타당성에 대해 숙고, 반성, 의심과 확인 등과 같은 점검 절차를 이행할 필

요가 있다는 뜻이다. 이는 분석의 타당성을 높이는 자기 점검의 과정이다.

점검의 과정이 끝나면, 대안별 분석 결과를 요약하고, 경쟁하는 정책적 제안들의 상대적 강점과 약점을 비교하여 최적 대안을 제안한다. 정책의 최종적 선택과 결정은 정책분석가의 몫이 아니라 정책결정자의 몫이고, 민주사회에서 그 궁극적 권한과 책임은 일반 국민에게 있다.

6) 정책성과의 평가

이 단계에서는 결정(채택)된 정책이 어떻게 집행되는지, 집행된 결과가 어떠한지, 그 성과는 무엇인지 등을 평가한다. 결정된 정책이 그대로 집행되지 않을 수도 있기 때문에 집행의 과정 및 결과 역시 중요한 분석 대상이 된다. 집행과정에서 드러나는 순응의 정도를 관찰하고, 정책과 프로그램의 의도하지 않은 결과를 발견하며, 원활한 집행을 방해하는 제약요인을 찾아내고, 집행 결과에 따르는 책임 소재를 분명히 하는 활동이 이 단계에서 이루어진다.

앞서 정책분석과 정책평가의 개념적 관계를 설명한 것처럼, 기왕의 정책성과에 대한 판단은 정책평가의 고유 업무라고 할 수도 있지만, 정책분석 역시 정책의 결과나 성과를 점검하는 일을 할 수 있다. 즉, 정책성과의 점검은 정책평가를 통해서나 정책분석을 통해서나 모두 가능하다는 뜻이다.

정책의 결과 혹은 성과를 평가한다고 할 때, 정책의 1차적 결과를 평가할 수도 있지만 그 1차적 결과로부터 파생된 성과 혹은 영향을 평가할 수도 있다. 정책의 결과와 정책의 성과를 같은 것으로 볼 수도 있으나, 이들을 구분하기도 한다. 집행을 통해 나타난 1차적 결과를 '결과'라 하고, 그로부터 파생되는 2차적 결과와 파급효과를 정책의 '성과'로 구분하는 것이다. 예를 들어, 초등교사의 전문성 신장을 위해 초등교원 양성과정을 2년제 교육대학 과정에서 4년제 교육대학 과정으로 개편하였다고 하자. 이 경우 해당 정책의 집행 결과 초등교원의 전문성 신장이 실제로 이루어졌는지 여부를 점검하는 것이 정책의 결과를 평가하는 것이라면, 그 정책을 통해 초등교원 지원자의 수준에 변화가 있는지 혹은 초등교원에 대한 처우에 변화가 있는지 등을 살펴보는 것은 정책의 성과를 평가하는 것이라고 구분할 수 있다. 정책 평가에서는 결과 평가와 아울러 성과 평가도 하는 것이 바람직하다.

결과 혹은 성과의 평가는 한 단계 정책분석의 목표 지점이 되면서, 동시에 다음 단계 정책분석의 출발점이 된다. 말하자면, 정책의 과정이 순환적인 것과 마찬가지로, 그 정책에 대한 분석의 과정 역시 순환적이라는 뜻이다.

정책평가에서는 정책목표의 달성 여부에 대한 판단이 가장 중요하다. 정책의 목표가 집행의 과정에서 왜곡되고 대체(代替)되지는 않았는지, 그렇게 되었다면 그 원인은 무엇인지 등을 밝혀내는 것이 중요하다. 정책평가의 목적은 일차적으로 정책의 성공과 실패에 대한 평가를 통해 후속 정책과정에서 참고할 소중한 자료를 확보한다는 데 있다. 정책결과가 성공적이라고 판단되는 경우에는 그 성공을 가능하게 한 요인과 배경을 분석하여 그러한 환경이 지속되게 할 필요가 있다. 또한 정책 실패라고 판단되는 경우에는 정책학습의 효과를 더욱 면밀하게 도모해야 한다. 정책목표가 애매하거나 비현실적이었는지, 정책수단이 적절하지 못했는지, 대안 심사과정에 잘못이 있었는지, 집행의 과정에 관련 집단의 호응을 얻기 어려운 점이 있었는지 등을 반성적으로 숙고함으로써 유용한 교훈을 얻고자 하는 것이 평가의 일차 목적이다.

3. 정책분석의 접근 방식

정책분석의 과정에서는 분석에 필요한 정보를 발굴하고 취급하는 방식이 중요하다. 정책분석의 접근 방식이란 분석가가 어떤 위치와 입장에서 그러한 정보를 발굴하고 취급하는가 하는 것을 문제 삼는다. 분석가가 취하는 위치나 입장이란 대체로 과학적 · 전문적 · 정치적 속성 가운데 적어도 어느 하나에 해당한다. 이를 각각 과학적 접근, 전문적 접근 및 정치적 접근이라고 명명할 수 있는데, 각 접근 방식의 특징은 다음과 같다(Kraft & Furlong, 2010: 107-111).

1) 과학적 접근

과학적 정책분석이란 공공문제와 정책결정의 과정에 대한 사실관계를 과학적으로 정확하게 파악하는 데 일차 목적을 두고 정책을 분석하는 것을 말한다. 이러한 정책분석은 정책이 형성되거나 집행되는 과정에 실질적인 영향을 미치려는 데 목적이 있는 것이 아니다. 과학적 정책분석의 목적은 정책에 관한 객관적 사실을 과학적으로 밝힘으로써 정책관련자의 이해력과 판단력을 심화·확장하는 데 있다.

과학적 접근법은 주로 정책결정 집단의 외부에 있는 학자들의 학술연구에서 전형적으로 발견된다. 과학적 접근법은 첨예한 이해관계의 대립에서 한 발 물러서서 사태의 본질과 구조를 객관적으로 드러내는 데에 유력하다는 장점을 지닌다. 하지만 정책관련자가 당장 필요로 하는 현실적 해결책을 직접 기대하기는 어렵다는 한계를 지닌다.

2) 전문적 접근

전문적 정책분석이란 공공문제의 해결에 필요한 전문적 지식과 정보를 산출하는 데 일차 목적을 두고 정책을 분석하는 것을 말한다. 과학적 접근의 주요 관심이 사실이 어떠한가를 드러내는 것에 있다면, 전문적 접근의 주요 관심은 어떻게 해야 문제가 해결되는가에 있다. 전문적 정책분석의 목적은 정책 관련 기관 혹은 정책결정자가 필요로 하는 정보 자료를 확보하거나 제공하는 것이다.

전문적 접근법은 정부기구나 이익집단 등의 실제적 필요에 부응하기 위해 국책 연구소나 관련 학자들이 수행하는 정책연구에서 전형적으로 발견된다. 전문적 접근법은 실제의 세계에서 대두되는 문제를 해결하는 데 유력한 실용적 방안을 얻을 수 있다는 장점을 지닌다. 하지만 시간과 자원의 제약으로 국지적·대응적 분석에 치우쳐 학문적으로 엄격한 심층 분석이 어렵다는 한계를 지닌다.

3) 정치적 접근

정치적 정책분석이란 선호하는 정책 가치·목표·이념·방향을 정당화하거나 옹호하기 위한 목적으로 자료를 확보하고, 주장을 정교화하며, 증거를 수집하는 방식으로 정책을 분석하는 것을 말한다.

정치적 접근법은 주로 이념적 성향이 강한 개인이나 집단의 구성원들이 그 이념을 강화하고 정당화하는 차원에서 수행하는 연구에서 전형적으로 발견된다. 이 접근법은 특정 이념에 대한 동조 세력을 규합하고 내부 결속을 강화하며 자신들의 주장을 정당화하는 논리를 확보한다는 장점을 지닌다. 하지만 객관적 분석을 시도하기 전부터 특정 방향의 결론을 미리 상정하고 있기 때문에 분석의 과정에서 반대 증거를 공정하게 취급하지 않아 객관성 확보가 어렵고 심층 분석이 이루어지지 않아 신뢰성 확보 또한 어렵다는 한계를 지닌다.

4. 정책분석의 유형

정책분석의 종류를 다양한 기준에서 유형화할 수 있겠으나, 여기서는 분석 활동의 초점을 어디에 맞추는가에 따라 구분한다. 예를 들면, 제기된 정책문제에 대한 근본적인 처방을 마련하는 데 분석 활동의 초점을 맞출 것인지, 현

수준에서 수락할 만한 개량적 개선책을 마련하는 정도에 그칠 것인지에 따라 서로 다른 정책분석이 가능하다. 전자를 근원적 처방에 초점을 두는 정책분석으로, 후자를 개량적 적응에 초점을 두는 정책분석으로 각각 유형화할 수 있다. 앞서 언급한 정책분석의 '접근 방식'이 정책분석에 임하는 분석가의 입장이나 목적을 문제 삼는 것이라면, 정책분석의 '유형'에서는 정책분석 활동의 초점을 맞추는 서로 다른 방법을 문제 삼는 것이다.

다음에 대조적으로 소개하는 분석의 유형들은 설명의 편의를 위한 개념적 구분의 결과이며, 정책분석의 실제에서는 이 유형들이 혼재된 경우가 많다 (Kraft & Furlong, 2010: 111-119).

1) 근원적 처방 대 개량적 적응

근원적 처방이란 정책분석의 방법에 있어서 문제의 근원을 파악하고 근본적인 대책을 강구하려는 것을 말한다. 반면, 개량적 적응이란 문제 현상을 개량하거나 문제의 심각성 정도를 완화하는 현실적 · 점진적 대책을 강구하려는 것을 말한다.

이 두 가지는 정책분석을 통해 문제의 해결책을 강구하려 한다는 점에서는 동일하지만, 그 해결책이 문제의 현상적 개선을 도모하는 것인지 그 심층적 근절을 도모하는 것인지에 의해 구별된다. 문제해결을 위한 물리적 · 심리적 여건이 충분히 확보된 경우에는 근원적 처방에까지 이르는 분석 방법을 채택하는 것이 바람직하지만, 현실적 여건상 개량적 적응을 겨냥하는 분석 방법을 채택해야 하는 경우도 흔히 있다.

2) 전망적 분석 대 회고적 분석

전망적 분석이란 향후에 전개될 상황을 조망하면서 예상 문제에 선제적으로 대응하기 위한 분석을 말한다. 반면, 회고적 분석이란 이미 결정·집행된 정책에 대해 사후적으로 그 경과와 결과를 분석하는 것을 말한다.

전망적 분석에서는 정책행위가 시작되기 이전에 정보의 생산과 전환이 이루어지기 때문에, 제기되는 문제의 해결책을 실제로 강구해야 하는 정책결정자의 입장에서는 그의 실제적 필요를 충족시키는 분석 방법이라는 장점을 지닌다. 그러나 다른 한편으로는 예측이 정확하지 않을 가능성, 그리고 처방이 적절하지 않을 가능성의 위험이 있다.

회고적 분석은 정책이 집행된 이후에 정보의 생산과 전환이 이루어지므로, 목하 정책의 과정에서 당장 어떤 선택을 해야 할지에 대한 자문을 원하는 정책실천가의 입장에서는 실용적 효과가 적다는 특징을 지닌다. 그러나 다른 한편으로는, 전통적인 문제 규정 방식에 도전하고, 정책 변수와 효과 사이의 관계를 엄밀하게 밝혀내며, 정책의 성공 혹은 실패에 이르는 기제를 사후적으로라도 드러냄으로써 장기적 안목에서 정책 실제에 기여한다는 특성도 함께 지닌다.

회고적 분석이 축적되면 전망적 분석도 보다 정확하게 이루어질 가능성은 높지만, 향후의 정책 상황과 그에 대한 분석 상황이 과거 상황의 반복이 아닌 정도만큼, 회고적 분석을 통해 얻을 수 있는 전망적 분석의 유익에는 제한이 있다.

3) 종합적 분석 대 적정 분석

이는 분석의 범위나 활용 방법의 포괄성 여부를 기준으로 하여 구분하는 것이다. 종합적 분석이란 많은 시간과 비용이 들더라도, 분석 결과의 신뢰성을 높이기 위해 분석 대상 정책의 전반에 대하여 여러 가지 다양한 방법을 활용하여 종합적으로 정책을 분석하는 것을 말한다. 반면, 적정 분석이란 신뢰도를 약간 희생하더라도, 분석 대상 정책의 특정 국면에 대하여 적합성이 높은 분석 방법을 동원하여, 빠르고 경제적인 방법으로 분석 결과를 도출하는 것을 말한다. 적정 분석은 드러난 문제에 신속하게 대응하고 뜨거운 여론의 관심에 부응하는 실천적 해결책을 얻고자 할 때 채택하는 방법이다.

종합적 분석을 위해서는 역사학, 정치학, 경제학 등과 같은 다학문적 배경지식과 대상 정책 전반에 대한 심층적 이해가 수반되어야 하므로 인력과 시간과 비용이 많이 요구된다. 그렇지만 과도하게 분절되고 전문화하여 협소한 시각으로 정책문제를 바라보고 성급하게 해법을 강구하는 것에 비해서는 분석의 타당성을 높일 수 있는 장점을 지닌다. 종합적 분석이 강점을 지니기 위해서는 개별 분과 학문이나 전문 영역별 분석의 타당성이 먼저 확보되어야하는 것은 물론이다. 부분의 축적과 연계를 통해 전체가 파악되기 때문이다.

4) 전통적 분석 대 논쟁적 분석

이는 분석의 방법이 기존의 가치와 규범을 어느 정도 따르는가를 기준으로 구분하는 것이다. 전통적 분석이란 합의 수준이 높은 규범과 사회의 주류 가치를 수용하는 분석을 말한다. 기존의 대부분의 연구는 사회적, 정치적 수용 가능성을 고려하여 사회의 주류 가치에 부합하는 전통적 분석 방법을 따르고 있다. 즉, 정책분석을 요구하는 수요자 및 분석결과를 받아들이는 수용자의 기대를 감안하여 분석의 방법을 택한다는 의미다.

반면, 논쟁적 분석에서는 기성 가치에 도전하는 새롭고 혁신적인 가치와 내용 및 수단에 대해서도 허용적인 분석 방법을 채택한다. 기존의 정책연구에 깔려 있는 기본 가정과 전통적 가치체계를 의심, 비판, 반성하고 새로운 이념과 가치 및 가능성을 혁신적으로 탐색하는 것을 주저하지 않는다. 그렇기 때문에 현 체제에서는 불가피하게 논쟁을 유발하는 측면이 있고, 분석가에 의해 쉽게 채택되지 않는 특징이 있다.

5) 합리적 논증 대 민주적 정치

정책분석의 방법으로 과학적, 계량적, 경제적 분석을 통해 무엇이 이치상 가장 합당한지를 가려내는 방법을 택할 수 있다. 과학적 실험의 방법을 통하거나 재정적 비용-효과를 비교하는 방법 등을 통하여 합리적인 방안을 찾는 분석 방법이 합리적 논증의 특징이다. 예를 들면, 핵폐기물을 저장하기에 가장 적합한 장소를 선정하기 위해 지질학적이고 경제학적인 기술적 분석을 실시하는 것과 같다.

이에 비해, 민주적 정치의 방법이란 정책분석에서 시민의 의사와 희망 및 요구를 반영하는 분석 방법을 말한다. 정책은 시민의 지지를 토대로 할 뿐만 아니라 시민의 삶에 심대한 영향을 미치기 때문에 그들이 원하고 주장하는 바를 외면할 수 없다. 정책분석 역시 오직 합리적 논증의 과정으로만 이루어지기 어렵다. 핵폐기물 저장소 선정의 예에서도, 적정 부지 선정에 시민참여와 같은 민주적 가치를 존중한다거나 주민 설득 혹은 반대 급부의 제공 가능성 등을 분석과정에 반영하는 까닭이 여기에 있다.

합리적 논증은 민주적 정치를 위한 필요조건이다. 민주적 정치 없는 합리적 논증은 분석결과의 수용 가능성을 의심스럽게 하며, 합리적 논증 없는 민주적 정치는 근거가 취약한 임시적 미봉에 불과하다.

5. 정책분석의 윤리

정책분석가는 오직 과학적·규범적 분석의 결과만을 제시하기 때문에 윤리 문제로부터 자유로울 것이라는 오해를 받을 수 있다. 그러나 분석가는 윤리적 진공 상태에서 활동할 수 없기 때문에, 자신이 어떤 입장에 놓이는가에 따라 분석과정이 그 입장 때문에 영향을 받기도 한다. 분석에 따르는 윤리의 핵심은 공익과 책무성이다. 공익의 추구는 정책의 핵심이며, 사회적 책임의 완수는 분석 활동이 따라야 할 주요 임무이기 때문이다. 공익과 사회적 책무의 실현 과정에서, 분석가가 주로 당면하게 되는 윤리적 문제들은 다음과 같다.

첫째, 분석 의뢰 기관 혹은 연구비 제공 기관으로부터의 영향력에서 벗어날 수 있는가 하는 점이 문제가 된다. 정책분석을 의뢰하는 기관은 분석가에게 분석 과제를 의뢰할 뿐만 아니라 그 분석에 필요한 연구비를 제공한다. 과제를 의뢰하는 기관이 분석의 방향이나 결과에 대해 기대하는 점이 없다면, 분석가는 오로지 분석 결과가 나타나는 대로 그 결과를 보고하기만 하면 될 것이다. 그렇지만 현실에서는 분석의 방향에 대해 의뢰 기관이 기대하는 점이 있고, 심지어 분석의 결과에 대해서도 의뢰 기관이 은연중에라도 기대하는 점이 있을 수 있다. 이럴 경우 분석가가 그러한 기대를 완전히 도외시하기는 어려울 수 있다. 분석가가 이러한 기대를 반영하려고 할 경우 분석의 방법이나 결과가 그 때문에 왜곡되는 사태가 발생한다. 분석가는 그러한 사태를 경계해야 하며, 연구비 제공 기관과의 건전한 협의와 그 기관의 부당한 영향력 행사를 예민하게 구분할 수 있어야 한다.

둘째, 분석가의 개인적 선호 가치가 분석에 미치는 영향을 어떻게 처리할 것인가가 문제된다. 분석가 자신도 사회인이기 때문에 선호하는 사회적 이념이 있을 수 있으며, 또한 생활인이기 때문에 자신에게 유리한 이해관계에 따라 움직이고자 하는 속성을 지니고 있다. 이 점과 관련하여, 분석가는 자신의 이해관계가 걸린 정책문제의 분석에 대해서는 관여하지 않는 것이 바람직하다. 분석 의뢰 기관도 과제를 의뢰하기 전에 분석가가 그러한 특수 관계에 있는지를 확인할 의무가 있다. 분석가의 선호 이념이 분석과정에 영향을 미치는 것을 완전히 차단하기는 어려울 것이다. 분석가가 그러한 영향을 자각하지 못하는 경우는 어쩔 수 없겠지만, 그 영향을 자각하는 경우에는 가급적 객관적 입장을 견지하도록 스스로를 단속할 필요가 있다.

셋째, 분석의 결과가 예상 공익과 충돌할 경우 어떻게 할 것인가가 문제된다. 분석가는 분석과정에서 여러 가지 기준을 적용하는데, 그 기준 가운데 공익 적합성을 중요하게 고려하였다면 이와 같은 충돌은 발생하지 않을 것이다. 그렇지만 공익을 중요하게 고려하지 않은 결과로, 혹은 분석 이후에 발생한 공익 관련 상황의 변경으로 말미암아 이러한 충돌이 나타날 수 있다. 그러므로 분석가는 공익 실현이 정책의 기본 가치임을 고려하여 분석 기준을 조정하거나 변경된 상황을 반영하여 분석을 새롭게 실시할 필요가 있다. 이 점과 관련하여 분석 기준을 균형적으로 활용해야 한다는 윤리적 의무가 대두된다. 예를 들면, 능률성, 형평성 및 효과성 등과 같은 여러 기준 가운데 어떤 기준을 어느 정도로 중요하게 고려하여 분석할 것인가 하는 점에 대하여 공익을 고려한 민감한 균형 감각이 요구된다는 의미다.

넷째, 정책분석 자체를 효율적으로 수행해야 하는 의무가 있다. 분석의 효과를 높인다는 취지에서, 분석가는 정책집행이 가져올 결과를 단순히 예측하는 데에서 나아가 그 결과를 평가하고 더 나은 대안을 탐색하여 최적의 정책 조합을 제안하는 적극적 역할까지 수행하는 것이 바람직하다. 그리고 분석에 소요되는 비용의 집행에도 윤리가 요구된다. 더 경제적인 분석 방법이 있는데도 고비용의 방법을 동원한다거나, 해당 분석 과제가 아닌데도 불구하고 평소 자신의 관심 분야와 연구비를 연계시켜 전용한다든지 하는 것은 비용 집행의 윤리에 어긋나는 일이다. 효율적 연구 수행은 정책분석가를 포함한 모든 연구자의 윤리다.

다섯째, 연구 자료의 공개 및 공동 활용에 협조해야 하는 윤리적 의무가 있다. 분석가로서는 분석과정에서 많은 시간과 비용을 들여 확보한 연구 자료를 자신의 후속연구를 위해 공개하지 않으려 하는 유혹을 받을 수 있다. 그러나 그렇게 할 경우, 그 자료를 활용하여 더 나은 연구를 할 수 있는 다른 연구자의 비용 유발을 초래하는 결과가 될 수 있다. 비용의 낭비를 막고 새로운 지식의 발전을 촉진한다는 의미에서, 연구 자료를 공개하고 그것의 공동 활용을 지원하는 자세를 가질 필요가 있다. 물론 이 경우에도, 연구 관련자의 개인적 정보는 보호되어야 하며, 지적 재산권 보호에 관한 연구자 집단의 공통 규범을 지켜야 할 것이다.

여섯째, 분석 활동에 따르는 위험의 고지 의무가 있다. 정책분석을 하는 과정에 분석 대상자에게 위험이 발생하는 경우가 있다. 예를 들면, 실험적 상황을 활용한 분석을 하는 경우에 어떤 분석 대상자는 자신의 희망과 별개로 실험집단 혹은 대조집단에 배정되어야 하는 경우가 있다. 또 참여관찰의 방법을 활용한 분석에서는, 관찰 대상자의 일상이 그 관찰 행위로부터 방해를 받거나 분석 결과의 보고를 통해 외부에 알려질 수도 있다. 그러므로 분석가는 분석 대상자의 위험 부담을 최소화하여야 하며, 그 위험이 불가피하게 수반될지도 모르는 상황에서는 그 사실을 당사자에게 알리고 그들의 동의를 구해야 한다. 그리고 그 동의를 구하는 과정에서는 오직 당사자의 자발적 판단에 의한 동의가 이루어지도록 해야 하며, 분석가가 부당한 영향력을 행사하지 않도록 유의해야 한다.

미주

1) 정책의 '이해'를 위한 분석은 정책을 분석의 대상으로 삼는 것이고, 정책의 '처방'을 위한 분석은 정책과정의 일부로서 정책을 진행시키기 위해 분석을 하는 것이라고 할 수 있다. 이러한 점에서, 전자를 정책에 '대한' 분석, 후자를 정책을 '위한' 분석이라고 명명할 수 있다. 이러한 의미에 따라, 정책에 '대한' 분석과 정책을 '위한' 분석으로 구분하는 것은 정책학 분야의 전통이다(노화준, 1996: 354-358; Gordon, 1977: 26-35; Lasswell, 1970: 3-14; Dror, 1971).

추천도서

김종철(1989). 한국교육정책연구. 서울: 교육과학사.

　　제1부에서는 한국교육정책의 역사적 전개과정을 개관하고, 제2부에서는 교육정책에 관한 이론적 논의를 전개하고 있다. 제2부는 교육정책의 형성, 집행, 평가 과정을 설명하면서, 교육정책분석의 과정과 기법 및 가치 문제를 다루고 있다.

이종재(1986). 교육정책의 탐구논리와 구조에 대한 논의. 서울: 한국교육개발원.

　　교육정책연구를 위한 탐구논리와 그 구조에 관한 이론적 틀에 관한 논의를 제시한 책이다. 행동과학적 · 경제학적 · 해석적 정책탐구의 특징을 드러내고, 교육정책과 발전이론 및 자유주의 교육정책의 논리를 설명하고 있다.

정일환(2000). 교육정책론: 이론과 적용. 서울: 원미사.

　　교육정책에 관한 체계적인 이론 정립과 탐구를 목적으로 한 책이다. 교육정책의 이념과 가치 문제, 교육정책의 제 과정, 교육정책 분석 등을 주요 논의 주제로 삼고 있다.

최희선(2006). 교육정책의 탐구논리. 서울: 교육과학사.

　　교육정책 일반에 관한 포괄적인 주제를 다루고 있는 책이다. 교육정책의 연구방법론과 환경론 및 과정론 등을 주요 주제로 다루고 있으며, 우리나라의 교육세 신설과정과 고등학교 평준화 정책의 전개과정을 주요 사례로 분석하고 있다.

Fowler, F. C. (2004), *Policy studies for educational leaders: An introducton* (신현석, 한유경 역, 2007). 교육정책의 이론과 실제. 서울: 아카데미프레스.

　　교육정책학과 정책결정 분야에서 경쟁하고 있는 가치들을 분석적으로 검토한 책이다. 정치, 경제, 법, 제도, 이념 등이 교육정책의 제 과정에 어떻게 관련을 맺는지를 자세히 보여 주고 있다.

Anderson, J. E. (2006). *Public policymaking: An introduction* (6th ed.). Boston: Houghton Mifflin.

공공정책 과정에 관한 선도적 개론서다. 정치와 정책결정 과정에 대한 다양한 시각과 관점을 폭넓게 소개하고 있다.

Lindblom, C. E. (1990). *Inquiry and change: The troubled attempt to understand and shape society.* New Haven: Yale University Press.
   문제해결과 정책결정의 과정에 있어서 정책분석이 어떤 역할을 하는지를 명백하게 보여 주는 독창적이고 고전적인 책이다.

참고문헌

권기헌(2008). 정책학: 현대 정책이론의 창조적 탐색. 서울: 박영사.

노화준(1996). 정책학원론. 서울: 박영사.

노화준(1999). 기획과 결정을 위한 정책분석론. 서울: 박영사.

노화준(2012). 정책학원론(제3전정판). 서울: 박영사.

사공영호(2008). 정책이란 무엇인가?: 정책의 수단적 가치에 대한 반성. 한국정책학회보, 17(4), pp. 1-36.

이준구(2004). 시장과 정부-경쟁과 협력의 관계-. 서울: 대영문화사.

Anthony, R. N. (1965). *Planning and control system: A framework for analysis.* Cambridge: Harvard University Press.

Bardach, E. (2000). *A practical guide for policy analysis.* New York: Chatham House Publishers.

Beckman, N. (1977). Policy analysis in government: Alternatives to muddling through. *Public Administration Review, 37*(May/June, 1977), p. 222.

Dror, Y. (1971). *Design for policy sciences.* New York: American Elsevier Publishing Co., Inc.

Gordon, I., Lewis J., & Young, K. (1977). Perspectives on policy analysis. *Public Administration Bulletin, 25*(1), 26-35.

Kraft, M. E., & Furlong, S. R. (2010). *Public policy: Politics, analysis, and alternatives* (3rd ed.). Washing, DC: CQ Press.

Lasswell, H. (1970). The emerging conception of the policy sciences. *Policy Sciences, Vol. 1,* pp. 3-14.

Patton, M. Q. (2008). *Utilization focused evaluation.* Thousand Oaks, CA: Sage.

Poland, O. (1974). Program evaluation and administrative theory. *Public Administration Review, 34* (July/August, 1974), p. 333.

Schneider, A., & Sidney, M. (2009). What is next for policy design and social construction theory? *The Policy Studies Journal, 37*(1), 103-119.

Wildavsky, A. (1969). The political economy of efficiency: Cost-benefit analysis, system analysis, and program budgeting. *Public Administration Review, 29* (March/April, 1969), 293-302.

Wildavsky, A. (1979). *Speaking truth to power: The art and craft of policy analysis.* Boston, MA: Little Brown.

정책분석의 단계와 방법

정책분석은 학술연구자의 개인적 관심으로부터 출발하기도 하지만, 많은 경우에 정책과정의 다양한 이해관계자로부터 정보나 자문 요청이 있을 때에 시작된다. 즉, 문제의 규정 단계에서부터 분석 요청이 있을 수 있으며, 정책 성과를 평가하는 단계에서 분석 요청이 있을 수 있다. 또한 정책결정 당국으로부터 분석 요청이 있을 수 있고, 비정부 시민단체가 요청할 수도 있다. 이러한 요청에 대한 응답으로 혹은 개인적 관심에 의해 정책분석가는 정책문제, 해결 대안, 정책성과 등에 관한 정보를 산출하고 그 내용을 분석에 활용한다. 이 장에서는 정책분석의 단계와 단계별 분석 방법을 논의한다.

1. 문제의 규정과 대안의 구상

1) 정책문제의 성질

정책분석에서 발생하는 중요한 오류는 대책을 잘못 강구하는 데에서도 발생하지만, 문제를 잘못 규정하는 데에서도 발생한다. 이처럼 문제라고 표명된 그 문제가 실제의 문제 상황을 정확하게 나타내지 못하는 것을 통계에서는 제3종의 오류(error of the third kind)라고 부른다(Mitroff & Featheringham, 1974: 383-393). 이를 제3종의 오류라고 부른 까닭은, 문제를 주어진 것으로 보고 그 문제의 해결책을 탐색하는 과정에서 발생하는 오류를 제1종 혹은 제2종의 오류라고 이름 붙인 후에, 문제 규정 자체가 잘못된 경우를 표현하기 위해 제3종의 오류라고 명명한 것이다.

참고로, 제1종의 오류란 정책문제의 형성은 올바로 되었으나, 그 정책대안이 실제로는 효과가 없거나 빈약한 것인데도 불구하고 효과가 있다거나 더 효율적이라고 하는 잘못된 정보를 산출하는 오류를 말한다. 즉, 귀무가설(歸無假說)[1]이 참인데도 그것을 기각하는 경우의 오류다. 반면, 제2종의 오류란 정책문제의 형성은 올바로 되었으나, 그 정책대안이 실제로는 효과가 있거나 다른 대안보다 더 효율적인데도 불구하고 효과가 없다거나 더 효율적이지 않다고 하는 잘못된 정보를 산출하는 오류를 말한다. 즉, 귀무가설이 참이 아닌데도 그것을 수락하는 경우의 오류다.

요약하면, 문제를 부실하게 규정하거나 엉뚱하게 규정하게 되면 이후에 이루어지는 모든 정책과정 자체를 왜곡시키게 되므로 문제 상황을 정확하게 규정하는 것이 무엇보다 중요하다. 문제면 문제인 것이지, 그것을 문제라고 하는 것이 뭐가 그렇게 어려울까 하고 반문할지 모르나, 문제를 올바르게 포착하여 "이것이 문제다."라고 정확하게 말하는 것이 그렇게 용이한 일은 아니

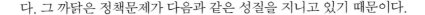

다. 그 까닭은 정책문제가 다음과 같은 성질을 지니고 있기 때문이다.

- 주관성: 문제란 객관적 사실로 존재하는 것이 아니다. 문제는 정책 관련 자의 관점에 따라 다양하게 해석되고 그들의 문제의식에 따라 드러나기 도 하고 간과되기도 하는 것이다. 말하자면, 무엇이 문제인가를 정하는 것은 어려운 문제다. 예를 들면, 한 사회에 빈곤이나 범죄와 같은 현상이 있다고 하자. 그렇다면 이 현상은 무엇인가? 그것은 어떤 시대·사회나 존재하는 자연적 현상인가? 이를 자연적 현상에 가깝다고 생각하면 그 현상을 문제 사태로 보지 않을 것이다. 그 현상을 문제로 본다는 것은 정 책적 개입을 통해 해결 혹은 완화해야 할 사태로 본다는 뜻이다. 동일한 현상을 어떤 사람은 자연적 현상으로, 다른 사람은 문제 사태로 본다. 학 생이 밤늦게까지 과외학습에 내몰리는 현상에 대해서도 사람들의 시각 은 서로 다를 수 있다. 그리고 어떤 것을 문제로 정했다 하더라도 그 문 제의 범위, 심각성, 중요도 등에 있어 정책관련자마다 의견이 동일한 것 은 아니다.
- 정치성: "문제의 설정은 최고 권력의 표현" 이라는 말처럼 문제 규정 자 체가 하나의 정치과정이다. 같은 문제의식을 가지고 같은 내용의 발언을 하더라도 누구의 발언은 소홀히 취급되는 반면 누구의 발언은 중요하게 취급된다. 국회의원, 고위 관료, 언론사 간부, 교육감, 노조 대표, 시민단 체 대표, 파워 블로거 등은 일반 시민에 비해 문제를 규정할 수 있는 힘 을 더 많이 가지고 있다.
- 상호 관련성: 세상에 단순한 문제는 거의 없다. 어떻게 보면 그런 문제는 간단하게 해결되어 버리기 때문에 정책적 대응을 기다려야 할 문제로 부 각조차 되지 않는다고 할 수 있다. 대부분의 정책문제는 지극히 복잡하 게 얽혀 있다. 한 영역의 문제는 다른 영역의 문제와 얽혀 있고 영향을 주고받는다. 남녀평등의 문제와 계층평등의 문제가 얽혀 있고, 인권문제

가 외교문제와 얽히기도 한다. 과거에 완전히 해결되지 않고 앙금이 남
아 있던 문제가, 달라진 상황을 맞아 새로운 문제와 결합하여 그 문제를
복잡하게 만들기도 한다. 그렇기 때문에 경우에 따라, 이 문제를 해결하
면 저 문제가 심각해지고, 이 문제에 대응함으로써 저 문제의 성격이 바
뀌기도 하는 것이다. 상호 의존적인 문제는 그만큼 종합적 시각에 의한
분석을 요구한다.

• 사회성: 문제는 사회적으로 등장, 지속, 변화, 해결된다. 한 사회에서는
문제로 등장하는 것이 다른 사회에서는 별 문제가 아닌 것일 수도 있다.
어떤 해결책은 한 사회에서는 강력한 효력을 발생하지만, 다른 사회에서
는 무력하거나 보잘 것 없는 효과만을 낳는 데 그칠 수도 있다. 문제는
그것을 정의하고 취급하는 집단이나 그 집단의 문화와 격리된 채로 존재
할 수 없는 것이다. 문제가 사회성을 띠는 것처럼 문제에 대한 해법 및
그들 사이의 관계를 바라보는 분석의 시각 역시 사회성을 띤다.

• 동태성: 한번 규정된 문제는 그 자체의 항상성(恒常性)을 지니는 것이 아
니라, 문제로서 부각되고, 논의되고, 해결책이 강구되는 동안 해당 문제
의 세부적인 모양이나 성격이 변한다. 문제와 해결 방안은 유동적이기
때문에 잠복되어 드러나지 않는다고 해서 또한 대증적(對症的)으로 치유
된 것처럼 보인다고 해서 그 문제가 해소되었다고 장담하기 어렵다.

• 구조성: 문제는 결정자, 대안, 가치 등이 결부된 구조를 지닌다. 잘 구조
화된 문제는 정책 관련자나 대안의 수가 제한되어 있고, 대안들이 초래
할 결과의 위험성이 낮으며, 문제해결을 위한 가치 갈등이 적고, 문제-
대안-결과 사이의 관련성을 예측할 확률이 높은 문제다. 반면, 덜 구조
화된 문제는 정책 관련자나 대안의 수가 다수이고, 위험성이 높으며, 갈
등이 많고, 확률이 낮은 문제다. 중요한 정책문제들은 대체로 덜 구조화
된 문제이거나 구조가 잘 드러나 있지 않은 문제이므로 문제의 규정에
있어 세심한 주의력, 창의력, 판단력, 통찰력이 필요하다.

2) 정책문제의 규정

문제 상황을 실제 문제로 인식하고, 그 문제를 공식화하는 것을 문제 규정이라 한다. 문제 인식에는 어떤 문제를 무슨 문제로 인식하는가가 중요하다. 예를 들어, 청소년 자살 급증 문제가 있다고 하자. 이 문제는 어떤 성격의 문제인가 하는 점이 문제 인식에서 중요하다. 이 자살의 문제는 삶 전체를 전장화(戰場化)하는 사회문제인가, 학교폭력과 학교부적응에 따른 교육문제인가, 경제 상황의 비관적 전망에 따른 경제 문제인가, 아니면 청소년 자신의 취약한 정신 건강에 기인한 심리문제인가 하는 것이 문제 규정 단계에서 중요한 질문이 된다는 뜻이다.

문제 규정에서 중요한 것은 공식화된 문제가 얼마나 정확하게 문제 상황을 표현·반영하고 있는가 하는 것이다. 문제가 명확하게 규정되어야 다른 사람이나 집단의 관심을 끌어 문제의식의 확산을 기대할 수 있고, 그 문제에 대해 반대 의견을 지닌 집단을 설득할 수 있으며, 문제해결을 위한 정책의 방향도 정확하게 강구할 수 있다. 문제 상황을 공식적인 문제로 규정하는 과정에서, 쟁점 주도자나 분석가가 잘못된 관점이나 신조에 따라 문제를 정확하게 공식화하지 못할 수 있다. 그러므로 분석가는 주어진 문제에 대한 해답을 얻는 데 필요한 통계적 지식이나 수리적 기법만 갖추면 충분한 것이 아니다. 철학, 윤리, 사회이론 등에 대한 폭넓은 지식을 갖추어야 문제 규정을 올바르게 할 수 있다.

어떤 문제가 정책문제로 규정되는 과정은 대체로 ① 사회문제에 대한 이슈 제기, ② 이슈 격발장치(triggering device)의 등장, 그리고 ③ 이슈의 확장 및 여론화라는 세 단계를 거친다.

이슈의 제기란 어떤 사회문제를 정책적으로 대응할 중요한 문제라고 부각시키는 것을 말한다. 어떤 문제가 정책 이슈가 되기 위해서는 ① 많은 사회구성원들이 그 문제에 대해 광범하게 인지하고 있어야 하고, ② 그 문제에 대한 정책적 대응이 필요하다고 느껴야 하며, ③ 정책을 통해 그 문제의 해결이 어느 정도 가능할 것이라는 기대를 할 수 있어야 한다. 예를 들면, 사교육 문제로 개인이 고통을 받고 있다 하더라도 그것이 일부 소수의 문제에 국한되거나, 광범위한 문제라도 오직 개인이 감당하거나 자발적으로 해결할 문제라고 인식하거나, 정부가 무엇인가 행동을 취하더라도 해결되지 않을 문제라거나 하는 식으로 생각하는 한, 그 문제는 정책 이슈로서 등장할 수 없다. 이슈의 제기가 과거에는 소수 전문가나 정부 관료가 주도하고 동원하던 형태를 보였으나, 최근에는 관심 집단이 다변화되는 특성을 보인다.

이슈 격발장치는 전쟁이나 주요 사건·사고, 자연재해, 위기 상황, 환경과 기술 및 생태상의 주요 변화, 중요한 사회적 갈등 등이 이슈에 대한 정책적 관심을 증폭시키는 것을 말한다. 정책의 쟁점들은 이와 같은 격발장치에 의해 발생한다. 이 격발장치를 통해 어떤 문제는 사회적 관심을 얻게 되고 그 문제의 심각성도 확산된다. 1960년대 중반에 소위 명문중학교에 입학하기 위해 과열된 비정상적 교육풍토를 바로잡아야 한다는 논의들이 무수히 등장하던 중, 1967년 10월 17일 밤 과외공부를 마치고 귀가하던 부산의 모 초등학교 어린이가 유괴되어 살해된 사건이 발생하였는데, 이 사건이 학부모와 교육계에 큰 충격을 주어 특단의 대책이 꼭 필요하다는 인식을 확산시키는 결정적 계기가 되었다. 이와 같은 격발장치는 예기치 못한 우연한 계기를 통해 등장하기도 하지만, 여론화를 기도하는 집단이나 세력에 의해 정교하게 만들어지는 경우도 있다. 시위 주도자들이 경찰을 자극하여 경찰의 폭력적 반응을 유도해 냄으로써 사회의 주목을 끌고 여론을 자신에게 호의적으로 전환하려 하는 경우가 이러한 예에 해당한다.

이슈의 확장 및 여론화란 쟁점 주도자들이 이슈에 대한 중요성과 가치를 관련 집단이나 공중(公衆)에 대해 전파하고 확산하는 것을 말한다. 이 전파와 확산에서는 쟁점에 적합한 상징과 언어를 사용하는 것이 중요하다. 그렇게 해야 정확하게 전파되기 때문이다. 그리고 쟁점 주도자들은 이 전파와 확산의 효과를 높이기 위해 동조세력을 규합하여 조직화를 시도하기도 한다. 확산의 과정에서, 과거에는 소수의 거대 언론기관 등이 그 확장과 여론화를 주도하였으나 최근에는 사회적 관계망 서비스(SNS) 등의 발달로 여론화를 주도하는 집단이 다변화되는 추세에 있다.

3) 정책문제의 표현

정책문제가 규정되면, 그 문제의 성격을 명확하게 표현하는 것이 중요하다. 문제를 표현하는 방식에서는 정책 당국의 입장이 아닌 정책수요자의 입장에서 표현할 필요가 있다. 난해한 전문 용어를 쓰기보다는 일반인도 이해할 수 있는 가급적 평이한 일상용어를 사용하여, 해당 문제 때문에 어떤 불편한 상황이 발생(지속)되는지를 알려 주는 것이 중요하다. 예를 들어, 우리 사회의 지니계수가 1에 더 가깝게 변화되었다는 표현보다는, 부의 편중현상이 심해져 불평등 정도가 더 심각해졌다는 표현이 일상적이다. 말하자면, 독자 혹은 시민의 관심을 끌 수 있는 표현 방식을 택할 필요가 있다는 뜻이다.

문제를 표현하는 수단에 있어서는 가능하면 조작적 정의를 통해 계량화된 수치로 문제의 심각성 정도를 표현하는 것이 좋다. 이러한 표현 수단의 예로는 빈도, 평균치, 중앙치, 분산, 편차, 점수, 순위, 비율, 상관관계 등을 숫자, 문자, 표, 그림, 그래프, 지도 등으로 표현하는 것을 생각할 수 있다. 문제의 성격에 맞는 표현 수단을 활용하여 분명한 메시지가 전달되게 할 필요가 있다는 뜻이다. 예를 들어, 우리나라 직업계 고등학교 학생의 학교부적응 사태를 문제로 제시하고 싶다면, 직업계 고등학교 재학생의 중도 탈락율을 국내 일반계 고등학교나 외국의 직업계 고등학교의 중도 탈락율과 비교하여 그래프로 나타내면 전달력을 높일 수 있을 것이다.

계량화된 정보 자료를 제시할 때에는 부정확한 자료가 포함되지 않도록 유념할 필요가 있다. 예를 들어, 초등학교의 교원 1인당 주당 수업 시수를 국제

비교하는 자료를 제시한다고 할 때, 나라마다 초등학교의 수업 연한이 다르고, 교원의 범위가 다르며, 수업 시간의 길이가 서로 다르다면 그 기준을 정확하게 할 필요가 있다. 수업 연한에서는 비교 대상국의 학교급별 수업 연한을 일정하게 통일하고, 교원의 범위에는 교장, 교감 등 학교행정가를 포함시키되 실제 수업을 하지 않는 직원(non-teaching staff)은 제외하며, 수업시간은 40~45분의 한 시간 수업을 60분으로 환산하여 비교한다는 식의 통일된 기준을 적용함으로써 자료의 정확성을 도모할 필요가 있다.

문제 상황의 문제 내용 가운데에는 그 문제 정도를 계량화하여 표현하기 힘든 경우가 있다. 이런 경우에는 그 문제의 표현 자체를 포기하기보다는 문제의 심각성을 느끼는 주관적 인식의 정도를 알려 주는 지표를 활용하는 것이 의미가 있다. 예를 들면, 학교에서 교사의 권위가 추락한다는 사회적 우려가 종종 문제로 지적되는데, 이를 문제 상황으로 표현하는 수단을 확보하기는 쉽지 않다. 권위 추락의 징표가 무엇인지 쉽게 확인하기 어렵기 때문이다. 이런 경우에는 학생이나 학부모를 대상으로 하여 교사에 대한 심리적 태도를 확인하는 설문조사의 결과를 시계열적으로 나타내는 자료를 제시할 수 있을 것이다.

4) 원인의 모색과 목표 설정

정책문제의 정체가 드러나게 되면 다음 단계로 그 문제가 어떻게 발생하는지, 왜 지속되는지 등과 같은 원인 모색을 한다. 원인을 모색할 때 현상적, 1차적 원인을 찾아내는 데에서 나아가 심층적 원인이나 그러한 원인이 발생하는 구조 등을 탐색하는 것이 바람직하다.

대부분의 공공문제는 복합적 원인에 의해 발생하므로, 문제의 가장 중요한 원인이 무엇인지 밝히는 것이 용이하지 않다. 또 많은 경우, 인과관계는 숨겨져 있기도 하고, 외부 변인에 의해 간섭받기도 하며, 시간의 흐름에 의해 왜곡되기도 하므로 그 관계를 규명하기 쉽지 않다. 그리고 인간 능력의 한계와 관점 차이로 인해 문제의 원인을 지목하는 것에 대해 사람들이 의견을 달리하는 경우도 많다. 그렇기는 하지만 원인 모색 없이 해결책 강구는 거의 불가능하기 때문에 올바른 인과관계를 포착하는 데에 최선의 노력을 기울이는 수밖에 없다.

원인 모색과 함께, 문제를 어느 수준에서 해결하고자 하는지에 대한 목표를 정하는 것도 중요하다. 그 문제의 해결을 통해 기대하는 목표 수준을 분명하게 할 필요가 있다는 뜻이다. 예를 들면, 학생의 학업성취도를 몇 년 내에 어느 수준까지 향상시키면 성취도 저하 문제가 해결되었다고 판단할 것인가와 같은 질문에 대한 답이 목표 설정에 해당될 것이다. 이러한 목표 설정 작업을 통해, 목표 지점에 도달하기 위해 어떤 일을 해야 하는가를 생각하고, 정책 비용과 효과를 개산(概算)해 보며, 그 정책을 통해 누가 무엇을 얼마나 얻고 또한 부담하게 될 것인지를 짐작할 수 있게 된다.

5) 정보의 탐색

정책문제의 규정과 목표의 설정 과정에서 좋은 정보를 확보하는 것은 필수적이다. 정부기관이나 대학 도서관, 온라인 검색 엔진, 유관 연구소 등을 통해 해당 문제에 대한 각종 연구물, 시사적 정보, 정책 보고서 등을 입수하여 분석하는 것이 중요하다.

정보 발굴의 순서는 각종 기록물의 색인 및 요약 정보를 확인하는 것으로부터 시작하여, 기록물의 원문 전체를 열람하고, 최근의 동향과 쟁점을 확인하는 순서를 따르는 것이 유용하다. 과거의 문서 자료를 입수하여 열람할 때에는 그 자료가 당시의 문제의식과 시대상 및 사회상을 반영한 것이란 점을 놓치지 않는 것이 중요하다.

기록물 확보가 어려울 경우, 또한 그 확보가 가능하더라도 문자화되지 않는 정보를 얻어야 하는 경우, 과거에 그러한 문제를 담당했던 정책 당사자에 대한 면담도 고려할 수 있다. 이 경우, 누구에게 어떤 방법으로 접근하고, 응답의 신뢰성을 어떻게 확보할 것인가에 대한 세심한 계획과 주의가 필요하다.

6) 대안의 탐색과 정책 수단

대안의 탐색 단계란 문제 해결에 기여할 것으로 예상되는 방안들을 찾아내는 단계다. 이 단계에서는 각 대안의 경제성, 실현가능성 등을 예단하기보다는 일단 다양하고 창의적인 대안의 산출에 주력하는 것이 좋다. 좋은 대안을 찾기 위해 우선적으로 제기된 문제와 관련된 최근의 지식·이론·정보 등을 갖추고 있어야 한다는 점은 너무나 당연하다. 이에 더하여 대안의 탐색에 도움이 되는 원천은 창의력, 사례조사, 집단 지성 등이다.

창의력은 대안개발 과정에서 가장 중요한 아이디어의 원천이다. 정책문제를 새로운 시각에서 바라보고 그 문제를 해결할 만한 방안을 독특하고도 새롭게 고안하는 것이 중요하다. 문제의 정체, 그 문제의 파급 범위와 심각성, 문제의 원인과 해결 목표 등을 분명히 한 후, 가능한 정책대안들을 창의적으로 구상한다. 문제를 분해해 보고, 다른 시각에서 바라보고, 다른 분야의 해결책과 결합해 보는 시도는 이런 점에서 중요하다.

정책대안 개발에 사례조사가 도움이 된다. 정책에 대한 역사연구는 과거의 유사 사례에 대응했던 선인들의 지혜와 시행착오를 알려 주기 때문에 후대의 정책대안 개발에 도움이 된다. 또한 동시대의 다른 국가, 사회, 조직이 유사 문제에 대해 어떤 방책으로 대응했는가를 살펴보면, 현재 여기에서 필요한 중요한 시사점을 얻을 수 있고, 경우에 따라서는 먼저 적용되었던 각 대안들의 효과까지 가늠할 수 있는 유용성이 있다. 과거 경험의 수집과 분류, 유사 사례 확인과 벤치마킹 등의 방법이 활용된다.

정책대안 구상에 도움이 되는 또 하나의 경로는 집단 지성의 활용이다. 정책문제에 의해 영향을 받고 있는 집단 혹은 영향받을 것으로 예상되는 잠재적 이해관계 집단은 그 문제를 자신의 문제로 여길 가능성이 높다. 이들은 해당 문제에 대해 깊은 관련을 맺는 정도만큼 그 문제의 해결에 관한 아이디어를 갖고 있을 가능성 또한 높다. 이들에게서 아이디어가 아니라 자기이익만을 생각하는 노골적 주장을 대면할 가능성도 있지만, 그 주장을 통해 정책대안의 수용 가능성을 가늠해 보는 효과를 거둘 수도 있다. 이해관계 집단 이외에 전문가 집단은 해당 문제에 대해 전문적 식견과 과학기술적 이론으로 무장된 집단이기 때문에, 대안 구상에 참고할 중요한 지식과 지혜를 제공할 수 있다. 일반인에 대한 의견조사, 정책 고객의 입장에서 생각해 보는 역지사지, 브레인스토밍, 이해관계 집단의 참여와 의견 수렴 등의 방법이 활용될 수 있다.

어떤 정책대안이 가능한지를 구상하는 데에는 정부가 어떤 수단을 동원하여 관여할 수 있는지를 알 필요가 있다. 정책수단이란 정책목표를 달성하기 위하여 정부가 활용하는 영향력 혹은 활동을 말한다. 정책수단의 유형은 그 특성에 따라 권력적 수단, 재정적 수단 및 규범적 수단으로 구분할 수 있다.

첫째, 권력적 수단은 정부가 지닌 강제력을 활용하는 것을 말한다. 정부는 법에 의해 특정 강제 행위를 할 수 있는 근거를 인정받고 있다. 규칙 혹은 규정의 제정, 행정력을 동원한 감독과 규제, 각종 인허가, 제도의 제정과 시행 등이 권력적 수단의 예에 해당한다. 이러한 수단의 장점으로는 비교적 적은 비용으로 즉각적인 효과를 도모할 수 있고, 국민이 정부에 신속하고 강력한 대책을 요구하는 경우에 정치적으로 매력적인 선택지이며, 정부의 메시지가 분명하여 예측 가능성을 높인다는 점 등이다. 그렇지만 민간의 자발적 활동을 왜곡할 가능성이 높다는 점과 정부의 의도와 달리 정책수용자의 반발을 야기할 수 있다는 단점이 있다.

둘째, 재정적 수단은 정부가 자금을 확보하고 배분하는 기능을 통해 정책목표를 달성하려는 것을 말한다. 정부의 의도에 따르는 행위자에게 재정적 유인을 제공하고, 그렇지 않은 행위자에게 재정 부담을 지우는 것이 이 수단의 기본 원칙이다. 이러한 정책 수단의 예로는 중앙정부가 각 지방에 교부하거나 양여해 주는 각종 보조금, 특별한 경우에 취해지는 조세의 감면이나 납세의무의 연기 조처, 각종 벌과금이나 성과 보상 차원의 인센티브, 학습자의 선택권을 보장하는 교육 프로그램 구매권(voucher) 발행, 계약 및 조달, 민영화, 사용료 부과 등이 있다. 이러한 수단의 장점은 대중의 선호를 활용하기 때문에 권력적 수단에 비해 저항이 적고, 시장경제적 질서와 친화력이 높다는 점이다. 반면에 정책대상자로 하여금 옳은 것보다 이익이 되는 것에 민감하게 반응하도록 한다는 단점이 있다.

셋째, 규범적 수단은 정부가 정책목표를 달성하기 위해 각종 정보와 지식을 동원하여 대상 집단을 설득하고 동의를 이끌어 내는 것을 말한다. 정부가 정보 네트워크의 중심적 위치에 있다는 이점을 활용하는 수단이다. 이러한 수단의 예로는 정보의 수집과 가공 및 공개, 조사위원회 및 정책연구위원회 등의 구성과 활동 지원, 자문과 권고, 국정의 홍보, 공익적 중재위원회를 통한 갈등 당사자의 갈등 완화, 언론기관에 대한 정책 브리핑 등이 있다. 규범적 수단은 정책 대상집단의 동의와 자발적 협조를 통해 정책의 수용성을 높인다는 장점이 있으며, 시간과 비용이 많이 드는 단점도 있다.

이와 같은 세 가지 정책수단은 정책대안의 탐색과정에서 충분히 검토되어야 하는 수단이며, 많은 경우에 함께 강구되어야 하는 수단이다. 예를 들면, 규범적 타당성이 인정되는 재정적 인센티브를 법령과 제도에 의지하여 실시하는 것과 같은 식이다. 그렇지만 이 세 가지 수단을 개념적으로 구분하자면 앞서 살펴본 것처럼 서로 다른 특성과 지향점을 지닌다. 각 정책수단의 우선순위에 대하여 공자(孔子)는 규범적 수단, 재정적 수단, 권력적 수단의 차례를 제시하였다.[2] 그리고 또한 Salamon 등(2002: 9-18)은 거버넌스 패러다임의 변화에 따라 정책수단의 중점이 권력적 수단으로부터 재정적 수단을 거쳐 규범적 수단으로 이동한다는 점을 지적하였다.

2. 평가 준거의 개발과 대안의 평가

정책문제가 규정되고 그 문제에 대한 대안들의 구상이 이루어지면, 적절한 대안을 선별하기 위한 평가의 준거 개발과 그 준거에 따른 대안 평가가 이루어진다. 여러 선택지 가운데 어떤 방안이 더 경제적으로 효율적인지, 정치적·제도적으로 적합한지, 그리고 윤리적으로 합당한지 등을 종합적으로 검토한다.

1) 평가의 준거

평가 준거는 정책의 목표와 관련을 맺으면서, 정책의 정당화 논리를 표현하고 있다. 정책분석의 직접 목적이 여러 정책대안 가운데 최적 대안을 식별하는 데 있다면, 어떤 준거에 비추어 최적이라고 판단하느냐 하는 이 평가 준거의 문제가 가장 중요한 문제라고 할 수 있다. 여러 대안을 심사하는 기준이 될 평가 준거는 정책문제가 무엇인지, 정책목표가 무엇인지, 그리고 정책목표가 어떤 상황에서 도출된 것인지 등에 따라 달라질 수 있다. 최적이 무엇인가에 대한 기준이 달라지면, 그 기준에 따라 대안들에 대한 선호의 서열이 달라지는 것은 당연하다.

평가 준거는 시대와 사회에 따라, 그리고 정책문제의 성격과 정책관련자들의 사회이념 등에 따라 다양하게 등장할 수 있지만, 아주 일반적인 수준에서는 실현가능성(feasibility)과 소망성(desirability)으로 대별하여 제시할 수 있다([그림 9-1] 참조).

정의된 정책문제와 설정된 정책목표에 따라, 그에 합당한 정책대안들이 탐색된다는 점은 앞서 설명하였다. 이 대안들 가운데 최적 대안을 선택하기 위해 적용되는 평가기준은 실현가능성과 소망성이다. 두 가지 기준 모두를 통과한 대안이 선택되며, 그 대안을 구체화하는 프로그램 설계가 후속 단계로

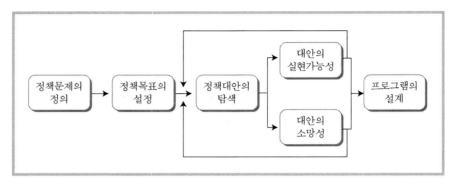

[그림 9-1] ··· 정책대안의 설계와 평가

이어진다. 어떤 대안이 이 두 기준 가운데 어느 하나라도 통과하지 못하면 다른 대안의 탐색과 평가 과정을 다시 거치게 된다.

(1) 실현가능성

실현가능성은 어떤 정책대안이 실제로 집행될 가능성의 정도를 가리킨다. 이 가능성이 없는 대안은 그것이 아무리 바람직하고 소망스러워 보이더라도 채택될 가능성도 실현될 가능성도 없기 때문에 의미 없는 대안이라고 할 수 있다. 이 실현가능성은 다시 그 속성에 따라 정치적 실현가능성, 경제적 실현가능성, 윤리적 실현가능성 및 기술적 실현가능성으로 구분할 수 있다.

첫째, 정치적 실현가능성은 어떤 대안이 법제화되거나 집행되기에 충분한 지원을 받고 있는가, 관련 행위자들의 정치적 지지를 충분히 이끌어낼 수 있는가, 그리고 여론은 그 대안을 지지해 줄만큼 성숙되어 있는가와 같은 여러 조건에 의해 좌우된다.

둘째, 경제적 실현가능성은 어떤 대안의 실행에 드는 비용은 감당할 수준인가, 정부의 예산 범위 내에서 조달이 가능한가, 비용을 누구에게 부담시킬 것인가, 대안별 비용과 효과는 어떠한가, 그리고 각 대안을 채택하지 않았을 때의 기회비용은 각각 어느 정도인가와 같은 여러 조건에 의해 좌우된다.

셋째, 윤리적 실현가능성은 한 사회의 관습이나 전통 및 문화적 규범에 비추어 그 대안을 채택할 수 있겠는가 하는 것을 문제 삼는다. 정치적으로나 경제적으로 실현가능하다 하더라도 윤리적으로 실현가능하지 않은 대안이 있을 수 있다. 안정적인 윤리규범을 흔드는 논쟁적 방안은 보수적인 사회에서 배척될 가능성이 높다. 교육 방법별 효과를 비교 검증한다는 명분으로 학생을 실험 대상으로 삼는 대안은 학습권이나 인격권 침해 논란을 야기할 수 있다.

넷째, 기술적 실현가능성은 사회 전반적인 과학기술의 발전 정도에 의해 좌우된다. 인터넷과 정보기기의 발달이 비약적으로 이루어진 시점에서 채택할 수 있는 교육정책의 대안과 그렇지 않은 상황에서 채택할 수 있는 정책대안이 다를 것이란 점은 쉽게 짐작할 수 있다.

이와 같은 여러 가지 실현가능성은 그 중의 어느 한두 가지만 충족된다고 해서 합당한 정책대안으로 채택되고 집행될 수 있는 것이 아니다. 어느 하나의 실현가능성이라도 충족시키지 못하는 대안은 채택되거나 집행될 가능성이 낮다. 달리 말하면, 한 사회에서 채택되고 집행되는 정책대안은 앞서 소개한 여러 가지 실현가능성의 심사를 거의 대부분 통과한 것이다.

(2) 소망성

정책대안에 대한 또 하나의 평가 준거는 소망성이다. 소망성은 사회 구성원이 무엇을 바람직한 가치로 여기는가를 반영하는 준거로서, 어떤 대안이 집행되는 경우 그 결과가 얼마나 바람직한지의 정도를 판단하는 기준이 된다. 여기서 어떤 대안의 예상 결과가 바람직한지 어떤지는 정책분석가 개인의 선호나 정책결정자가 속한 집단의 이익에 비추어 판단하는 것이 아니라 그 사회의 공적 가치에 비추어 판단하는 것이다.

정책대안의 소망성에 대한 판단 기준으로 자주 활용되는 것에 효과성, 능률성, 공정성, 형평성, 위험과 불확실성의 최소화 및 분산, 만족도와 감응성(responsiveness) 등이 있다.[3]

'효과성'은 목표 달성도를 측정하는 기준이다. 그 대안이 정책의 목표를 달성하는 데 기여했는가, 그 대안으로 정책목표 설정 단계에서 기대한 결과와 성과가 도출되었는가, 혹은 그렇게 될 가능성이 예측되는가 하는 등의 점검을 통해 효과성 판단이 이루어진다. 어떤 정책은 그 효과가 긴 시간이 흐른 후에 나타나거나, 계량화가 힘든 효과가 포함되어 있거나, 여러 효과를 도모하고 있기 때문에, 단기간에 한두 가지의 가시적인 결과만을 놓고 정책의 효과를 가늠하는 것은 부적절하므로 주의해야 한다.

'능률성'은 목표의 성취도와 비용의 투입 정도를 비교하여 판단하는 기준이다. 정책집행에 드는 시간, 물자, 인력 등은 공적 자원으로서 희소하기 때문에 투입 비용에 비해 큰 효과를 거둘 수 있도록 주의를 기울여야 한다. 아무리 목표 달성도가 높은 대안이라 하더라도 그에 비용이 과다하게 투입되어야 한다면 능률성 면에서 소망스럽지 않은 대안이 되는 것이다. 이 기준과 관련하여, 공공부문의 독점적 비능률을 질타하면서 민간시장의 경쟁적 질서에 의탁함으로써 능률을 도모할 수 있다는 주장과 그에 따른 정책적 시도가 있을 수 있다. 이에 대해서는, 능률을 오직 경제적·단기적 시각으로만 볼 것이 아니라 사회적·장기적 시각에서 보아야 한다는 반론도 있다. 그러나 다각도의 검증 결과, 능률을 제고할 수 있는 대안이 있다면 그 선택을 미룰 이유는 없다.

'공정성'은 정책의 과정과 그 집행 결과가 공적으로 정당한지를 검증하는 기준이다. 정책결정의 과정이 모든 구성원에게 개방되어 있고, 그 과정에 대한 참여기회가 평등하게 보장되는가 하는 것이 과정상의 공정(또는 절차적 공정)에 해당하는 질문이라면, 정책의 결과나 혜택(또는 부담)이 사회 구성 집단에 대해 평등하게 배분되는가 하는 것이 결과 면의 공정에 해당하는 질문이다. 배분적 평등에 주목할 때 공정성은 형평성으로도 읽힐 수 있다.

'형평성'은 흔히 수평적 형평성과 수직적 형평성으로 구별되기도 한다(MacRae & Wilde, 1979: 64-69). 전자는 동등한 여건의 사람들을 동등하게 취급하는 것을 말하고, 후자는 서로 다른 여건에 있는 사람들을 달리 취급하는 것을 말한다. 모든 학생의 학습권 보호를 위해 균등한 취학 기회를 보장하려는 것은 전자의 예이며, 특수교육대상자에게 더 많은 학생 1인당 공교육비를 투입하는 것은 후자의 예다. 그러나 일견 명료해 보이는 이 구분도 현실세계의 복잡한 문제를 다루는 데에는 한계가 있다. 어떤 두 사람의 경우를 놓고 보더라도, 'A'라는 기준으로 보면 그들은 같은 여건에 있고, 'B'라는 기준으로 보면 그들이 서로 다른 여건에 있기 마련인데, 같은 점에 주목하여 같게 취급할지 다른 점에 주목하여 다르게 취급할지에 대해 합의하는 것이 쉽지 않기 때문이다. 또한 그들을 서로 다르게 취급하자는 점에 동의했다 하더라도, 어떻게 다르게 취급해야 형평에 맞는 것인지에 대해 합의하기는 쉽지 않다. 결국, 공정성은 사람을 취급하는 문제에 대해 우리 사회가 가진 정의(正義)의 관념에 의존할 수밖에 없는 기준이다. 이 점에서 보면, 소득분위별 국가장학금 지급을 통한 대학등록금의 차등적 감면 정책에 대해 우리 사회는 적어도 그 기본 취지에 대해서만큼은 공정하다고 여기고 있는 듯하다.

'위험과 불확실성의 최소화 및 분산'은 정책집행과 관련된 상황의 불확실성과 위험을 최소화하거나 분산할 수 있는가의 여부를 가늠하는 기준이다. 예를 들면, 태풍이나 홍수 등과 같은 자연재해나 비상 상황에 대비하여 지방교육재정교부금 가운데 어느 정도의 특별교부금을 편성해 놓는 것이 안전한가, 성장기 학생의 안전과 건강을 고려할 때 식수에 포함되는 불순물의 허용기준치를 얼마로 할 것인가 하는 등의 문제가 이 기준에서 중요하게 제기될 수 있다. 불확실성과 위험을 최소화하는 대안이 바람직하고 소망스러운 대안이다.

'만족도와 감응성'은 정책을 통해 봉사하려는 대상 집단이 해당 정책을 어떻게 받아들이는가 하는 점을 문제 삼는 기준이다. 국민 혹은 주민이 그 정책에 대해 만족스럽게 여기는가 하는 만족도의 기준은 특히 민주사회에서 중요한 기준이 된다. 정책결정자 입장에서 바람직하다고 판단하더라도, 그 대안에 대해 주민이 반대한다면 소망성은 떨어진다. 감응성은 그 정책을 필요로 하는 고객의 요구와 소망을 어느 정도 충족시키는가 하는 점을 문제 삼는다. 정책 고객의 입장에서 본 만족도라고 할 수도 있다. 고객의 요구에 시의 적절하게 반응하고, 고객이 필요하다고 판단하는 분야에서 필요한 정도만큼 정부가 개입하여 문제를 해결하는 것이 감응성 높은 정책이다.

이와 같은 여러 평가 준거 가운데, 정책분석의 목적과 필요에 따라 중요하게 취급하는 준거가 달리 선택될 수 있으나, 대체적으로는 효과성, 능률성, 공정성의 세 준거가 주로 활용된다. 이 경우에도, 모든 준거를 동시에 최대한으로 만족시키는 정책대안은 드물기 때문에, 준거의 중요도 및 우선순위에 따라 평가준거의 충족도를 종합적으로 고려할 필요가 있다. 특정 준거를 평가 기준으로 활용할 경우에, 가급적 계량적 지표의 형태로 표현될 수 있다면 평가가 용이하다. 예를 들면, "그 정책대안은 직업계 고등학교 재학생의 중도 탈락률을 5년 내에 지금보다 20%까지 감축한다는 정책목표를 효과적으로 달성할 수 있는가?" 하는 식이 될 것이다.

2) 정책분석 방법을 활용한 대안 평가

대안에 대한 평가에 있어서 각 대안이 초래할 결과를 정확하게 예측하는 것이 아주 중요하다. 대안의 선택이라는 면에서 보면, 정책대안별 결과 예측은 정책분석의 핵심 활동이라고 해도 좋다.

정책분석은 물론 분석가의 몫이지만, 그 분석 결과를 활용하여 정책을 결정하는 것은 정책결정자이고, 그 정책으로부터 삶의 여러 부면에서 영향을 받는 것은 일반 시민이다. 그러므로 정책결정자와 시민이 정책분석 과정에 충분히 참여할 수 있도록 할 필요가 있다. 이러한 거버넌스적 정책분석은 시민의 목소리를 정책설계 과정에서부터 반영하며, 그를 통해 정책과정에 대한 전문적 통제와 민주적 통제의 균형을 확보하고 결정의 질을 높이자는 데 그 뜻이 있다.

　대안 평가를 위한 정책분석의 방법은 크게 네 범주로 구분할 수 있다. 경제적 접근, 미래 예측과 정책영향 평가, 정치적·제도적 접근 그리고 윤리적 접근이 많이 활용된다. 그런데 각 접근은 유용한 면과 약점을 아울러 가지고 있다. 기술적으로 정교한 수리경제 모형에 기초하든, 과거 추세의 연장에 기초하든, 전문적 판단에 의존하든, 혹은 동시대인의 일반 인식에 기초하든 간에, 평가는 본질적으로 오류를 범하기 쉽다. 이슈는 복잡하고, 상황은 유동적이며, 인간의 예측 능력은 제한적이고, 선입견은 강력하기 때문이다. 그러므로 분석가는 각 접근 방법의 장단점을 충분히 숙지하고 보완적인 접근을 통해 종합적인 시각을 확보하는 것이 중요하다.

(1) 경제적 접근

　대안평가를 위한 경제적 접근의 기본 논리는 각 대안의 경제성을 비교하여 가장 경제적인 대안을 선택하도록 한다는 것이다. 대안의 경제성을 비교하는 가장 일반적인 방법은 대안의 적용에 소요되는 비용과 그 적용에 따라 나타날 효과를 비교하는 것이다. 이를 비용-효과 분석이라고 하는데, 이 방법의 일반적인 절차는 ① 모든 비용과 효과를 적시, ② 그 비용/효과를 금전적 가치로 환산, ③ 과거와 미래의 금전적 가치를 현재 가치로 환산(이자율 혹은 할인율 적용), 그리고 ④ 비용의 총액과 효과의 총액을 비교하는 것이다.

　정책분석의 방법이 다양하게 있음에도 불구하고, 통상 정책분석이라고 하면 비용-효과 분석을 상기할 정도로 정책분석의 방법이 미시경제이론과 체제분석 및 계량적 접근에 경도되는 경향이 있다. 그러나 정책의 효과를 예측하기는 어렵고, 그 비용과 효과를 금전적 가치로 환산하는 것은 더욱 어렵다. 특히 교육정책의 경우, 그 비용과 효과의 계량적 속성은 아주 제한적이다. 예를 들면, 학교 구성원의 교내외 안전사고 및 학교 급식사고 등을 예방하는 것은 어떤 금전적 가치보다 중요하다. 그리고 학습자의 학습권이 침해되는 것은 그러한 사고보다 비가시적이면서 비계량적이고 중요하다.

경제적 접근은 논리실증주의에 토대를 두고 이론적 정교성과 분석의 과학성을 추구하는 특징을 갖는다. 이러한 특징은 정책분석의 발전과정에서 나타난 결과로 이해할 수 있다. 그러나 그 결과로, 정책분석이 기술관료 중심의 기성 정책을 수단적으로 합리화하거나, 전문가가 아니면 알기 힘든 기법들을 사용함으로써 일반인의 통제 범위로부터 벗어나 민주적 가치를 오히려 위태롭게 만드는 부작용을 낳기도 한다. 그러므로 사회심리학, 정치학, 철학, 교육학 등의 학문적 관점을 활용한 분석의 종합성을 확보할 필요가 있다.

(2) 미래 예측과 영향 평가

정책문제에 대한 이전의 정보를 토대로 하여, 미래 상태에 대한 정보를 생산하는 것을 '예측'이라 한다. 정책분석에서 미래 예측을 하는 기법에는 시계열 분석(時系列 分析, time series analysis), 인과관계 분석(因果關係 分析, causation analysis), 주관적 판단법(主觀的 判斷法, subjective judgment) 등이 있다. 시계열 분석은 기본적으로 귀납적 논리에 근거하고, 인과관계 분석은 연역적 논리에 기초하며, 주관적 판단법은 역류적 논리에 의존하고 있다. 그리고 영향 평가는 정책집행이 경제, 사회, 환경 등에 미치는 영향을 평가하여 정책대안 선택에 도움을 얻고자 하는 방법이다.

① 시계열 분석

시계열 분석은 과거와 현재의 자료를 사용하여 미래를 예측하는 방법이다. 이 방법은 과거와 현재의 추세가 미래에도 연장될 것이라고 가정하기 때문에 추세연장 방법이라고 부르기도 한다. 이 방법은 과거의 여러 관측치로부터 일반적인 결론을 도출하려 한다는 점에서 귀납적 논리에 근거한다고 할 수 있다.

시계열 분석의 표준적 방법으로 경향투사법(傾向投射法, trend projection

method)이 많이 활용된다.[4] 이 방법의 기본 논리는 과거 일정 기간의 자료에서 발견되는 경향을 연장하여 미래 일정 시점의 예측치를 발견하는 것이다. 예를 들어, 연도별 교육예산에 관한 과거 20년의 자료를 가지고 있다고 하자. 그러면 시간의 흐름을 X축으로 하고 교육예산을 Y축으로 하는 좌표평면 위에 20년 동안의 교육예산 규모를 20개의 점으로 표시할 수 있을 것이다. 이 점이 분포되는 양상은 시간의 흐름에 따라 예산액이 늘어나는 우상향(右上向)의 산포도(散布度)가 될 것이다. 이 산포도에 나타나는 각 점들의 분포 경향을 가장 잘 대표하는 직선이 있다고 가정하면, 그 직선과 각 점 사이의 수직거리를 제곱하여 더한 값이 가장 작은 값을 갖는 하나의 직선을 찾을 수 있을 것이다. 이 직선이 최소제곱법(最小自乘法)을 이용한 일차함수의 그래프가 되는데, 이 그래프를 이용하여, 예컨대 3년 후의 교육예산 규모를 예측하는 것이다.

여기에서는 간단하게, 경향치가 일차함수 형태의 직선으로 나타나는 것만을 예시하였지만, 시계열 자료의 특성에 따라서는 그러한 경향치를 나타내는 선이 다양한 형태의 곡선이나 포물선 모양으로 나타날 수도 있을 것이다.

추세연장에 의한 예측 방법이 적용되기 위해서는 다음 세 가지 조건을 만족시켜야 한다(Dunn, 1994).

① 과거에 관찰된 형태 혹은 추세가 미래에도 지속된다(persistence).

한 사회의 법과 제도 혹은 문화나 관습은 비교적 오랜 기간에 걸쳐 형성되고 또 그만큼 안정적으로 유지되는 특성이 있다. 즉, 정책이 입안 실행되는 사회에 일종의 항상성이나 안정성이 있다고 가정하는 것이다. 그렇기 때문에 안정성을 보장하기 어려운 혁명기의 사회나, 과학기술 등의 변화가 급속하게 일어나는 시대 및 거대 자연재해 등이 발생하는 지역적 상황 등에서는 이 조건을 충족하기 어렵게 된다.

② 과거에 나타난 변화의 양상이 미래에도 규칙적으로 일어난다(regularity).

규칙적 변동의 양상에는 추세변동, 순환변동, 계절변동 등이 있다. 추세변동은 장기간에 걸친 일방적 경향이 지속적으로 나타나는 것을 말하며, 순환변동은 1년 이상의 기간에 걸쳐 확장과 축소의 변화가 주기적으로 나타나는 것을 말하고, 계절변동은 1년 정도의 기간 내에서 계절에 따라 규칙적인 변동이 나타나는 것을 말한다. 불규칙변동은 어떤 규칙성도 없는 우연적 변동을 말하는 것으로서 예측 대상이 아니다.

③ 예측에 필요한 자료는 타당하고 신뢰할 수 있다(validity and reliability).

예측에 필요한 자료를 얻는 원천으로는 역사적 자료, 유사 상황, 모의 상황 등이 있다. 역사적 자료는 과거 일정 기간에 일어난 상황의 자료가 예측에 활용되는 것이다. 예를 들면, 과거 10년간의 국민소득과 내국세의 관계에 대한 역사적 자료를 통해 3년 후의 국민소득과 내국세 규모를 예측할 수 있을 것이다. 급변 상황처럼 역사적 자료를 사용하기 어려운 경우에는 유사 상황을 고려한다. 어떤 교육프로그램의 효과를 예측하기 위해, 해당 프로그램을 적용한 다른 학교의 상황을 알아본다거나, 해당 학교에 대한 유사 프로그램의 적용 사례를 알아보는 방법이 이에 해당한다. 모의 상황은 실제 상황에서 이용 가능한 자료가 없을 때 자료 산출 방법으로 활용한다. 모의 상황은 실험실과 같은 인공적 상황을 만들 수도 있고 시범학교나 연구학교처럼 현장 실험을 통해 만들 수도 있다.

② 인과관계 분석

문제 상황을 올바로 진단하기 위해서는 무엇이 원인이 되어 그러한 문제 상황이 나타났는지를 정확하게 이해하는 일이 중요하다. 또한 정책대안을 선택해야 하는 상황에 있어서도 각 대안에 따라 어떤 결과가 나타날 것인지를, 정립된 인과론에 의거하여 정확하게 예측하는 것이 중요하다. 이러한 인과론은 과학적 법칙이나 장기간에 누적된 경험으로부터 도출된다. 인과론적 정책분석은 일반적 법칙이나 명제로부터 특정한 정보나 주장을 추론해 내려고 한다는 점에서 연역적 논리에 근거한다고 할 수 있다.

그런데 실제 정책분석의 과정에서는 인과관계를 정확하게 파악하는 것이 쉽지 않다. 정책상황의 경우에 있어서는, 실험실의 상황과 달리, 개방적 시스템을 대상으로 하고 있어서 원인과 결과가 복잡하게 얽혀 있기 때문이다. 예를 들어, 정책집행의 과정에서 어떤 변화가 나타났을 때 그 변화가 해당 정책 때문에 나타난 변화인지 정책 이외의 변수가 영향을 미쳐 나타난 변화인지 구분하기 어렵다. 또한 하나의 결과가 나타나는 데 복수의 변인이 영향을 미치는 것이 통례인데, 이 변인들은 때로 상승작용이나 상쇄작용을 일으키기도 한다. 그리고 원인 변인과 결과 변인 사이에서 제3의 변인이 작용하면서 그 인과관계를 왜곡하기도 한다.

정책분석에서 독립변수 X와 종속변수 Y 사이에 인과관계가 있다고 말하기 위해서는 다음 세 가지 조건이 만족되어야 한다(노화준, 1999: 316-322).

① X 혹은 X에 관련된 변화가 Y 혹은 Y에 관련된 변화에 시간적으로 앞서야 한다.
② X와 Y가 같은 방향 또는 서로 다른 방향으로 함께 변화되어야 한다.
③ 제3의 변수 Z를 일정하게 유지했을 때 X와 Y의 관계가 사라지거나 변화량이 현저히 줄어든다면 인과관계를 단정하기 어렵다. 그러한 제3의 변수 Z가 존재하지 않아야 한다.

이 세 가지 조건 가운데 앞의 두 조건은 비교적 용이하게 확인할 수 있으나, 마지막 조건은 확인하기가 그렇게 용이하지 않다. 이 점을 설명하기 위해, 독립변수를 X, 종속변수를 Y, 제3의 변수를 Z라 하고, [그림 9-2]를 통해 이들 변수 사이의 관계를 고찰할 필요가 있다.

[그림 9-2]에서 (가), (나), (다)는 제3의 변수 Z가 독립변수와 종속변수에 각각 양 혹은 음의 영향을 미치는 경우를 나타내고 있다. (가)의 경우는 Z가 X와 Y에 모두 양의 영향을 미쳐서 그 결과로 X가 Y에 양의 영향을 미치는 것

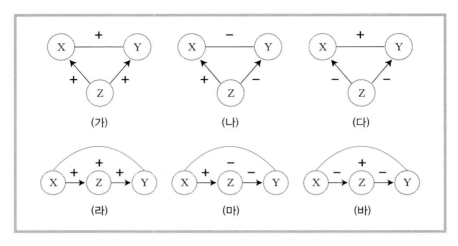

[그림 9-2] ··· 제3의 변수가 인과관계에 미치는 영향

으로 나타난다. 그러나 그렇다고 하여 X와 Y 사이에 양의 인과관계가 있다고 말할 수는 없다. (나)의 경우는 양과 음의 영향을 서로 다르게 미쳐 그 결과로 X가 Y에 음의 영향을 미치는 것으로 나타나지만, 실제로 X와 Y가 음의 인과관계에 있다고 말할 수는 없다. 그리고 (다)의 경우는 모두 음의 영향을 미쳐 그 결과로 X가 Y에 양의 영향을 미치는 것으로 나타나지만, 실제로 X와 Y가 양의 인과관계에 있다고 말할 수 없다.

　[그림 9-2]에서 (라), (마), (바)는 제3의 변수 Z가 X로부터 영향을 받고 Y에 영향을 미치는 매개변수로 작용하는 경우를 나타내고 있다. (라)의 경우는 Z가 양의 영향을 받고 양의 영향을 주어, 그 결과로 X가 Y에 양의 영향을 미치는 것으로 나타난다. 그러나 그렇다고 하여 X와 Y 사이에 양의 인과관계가 있다고 말할 수는 없다. (마)의 경우는 양과 음의 영향을 서로 다르게 받고 주어 그 결과로 X가 Y에 음의 영향을 미치는 것으로 나타나지만, 실제로 X와 Y가 음의 인과관계에 있다고 말할 수는 없다. 마지막으로, (바)의 경우는 모두 음의 영향을 받고 주어 그 결과로 X가 Y에 양의 영향을 미치는 것으로 나타나지만, 실제로 X와 Y가 양의 인과관계에 있다고 말할 수 없다.

독립변수가 변할 때 종속변수가 어떻게 변할지 예측하는 방법으로 회귀분석(regression analysis)이 있다. 회귀분석이 한 개의 독립변수를 가지고 이루어질 때 이를 단순회귀분석(simple regression analysis)이라 하고, 둘 이상의 독립변수를 가지고 이루어질 때 이를 다중회귀분석(multiple regression analysis)이라 한다. 실제의 정책문제는 대부분 둘 이상의 독립변수가 존재하기 때문에 다중회귀분석을 통해 인과관계를 밝히는 것이 적합하다.[5]

③ 주관적 판단법

정책과 관련된 미래의 예측을 위해 계량화된 자료와 수학적 모형을 활용할 수 없는 경우에는 부득이하게 전문가의 주관적 판단에 의해 미래의 정책결과를 예측할 수밖에 없다. 이 판단은 대개 전문가의 통찰력 있는 미래 주장에서 출발하고 그 주장을 뒷받침하는 가정과 정보를 사후적으로 찾아가는 추론과정을 거친다는 점에서 역류적 논리에 근거한다고 할 수 있다. 그러나 전술한 귀납적, 연역적, 역류적 추론이 실제의 분석과정에서 분리되지는 않는다. 판단적 예측은 흔히 추세연장적 예측이나 인과론적 예측 방법의 도움을 받아 이루어진다.

개별 전문가의 개인적 판단은 편견의 영향을 받기 쉬우므로 신뢰성이 부족하다는 한계를 지닌다. 이 점을 극복하기 위해 여러 전문가의 주관적 판단을 종합하는 방법을 강구할 필요가 있다. 이 과정에서 등장한 대표적인 방법이 델파이(delphi) 방법이다. 이 방법의 핵심은 관련 정책문제에 전문적 식견을 가진 전문가 집단을 선정하고, 그들이 상호 의견을 개진 · 조정하면서, 집단지성을 발휘하여, 미래를 보다 타당하게 예측하려는 것이다.

델파이 방법은 대략 다음과 같은 절차를 거친다. 첫째, 해당 문제에 정통한 일군의 전문가 집단을 선정하고, 그들에게 예측이 필요한 주요 문제에 대한 개방적 질문을 한다. 둘째, 질문을 받은 각 전문가는 해당 문제에 대한 자신의 의견을 판단 근거와 함께 개진하고, 연구 책임자는 그 개진된 의견을 수합하여 전문적 견해의 대체적 경향과 특이 의견 등을 종합 요약하고 그 결과를 각 전문가들에게 피드백한다. 질문에 대한 응답은 기본적으로 익명 처리하기 때문에, 각 전문가는 다른 전문가의 의견을 참고하면서 체면 손상 없이 자기의 의견을 수정하거나 조정할 수 있다. 셋째, 점점 구체화되는 질문과 응답 및 그 피드백을 몇 차례 진행하면 전문가의 의견이 대체로 일정한 경향으로 수렴되며, 특이 의견은 보다 정교해진 판단의 근거와 함께 남게 된다. 넷째, 연구 책임자는 이 수렴된 다수 의견과 특이 의견을 종합적으로 활용하여 전문가 집단의 주관적 판단을 제시한다.

델파이 방법은 전문가 개인의 편견을 극복하고, 부족한 정보를 상호 보완하며, 점차적인 의견 수렴 과정을 통해 예측의 타당성을 높인다는 장점을 가진다. 그러나 의견 조사와 수렴에 시간이 많이 들며, 다수의 의견이 갖는 압력에 고유한 의견이 굴복되기 쉽다는 단점도 함께 갖는다.

④ 영향 평가

특정 정책 혹은 사건으로부터 어떤 결과가 도출될 것인지를 판단하는 것을 '영향 평가'라 한다. 대표적인 예로, 환경 영향 평가가 있다. 주요 정책 사업을 추진하려 할 때 그 사전 절차로서 이러한 영향 평가의 과정을 거침으로써 바람직하지 않은 결과를 최소화하거나 부작용을 회피할 수 있다. 이 영향 평가가 올바르게 이루어지게 되면 정책결정참여자들과 이해관계 당사자들을 이해시키고 설득하는 데 도움이 될 뿐만 아니라, 보다 바람직한 정책대안을 선택하는 데에도 도움이 된다.

정책이 미치는 영향은 장기적이고 복합적이며 다양하다. 그러므로 특정 국면에만 초점을 맞추어 영향을 평가하거나, 단기적이고 가시적인 영향만을 주목하거나, 정책의 도입 필요성에만 집착하여 그 긍정적 효과만을 과장하려 할 때에는 정확한 영향 평가가 이루어지기 어렵다. 좋은 영향 평가란 특정의 교육정책이 학생, 교원, 학교조직, 지방교육행정 조직, 교육재정, 사회구조,

국민의식, 국제관계 등에 미치는 영향을 체계적으로 점검하고, 직접 영향과 간접 영향 및 단기적 영향과 장기적 영향 등을 종합적으로 평가해야 한다.

영향 평가의 일반적인 절차는 ① 영향의 식별, ② 영향의 분석, 그리고 ③ 영향의 평가 단계를 거친다. 영향의 식별 단계에서는 정책효과를 정확하게 식별하는 것이 중요하다. 특정 정책대안을 선택했을 때 나타날 효과를 '정책 예측값'이라고 하고, 정책개입 없이 현 추세가 그대로 지속될 경우에 나타날 결과를 '베이스라인 예측값'이라고 한다면, 순수한 정책 영향값은 정책 예측값에서 베이스라인 예측값을 뺀 값이 될 것이다. 정책 영향값 분석을 위해, 특정 정책이 영향을 미칠 것으로 예상되는 과정을 기존 이론과 경험을 토대로 하여 가설적 인과모형으로 설정하고, 그 모형에 포함된 변수들을 지표화하여 그 지표의 변화를 통해 정책의 영향을 추정하는 방식이 많이 활용된다. 인과모형의 설정과 베이스라인 예측 등이 쉬운 과업이 아니므로, 정책영향을 식별하는 데에는 경험에 바탕을 둔 통찰력과 전문적 식견이 중요하다.

영향의 분석 단계에서는 정책영향이라고 식별된 내용을 좀 더 심도 있게 점검한다. 식별된 영향이 발생할 시기, 발생할 확률, 교육 관련 집단에 대해 미치게 될 영향의 내용, 그 영향을 받는 집단이 보일 것으로 예상하는 반응의 내용, 그러한 영향을 발생시키는 데 소요되는 비용과의 비례성 등을 세부적으로 점검한다.

마지막으로, 영향의 평가 단계에서는 분석에 의하여 드러난 영향의 내용에 대해 가치판단을 내린다. 정책대안의 선택에 의해 나타난 영향이 애초의 문제 상황에서 제기되었던 그 문제를 해결하는 데 적합한지를 평가하는 것이 이 판단의 핵심이다. 그런데 이 판단의 과정에는 평가자의 가치관이나 기대 수준이 영향을 많이 미친다. 그러므로 사회적 논쟁이 예상되는 영향 평가에 있어서는, 평가자의 인적 구성을 광범위하고도 중립적으로 하여 평가의 객관성을 확보할 필요가 있다.

(3) 정치적·제도적 접근

대안평가를 위한 정책분석에서 정치적·제도적 접근이란, 그 사회의 정치적 상황과 제도의 특성에 비추어 해당 대안이 수용될 수 있을지, 얼마나 선호될지를 판단하는 것이다. 그러므로 정치적·제도적 접근에서는 정치가, 이익집단, 정당, 시민단체 등의 주장과 국민 여론의 추이 등을 정확하게 파악하는데 노력을 기울인다. 그리고 현행 제도에서 해당 대안의 실행이 허용되는지, 허용되지 않는다면 그 제도의 변경 가능성이 현재의 정치적 역학관계를 고려할 때 얼마나 높은지 등을 파악하는 것도 이 접근에서 중요하다.

정치적·제도적 접근에서는 대안의 선택 단계에 대해서뿐만 아니라 그 집행 단계에 대해서도 관심을 기울인다. 정책대안이 채택되고 난 후 혹은 그 정책대안의 채택 이전 단계에 미리, 행정가들이 그 정책을 어떻게 해석하고 어떻게 실행하는지(혹은 실행할지)를 분석하는 것이다. 이러한 집행 분석은 정책의 원활한 집행을 위해 어떤 조건이 필요한지, 정책의 내용이나 방법 가운데 성공적 집행을 위해 조정되어야 할 부분은 무엇인지 등을 판단하는 데 긴요하다.

정치적·제도적 접근에 의한 대안평가의 특성은 다음의 여덟 가지 명제로 나타낼 수 있다.

① 대안평가로까지 이어질 수 있는 문제제기는 대안이 있다고 인식되는 문제에 국한된다. 해결 대안이 없다고 인식되는 문제는 정책의제로 부각되기 힘들다.

② 대안의 탐색−비교 평가−선정에 이르는 과정은 정치적 과정이다. 정책 참여자들의 영향력과 그 교섭으로 형성되는 정치 지형(地形)이 대안평가의 환경이 된다.

③ 탐색되는 대안의 종류는 해당 정치 환경에서 검토 가능한 범위로 국한된다. 유연한 환경에서 그 범위는 확장되지만, 경직된 환경에서 그 범위

는 축소된다.

④ 비교 평가를 통해 선정 가능성이 높은 대안은 명분과 함께 지지 세력을 확보하고 있는 대안이다. 명분은 해당 대안을 이념적으로 정당화하고, 세력은 해당 대안을 실제적으로 합리화한다. 명분이 취약한 대안은 선택되기 어렵고, 세력이 취약한 대안은 실행되기 어렵다.

⑤ 명분과 세력을 확보하기 위한 경합을 거쳐 선택된 대안은 항상 잠정적인 것으로, 다른 유력한 대안에 의해 언제든 대체될 운명에 있다. 정통적 대안이란 그 잠정적 안정기를 길게 누린 것에 불과하다.

⑥ 정치 지형의 안정기에 그에 적합한 제도가 형성되고, 제도는 또한 그 지형의 안정화에 기여한다.

⑦ 대안의 탐색과 비교 평가 과정에는 정책참여자들의 명분과 이해관계가 중요한 영향을 미치는데, 그 명분과 이해관계는 제도의 영향을 받는다. 그래서 제도가 중요하다.

⑧ 제도가 정책참여자의 사고와 행위에 영향을 미치기도 하지만 그 역방향의 영향도 가능하다. 그러므로 대안평가를 위한 제도적 접근에서는 정책참여자와 제도 사이의 상호작용에 주목한다.

(4) 윤리적 접근

윤리적 접근에 의한 대안평가란 각 대안의 성격이나 예상 결과가 당대 사회의 윤리적 기준에 비추어 얼마나 부합하는가를 따지는 것이다. 정책대안에 대한 윤리적 분석은 과학적 분석 방법과 차원을 달리한다는 이유로, 또한 사회적 논쟁에 말려들어 간다는 이유로, 일부 정책분석가 사이에서 본격적 검토 대상이 되지 못했다. 그러나 최근에는 도덕적·윤리적 논쟁이 첨예한 정책에 대해서까지 정책분석이 필요하며, 분석가는 그 필요에 적극 부응해야 한다는 생각이 확산되고 있다.

정책대안이 목표로 하는 것과 그 대안이 초래할 결과를 윤리적 기준으로 평가한다고 할 때 그 기준의 구체적 내용이 무엇인가를 아는 것이 중요하다. 교육이 윤리적 기준을 만족시켜야 하는 것처럼, 교육정책 역시 윤리적 기준을 만족시켜야 한다. 교육정책이 만족시켜야 할 윤리적 기준의 내용은 다양하지만, 학생과 교사, 교육기관 그리고 교육의 사회적 측면으로 구분하여 살펴보는 것이 가능하다.

교육정책은 궁극적으로 학생에게 어떤 영향을 미칠 것인가에 의해 판단된다. 특정의 정책대안이 학습자의 자유와 권익을 보호하는 데 기여하는가가 중요한 판단의 내용이 된다. 자유는 기성의 사회인에게만 적용되는 것이 아니라 성장과정에 있는 학습자에게도 적용되는 것이다. 학습자가 자유인으로 성장할 수 있도록 돕는 것뿐만 아니라, 교육의 과정에서 그의 자발성을 인정하고 고무하는 것이 중요하다. 그 자유와 자발성을 존중하고 견인할 수 있는 대안이 그렇지 못한 대안보다 우월하다. 학습자의 인권과 학습권도 중요한데, 학습자를 독립적 인격체로 존중하고, 학습을 통해 인지적 안목이 형성될 뿐만 아니라 전 인격적 수양이 이루어지도록 돕는 정책대안이 선택되게 해야 한다.

또한 교육정책은 교사의 삶에도 중요한 영향을 미친다. 교사의 전문적 권위와 가르칠 자유를 억제하거나 침해하는 정책대안은 윤리적으로 정당화될 수 없다. 교사의 권위와 가르칠 자유는 교사 자신의 삶에서도 중요하지만 학생에게 직접 영향을 미치는 환경으로서도 중요하다. 교사의 전문적 권위와 가르칠 자유는 교사 자신의 노력이나 경험의 반추를 통해 스스로 확보하는 것이기도 하지만, 양성이나 연수 같은 전문성 향상 정책 및 장학 등에 의해 좌우되는 경우도 있는 만큼, 그 권위와 자유를 보호하고 신장할 수 있는 정책대안이 그렇지 못한 대안에 앞서 선택되도록 해야 한다.

교육정책이 개별 교육기관의 운영에 영향을 미치는 경우는 허다하고, 그 정도 또한 심각하다. 교육기관의 운영을 기준으로 정책대안을 평가할 경우에는 그 대안이 교육기관의 자율과 책무에 어떤 영향을 미치는지를 중요하게 본다. 개별 교육기관은 공교육 체제의 일환으로서 그 사명을 충실히 담당해야 하는 책무를 수행해야 하지만, 기관의 자율성을 발휘할 수 있을 때에 창의적인 교육이 가능하고 특성적 발전이 가능하기 때문에, 자율과 책무가 함께 신장될 수 있도록 하는 정책대안이 보다 바람직하다.

교육은 사회적 기업이다. 교육의 사회적 기능에 주목할 경우, 사회윤리의 기준에서 보다 합당한 정책대안을 선택하는 것이 중요하다. 이 기준에서 더 합당한 대안이란 교육기회를 공정하게 배분하는 데 기여하는 것, 사회적 취약집단에 대해 더 많이 배려하는 것, 계층 간·지역 간 갈등을 치유하고 공동체성을 회복하는 데 이바지하는 것, 사회발전 역량을 계발하는 데 유력한 것 등이다.

윤리적 접근에 의한 정책대안의 평가는 계량적 분석 방법보다는 질적 판단의 방법에 의해 더 잘 이루어진다. 그러므로 교육정책의 각 대안이 초래할 결과를 윤리적 측면에서 평가할 때에는, 소수의 견해에 의지하기보다는 교육공동체 구성원의 참여와 숙의를 거친 보편적 윤리의식에 기초하는 것이 보다 합당하다.

3. 결론의 도출과 정책결과의 평가

1) 최적 대안의 선택

정책분석가는 전술한 여러 접근법을 종합적으로 활용하여 대안평가를 실시한다. 대안별 평가가 이루어지는 것과 거의 동시에 대안 사이의 비교가 이루어진다. 각 대안에 대한 평가가 정확하다면 그 과정에서 채택된 평가 기준에 의해 대안별 비교 역시 정확해지고, 대안평가는 곧 최적 대안의 선택으로 이어진다. 대안을 비교 평가하는 데에는, 각 대안을 하나씩 평가한 후에 그 결과에 따라 최적 대안을 선택하는 것도 가능하지만, 여러 대안들을 직접 비교 평가하는 방법도 가능하다. 직접적 비교 평가의 방법에 '의사결정 나무(decision tree)'와 '분석적 계층화 과정법(Analytical Hierarchy Process: AHP)'이 있다.

(1) 의사결정 나무

정책결정은 대안 선택을 핵심으로 한다. 결정에 이르게 되기까지 고려해야 할 여러 대안과 대안별 예상 결과를 전후관계의 그림으로 나타내면 마치 나뭇가지가 줄기에서 뻗어 나가는 형상이 된다. 이를 의사결정 나무라고 한다. 다음과 같은 예시적 사태를 생각해 보자.

어떤 학교장이 교내 체육대회를 개최하기로 했다. 체육대회를 열기로 한 날 비가 올지 안 올지 알 수 없기 때문에 어떤 상황에서도 치를 수 있는 내용으로 준비를 하였다. 즉, 비가 오면(상황 'A') 실내 체육관에서, 오지 않으면 (상황 'B') 실외 운동장에서 체육대회를 하게 준비하였다는 뜻이다. 교장이 선택해야 할 대안은 교내 체육대회를 실내 체육관(대안 '가')에서 실시하거나, 실외 운동장(대안 '나')에서 실시하는 것이다. 강우 여부가 불확실한 상황이기는 하지만, 학교장은 가급적 많은 학부모가 참여하는 것을 목표로 하고 있다. 학교장은 학부모에게 설문조사를 실시하여 비가 올 경우와 오지 않을 경우, 그리고 실내와 실외에서 체육대회를 개최할 경우 각각 어느 정도 참여할 것인지를 미리 조사하였다. 참여하겠다는 학부모의 숫자는 비오는 날의 실내 체육관에 200명, 실외 운동장에 120명인 반면, 맑은 날의 실내 체육관에 360명, 실외 운동장에 380명으로 조사되었다. 주도면밀한 준비를 위해 체육대회 당일의 강우 확률을 알아보았는데, 기상청에서는 25%라고 알려 주었다. 되도록 많은 학부모가 참여하기를 희망하는 학교장이 어떤 결정을 하는 것이 좋은가 하는 것이 문제이다.

이 문제 상황에 개입되어 있는 대안과 확률 및 예상 결과 등을 [그림 9-3] 과 같은 의사결정 나무로 표현할 수 있다.

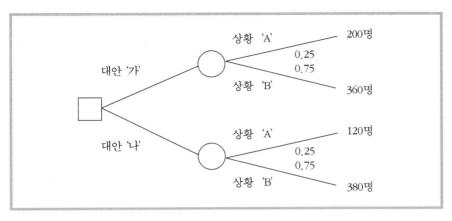

[그림 9-3] ··· 의사결정 나무의 사례(체육대회 장소 결정)

　이 의사결정 나무를 보면, 체육대회 개최 장소가 대안임을 알 수 있고 실내 체육관(대안 '가')과 실외 운동장(대안 '나')으로 각 대안이 표시되어 있다. 강우 확률은 기상청에서 알려 준 대로 25%와 75%로 표시되어 있고, 네 가지 경우별로 참여 의사를 밝힌 학부모의 숫자가 이 나무의 가지 끝에 표시되어 있다. 이 나무를 활용하여 최적 대안을 선택한다. 실내에서 체육대회를 실시하는 대안 '가'의 기대 가치는 (200×0.25)+(360×0.75)=320명이다. 반면, 실외에서 체육대회를 실시하는 대안 '나'의 기대 가치는 (120×0.25)+(380×0.75)=315명이다. 이 기대 가치를 비교하면 대안 '가'를 선택하는 것이 효과적이다. 즉, 학부모 참여율을 높이는 것이 목표라면 이 상황에서는 실내 체육관을 선택하는 것이 최적이다.

　이 사례는 아주 단순한 의사결정 나무로 표현되는 경우를 다루고 있지만, 현실 사회의 정책결정 상황에 적용할 수 있는 기본 논리를 갖추고 있다. 정해진 교육예산을 가지고 초등교육, 중등교육, 고등교육 분야의 어디에 쓸 것인가를 정하는 상황은 나무의 뿌리에서 시작하여 세 개의 가지가 분화하는 것이며, 중등교육의 경우 학생 지원과 교원 확보 및 교육프로그램 개발 가운데 어디에 쓸 것인가를 다시 정하는 상황은 제2단계의 가지가 다시 셋으로 분화하는 경우에 해당한다. 보다 실제에 가까운 정책결정 상황은 여러 단계의 대안이 계열적으로 구성되어 있고, 대안들 사이의 관계가 복합적이기 때문에, 의사결정 나무가 훨씬 복잡할 것이란 점을 이해할 필요가 있다. 그렇지만 그러한 상황이라 하더라도 그에 접근하는 기본 논리는 앞의 단순한 사례에 담긴 아이디어에서 출발하는 것이다.

(2) 분석적 계층화 과정법

분석적 계층화 과정법은 하나의 문제를 구성하는 요소들을 체계적으로 분류하고, 분류된 요소들을 둘씩 짝을 지어 비교 판단한 다음, 우선순위나 중요도를 정하여, 문제해결에 필요한 최적 대안을 도출하는 방법을 말한다. 그러므로 이 방법에서는 문제를 어떻게 체계적으로 분석하고 그 구성요소들로 정확하게 분석해 내는가가 중요하다.

비교 대상이 되는 한 짝의 요소들은 어느 것이 더 중요한지, 더 바람직한지, 발생가능성이 더 높은지 등을 기준으로 비교한다. A와 B의 중요도를 비교한다고 할 때, A와 B의 상대적 중요도를 표현하는 수치를 부여한다. 두 요소가 동등하게 중요하면 1, A가 B보다 약간 더 중요하면 3, 좀 더 중요하면 5, 대단히 더 중요하면 7, 절대적으로 더 중요하면 9 등과 같은 수치를 택하게 하는 것이다. 2, 4, 6, 8 등은 그 중간 정도의 중요성을 나타내고, 1/3, 1/5, 1/7 등은 그 역의 중요도 관계(즉, B가 그만큼 더 중요하다)를 나타낸다.

예를 들어, 고등학교 졸업 단계의 학생이 대학을 선택한다고 가정해 보자. 대학 선택에서 중요하게 고려하는 요소들이 대학 선호도를 구성하는 요소들이라고 본다면, 이 요소들에는 등록금 수준, 대학의 위치 등이 있을 수 있다. 이 요소들을 비교하여 각 요소의 중요도를 계산하고, 진학 희망 대학의 각 요소별 특성을 파악하여 각 대학의 선호도를 비교하면 가장 선호도가 높은 최적 대학을 선택할 수 있을 것이다. 이러한 관계는 [그림 9-4]와 같이 표현된다.

[그림 9-4]에서는 대학에 대한 선호도를 구성하는 요소가 동일한 수준의

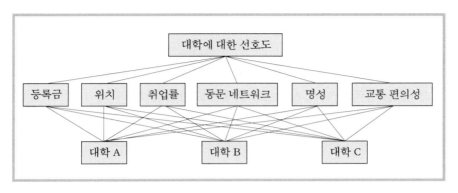

[그림 9-4] ··· 분석적 계층화 과정법의 사례(대학 선택 문제)

계층에 '등록금'에서 '교통 편의성'에 이르기까지 여섯 개로 구성된 단순한 경우를 표현하고 있다. 좀 더 복잡한 상황이라면 이 계층이 2~3개 더 늘어날 수도 있고, 요소들의 숫자 또한 좀 더 많을 수 있을 것이다. 여섯 개의 요소를 둘씩 짝지어 비교해야 하므로 짝을 짓는 조합의 수는 $_6C_2=6\times 5/2=15$가 된다. 15개의 셀에서 이원비교를 한 상대평가의 결과를 종합하면 요소별 가중치 혹은 중요도의 값이 도출된다. 이제 후보 대학 A, B, C 의 각 요소별 기댓값을 앞에서 산출한 요소별 가중치를 고려하여 계산하고 그 값을 종합하면 대학별 선호도를 도출할 수 있을 것이다.

　이와 같은 논리를 확장 적용한다면, 어떤 시·도 교육감이 해당 지역의 학교운영지원금을 관내 500개 고등학교에 배분할 때, 학교운영 충실도에 따라 배분하는 방법을 찾을 수 있다. 이 충실도를 구성하는 요소들은 다양할 수 있으나, 가령 입학지원율, 중도탈락률, 학생의 학업성취도, 진학(취업)률, 교원확보율, 장학금 지급률, 재학생 학교 만족도, 교직원 학교 만족도의 8개로 정했다고 하자. 그러면 $_8C_2=28$개의 이원비교 셀 값을 종합하여 요소별 가중치를 구하고, 500개 학교의 요소 값을 산출하여, 그 결과에 따라 지원금 총액을 500개 학교에 적정 배분하는, 보다 실제에 가까운 정책방안도 강구할 수 있을 것이다.

2) 정책제안

정책분석에서 '제안'은 정책분석가가 분석의 결과로 도출된 결론을 특정 정책의 형태로 전환하여 정책결정자에게나 일반 시민에게 제시하는 것을 말한다. 이 제안은 제기된 정책문제를 해결하기 위해 무엇을 해야 하는지에 관한 구체적 행동 방안을 제시하고 있다. 그리고 제안은 향후에 이루어져야 할 행위에 대한 현재 시점에서의 가치 주장을 담고 있다. 물론, 이 가치 주장의 배경에는, 정책문제의 사실관계에 대한 규명과 해당 문제에 대한 정치제도적 · 윤리적 점검이 당연히 존재한다.

제안의 기준에 해당 대안의 실현가능성과 함께 효과성, 능률성, 공정성 등과 같은 소망성이 있음을 앞에서 이미 지적하였다. 각 기준의 내용은 앞서 평가준거를 설명하는 부분에서 다루었으므로, 여기서는 그 가운데 공정성의 기준에 대해서만 부연 설명한다. 공정성을 구성하는 주요 원리로서 배분적 정의를 생각하는 경우에 파레토(Pareto), 칼도-힉스(Kaldor-Hicks), 롤스(Rawls) 등의 기준에 의한 개선(남궁근 외, 2005: 288-308)을 제안의 내용으로 삼을 수 있다. 파레토 개선이란 어떤 다른 집단에 대해 손해를 끼치지 않으면서 적어도 한 집단이 이익을 얻게 분배 상황을 개선하는 것을 가리킨다. 칼도-힉스 개선이란 능률 면에서 순이익(총이익-총비용)이 존재하고, 그 이익을 얻는 집단이 손해를 본 집단에게 보상을 할 수 있다면 그 상태는 이전 상태보다 낫다는 것이다. 그리고 롤스(Rawls) 개선이란 한 사회에서 가장 취약한 상태에 있는 구성원 집단의 복지가 향상되면 다른 사회상태보다 개선되었다고 보는 것이다.

제안의 과정에는 이와 같은 소망성과 실현가능성의 기준 외에도 여러 정치적 · 윤리적 고려가 개입된다. 정책제안의 목적은 단지 어떤 미래의 결과를 예측하는 것에 머무르지 않고 공동체 구성원에게 가치 있는 상황을 만들고자 하는 데 있기 때문이다. 특히 교육정책에서, 학습자와 교육조직 및 사회 전체

를 위하여 무엇이 최선인가 하는 것을 결론으로 제안하는 데에는, 수리경제
모형과 비용–효과 분석 같은 방법이나 도구만으로 충분하지 않다. 그렇기 때
문에 교육정책의 제안은 불가피하게, 가치의 판단과 윤리적 논증과 교육적
고려를 필수 요소로 포함한다.

  제안의 방법은 '분석 결과 보고서'와 같은 문서를 통해 이루어지거나, 회의
나 브리핑 등의 구두발표를 통해 이루어진다. 문서보고는 간단한 정책 메모
에서부터 수백 쪽에 이르는 정식 보고서에 이르기까지 다양한 형식을 취한
다. 문서에 포함되는 정보는 결집력이 있고 조직화 수준이 높을수록 좋다. 보
고서에 포함되는 내용을 일반적인 순서에 따라 제시하면 다음과 같다. 요약
문(executive summary)을 제일 앞에 두는 것은 시간적 제약하에 활동하는 정책
결정자를 배려해서다.

  • 요약문
  • 문제의 정체
  • 문제해결을 위한 기존의 노력
  • 해결하고자 하는 문제와 해결의 목표 수준
  • 대안적 해결 방안과 각 방안에 대한 비교 · 평가
  • 결론과 정책 제안

  구두발표는 핵심 내용과 결론 위주로 시청각 자료를 곁들여 일목요연하게
제시하는 것이 좋다. 구두발표 시에는 청중의 규모와 수준 및 집단별 특성을
감안해야 하며, 소모적 논쟁을 피하고 정책대안에 대한 생산적 의견 교환이
이루어지도록 노력하는 것이 중요하다.

3) 정책의 집행

정책의 집행 자체는 정책분석의 단계가 아니다. 그러나 집행이 어떻게 이루어지는가를 살피는 것은 분석의 대상이다. 성공적 정책집행의 조건을 아는 것은 이 점에서 중요하다. 다음의 조건들은 정책집행을 성공적이게 만드는 조건들이다.

- 정책목표가 명확할 것
- 정책목표와 정책수단의 관계가 긴밀할 것
- 정책내용이 분명하고, 집행을 위한 전달과정이 명료할 것
- 해당 정책에 대한 대중의 관심과 지지가 높을 것
- 정책 집행기관이 내부적으로 잘 통합되어 있을 것
- 정책집행자의 정책내용에 대한 이해도와 수용도가 높을 것
- 정책 대상 집단의 정책효과에 대한 기대치가 높을 것

정책의 집행은 정책의 결정 못지않게 정치적 성격을 지닌다. "정책의 결정은 정치적 과정이고, 그 집행은 기계적·사무적 과정에 불과하다."는 이원론적 사고는 정책의 현실에 적합하지 않다. 정책의 결정 단계에서는 합의와 수용의 폭을 넓혀야 한다는 필요 때문에 그 내용이 추상적이고 애매한 경우가 많다. 그러므로 그 정책의 집행을 위해서는 해당 내용을 구체화하고 분명하게 정하게 된다. 이러한 구체적 전환의 과정에서 세부 목표와 정책의 수단에 대한 선택이 이루어지게 된다. 이 선택이 곧, 누가 무엇을 얼마나 얻을 수 있는가를 최종적으로 결정한다는 의미에서 집행 역시 정치적 성격을 띤다. "악마는 세부사항에 숨어 있다(The devil is in the details.)."는 말도 집행의 정치성을 나타내는 말로 볼 수 있다.

4) 집행 결과의 평가

실제로 집행이 이루어지는 정책은 그것이 국민 생활에 미치는 영향이 크고 오래가기 때문에 바르게 집행이 되고 있는지, 집행의 결과는 원래 목적에 부합하는지 등을 면밀히 검토해야 한다. 집행되는 정책의 결과 혹은 성과를 점검하고, 정책수단이 정책목적 달성에 효과가 있는지 등을 살피는 일이 정책평가다. 예를 들면, 미국의 학교개혁 정책이 왜 의도한 대로 성공을 거두지 못하였는지 주요 개혁정책 사례들을 중심으로 살피면서, 학교교육의 '문법'이 중요하다는 점을 밝힌 연구(Tyack & Tobin, 1994)는 이 정책평가 연구에 해당한다. 정책평가에는 정부 정책의 적법성과 재량의 일탈 여부 등을 법원에서 점검하는 '사법적 평가'와 선거 등을 통해 심판하는 '정치적 평가' 등이 포함될 수 있으나, 여기서는 정책분석의 일환으로서 이루어지는 통상적 평가에 대해서만 초점을 맞춘다.

(1) 정책평가의 의의

정책평가를 하는 목적은 크게 세 가지로 제시할 수 있다. ① 평가 대상이 되는 정책의 수정과 보완과 같은 정책개선, ② 정책 집행기관 등에 대한 감독과 순응의 확보, 그리고 ③ 정책의 성공과 실패 원인을 인지하고 축적함으로써 얻는 정책학습이다.

정책개선이란 실행 중에 있는 정책의 부족한 점을 발견하여 그것을 수정·보완하는 데 정책평가가 기여하는 점을 말한다. 집행 단계까지 이어지는 정책은 대부분 좋은 취지로 출발한 것이지만, 그 정책의 내용이나 수단 및 방법에 있어 의도하지 않은 결과나 예기치 못한 사정 등으로 단점이나 부작용 혹은 새로운 문제를 발생시키는 경우도 있다. 그러므로 그 정책을 지속하는 것이 바람직한지, 지금과 같은 수단과 절차를 계속 활용할 것인지, 예산의 증감 혹은 전환이 현 단계에서 필요한 것인지 등을 종합적으로 검토할 필요가 있다. 이러한 정책 개선을 목적으로 하는 평가는 집행이 완료된 정책이 아니라 목하 집행이 이루어지고 있는 정책에 대해 이루어지는 것이다. 이 평가를 통해 정책의 부족한 점을 발견하고 그를 보완하는 데 필요한 정보를 확보한다.

감독과 순응의 확보는 주로 정책 입안기관이 정책 집행기관에 대해 정책평가를 통해 기대하는 것이다. 결정된 정책은 법령, 규정, 표준, 지침 등과 같은 공식적 기대에 따라 집행이 이루어지기를 기다린다. 그런데 그 기대에 따라 실제로 집행이 이루어지는지 여부는 확인이 필요하다. 집행기관이 입안기관의 의도와 계획을 충실하게 준행할 수도 있겠지만, 그렇지 않는 경우도 얼마든지 있을 수 있다. 그러므로 행정의 책무를 수행하는 차원에서, 입안기관은 집행기관에 대해 정책의 충실한 집행 여부를 감독하고 순응하도록 유도할 필요가 있다. 이러한 필요를 충족시키는 기제의 하나로 정책평가가 활용된다. 예를 들면, 국가수준 학업성취도평가나 대학수학능력시험 등과 같은 평가를 통해 국가가 정한 교육과정이 학교에서 준행되도록 유도하는 것이라든지, 교육청 평가나 학교 평가 등과 같은 기관 평가를 통해 정부의 교육 시책을 얼마나 충실하게 수행하는지 점검하는 활동이 이에 해당한다.

정책학습이란 정책의 성패 여부에 대한 평가를 통해 관련 정보를 축적함으로써 정책기관의 학습 역량을 증진하는 것을 말한다. 정책의 취지나 목적이 집행을 통해 구현되었는지 여부를 점검하고 그 성공 혹은 실패의 원인을 규명하게 되면 정부나 국민은 그 평가 결과를 통해 정책학습을 하게 된다. 정부나 출연 연구 기관 등과 같은 조직이 그러한 학습을 하는 주체가 되는 경우 조직 학습이 이루어진다. 성공한 정책이든 실패한 정책이든, 그것을 통해 교훈을 얻고 배운다는 점에서 그것들은 모두 소중한 교육 자료다. 정책학습은 학습이 일어나는 수준에 따라 수단적 수준의 학습, 사회적 수준의 학습, 정치적 수준의 학습으로 구분할 수 있다(Birkland, 2011: 275-277). 수단적 수준의 학습은 집행된 정책의 도구나 기법 차원에 대한 평가를 통해 그 수준에서 학습이 일어나는 것을 말하고, 사회적 수준의 학습은 정책목표와 정책내용의 사회적 적합성 여부에 대한 평가와 학습까지 이루어지는 것을 말한다. 그리고 정치적 수준의 학습은 정책의 이념과 가치 및 문제규정의 적절성 여부에 대한 평가와 학습이 이루어지는 것을 말한다. 정책평가가 정책의 모든 수준에 대해 이루어질 수 있는 것과 마찬가지로, 그 평가 결과를 토대로 한 정책학습 역시 정책의 모든 수준에서 가능하다는 것을 알려 준다.

(2) 정책평가의 유의점

정책평가의 정확성을 기하기 위해 유의해야 할 점은 크게 다음의 네 가지다. 첫째, 관심 대상집단과 상황에 어떤 변화가 어떤 규모로 일어났는지를 확인하는 일이다. 존재하는 모든 것은 시간의 흐름에 따라 변화하는 특성을 보인다. 평가를 할 때에는 어느 시점에서 어느 시점까지를 평가의 기간으로 할지를 먼저 정하고, 해당 기간에 어떤 변화가 나타났는지를 정확하게 파악할 수 있어야 한다. 예를 들면, 고등학교 졸업자 수의 변화는 관심 대상 집단의 변화라고 할 수 있고, 그들의 대학 진학 의지의 변화는 관심 대상 상황의 변화라고 할 수 있다.

둘째, 그러한 변화가 집행된 정책 때문에 초래된 것인지의 여부를 확인하는 일이다. 그러나 이 확인은 그렇게 용이하지 않다. 정책과 변화 사이의 인과관계를 확인하기 쉽지 않다는 의미다. 인과관계에 개입하는 매개 변인의 영향, 제3의 변인의 영향, 미처 알 수 없는 변인의 개입, 원인이 되는 변인들의 상승작용 혹은 상쇄작용 등이 존재하기 때문이다.

셋째, 그 변화가 집행 정책에 의한 것이라고 할 경우, 투입 비용에 비해 정당화될 수 있는 것인지를 확인하는 일이다. 이 평가는 정책 프로그램에 의해 나타났다고 판단되는 효과가 투입된 비용에 비추어 적절한지를 판단하는 것이므로 능률성 평가라고 할 수 있다. 어떤 정책이든 그 정책은 자원의 제약 상황 아래에서 입안 집행되는 것이므로, 정책의 일부 효과가 확인되었다고 하더라도 더 능률적인 다른 정책대안과 비교하여 경쟁해야 하므로, 이 능률성 평가가 중요하다.

넷째, 그 변화가 사회적 문제 해결에 적합한 것인지를 확인하는 일이다. 어떤 정책 프로그램이 그것이 원래 달성하고자 했던 목표를 달성했는지, 그러한 목표는 당시의 사회정책적 필요에 비추어 바람직한 것인지 등을 평가하는 것이다. 예를 들어, 학생 인구 일정 규모 미만의 소규모 학교를 통폐합한다는 정책이 있다고 할 경우, 그 정책의 목표 달성도를 평가하는 것을 효과성 평가라고 한다면, 해당 정책이 교육적으로 정당한 것인지를 평가하는 것을 적합성 평가라고 할 수 있다. 이렇게 보면, 적합성 평가는 효과성 평가나 능률성 평가 이상으로 중요하다고도 할 수 있다.

이 외에도, 평가의 과정에 평가자의 신념이나 주관의 개입을 최대한 억제하고, 평가를 위해 선택된 사례나 표본의 대표성을 확보해야 한다는 점 역시 평가의 정확성을 기하기 위해 유의해야 할 점이다.

이러한 점들을 고려하여 평가가 바르게 이루어졌는지를 평가하는 메타 평가가 가능하고, 또 중요하다. 통상의 정책평가가 정책과정의 일부로서 이루어지는 평가라면, 이 메타 평가는 정책분석—특히, 정책의 '이해'를 위한 분석—의 일환으로 이루어지는 평가라고 할 수 있다.

(3) 평가 결과의 활용

평가 결과는 평가의 의의에서 확인한 것처럼 정책 집행기관에 대한 감독과 순응의 확보 용도로 활용될 수 있을 뿐만 아니라 정책학습과 정책개선의 자료로 활용될 수 있다. 감독과 순응의 확보가 정책집행의 효과성을 제고하는 것이라면, 정책학습과 정책개선은 정책의 전 과정과 질 자체를 향상시키고자 하는 것이기 때문에 평가 결과의 발전적 활용이라는 면에서는 더 중요하다.

정책에 대한 평가를 통해 드러난 결과를 바탕으로 하여 대상 정책의 진로를 결정한다. 결정할 수 있는 대안은 정책유지, 정책보완, 정책승계, 정책종결 등이다. '정책유지'는 평가 결과 정책의 목적이나 목표 및 핵심 내용과 주요 추진 방법 등이 적절하고 또한 상황적 적합성도 갖추고 있는 반면, 제기된 문제는 아직 완전히 해결되지 않은 상태여서 해당 정책을 계속 유지할 필요가 있다고 판단하는 것이다. '정책보완'은 평가 결과 정책의 주요 골격은 타당하나 세부 내용의 미흡한 점(예: 잘못된 규제, 불충분한 자원, 부적당한 훈련 등)이 발견되어 그것을 수정·보완할 필요가 있다고 판단하는 것이다. '정책승계'는 평가 결과 한 정책 프로그램의 수명은 다하였으나 유사한 목적의 구현을 위해 새로운 정책 프로그램으로써 이전 정책의 위치를 계속 이어 나가도록 결정하는 것이다. 그리고 '정책종결'은 평가 결과 정책문제가 해소되었거나 정책적으로 대응할 수 없게 되어, 해당 정책이 더 이상 필요하지 않다고 결정하는 것이다. 어떤 결정을 내리든, 그 결정은 평가 결과를 토대로 하는 것이며, 또한 후속 정책과정의 토대가 된다.

미주

1) 귀무가설은 영가설(null hypothesis)이라고도 하는데, 통계적 가설검정에서 쓰는 수리통계학 용어다. 설정한 가설이 진실할 확률이 극히 적어 처음부터 버릴 것이 예상되는 가설을 말한다.

2) 『논어』「안연편」에는 공자와 그의 제자 자공의 다음과 같은 대화가 소개되어 있다. 子貢問政. 子曰:「足食, 足兵, 民信之矣」子貢曰:「必不得已而去, 於斯三者何先」曰:「去兵」子貢曰:「必不得已而去, 於斯二者何先」曰:「去食. 自古皆有死, 民無信不立」공자 대답의 취지는 "정치의 요체는 국민의 마음과 믿음을 얻는 것이고, 넉넉한 재정은 그다음이며, 강한 권력(군사력)은 또 그다음"이라는 것이다.

3) 정책대안의 소망성 기준에 있어서 효과성, 능률성, 공정성 등을 '실체적' 소망성이라는 범주로 묶고, 그러한 실체적 소망성에 추가하여 정책의 과정에서 요구되는 '절차적' 소망성이 보완되어야 한다는 주장이 있다. 절차적 소망성은 정책의 형성과 집행의 과정에서 관련자들

이 민주적으로 개입하고 논의하는 것을 가리킨다. 절차적 민주주의와 네트워크 거버넌스가 강조되는 시대적 추세를 반영한 주장으로 해석된다. 이 절차적 소망성에 포함되는 기준으로는 참여성(參與性), 숙의성(熟議性), 합의성(合意性) 등이 있다(권기헌, 2007: 183-187).

4) 이 외에도, 이동평균법(移動平均法, moving average method), 지수평활법(指數平滑法, exponential smoothing method), 마코브 체인(Makov chains) 방법, 박스-젠킨스(Box-Jenkins) 방법 등이 있으나, 그 구체적 내용은 이 책의 범위 밖이므로 다른 전문서를 참고하기 바란다.

5) 회귀분석을 위한 구체적인 방법을 소개하는 것은 이 책의 범위 밖이다. 해당 내용은 통계학 관련 전문서적을 참조하기 바란다. Berman, E. M. (2007). *Essential statistics for public managers and policy analysts* (2nd ed.). Washington, DC: CQ Press.

추천도서

정태범(1999). **교육정책분석론**. 서울: 원미사.
　　교육정책분석에 관한 포괄적 주제를 다루고 있는 책이다. 교육정책의 과정을 설명하면서 교육정책 분석의 유형과 기법을 소개하고 있다.

Kingdon, J. W. (1995). *Agendas, alternatives, and public policies*(2nd ed.). New York: Harper Collins College.
　　미국 정치 상황에서의 의제 형성 문제에 관한 고전적 분석서다. 정책과정에 대한 통찰력을 보여 주는 책인데, 특히 의제 형성 과정에 대한 분석이 탁월하다.

Lindblom, C. E., & Woodhouse, E. J. (1993). *The policy-making process* (3rd ed.). Upper Saddle River, NJ: Prentice Hall.
정책결정의 과정과 정책분석 문제를 결합하여 다룬 독특한 책으로 유명하다.

Bardach, E. (2009). *A practical guide for policy analysis: The eightfold path to more effective problem solving* (3rd ed.). Washington, DC: CQ Press.

정책분석을 하는 데 있어서 꼭 유념해야 할 사항들을 압축적으로 정리해서 보여 주는 작지만 유용한 지침서다. 특히 정책분석 실무자에게 도움이 크다.

Berman, E. M. (2007). *Essential statistics for public managers and policy analysts* (2nd ed.). Washington, DC: CQ Press.
　　정책분석에 활용되는 핵심적인 통계학의 내용과 통계분석 기법을 전체적으로 보여 주는 책이다. 정책분석의 실제에 활용도가 높다.

참고문헌

권기헌(2007). 정책학의 논리. 서울: 박영사.
노화준(1999). 기획과 결정을 위한 정책분석론. 서울: 박영사.

Birkland, T. A. (2011). *An introduction to policy process: Theories, concepts, and models of public policy making* (3rd ed.). New York: M. E. Sharpe.
DeLeon, P., & Martell, C. R. (2006). The policy sciences: Past, present, and future, In G. Peters & J. Pierre (Eds.). *Handbook of public policy.* London: SAGE Publications.
Dunn, W. N. (2004). *Public policy analysis: An introduction* (3rd ed.). NY: Prentice-Hall. (남궁근 외 역, 2005). 정책분석론(제3판). 서울: 법문사.
Dunn, W. N.(1994). *Public policy analysis: An introduction* (2nd ed.). New York: Prentice Hall, Inc.
MacRae, Jr., D., & Wilde, J. A. (1979). *Policy analysis for public decisions.* Belmont, CA: Duxbury Press.
Mitroff, I. I., & Featheringham, T. R. (1974). On systematic problem solving and the error of the third kind. *Behavioral Sciences, 19*(6), 383–393.
Salamon, L. M. (Ed.) (2002). *The tools of government: A guide to the new governance.* New York: Oxford University Press.

Stone, D. (2002). *Policy paradox: The art of political decision making.* New York: W. W. Norton & Company.

Tyack, D., & Cuban, L. (1997). *Tinkering toward Utopia: A century of public school reform.* Cambridge, MA: Harvard University Press.

Tyack, D., & Tobin, W. (1994). The "grammar" of schooling: Why has it been so hard to change? *American Educational Research Journal, 31*(3), 453–479.

제 10 장

교육정책분석과 학문적 관점

　정책분석에 필요한 관점을 형성하는 데에는 다양한 학문 분야에서 정립한 개념과 연구방법론 및 지식 체계가 도움이 된다. 말하자면, 다양한 학문적 관점은 정책분석가가 분석활동을 할 때에 착용하는 안경과 같다고 비유할 수 있다. 이 장에서는 정책분석을 위한 관점의 형성에 도움을 주는 학문의 분야로서 역사학, 정치학, 경제학, 사회학, 인류학, 정책학 등이 정책분석과 어떤 관련을 맺는지를 검토한다(Sykes, G. et al., 2009: 17-99). 그리고 이러한 개별 학문적 관점의 종합에 대해 논의하면서, 교육학의 학문적 관점은 정책분석에 어떤 의미를 갖는지를 점검한다.

1. 역사학

1) 역사 연구와 정책분석의 원근 관계

역사적 안목이 정책분석에서 중요하다는 생각을 했던 초창기의 정책결정자는 정책의 이상, 방향, 가치 등에 대한 도덕적 교훈을 얻는다는 생각으로 역사를 상고(詳考)하였다. 그러한 역사적 안목으로부터 정책의 구체적 지침을 얻는다는 생각을 하지는 않았다는 뜻이다.

그러나 역사학이 초기의 인문적·대중적 관심에서 벗어나 점차 전문적 학문 분야로 취급되면서, 역사 연구자들은 인간 활동의 세부 영역을 역사 연구의 한 분야로 정하여 그 분야 내에서 이루어진 과거의 일을 심층적으로 밝히는 일에만 집중하였다. 이에 따라, 그들이 현실의 정책 문제나 사회개혁 문제에 대해 직접 발언하거나 참여하는 경우가 많이 줄어들었다. 정책결정자 역시, 해당 정책 문제에 대해 사회과학적 지식으로부터 도움과 정보를 얻으려고 하는 경향은 강해진 반면, 역사 연구로부터 도움을 기대하는 경향은 약해졌다. 역사가들은 과거의 사실을 밝히는 데에는 탁월하지만, 미래의 일을 예측하는 데에는 지나치게 조심스러워했다. 그에 비해, 사회과학자들은 체제분석이나 운영연구 등과 같은 과학적 기법으로 무장하여 문제의 해결, 비용−효과 분석, 결과 예측, 최적 방안 제안 등을 자신의 주된 임무로 삼았다. 그러므로 정책결정자가 역사가와 사회과학자라는 두 부류 가운데 누구의 도움을 손쉽게 활용할지는 비교적 분명한 문제였다.

그러다가 다시 최근에 역사학적 지식의 현실적 유용성을 중시하는 일부 학자 혹은 실천가를 중심으로, 현실의 정책문제에 대한 시사점을 역사학적 지식으로부터 도출하려는 흐름이 나타났다. 이러한 흐름은 사회 각 분야 정책의 형성과 전개에 관한 역사적 연구가 어느 정도 축적되면서 비로소 나타나는 것이다. 그렇지만 역사연구를 정책분석에 활용한다 하더라도, 논자에 따라서는 그 활용에 낙관적인 기대를 하는 경우도 있지만 신중하고 조심스럽게 접근할 것을 주문하는 경우도 있다.

역사학의 배경을 갖춘 정책분석가와 교육정책결정자 사이의 상호작용을 통해, 향후에는 교육정책의 역사에 대한 깊은 이해가 가능해지고, 다른 한편으로는 당면 교육문제에 대해 역사적 통찰력에 기초한 대응정책을 강구할 수 있는 여지가 확장될 것이다.

2) 역사 연구의 유익과 한계

역사 연구란 단순히 과거의 일을 찾아서 정리하는 데 그치는 것이 아니라, 객관적 사료(史料)를 토대로 과거의 일을 충실히 묘사하고 근거에 입각하여 그 사실(史實)을 해석하는 비판적 연구를 하는 것이다.

과거의 역사를 연구함으로써 얻을 수 있는 유익은 많다. 첫 번째 유익으로는, 오늘의 교육문제뿐만 아니라 그 문제에 대응하는 교육정책 역시 역사적 연원을 가지고 있다는 점을 이해할 수 있다. 오늘을 살고 있는 우리의 입장에서는 이 문제와 이 정책이 중요하고 절박하며 새로운 것처럼 보일 수 있으나, 기실 그것은 과거로부터 누적되어 온 문제—정책의 연장선 위에 있다는 점을 역사 연구로부터 환기할 수 있다는 뜻이다. 모든 교육정책은, 특히 그것이 중요한 정책일수록, 복합적이고 다면적인 속성을 띠며, 성공을 쉽게 낙관할 수 없는 것이란 점을 역사 연구를 통해 알게 된다.

두 번째 유익으로는, 교육문제에 대응해 온 과거의 정책 이력을 살핌으로써 어떤 노력은 왜 성공했고 실패했는지를 파악할 수 있게 되고, 그것은 오늘날의 경우 어떤 노력을 기울여야 교육의 발전이라는 정책목표를 달성할 수 있을지에 대한 시사점을 도출하는 원천이 된다. 예전에 이루어진 정책이 어떤 위험과 의도하지 않은 결과를 가져왔는지를 분명히 보여 줄 수 있다면, 후

속 정책에서는 그러한 문제를 극복하려는 노력을 하게 될 것이다. 물론 시간
의 흐름에 따라 상황이 달라지기 때문에 그러한 노력이 성공한다는 보장은
없지만, 노력 자체는 역사 연구를 통해 얻는 유익임이 분명하다.

미국의 학교개혁 정책이 어떤 역사적 배경과 추진의 과정을 거쳤고, 그로
부터 어떤 교훈을 얻을 수 있는지를 상세히 점검한 Ravitch와 Vinovskis(1995)
의 연구는 역사학적 관점으로 정책분석을 시도한 대표적 연구라고 할 만하다.

그러나 과거의 사건에 대해 아무리 정교한 연구가 축적된다 하더라도, 그
로부터 곧바로 현재에 제기된 문제에 대한 적정 해법을 도출한다거나 해당
문제의 향후 동향을 예측한다는 것은 어려운 일이다.

3) 역사 연구의 난점과 고려사항

역사 연구를 객관적이고 엄정하게 진행하는 것은 쉬운 일이 아니다. 역사
연구에서 택할 수 있는 선택지에 따라 연구의 결과가 달라질 수 있기 때문이
다. 역사 연구의 과정에서 고려해야 할 주요 사항은 다음과 같다.

첫째, 연구의 주제 혹은 대상을 정하는 문제에 있어서 어떤 시기의 어떤 영
역에 해당하는 교육정책을 선택할 것인가가 문제된다. 시기에 따라, 그리고 교
육정책의 영역에 따라 전개된 교육정책의 양상이 다를 수 있기 때문에, 한정된
연구 대상에 대한 연구의 결과를 일반화하기는 그만큼 어려워지는 것이다.

둘째, 연구의 관점을 취하는 문제에 있어서 해당 사례를 어떤 관점에서 바
라보고 해석할 것인가가 문제된다. 연구자가 왜곡된 선입관을 갖는 것은 바
른 자세가 아니지만, 연구에 임할 때에 모종의 관점 혹은 가설을 갖지 않을
수는 없다. 교육정책에 관한 역사 연구에 있어서도 이는 마찬가지인데, 연구
자가 그 관점 혹은 가설의 검증에 관계되는 증거에 착안하면 다른 정보를 간
과할 가능성이 높아진다. 예를 들어, 특정 시기의 특정 정책이 어떻게 나타났
는지를 설명할 때, 어떤 요인(조건)과 어떤 측면을 부각시킬 것인지가 그러한

연구의 관점에 의해 영향을 받게 된다. 심한 경우, 동일 사안에 대한 전혀 다른 해석도 가능해진다.

셋째, 사료를 선택하고 검증하는 문제에 있어서 어떤 사료를 선택하여 어떻게 검증할 것인가가 문제된다. 하나의 역사 연구에서 그 대상이 되는 사료(구술 사료 포함)는 모두, 그와 다른 정보를 지닌 다른 사료들 가운데에서 선택된 것에 불과하다. 이 경우 어떤 사료를 선택할 것인지가 중요하다. 원초적 사료가 있는데도 2차적 사료를 이용하는 것은 역사 연구의 원칙에 맞지 않는다. 2차적 사료는 정보의 전달 및 관찰 과정에서 왜곡이 일어날 수 있기 때문이다. 또한 선택된 사료의 진실성을 검증하는 것도 중요하다. 강길수(1996: 317-320)는 이 검증을 두 가지로 구분하여 사료의 '외면에 대한 검토'와 '내용에 대한 검토'로 나누어 설명하였다. 외면에 대한 검토란 해당 사료가 진짜인지, 원본인지, 합당한 작성자에 의해 만들어진 것인지를 살피는 것과 같이 사료 자체의 진정성을 조사하는 것이다. 이 검토를 거친 다음, 내용에 대한 검토가 이어진다. 내용 검토란, 사료 속에 담긴 내용이 역사적 사실에 대한 정확한 표현인가를 살피는 것과 같이 사료 내용의 진실성을 조사하는 것이다. 예를 들어, 사료 작성자가 해당 정책사례에 대한 합당한 목격자로서 그 사료를 작성한 것은 맞지만, 작성자의 주관과 편견이 작용하여 사료 속에 담긴 내용이 당시 이루어진 해당 정책 사례에 대한 정확한 진술을 담고 있지 않다면, 외면 검토는 통과했으나 내용 검토의 관문에서 부정확한 사료로 판별되는 것이다.

넷째, 역사 연구자 가운데 교육정책의 입안·결정·실행 과정에 직접 참여하는 사례가 적다는 것도 교육정책을 역사적 관점에서 파악하기 어렵게 만드는 요인으로 작용한다. 어떤 시기의 어느 정책이든 그것은 당대의 역사 연구의 대상이 될 뿐만 아니라 후일의 역사 연구를 위한 사료가 될 수 있는데, 역사 연구자가 그 정책과정에 참여하지 않게 되면 정책과정의 실체를 정확하게 파악하기도 어렵고 정책 관련 정보들을 사료적 가치를 지닌 자료로서 보존하기도 어렵게 된다. 이는 교육정책에 관한 역사 연구자와 역사학적 관점에 입각한 정책분석가 모두를 곤란하게 만드는 상황이다.

결론적으로, 역사적 관점은 정책분석에 있어 특정 문제와 그 문제에 대한 정책의 실태가 역사적 연원 속에 있으므로 그 시대적 배경을 살피는 것이 중요하다는 관점을 갖게 해 준다. 당면 문제에 대한 대응책을 분석하는 경우에도 그 문제의 역사성과 함께 대응책의 역사성을 함께 고려하는 것이 중요하다. 역사 연구로부터 현 정책의 시대적 적합성을 점검하는 시각을 얻는 것에서 더 나아가 새로운 시대를 열어가는 정책방향을 생각할 수 있다면 더 바람직하다. '계고작금(稽古酌今)'에서 나아가 '계왕개래(繼往開來)'를 도모한다는 뜻이다. 즉, '옛 일을 살펴 오늘을 헤아리고' 나아가 '지나간 과거를 이어 다가올 미래를 여는 것'이 역사 연구의 의의다.

2. 정치학

1) 정책의 구성 요소

정치학의 관점에서 볼 때, 정책은 정치의 산물이다. 미국 정치학의 교과서로 취급될 만한 책에서 Lowi 등(2012: 7-25)은 정치가 다음의 다섯 가지 원칙에 의해 이루어진다고 보았다.

- 합리성의 원칙: 모든 정치 행위는 의도(목적)를 지니고 있다.
- 제도의 원칙: 제도가 정치를 구성(규제, 구조화)한다.
- 집단행동의 원칙: 모든 정치는 집단 행위다.
- 정책의 원칙: 정책은 인간의 선호와 제도적 정신의 산물이다.
- 역사의 원칙: 우리가 어떻게 여기까지 왔는가가 중요한 문제다.

이 다섯 가지 원칙 가운데, 마지막의 역사 원칙은 우리가 교육문제에 대처하는 어떤 제도나 정책을 갖고 있다고 할 경우, 그 제도나 정책이 나오게 된 배경(맥락), 그러한 선택으로부터 초래된 결과 등의 연장선상에 현재의 제도나 정책이 존재한다는 점을 알려 준다. 달리 말하면, 현 교육정책의 배경 및 근거 논리를 형성하는 자료가 역사적 경험으로부터 도출된다는 뜻이다. 그런 의미에서 역사 원칙은 현 교육정책을 이해하는 중요한 관점을 제공한다. 그러나 앞서 교육정책을 이해하는 역사적 관점의 중요성을 이미 설명하였으므로 여기서 그 원칙을 다시 중복 강조할 필요는 없어 보인다.

남아 있는 네 가지 원칙 가운데 앞의 세 원칙은 마지막 네 번째 원칙을 구성하는 요소로 보인다. 즉, 정치 행위에 관여하는 사람은 개인이든 집단이든 자신이 선호하는 의도(목적)을 가지고 참여한다(합리성의 원칙과 집단행동의 원칙). 그리고 다른 한편으로, 사람들의 정치 행위나 한 사회의 정치 양상은 그 사회가 지닌 정치제도에 의해 규율된다(제도의 원칙). 이러한 원칙들을 종합하면, 정치적 행위의 결과물인 정책은 정치과정에 참여하는 사람들의 선호와 정치과정을 규율하는 제도적 정신이 상호작용하여 나타난 것이라 할 수 있다(정책의 원칙).

정책을 구성하는 요소로서의 제도는 정책결정과정에 누가 참여하고 누가 공식적 권한을 갖는지, 결정에 이르는 과정에 어떤 절차를 거쳐야 하는지 등에 관한 기준을 제공한다. 제도는 비교적 장기간에 걸친 실험과 시행착오를 거쳐 형성된 공식적·비공식적 약속(법, 문화, 관습)으로서, 한 사회의 정치제도는 그 제도를 통해 옹호하고자 하는 이해관계와 정책 방향을 이미 암시하고 있다. 모든 면에서 중립적인 제도란 없다.

제도의 내용을 구성하는 주요 이슈는 다수 시민의 선호를 정책결정 기구의 구성과 정책결정의 과정에 어떻게 반영할 것인지 하는 문제다. 결정과정에 누구의 참여가 보장되어야 하고 그 참여의 형태는 어떠해야 하는지, 누가 결정권을 행사하고 그 결정권은 누구에게 위임할 수 있는지, 누가 그 결정에 대해 거부할 수 있는지 등을 정해 놓은 것이 정치제도의 형태다. 그리고 왜 그러한 제도를 만들었는지, 그 제도를 통해 추구하고자 하는 바가 무엇인지 하는 점이 그 제도의 정신이라고 할 수 있다.

한 제도는 그러한 제도를 만들 수 있는 힘을 가진 지배적 세력 혹은 다수 구성원의 합의에 의해 만들어지는 것이지만, 일단 제도로서의 지위를 부여받으면 그 제도의 적용을 받는 사회 구성원의 정치 행위를 규제하는 힘을 갖는다. 제도가 구성원의 선호와 상호작용한다는 것은 이러한 의미다. 제도의 틀을 벗어난 구성원의 선호와 그 선호에 기초한 행위는 제도의 보호를 받지 못한다. 보호를 받으려면 새로운 제도가 기존 제도를 보완 혹은 대체할 때까지 기다려야 한다. 이 점에서, 특정 제도는 특정 선호를 옹호하면서 특정 정책이 형성되도록 유도하는 토양이 된다고 할 수 있다.

정치 행위에 관여하는 사람의 선호는 그의 이해관계, 신념, 아이디어 혹은 명분 등을 반영한다. 정치학에서는 사람들이 각자 자신의 이해관계에 따라 집단 게임에 참여한다고 가정한다. 그 게임의 양상은 이합집산, 갈등, 경쟁, 협력, 협상 등 다양하게 나타난다. 정책 역시 이러한 게임을 거쳐 도출되는 결과물로 본다. 교육정책과 관련하여 그러한 게임에 관여하는 집단으로는 정당, 관료조직, 교원조직, 학부모단체, 시민사회단체, 산업체 및 교육기업(출판사, 학원 등), 언론기관 등 다양한데, 각 집단은 그들이 선호하는 가치와 그들이 처한 상황에 따라 다양한 전략과 전술을 구사한다. 누가 어떤 경로로 어떤 권력을 장악하든, 집권자 집단은 집권세력의 교체에도 불구하고 자기 이익을 지속시키기 위하여 그 이익을 보장하는 규칙을 제도화하려는 경향을 보인다. 결정 행위의 준거를 명시해 놓거나, 자원 배분의 규칙을 성문화하거나, 인사평가의 규칙을 법제화하는 등이 그 예다.

사람의 선호는 오직 이해관계만을 반영하지는 않는다. 이해관계를 떠나 그가 옳다고 여기는 신념과 아이디어, 명분을 추구한다는 뜻이다. 공동체 내에서 사익만을 추구하여서는 많은 이의 호응을 얻기 어렵다. 정치는 집단 행위로서 세력이 중요한데, 사익의 추구만으로는 세력화에 한계가 있다. 그렇기 때문에 어떤 사람은 순수하게 공익을 지향하고 정의를 추구하지만, 또 다른 사람은 사익을 추구하면서도 그것을 포장하는 명분을 만든다. 이에 따라 명분과 이익을 구분하기 어렵게 된다. 다양한 아이디어와 명분이 실익을 감춘 상태로 부상·침윤을 거듭하고, 반대 집단에서도 자기의 이익과 명분을 구분하기 어렵게 만들기 때문에, 그 협상의 결과로 나타나는 교육정책은 목표, 내용, 방안에서 애매하고, 추상적이며, 복합적이고, 분절적인 경우가 많다. 이것이 정책의 일관성을 유지하기 어렵게 만들고 불안정성을 높인다.

이처럼 정책은 정치제도와 정치참여자의 이해관계 및 명분이 상호작용하여 빚어 내는 결과다. 이 상호작용은 대체로, 명분과 결합된 이익의 제도화를 추구함으로써 특정 방향의 정책이 산출되게 하는 경향을 띤다. 정책분석을 위해서는 정책의 구성 요소인 '제도와 이해관계 및 명분'을 종합적으로 고려하는 것이 중요하다. 어느 한 구성요소만 분석하여서는 해당 정책에 대한 종합적이고 타당한 이해에 도달하기 어렵다.

2) 정책의 안정과 변화

어떤 정책은 동일한 분야의 동일한 문제에 대해 이루어진 예전의 정책과 비교했을 때 근본적 성격의 변화 없이 비교적 일관된 내용을 유지하는가 하면, 또 어떤 정책은 예전 정책과 근본 노선을 달리하는 변화를 보이기도 한다. 정책이 어떤 경우에 안정화 경향을 보이고 어떤 경우에 변화하는가 하는 점은 정책분석에서 중요한 탐구의 주제다.

통상적으로 정책은 안정화 경향을 띤다. 그 배경에는 세 가지 정도의 까닭이 있다. 첫째, 제도가 정책을 규제하기 때문이다. 앞서 지적했듯이, 정치참여자가 자신의 이해관계와 명분을 지켜 줄 제도를 만들려 하고, 제도가 만들어지면 그 제도의 정신과 틀에 부합하는 정책이 계속 선택되기 때문이다. 정책이 제도의 산물이라는 전술한 원칙을 상기할 필요가 있다. 둘째, 정책관여자가 대체로 안정적 정책을 선호하기 때문이다. 정책을 결정하고 집행하는 사람은 기존의 정책이 당시까지 존재했던 문제를 해결하기 위해 동원된 지혜의 소산이고 시행착오를 거쳐서 비로소 정착된 것이라고 믿기 때문에 기존 정책을 기본적으로 신뢰한다. 셋째, 정책의 경로 의존성 때문이다. 정책으로부터 영향을 받는 정책 고객은 특별한 사정이 없는 한 기존 정책이 유지되는 것으로 가정하고 그 정책에 맞춰 관련자가 행동할 것이라고 예측한다. 정책의 안정성과 행정의 예측 가능성을 기대한다는 뜻이다. 이러한 까닭으로 정책이 안정화 경향을 띠면, 후속 정책이 출현하더라도 이전 정책이 형성해 놓은 일정한 경로를 벗어나기 어렵다. 이를 경로 의존성이라고 한다.

그러나 모든 정책이 항상 안정적인 것만은 아니다. 경우에 따라 어떤 정책은 그 근본적 성격을 달리하는 변화의 계기를 맞기도 한다. 변화를 유도하는 계기는 다양하다. 기존 정책으로는 해결되지 않는 심각한 문제가 부각된다거나, 새로운 대안이 유력하게 등장한다거나, 중요한 선거나 천재지변 혹은 주요 사건이 발생하는 것이 그 계기가 된다. 예를 들면, 주류 정책에 반대하고 소외되었던 자들이 문제와 해결책을 새롭게 규정하면서 명분을 얻고 세력화에 성공하는 경우(Stone, 2002: 138), 그 대안 세력은 선거를 통해 집권하고 기존 정책의 기조를 근본적으로 바꾸는 새로운 정책을 내놓게 된다. 부분적이고 점진적인 정책의 보완이 아니라 근본적인 정책의 변화라 할 수 있다.

지금까지의 정책분석 관련 연구들은 정책이 어떤 경우에 안정적 경향을 띠고, 또 어떤 경우에 근본적 변화를 겪게 되는지를 검토해 왔다. 그러나 그 연구들은 정책의 안정에 관한 연구와 정책의 변화에 관한 연구로 각각 구분할 수 있을 정도로, 안정과 변화를 마치 '분리'된 주제인 것처럼 취급했다는 한계를 지닌다. 또한 그 안정과 변화가 이미 이루어지고 난 이후의 시점에서 어떤 경우에 안정과 변화가 나타났던가를 '사후적'으로 설명하는 특징을 보이고 있다. 그러므로 정책의 추이를 분석하는 향후의 연구에서는 안정과 변화의 문제를 '함께' '예측적'으로 설명하는 모형을 개발할 필요가 있다(Pierson, 2005: 34-51). 이 모형에 따른 연구가 축적된다면 점진적 보완과 근본적 변화 사이에서 정책의 추이가 어떻게 전개되는지를 종합적으로 파악할 수 있고, 특정의 상황과 조건에서 그 추이가 향후 어떻게 전개될 것인지에 대해서도 예견할 수 있을 것이다.

3) 정책의 정치에 대한 영향

앞서 언급한 정치의 다섯 가지 원칙 가운데 '정책의 원칙'을 상기하면, 정책은 정치제도와 정치의식의 산물이다. 정치체제의 속성과 정치적 변수에 따라 정책이 영향받을 것이란 점은 쉽게 수긍할 수 있다. 그렇다면 반대로 정책이 정치에 대하여 영향을 미치는 면은 없을까 하는 점을 생각해 볼 수 있다. 생각할 수 있는 가능성 하나는, 특정 정책이 사회에 큰 파급효과를 미치면서 시행될 경우에 그 정책의 적용을 받는 사람들의 정치의식이나 정치 행태가 그 정책에 의해 영향을 받을 것이란 점이다.

예를 들면, 우리나라의 '고등학교 평준화정책'은 1974년 도입되어 시행된 지 40년 이상 되는데, 이 정책으로 인해 학생과 학부모는 사회통합과 평등이라는 가치가 중요하다는 정치의식을 가졌을 가능성이 크다. 또한 학교 의사결정 구조의 변화를 꾀한 '학교운영위원회 정책'을 통해서는 구성원 사이의 협의를 중시하는 민주적 참여와 자율의 정치 이념이 확산되었을 것이라고 추정할 수 있다. 이러한 가능성과 추정에 대해서는 실제로 그러한지에 대한 경험적 증거를 확인하는 연구가 필요하다. Abernathy(2005)는 미국의 학교선택 정책이 지역사회의 정치문제에 대한 주민의 참여 양상에 어떤 영향을 미치는지를 조사하였는데, 선택 정책이 시행되는 학교 안에서의 학부모 참여는 증진시키는 효과가 있지만 학교 범위를 벗어나는 지역사회 문제에 대해서는 참여의 정도나 양상에 별다른 변화가 없다는 점을 밝혔다. 이를테면, 이와 같은 연구들이 축적될 필요가 있다는 뜻이다.

만약 정치에 대한 정책의 효과가 확실한 개념으로 인정받는다면, 그 개념은 정책분석에서 두 가지 중요한 기능을 수행할 것이다. 하나는, 이미 시행된 정책의 효과를 판단하는 데 있어서 그 정책의 즉각적인 결과만을 보는 것에서 더 나아가 그 정책이 민주적 시민의식에 미치는 영향과 같은 보다 폭넓은 효과를 분석할 필요가 있음을 알려 준다. 다른 하나는, 앞으로 시행할 정책의 대안을 탐색함에 있어서 각 대안의 즉각적 결과와 함께 정치의식에 미치는 영향과 같은 장기적 효과를 함께 파악할 필요가 있음을 알려 준다.

결국 정책은 정치의 산물이면서 정치에 영향을 미친다. 그렇기 때문에 교육정책의 분석에 있어서도 정치적 관점은 유용하다. 교육 관련 당사자는 교육에 접근하는 과정이나 교육을 통해 실현되는 것이 자신의 이상과 이익에 부합하기를 바라고, 그 지향하는 바를 제도화하려 하며, 그 제도의 취지에 맞는 정책대안을 선택한다. 그리고 그 정책을 통해 일정한 정치의식을 형성하고 정치체제를 구축함으로써 정책의 안정화를 도모한다. 그러나 한 정치체제나 정책이 당면 문제의 해결에 한계를 노정할 때, 모종의 사건을 계기로 하여 근본적 변화를 겪는다. 일반적 용어로 설명된 이 모든 과정을 구체적·명시적으로 드러내는 데 교육정책에 대한 정치적 관점의 분석이 중요한 기여를 할 것이다.

동양적 전통에서 정치는 세상을 바르게 하는 것이다(政者正也). 이익에 따라 무리를 짓고 다른 집단을 적대하는 당동벌이(黨同伐異) 현상에 매몰되어 있는 현실 속에서 그 역학관계를 설명하는 협소한 정치학적 관점으로부터 벗어나, 대승적 정도(正道)를 제시하는 좀 더 광대한 정치학적 관점으로 교육정책을 분석할 필요도 있다. 교육정책이란, 개념상, 교육을 바르게 하는 책략이기 때문이다.

3. 경제학

정부, 교육청, 학교 등의 모든 정책은 원하는 교육의 결과를 얻기 위해 희소한 자원을 확보·배분·소비하는 경제적 측면을 지니고 있다. 교육정책의 분석에 경제학적 관점이 기여하는 점은 산출 극대화와 희소 자원의 활용법에 대한 다양한 실천방안을 도출하는 것이다. 이를 위해 경제학적 관점에서는 정교하게 고안된 최신의 통계적 기법들을 개발하고 적용함으로써 그 실천방안의 효과성을 경험적으로 검증한다. 여기서는 교육의 경제적 측면과 학교의 생산성 문제를 검토한다.

1) 교육의 경제적 측면

경제학적 관점에서 교육을 바라보면, 그 교육에 투자를 함으로써 해당 교육을 받는 개인에게 어떤 효용이 있으며, 또한 사회적으로는 어떤 유익이 있는가에 관심을 기울인다. 인간자본론(human capital theory)을 믿는 많은 경제학자들은 교육을 통해 기른 사람의 능력이 그 개인의 생산성 향상과 사회 전반의 경제성장에 기여할 것이라고 가정한다. 그러한 가정에 입각하여, 교육의 결과로 얻는 효과가 그에 드는 비용과 비교할 때 긍정적으로 나타난다는 점을 밝힌 연구들도 상당히 많다.

그런데 교육 투자에 실제로 그러한 경제적 효과가 나타나는가 하는 점에 대해 엄격한 방법론에 입각한 경험적 증거를 구하기는 쉽지 않다. 첫째, 개인의 생산성 향상 또는 국가의 경제성장이 발견되었다 하더라도 그 원인이 교육 투자 때문이었는지는 확실하지 않다. 생산성 향상이 전문 지식과 기술의 습득 결과로 나타나는 것일 수도 있지만, 학교교육의 직접 결과로 보기 힘든 요인의 영향을 받은 것일 수도 있다. 또한 한 국가의 경제성장 역시 근로자의 인적 자원 수준 이외에도 시장 조직이나 법과 정부 체제의 정비 등과 같은 제도의 효율화에 기인하는 경우도 있다. 이러한 경우, 어디까지가 교육의 기여분에 해당하는지를 밝히기는 쉽지 않다.

둘째, 교육 투자와 경제적 효과 사이에 상관이 높다고 하더라도, 그 관계는 교육 투자가 경제적 효과를 이끄는 게 아니라, 경제적 효과를 통해 확보된 재원으로 교육 투자가 이루어지는 것으로 해석할 여지도 있다. 교육 투자에서 경제 효과로 이어지는 인과관계가 아니라 경제 효과가 교육 투자로 이어지는 인과관계를 상정할 수 있다는 뜻이다.

셋째, 교육 투자의 결정에 영향을 미치는 것은 그 한계 효용(혹은 한계 생산성)인데, 이를 밝히는 것이 매우 어렵다. 예를 들면, 현재의 자원 배분에 추가하여 일정 재원을 교육 분야와 보건 분야 가운데 선택적으로 추가 투자해야 할 경우에, 양 분야의 한계 효용을 경제적으로 비교할 수 있어야 투자 결정을 내릴 수 있을 것이다. 그러나 현재로서는 이에 관한 계량적 증거를 얻기가 아주 어렵다.

이러한 난점들 때문에 경제학적 관점의 정책분석이 갖는 유용성에 한계가 있다. 교육에 대한 투자 증대와 경제성장 사이에 실제로 의미 있는 인과관계가 있는가에 대해 연구마다 결과가 서로 다르게 나오는 까닭도 여기에 있다. 연구의 범위나 연구 방법론과 같은 연구 설계 자체의 차이 때문에 연구 결과가 달라질 수도 있다. 연구 대상이 되는 국가의 경제발전 단계에 따라, 그리고 문화나 제도의 특성에 따라, 교육과 경제 사이의 관계는 일의적이지 않다.

만약 교육의 경제적 측면에 관한 연구들이 이러한 난점을 극복할 수 있다면 그 연구로부터 얻을 수 있는 정책적 시사점은 굉장할 것이다. 어떤 단계의 교육이 다른 단계의 교육보다 투자 수익률이 높은지, 어떤 영역의 교육에 대한 투자의 한계 효용치가 다른 영역의 그것보다 높은지, 그리고 교육 성과를 향상시키는 데 어느 정도의 투자를 하는 것이 적정한지 등에 관한 정보에 입각하여 정책결정을 할 수 있기 때문이다. 예를 들면, PISA에서 나타난 미국 학생들의 수학 성적을 한국 학생 수준만큼 끌어올리는 데 어느 정도 규모의 추가 재정 투입이 적정한가에 대한 답도 그러한 연구로부터 나올 것이다.

 교육의 경제적 가치에 관한 연구 주제에서 나타난 최근의 변화는, 교육을 얼마나 오래 받았는가 하는 관심에서 벗어나 학습자의 능력이 어떠한가 하는 관심으로 옮아 가고 있다는 점이다. 예를 들면, 개인의 학력(學歷)이나 국민의 평균적 재학 기간 같은 형식 지표에서 나아가, 학업성취도와 같은 내용 지표로 이행하고 있다는 뜻이다. 형식 지표에서 나아가 내용 지표를 활용하여 교육의 효과를 밝히려는 연구는 경제학적 관점의 진전된 경향이다. 단순히 학력별(學歷別) 임금 격차 혹은 경제 성장 기여도 등을 파악하는 데에서 나아가, 능력별(혹은 學力別) 효과를 파악하는 것이 중요하다. Campbell(1983: 61) 역시, 학력(學歷)이 아닌 학력(學力)의 사회적 효과를 파악하는 연구가 요구된다고 주장하였다.

 이러한 진전된 자료를 통해, 예컨대 교육을 잘 받은 사람이 경제활동에서 생산성이 높은가, 그의 생산성은 고소득과 연결이 되는가, 국가별 평균점수가 국가별 경제성장 정도와 관련되는가 등과 같은 경제학적 연구 결과가 축적될 수 있을 것이다. 이처럼 '능력'을 주제로 하는 연구는 예전의 학교교육 '기간' 중심의 연구에 비해 비교적 최근에 나타났기 때문에 그 연구결과들이 이제 축적되는 형편이다. 교육을 잘 받은 사람들로 이루어진 국가가 경제성장에도 뛰어난가 하는 질문에 대해 최근의 연구들(Coulombe & Tremblay, 2006; Hanushek & Woessmann, 2008)은 표준화 검사 도구에서 교육 이수자의 인지능력 점수가 높은 국가가 경제 성장에서도 효과를 나타낸다는 점을 밝히고 있다.

2) 학교의 생산성과 교육정책

 앞서 제시한 연구 주제가 교육체제 전반의 경제적 효과를 거시적 관점에서 파악하는 것이라면, 학교교육의 효과를 높이기 위한 개별 교육정책이 과연 실효를 거두고 있는가 하는 점을 미시적으로 살펴보는 연구가 있다. 이를 개별 교육정책의 학교 효과 연구라고 명명할 수 있다.

학교교육의 효과를 다양한 측면에서 규정할 수 있지만, 학생의 학업성취를 그 일차적 효과로 보는 점에서는 많은 연구가 유사한 경향을 보이고 있다. 학생의 학업성취에 영향을 미치는 학교 변인이 무엇인가에 대해서는 교육학 분야에서도 일찍부터 많은 연구가 이루어졌다. 예를 들면, 학급당 학생 수, 학생 1인당 공교육비 규모, 학급 편성 방식, 교수−학습 방법, 급우 튜터링, 조기교육 혹은 방과후 교육, 교사의 급여, 교원양성기관의 교육과정, 교원단체 등과 같은 다양한 학교정책 변인을 독립 변인으로 하고, 학생의 학업성취를 종속 변인으로 하는 실험연구들이 이에 해당한다. 그러나 이러한 각 변인의 효과성 정도에 대해서는 일관된 연구 결과를 확보하기 어려운 데다가, 기존 연구 결과의 대체적 경향은 학교 변인보다는 학생의 가정 변인이 더 영향력이 더 큰 것으로 보고하고 있어, 학교 변인을 겨냥하는 교육정책의 유용성을 말하기 어려운 형편에 있다.

나아가, 학생의 교육적 성취가 시험에 의해 파악되는 학업성적만을 뜻하지 않는데도 기존의 연구는 측정의 난점을 이유로 학생의 정서, 의지, 사회성, 인격 등 다양한 산출물을 도외시하고 있다는 반성도 있다. 또한 특정 시기에 포착되는 교육적 성취는 직전 시기의 노력을 반영할 뿐만 아니라 예전 교육 노력의 장기적 누적으로 나타나기 때문에, 특정 교육 프로그램이나 정책의 효과를 파악하기는 거의 불가능하다는 지적도 있다.

최근에는 학생의 교육적 성취도를 제고하는 데 있어 교사의 전문성이 중요하다는 관점이 부각되고 있다. 그런데 전문성 계발이 어떤 특정 정책으로부터 가능한지에 대해서는 뚜렷하게 그 효과가 입증된 정책 방안이 없다는 것 또한 어려움이 있다. 교원의 전문성은 동기, 사기, 직전교육과 계속교육, 장학, 학교별 교사 조직의 문화 등 복합적 요소가 작용하는 변인이기 때문이다.

3) 경제학적 관점의 기여 가능성과 한계

결국 교육정책은 일정한 비용을 수반하면서 의도한 목표를 달성하려는 의지의 표현이기 때문에 경제학적 분석의 대상이라고 할 수 있다. 그리고 앞서 언급하였듯이, 경제학적 관점으로 특정 교육정책의 경제적 효과를 파악할 수 있다면 효율성을 추구하는 경제적 분석을 마다할 이유가 전혀 없다.

그런데 앞서 살펴보았듯이, 경제학적 연구는 좀 더 안정적이고 의미 있는 연구 결과가 누적될 필요가 있다. 그렇게 되면 경제학적 관점이 교육정책의 분석에 중요한 기여를 하게 될 것이다. 교육정책이 정치적 흥정의 대상이 되기도 하고, 전문가의 암묵지에 가까운 기예(技藝)로 처리되는 면이 있다 할지라도, 그 정책의 비용-효과를 경제적으로 검증하는 일을 소홀히 할 수는 없을 것이다. 물론 이 작업의 가능성과 한계 범위는 당대의 지혜가 허용하는 범위까지이다.

그렇지만 경제학적 관점으로만 교육정책을 분석하는 것은 협소한 결과를 초래할 수 있다. 인간의 능력을 경제 요소나 사회발전 요인으로 보는 인간자본론 혹은 발전교육론은 우리나라에서 성장의 시대로 일컬어지는 20세기 후반을 풍미하던 관점이었다. 교육의 실제적 유용성을 강조하는 것은 이해할 수 있으나, 이 관점에 경도될 경우 실제적 유용성과 관련 없는 교육의 고유한 가치가 있다는 점을 소홀히 취급하게 된다. 투자 효율성이 낮더라도 추진해야 할 정책이 있고, 그것이 높더라도 교육적 견지에서 채택하지 말아야 할 정책이 있다. 요약하면, 경제학적 관점은 교육정책을 분석하는 하나의 관점이다. 그것도 교육의 고유 가치 점검에 후행하는 관점이다. 이 선후관계는 '견리사의(見利思義)'라는 경구로 전승되고 있다.

4. 사회학

1) 정책분석에 대한 사회학의 기여

사회학적 관점이 교육정책의 분석과정에 기여하는 측면은 교육과 사회의 관계는 어떠한지, 교육정책을 통해 그러한 관계에 어떤 영향을 미칠 수 있는지 하는 문제에 대해서다. 교육과 사회의 관계에 관한 초창기의 연구는 주로 학교교육을 받은 결과가 사회계층의 안정화(혹은 이동)에 어떻게 영향을 미치는가 하는 문제에 집중되었다. 이 문제에 대해서는 기능이론, 갈등론, 지위획득이론 등과 같이 다양한 이론적 입장을 지지하는 연구들이 축적되었고, 그만큼 대립하는 입장들이 정립(鼎立)하는 형편에 있었다.

그러나 이 초창기 연구들은 학교를 암흑상자와 같이 취급하였고, 학교 안에서 이루어지는 사회적 상호작용에 대해 소홀히 다루었다는 반성이 일게 되었다. 이에 따라 학교 내부에서 이루어지는 미시 권력 작용과 함께 사회적 상호작용을 검토하고자 하는 연구들이 이루어지게 되었다. 예를 들면, 학교 안에서 형성되는 사회심리와 사회적 자본 및 인적 네트워크가 교육 성취에 미치는 효과를 연구하는 것, 교사의 전문성 수준과 학생에 대한 관심의 정도 혹은 학생에게 제공되는 학교의 커리큘럼 및 학급편성 방식이 학생의 학교 만족도와 학업성취도에 미치는 효과를 연구하는 것 등의 연구 경향이 이 시기에 나타난 것이다.

초창기의 거시적 연구이든 그 이후의 미시적 연구이든, 사회학 연구에 의해 발견된 전문적 지식은 교육정책을 설계하고 그 논거를 드러내는 데 활용될 수 있다. 사회학의 주된 관심인 "학교에서 누가 성공하는가?" "그 성공에 어떤 사회적 배경이 작용하는가?" 하는 점은 교육정책을 입안 집행하는 실천가들의 관심사이며, 또한 동시에 "어떻게 하면 교육기회를 보다 평등하게 분배하는가?" 하는 점 역시 사회과학자와 교육정책가의 공통 관심사라 할 수 있다.

　사회학의 주 관심 대상은 학생의 학교생활 및 졸업 후의 진로에 사회가 어떤 영향을 미치며, 거꾸로 사회의 계층화 및 변화에 대해 교육이 어떤 영향을 미치는가 하는 문제다. 사회학적 관점에서 교육정책에 관한 연구를 하는 경우에는, 교육정책에 영향을 미치는 사회구조와 사회구조에 영향을 미치는 교육정책의 효과가 무엇인지를 양방향에서 밝히려고 한다. 결국 사회과학적 연구와 그 결과가 정책분석가의 이론적 · 실천적 관심사와 결부되어 있음을 알 수 있다.

2) 학술연구와 정책연구

　특히 사회학적 관점에서 이루어지는 정책분석은, 사회학의 학문적 관심이 현실 이해와 현실 개선의 복합적 성격을 지니는 것과 마찬가지로, 이론 정립을 위한 과학적 정책분석과 현실 개선을 위한 정치적 정책분석의 성격을 복합적으로 가지는 경우가 많다.

　이 지점에서 학술연구와 정책연구의 차이점 및 양자의 상호 관계를 분명히 할 필요가 있다. 학술연구는 사회의 이해를 위한 이론 수립과 진실 발견에 관심을 두는 반면, 정책연구는 정책을 통해 변경할 수 있는 변인(예: 남녀의 성보다는 학급당 학생 수)에 관심을 두고 그 변인의 변화로부터 초래될 수 있는 영향(결과의 예측)을 밝히는 데 관심을 집중한다는 차이가 있다. 전자는 이론 발전에 관심을 두고, 후자는 현실 개선에 관심을 둔다. 전자는 시간의 제약을 덜 받는 반면, 후자는 개선책 강구에 시간적 제약을 많이 받는다. 주어진 시간 내에 문제를 해결해야하기 때문이다. 전자의 관심은 이론적 쟁점의 부각과 해소인 반면, 후자의 관심은 실제의 문제와 그 해결책 강구다.

　정책연구는 누가 그 연구를 의뢰하는가, 누가 그 연구를 수행하는가, 연구를 통해 해결하려는 문제를 무엇으로 보는가 하는 점에 따라 연구의 성격이 달라지기도 한다. 그리고 정책연구의 결과에 의뢰인 및 연구자의 가치관과 이해관계가 투영되는 속성이 있다. 그 속성 때문에 학술연구자는 통상 정책연구의 결과가 엄격하게 객관적이라거나 중립적이라고 생각하지 않는 경향이 있다. 반면, 학술연구는 교육정책의 실제에서 정책결정자가 필요로 하는 정보를 직접 제공하는 경우가 적어 실천가들로부터 외면 받는 경우가 많다.

학술연구든 정책연구든, 연구의 결과가 정책 실제에 유용한 시사점을 제공하기 위해서는 연구의 주제, 방법, 근거, 결과 및 그 결과의 수준 모두 타당하고 적합해야 한다. 연구의 방법에 있어서는, '무슨 일이, 왜, 어떻게 일어났는가?'를 밝히는 정확하고도 종합적인 연구 방법을 잘 활용함으로써 연구의 정책 기여도를 제고할 필요가 있다.

3) 사회학적 관점의 발전

사회학적 관점이 학교교육과 사회의 관계를 드러내는 데 유력하다는 점은 앞서 언급하였다. 여기서의 사회는 학교의 환경이 되는 전체 사회를 가리키는 것이기도 하며, 학교 내에 존재하는 사회적 관계를 가리키는 것이기도 하다. 거시적 관점이든 미시적 관점이든, 이제까지의 사회학은 이상사회로부터 학교가 얼마나 멀리 떨어져 있는가를 비판적으로 드러내는 데 크게 기여했다고 판단된다. 성이나 인종 및 계층과 같은 사회학의 주 관심 요소가 학교교육에 어떤 영향을 미치고 학교는 또 사회 구조에 또한 어떤 영향을 미치는가 하는 문제를 점검하면서, 학교의 불완전한 모습을 여실히 드러내는 데 강력했다는 뜻이다.

'비판의 언어'는 '가능성의 언어'를 염두에 두고 그 가능성의 기준에 미치지 못한다고 판단할 때 등장하는 언어다. 말하자면, 가능성의 언어는 내심의 기준에 관계하며, 비판의 언어는 그 기준에 비춘 현실의 양상에 관계한다는 뜻이다. 이 점에서 보면, 비판의 언어는 가능성의 언어와 분리되어 있는 것이 아니라 그 언어의 외면적 표현이라고 할 수 있다. 그렇기는 하지만, 비판의 언어를 통해 가능성의 언어를 그 세부 내용까지 곧장 확인할 수 있는 것은 아니다. 예를 들어, 학교교육의 계층 불평등 현상이 심각하다는 지적을 하는 사람이 있다면, 그 사람이 평등한 교육을 기도(企圖)한다는 것 정도만 알 수 있을 뿐, 어떤 교육 내용과 방법을 설계함으로써 그 평등교육에 이를 수 있다고 하는지는 알 수 없는 일이다.

이제까지의 사회학적 관점이 '비판의 언어'를 발달시킨 데 집중하였다면, 향후에는 '가능성의 언어'를 발달시키는 데 노력을 경주할 필요가 있다. 특히, 문제의 부각과 고발에 그치지 않고 그 문제의 완화와 해결을 겨냥해야 할 교육정책을 분석함에 있어서는 가능성의 언어를 발달시킨 사회학적 관점이 중요하다. 이를테면, 교육을 통해 추구해야 할 공동체의 모습은 구체적으로 무엇인지, 그 모습을 향해 어떤 프로그램으로 접근할 수 있는지 하는 문제에 답하려 함으로써 가능성의 언어가 구축(構築)되고 정교해질 것이다.

5. 인류학

인류학적 관점은 학교 내외에서 이루어지는 교육이 문화적 현상임을 드러내며, 특정 교육정책이 문화의 산물일 뿐만 아니라 학생과 교사의 삶에도 영향을 미치는 문화적 구성물임을 부각시키는 데 강력하다.

인류학적 관점에서 정책은 소수의 강력한 정치 지도자의 생각이나 행동에 의해 좌우되는 것이 아니다. 일부 지도자가 변화를 강요하고 대중은 눈먼 채로 그를 추종하는 것이 아니라는 의미다. 정책은 관련자 사이의 문화적 조정과 의미 형성의 과정에서 산출되며, 교육정책은 교육에 필요한 자원과 노력을 규정하고 분배하는 과정으로부터 나오는 산물이다.

인류학자들은 다양한 층위의 개인 또는 집단이 교육정책의 형성에 어떻게 참여하고 배제되는지 그 작동 기제를 보다 잘 이해하기 위해, 특정 정책의 맥락과 그 맥락에 부여되는 의미 등을 정책분석의 주요 주제로 삼는다.

민속지(ethnography)는 인류학자들의 방법론적 도구 및 정책분석의 관점이 된다. 이 방법 혹은 관점을 활용하여 인류학자는 여러 사람들이 특정 교육정책과 관련하여 자기 목적을 위해 찬동하고, 저항하고, 이합집산하는 문화적 맥락을 조사한다. 이 과정에서 주로 활용되는 방법은 참여관찰, 면접, 기록물 분석 등 다양하다.

무슨 정책을 누가 왜 만들려 하는가, 그에 대해 관련자들은 일상의 현장에서 그 사태를 어떻게 인식하고 어떤 반응을 보이는가, 그 정책이 어떤 결과를 낳았다고 사람들은 인식하는가 하는 문제를 주로 분석한다. 정책의 내용 자체도 중요하지만, 그 정책에 대해 사람들이 부여하는 의미와 그 정책의 이면에서 작용하는 맥락 문화가 더 중요하다고 보기 때문이다.

다른 한편으로, 인류학적 관점은 타 문화권에서 형성된 교육정책이 어떤 모양인지, 왜 그렇게 탄생되었는지, 그것이 우리의 교육정책에 어떤 영향을 주는지 하는 점에 대해 상호주의적 시각을 갖게 해 준다. 뿐만 아니라, 다양한 문화적 배경을 지닌 학생들에게 문화적으로 타당한 교육과정(curriculum)을 제공하기 위해 어떻게 해야 하는지를 숙고하게 해 주는 역할도 한다. 예를 들어, Brenner(1998)는 하와이 원주민이, 그리고 Lipka 등(2005)은 알래스카 원주민이 일상생활에서 수학적 지식을 습득하는 독특한 방식이 있는 것을 발견하고, 그러한 방식과 유사한 수학 학습 환경을 학교에서 제공하는 경우 해당 문화권 출신 학생들의 수학 실력이 의미 있게 향상되었음을 보고하였다. 이는 교육과정 정책을 포함한 교육정책의 고안·실행에 있어 인류학적 시각이 얼마나 긴요한지, 특정 교육정책이 하위 집단의 문화적 배경에 따라 공정(혹은 평등)하게 되도록 조치하는 것이 얼마나 중요한지를 보여 주는 연구의 실례라고 할 수 있다.

교육문제에 관한 정책연구에서 흔히 등장하는 것이 외국 사례의 검토다. 이 사례 검토를 하는 까닭은 우리가 겪고 있는 것과 유사한 교육문제에 대해 다른 나라들이 어떤 시행착오를 거치고, 어떤 해결책을 도입하여 어떤 성과를 얻었는지를 살펴봄으로써 시사점을 도출하고자 하는 데 있다. 그러나 이런 검토에서 유념해야 할 점은, 문제와 정책이 모두 문화적 소산이기 때문에 효과 있어 보이는 정책의 차용이 우리 문제에 대한 적실성을 보장하지 않는다는 점이다. 외국 사례가 흔히 소위 선진국 중심으로, 그것도 연구자의 정책 주장을 뒷받침하는 사례만을 선별하여, 그 문화적 토양에 대한 심층 분석 없이, 국내에 모범처럼 소개되는 사태는 심각한 반성을 요구한다. 이 반성의 시각은 인류학적 관점으로부터 얻을 수 있다. 남귤북지(南橘北枳), 회수(淮水) 남쪽에서 자라면 귤나무이던 것이 회수 북쪽에서 자라면 탱자나무가 되듯, 정책의 결실은 문화적 토양에 따라 달라질 수 있다. 수도꼭지만 옮겨 끼운다고 거기서 수돗물이 나오는 것은 아니다.

6. 정책학

교육에 관한 연구를 수행할 때, 그 연구의 결과가 현실 교육의 개선에 기여하기 위해서는 연구자가 정책학적 관점을 견지할 필요가 있다. 연구의 결과를 활용하여 시사점을 도출하거나 정책 제언을 하는 경우, 단순히 추상적인 수준의 아이디어를 제시하거나 일반적인 수준에서 규범적 방향 정도를 제시하고서 끝내는 것이 아니라, 좀 더 실현가능한 구체적 아이디어와 방도를 제시하는 것이 중요하다는 의미다.

정책학의 관점을 지닌 연구자는 학술연구의 결과를 활용하여 실제 문제의 해결에 초점을 맞춘다. 그 실제적 유용성을 위하여 연구자는 다음 사항을 집중 검토한다. 즉, 문제 설정의 정당성, 그 정책 제안의 실현 가능성, 제안을 실행에 옮겼을 경우의 비용과 효과, 해당 제안의 실행을 통해 실제 제기된 문제를 해결할 수 있는 가능성, 정책집행의 영향과 파급효과 등이 집중 검토의 대상이 된다.

정책학의 관점을 통해서 얻을 수 있는 유익은 크게 대안의 구상과 선택이라는 두 가지로 생각할 수 있다. 첫째, 정책학적 관점은 제기된 문제에 대해서뿐만 아니라 그 구체적 해결 대안에 대해서까지 관심을 갖도록 유도함으로써 정책의 실효를 높이는 데 기여한다. 문제를 지적하고 이상적인 해결의 방향을 제시하는 것도 물론 쉬운 일은 아니지만, 구체적인 대안을 강구하는 일은 전문적인 정책학의 도움을 필요로 한다. 말하자면, 상황 적합성이 높은 정책 대안의 발굴과 구성에 정책학적 관점이 기여한다는 뜻이다.

둘째, 정책학적 관점은 불확실하고 복합적이며 상충하는 가치들의 틈바구니 속에서 적정 해법을 발견하도록 돕는다. 정책대안들은 각각의 기대효과와 부수 효과 및 부작용을 가지므로 정책학적 관점을 통해 종합적인 검토가 필요하다. 모든 면에서 다 좋거나 그 반대인 대안은 거의 없다. 대안들은 대부분 장단점을 가지며, 서로 선택적이다. 그러므로 중요하게 선택하는 판단의 기준에 따라 대안의 비용-효과를 산정하고 선택하는 것이 중요하다. 정책 대안의 비교를 위해서는 실험적, 준실험적 상황을 구성하고, 관심을 두는 변인의 효과를 검증할 수 있어야 한다. 그러나 비용의 문제, 행정적 절차의 문제, 윤리적 논란 등이 그러한 구성과 검증에 장애가 된다. 이 장애를 극복하는 수준에서, 정책학의 관점과 연구결과들은 대안의 비교 분석을 통해 적정 대안의 선택을 돕는다.

7. 개별 학문적 관점의 종합 논의와 교육학적 관점

앞서 논한 개별 학문적 관점들과 그로부터 도출된 지식이 교육정책분석에 기여하는 면은 각 절에서 살펴본 바와 같다. 그 개별 학문의 관점은 정책분석을 인도하는 고유의 개념적 틀과 분석방법을 제공할 뿐만 아니라, 정책문제에 대한 종합 학문적 해결책을 모색하는 자료와 계기를 제공한다. 교육정책의 분석에 있어서 교육학적 관점은 그러한 개별 학문적 관점을 거르는 체와 같은 역할을 한다.

1) 분과 학문 고유의 개념적 틀과 분석 방법

각 분과 학문 고유의 관점은 정책연구를 인도하는 이론과 주요 개념을 제공한다. 이 이론과 개념을 통해 교육 프로그램이나 교육정책의 효과에 대한 가설을 도출할 수 있다. 예를 들면, 경제학적 관점은 교육제도와 기관의 관리에 대한 시장기제의 도입을 검토하게 하고 바우처(voucher), 학교선택, 사립학교, 차터 스쿨(charter school), 마그넷 스쿨(magnet school) 등과 같은 개념과 주제를 정책연구의 대상으로 삼게 한다. 또한 더 많은 선택이 더 높은 수준의 결과를 유도할 것이라는 가설, 학교 간 경쟁이 교육 생산성의 증대를 유도할 것이라는 가설, 관료제적 규제의 철폐와 새로운 유형의 학교(예: 차터 스쿨) 허용이 학교 운영을 더 효율화할 것이라는 가설 등을 검증할 필요성을 제기한다.

그리고 정치학적 관점에서는 정책이 정치의 산물일 뿐만 아니라 정치의 동인(動因)이 되기도 한다는 정책 환류(policy feedback)의 개념이나, 교육정책이 결정되는 정치적 계기의 중요성을 묘사하는 정책의 창(policy window) 개념을 통해 교육정책을 바라보게 한다. 이처럼 각 분과 학문에서 발달시킨 고유의 관점과 개념 및 이론은 교육정책을 바라보고 그것을 분석하는 데 있어 중요한 렌즈의 구실을 한다.

각 학문 분야에서 활용하는 연구의 방법은 교육정책의 분석에서도 활용된다. 예를 들면, 과거의 사례나 타 문화권의 사례로부터 시사점을 얻는 역사적 · 인류학적 방법은 정책분석을 위한 질적 연구방법으로 많이 활용된다. 투입과 산출의 비교 형량을 중시하는 경제학적 방법은 교육정책의 계량적 분석 면에서 활용도가 높다. 그리고 정책학 분야에서 발달시킨 전문적이고 다양한 정책분석 기법들이 교육정책에 대해서도 주요 분석 방법으로 활용됨은 물론 이다.

2) 종합 학문적 해결책 모색

이와 같이 각 분과 학문의 관점은 교육정책을 분석하는 데 고유의 기여를 하지만, 다른 학문 분야에서 출발한 여러 관점의 도움을 받아 종합적 시각을 구성하는 자원이 될 수 있다.

경제학적 관점에서 보면 그동안의 교육정책이 양적 성장에 치우쳐 있었기 때문에 질적 발전을 겨냥하는 교육정책이 필요하다고 지적할 수 있겠으나, 역사적 관점에서 보면 어떤 시대에나 교육의 질적 발전은 끊임없이 추구되어 왔던 지속적 정책과제였다고 할 수 있다. 한편, 교육정책의 방향이 경제적 관점에서 보든 사회문화적 관점에서 보든, 비교적 일관된 경향을 보인다고 할 수도 있다. 구체적으로 말하면, 참여와 자율, 성취와 책무, 생산성과 경쟁력, 사회통합과 복지 등을 강조하는 교육정책의 기조가 전 세계적 동향인 것으로 보인다. 교육정책의 이념적 기조에서 일종의 동조현상, 수렴현상, 동화현상 이 나타나는 것으로 볼 수 있다는 뜻이다.

경제학은 학교와 사회체제 내부를 암흑상자로 취급하지만, 인류학은 관심을 두는 체제 내부의 일상에 주목하고 그를 이끄는 의미와 문화를 포착하여, '그 안에서 무슨 일이 일어나는지'를 기술적(記述的)으로 여실하게 보여 주는 데 탁월하다. 이는 특정 교육정책의 파급효과나 실제 집행 특성이 학교 안팎에서 어떻게 나타나는가를 추적하려 할 때, 두 학문에서 주로 취하는 관점의 장점을 결합할 가능성이 많음을 보여 주는 예다.

　한편 정치학은 제도, 이해관계, 아이디어 등이 어떤 정책으로 나타나는가에 관심을 두지만, 사람이 자신의 개인적 신념이나 가치관을 어떻게 제도화하는지, 그 제도를 통해 다른 사람은 어떤 의미를 읽어 내는지 하는 문제를 보다 정확하게 이해하기 위해서는 인류학이나 심리학 등의 도움을 받을 필요가 있다.

　개별 학문 영역에서 제공되는 관점이나 연구 결과는 정책분석의 일면에서 강력하고 유용하지만, 타 학문 영역의 관점과 연구 결과에 의해 보완될 여지를 항상 갖고 있다. 그렇기 때문에 보다 합리적인 대답을 추구하는 여정에서 각 학문 영역의 관점과 연구 결과 및 방법적 전통이 기여할 점을 정확하게 포착하는 것이 중요하다. 예를 들면, 정치학과 역사학은 공통적으로 제도에 관심을 둔다. 사회학과 인류학은 문화 속에서 삶을 영위하는 사람들의 상호 이해에 관심을 둔다. 이와 같은 협업을 잘 살려 분과 학문 위주에서 오는 불완전함을 극복할 필요가 있다. 어떤 정책 프로그램의 '영향, 효과와 비용, 구성원의 삶에 대한 의미, 의도하지 않은 결과, 정치 상황에 대한 파급효과' 등을 여러 분과 학문의 도움을 받아 종합적으로 이해하는 것은 중요하면서도 쉽지 않은 일이다. 그렇지만 이러한 종합적 이해가 전제될 때, 정책분석이 보다 완벽하게 이루어질 수 있고, 제기된 정책 문제 역시 보다 적절한 해법을 만날 수 있다.

3) 교육학적 관점

　앞에서 언급한 개별 학문 분야의 관점과 그 관점에 입각한 연구결과를 단순히 모아 놓는다고 하여 그것이 자연스럽게 종합 학문적 해결책으로 이어지는 것은 아니다. 여러 관점들과 다양한 결과들을 자료로 하되, 그것을 정비하고 체계화하는 논리 체계가 구심점으로서 필요하기 때문이다. 일반적인 모든 정책을 분석하는 것이 아니라 '교육' 정책을 분석하는 상황이라면, 인접 학문의 관점들을 조정하고 상통하게 만드는 구심 역할은 정치학이나 경제학 등이 아니라 교육학이 되어야 할 것이다. 달리 말하면, 교육학의 관점이 전경(前景)이 되고 인접 학문들의 관점이 배경(背景)이 된다고 할 수 있다.

　교육정책의 분석에서 교육학적 관점은 특정 정책의 교육적 타당성을 판단하는 기준을 제공한다. 어떤 정책이 교육적으로 타당한가의 여부는 교육의 목적이나 내용 및 방법의 측면으로 구분하여 설명할 수 있다.

　교육의 '목적'에 대한 교육학적 관점이 통일되어 있는 것은 아니지만, 가장 종합적인 목적으로서 전인(全人)의 육성과 공동체의 형성을 들 수 있다. 전인은 개인의 측면에서, 그리고 공동체는 사회의 측면에서 생각할 수 있는 교육의 지향점이다. 전인은 합리적 지성, 좋은 삶을 위한 덕성, 직관적이고 풍요로운 예술적 감성, 그리고 건강한 신체가 조화를 이룬 상태의 인간을 말한다. 인간성을 이루는 지성, 덕성 등의 각 요소가 분절되어 있지 않고, 발달과정에서 서로 상승작용을 하면서 전체적으로는 통합된 인격 형성에 기여할 때 전인의 육성이 이루어진다고 할 수 있다. 그리고 공동체란 그러한 인격체로서의 각 개인이 독자성을 유지하면서 상호 신뢰와 유대로 결합된 조직을 가리킨다. 전인의 육성과 공동체의 형성은 항상 추구되어야 할 것으로서, 어떤 교육정책이든 이 목적에 기여하는가의 여부에 따라 그 타당성이 분석될 수 있다. 하나의 교육정책이 이 광대한 목적을 모두 실현할 수는 없겠지만, 궁극적으로는 그 목적 실현에 기여할 수 있는 것이어야 한다는 의미다.

　교육의 '내용'에 대한 교육학적 관점은 선대(先代)로부터 축적된 문화 정수(精髓)여야 한다는 입장과 학습자의 적성·진로에 적합한 것이어야 한다는 입장으로 크게 나뉘고 있다. 그러나 대체적으로 전인의 육성과 공동체의 형성이라는 교육목적을 위해 필요한 보편적 문화·규범·기능은 필수적인 교육 내용으로 하고, 특수 사회화에 관한 내용은 선택을 허용하는 쪽으로 합의가 형성되어 있다. 그런데 이 보편과 특수의 내용 및 경계는 사회문화적 맥락에 의존하는 것이므로, 교육 내용의 구성과 운영에 영향을 미치는 교육정책은 이 맥락으로부터 도출된 분석 기준에 의해 그 타당성을 검증받게 된다. 교육정책의 여러 분야 가운데에서도 교육과정 정책이 이에 해당하는 대표적인 정책이겠지만, 상급학교 입학정책이나 학제 및 학교 선택 정책 등도 교육 내용에 중요한 영향을 미칠 수 있는 정책이다.

교육의 '방법'에 있어서는, 학습자에게 학습 내용을 효과적으로 전달하는 기법에 국한되지 않고 교육의 과정에서 지켜야 할 윤리적 기준에 대해서까지도 관심을 기울인다. 교육 방법 면에서 중요하게 부각되는 윤리적 기준으로는 교사의 전문성과 권위, 학습자의 학습권과 자발성, 교육기관의 자율과 책무 등이 있다. 효과적이고도 윤리적인 교육의 방법을 제시하거나, 적어도 그 기준을 저해하지 않는 교육정책이라야 교육학적 관점에서 타당한 정책이라고 할 수 있다. 특히, 장학이나 학생인권 정책 등의 분야에서 교육의 방법적 기준에 입각한 정책분석이 전형적으로 이루어질 가능성이 높다.

교육의 목적과 내용 및 방법에 관한 정책이 각각 따로 있는 경우는 거의 없다. 한 가지 정책이 교육의 여러 측면에 관계하기도 하고, 교육의 한 측면을 겨냥하는 데 여러 정책이 동원되기도 하며, 한 측면에 관계하는 정책이 다른 측면에 영향을 미치기도 한다. 그러므로 하나의 세부적인 교육정책대안을 분석하는 경우라 할지라도 여러 측면의 영향을 점검하고 종합적인 판단을 할 필요가 있다.

어떤 교육정책에서든 정책의 구성요소 세 가지는 공통적으로 발견할 수 있다. 교육현실에 대한 '문제의식'과 그 문제가 해결된 '지향점' 및 현실로부터 지향점에 이르기 위한 '방편'이라는 요소가 그것이다. 좋은 정책이란 그 각 요소가 타당하고 적합해야 할 뿐만 아니라, 요소 사이의 관련이 일관되고 긴밀하게 짜여 있어야 한다.

어떤 정책을 놓고 그것이 좋은 정책인가의 여부를 판단하는 '교육학적' 관점은 그 정책에 담긴 문제의식과 지향점 및 방편의 체계가 전술한 교육의 목적−내용−방법상의 기준을 충족하는가 여부를 중시한다. 예를 들어, 과잉교육(over-education)이라는 문제의식은 직업세계에서 요구하는 지식·기술 수준 이상의 교육 수준에 도달해 있는 상태를 문제 삼는 것으로서, 경제학적 관점에서는 그 상태를 문제 상황으로 진단할 수 있더라도 교육학적 관점에서 그것은 하등 문제될 것이 없다. 또한, 예컨대 학업부진 학생의 학업성취도를 일정 수준까지 제고한다는 지향점을 설정하는 것은 사회학적 관점에서는 평등을 위한 충분한 목표일 수는 있어도, 교육학적 관점에서는 학업의 내용과 성취도 제고과정의 방법적 기준을 문제 삼을 수도 있다. 또한 이를테면 우수 교원 유치의 방편으로서 교원복지 증진책을 구상할 수 있는데, 정책학적 관점에서는 복지 증진이 우수 교원 유치로 이어지는지를 점검하는 데 초점을 맞추겠지만, 교육학적 관점에서는 교원의 복지 증진이 궁극적으로 학생의 학습에 어떤 의미 있는 성장과 변화로 나타나는지를 살피는 데 초점을 맞출 것이다. 정책분석에 있어 교육학적 관점을 전경(前景)으로 삼는다는 것은 요컨대 이와 같은 의미다.

정책분석에 유의미한 교육학의 '독자적인' 관점과 개념 및 분석 방법이 무엇인가 하는 질문이 이 맥락에서 제기될 수 있다. 그런데 이 질문은 대답하기 쉽지 않다. 대답을 위해서는 "융합학문의 시대에 개별 학문에 고유한 것이란 무엇을 말하는가?"와 같은 개념적 명료화 작업에서부터 시작하여, "개별 학문의 경계가 어떠하고 그 접변이 어떻게 이루어지는가?" "이 속에서 교육학은 어떻게 형성되고 변모하는가?"와 같은 심각하고도 복잡한 논의를 필요로 하기 때문이다. 이러한 작업을 하는 데에는 별도의 책과 일군의 전문적 학자들이 필요할 것이다.[1] 다만 여기서는 "어떤 정책이 학습자 개인과 공동체의 삶의 질 및 교육 자체의 질을 높이는가?" 하는 문제의식이, 교육학적 관점을 본위로 하여 정책을 분석할 때 취하게 될 관점이 될 것이란 점을 밝힌다.

미주

1) 이 문제에 대해 도움을 받을 수 있는 책에는 다음과 같은 전문서들이 있다.

정범모(1976). 교육과 교육학. 서울: 배영사.

Gowin, D. B.(1981). *Educating*. London: Cornell University Press.

이홍우(1991). 교육의 개념. 서울: 문음사.

장상호(1997). 학문과 교육(상). 서울: 서울대학교출판부.

장상호(2000). 학문과 교육(하). 서울: 서울대학교출판부.

장상호(2005). 학문과 교육(중1). 서울: 서울대학교출판부.

장상호(2009a). 학문과 교육(중2). 서울: 서울대학교출판문화원.

장상호(2009b). 학문과 교육(중3). 서울: 서울대학교출판문화원.

추천도서

Moran, M. et al. (Eds.)(2008). *The Oxford handbook of public policy*. New York: Oxford University Press.

　　공공정책에 대한 다양한 주제와 접근을 보여 주는 종합서다. 정치학의 시각과 관점에 입각하여 정책분석 문제를 다루고 있다.

Bickers, K. N., & Williams, J. T. (2001). *Public policy analysis: A political economy approach*. Boston: Houghton Mifflin.

　　정치경제학적 관점에 입각한 정책분석을 보여 주는 간략하면서도 유용한 책이다. 정책과정에 개입하는 개인적 가치와 선호가 어떻게 집단적 정책선택으로 전환되는지를 보여 주는 데 특히 탁월하다.

Stone, D. (2002). *Policy paradox: The art of political decision making* (rev. ed.). New York: W.W. Norton.

　　정책결정 및 정책분석 문제에 대한 전통적인 논의 방식에 문제를 제기하고 새로운 시각으로 비판적 논의를 전개하는 책이다. 정책분석에서 정치와 이념 및 가치의 역할을 강조하고 있다.

Weimer, D. L., & Vining, A. R. (2005). *Policy analysis: Concepts and practice* (4th ed.). Upper Saddle River, NJ: Prentice Hall.
　　경제학적 관점에서 정책분석 문제를 다룬 대표적 책으로 정책분석 연구자들과 실무자들 사이에서 널리 활용되고 있다.

참고문헌

강길수(1996). 교육행정의 역사적 연구. 한국교육행정학회(편). **교육행정연구법.** 서울: 도서출판 하우. pp. 299-335.

Abernathy, S. F. (2005). *School choice of the future of American democracy.* Ann Arbor: University of Michigan Press.

Brenner, M. E. (1998). Adding cognition to the formula for culturally relevant instruction in mathematics. *Anthropology and Education Quarterly, 29,* 214-244.

Campbell, R. (1983). Status attainment research: End of the beginning or beginning of the end? *Sociology of Education, 56*(1), 47-62.

Coulombe, S., & Tremblay, J-F. (2006). Literacy and growth. *Topics in Macroeconomics, 6,* 1404.

Hanushek, E. A., & Woessmann, L. (2008). The role of cognitive skills in economic development. *Journal of Economic Literature, 46,* 607-668.

Lipka, J. et al. (2005). Math in a cultural context: Two case studies of a successful culturally based math project. *Anthropology and Education Quarterly, 36,* 367-385.

Lowi, T. J. et al. (2012). *American government: Power and purpose* (12th ed.). New York: W. W. Norton & Company.

Pierson, P. (2005). The study of policy development. *Journal of Policy History, 17,* 34–51.

Ravitch, D., & Vinovskis, M. A. (Eds.) (1995). *Learning from the past: What history teaches us about school reform.* Baltimore: Johns Hopkins University Press.

Stone, D. (2002). *Policy paradox: The art of political decision making.* New York: W. W. Norton & Company.

Sykes, G. et al. (Eds.) (2009). *Handbook of education policy research.* New York: Routledge.

Education Policy

제4부

교육정책의
설계와 주장

교육을 변화하려는 사람은 정책을 주장한다. 정책을 통하여 교육의 변화를 도모하고, 이 과정에서 문제를 제기하고 방향을 설정하고 대안을 제시한다. 이렇게 정책을 주장하는 것을 정책의 주창이라고 한다. 제4부에서는 정책제안을 설계하고, 이 제안을 제시하는 정책지도성을 다룬다. 정책의 설계에서 추구하는 규범 가치, 정책 전개과정의 역사적 맥락, 그리고 통합과 소통의 정치적 관점을 검토한다. 제11장에서는 교육정책의 설계에서 정책이 추구하는 규범 가치의 유형을 검토한다. 제12장에서는 교육정책의 설계에서 고려해야 할 교육정책의 역사적 맥락을 검토한다. 제13장에서는 교육정책의 주장과 정책지도성 문제를 살펴본다.

제**11**장

교육정책의 설계와 규범적 정합성

교육정책이 추구하는 가치는 정책의 관점을 형성하고 정책문제를 규정한다. 이 가치를 중심으로 교육정책의 관점을 정당화할 수 있다. 이것을 '교육정책에 대한 규범적 정당화'라고 규정한다. 교육정책을 정당화하는 가치로서 교육에서의 공리(功利), 교육에 대한 기본권, 민주적 공동체 그리고 전인교육론을 검토한다. 교육정책에 대한 규범적 정당화는 추구하는 가치를 기준으로 하여 교육정책의 관점과 논리, 전략을 설계(design)하는 근거를 검토하는 것이다.

1. 교육정책분석에서 규범적 논의의 필요성

정책은 문제에 대한 대응 방안을 포함한다. 정책분석은 문제에 대한 인식에서 출발하기 때문에 문제의 해결 방안에 초점을 두는 경향이 있다. 이러한 경향은 정책을 탐구하는 시야를 제한하게 된다. 방법적 차원의 기술적 대응에 주목할 경우에 좁은 시야에서 문제를 얕게 보게 된다. 교육정책이 추구하는 가치는 교육정책을 정당화하는 근거가 된다. 이러한 관점의 제약을 극복하기 위하여, 교육정책을 정당화하는 근거가 되는 규범 가치를 중심으로 관점을 세우고 정책 목표와 수단과 규범 가치 간의 관련성을 검토한다. 가치 규범을 중심으로 교육정책의 성격과 틀을 새롭게 함으로써(reframing) 교육정책의 대응 방안에 대한 기술적 측면에 치중하는 교육정책분석의 한계를 극복할 수 있을 것이다. 우리의 교육정치학연구에서도 교육정책분석에서 가치론에 관한 탐구의 필요성을 제기하였다(정일환, 1998: 106).

1) 정책분석에서 규범 논리의 필요성

정책의 정합성(coherence)은 정책의 중심과 내용 간에 의미 있는 연관성을 세우고 논리적 · 실증적으로 합당한 체계를 수립하는 것을 의미한다. 정책분석과정에서는 정책의 정합성을 높이기 위하여 노력하여야 한다. 정책설계에서 논리적 체계가 모호할 수 있고 실증적 근거가 빈약한 경우도 있다. 정책설계에서 정책목표로서 '희망사항'을 열거하고 여러 가지 정책수단을 타당한 근거 없이 나열할 경우에 정책의 정합성을 확보하기 어렵다. 정책의 정합성을 세우기 위하여 중요한 것은 정책의 중심이 되는 규범 가치를 설정하고, 이 가치와 정책요소들을 의미 있게 연결해야 한다. Cooper, Fusarelli 및 Randall(2004: 43-52)은 교육정책형성에 관한 개념모형으로서 정책목표, 참여자, 제도와 조직, 기술적 방법이라는 4개의 영역에서 이론적 측면을 제시하였다. 이 4개의 이론적 측면이 윤리적 사회정의의 이론에 의하여 의미 있게 연결되어야 함을 강조하고 있다. 이러한 관점과 비슷하게 이 책에서도 교육정책의 맥락으로서 제1부에서는 교육제도와 조직의 측면을, 제2부에서는 참여자 측면과 형성과정을, 제3부에서는 교육정책의 분석에 관한 기술적 방법을 다루고 있다. 그리고 제4부에서는 교육정책의 규범적 정당화와 정책지도성 측면을 검토하고 있다.

　교육정책이 정합성을 갖기 위해서 이 정책목표, 참여자, 제도와 조직, 기술적 방법의 4개 측면이 의미 있게 연결되어야 한다. 이 의미 있는 연결고리가 되는 것이 바로 정책의 규범적 근거 혹은 지향하는 가치다. 이 규범적 근거를 통하여 다음과 같은 일을 이룰 수 있다.

- 정책이 추구하는 목표를 정당화하게 된다.
- 제도적 원칙과 절차와의 부합성을 검토하게 된다.
- 정책관여집단 간의 가치갈등을 검토하게 된다.
- 정책목표와 수단 간의 적합성을 검토하게 된다.

　교육정책의 정합성을 위하여 교육정책분석에서 추구하는 정책의 목표와 수단의 규범적 근거에 대한 논의가 필요하다. 이 점에서 교육정책분석에서 사회정의에 대한 규범적 관점은 교육정책을 설계하는 데 활용하는 렌즈와 같은 역할을 한다. 양성관(2009: 133)은 Cooper 등(2004: 43-52)의 교육정책형성에 관한 개념모형을 활용하여 '대학입학사정관제'의 제도적 논지의 타당성을 정책을 구성하는 구조적 요소 간의 관계에 비추어 검토하였다. 장덕호(2009: 53)는 2008학년도 대학입학제도 개선안을 교육정책의 정합성 관점에서 검토하였다. 제도 정합성의 요건을 정태적 측면과 동태적 측면으로 구분하여 검토하였다. 교육정책의 설계에서 이 윤리적 사회정의의 규범이 무엇이 되어야 하는가는 검토해야 할 과제다.

　정책을 설계할 때 정책이 갖추어야 할 중요한 속성이 있다. 정책의 정합성(coherence)뿐만 아니라 정책의 타당성과 설득력(cogency), 그리고 정책의 제도적 부합성과 역사적 맥락과의 부합성(consistency)을 생각할 수 있다. 교육정책의 제안자는 교육정책의 정합성을 토대로 교육정책의 타당성을 설득할 수 있어야 한다. 정책의 정합성이 정책의 내적 구조에 관한 문제라면 정책의 타당성과 설득력은 정책의 외연에 해당하는 문제로 볼 수 있다. 정책의 설득력은 정책과 외부 요인과의 관계에서 기대하는 정책의 작용과 효과를 설명하는 능력이다. 정책의 부합성은 맥락과의 부합성을 의미한다. 가장 중요한 맥락은 정책의 형성을 규정하는 제도적 맥락이다. 시간적 차원에서는 정책의 역사적 전개과정과의 부합성을 생각할 수 있고 공간적 차원에서는 다른 영역과 상황적 맥락과의 부합성 등을 검토할 수 있다.

일련의 정책구조 분석에 관한 연구들은 연구 목적에 따라 그 나름의 구조 분석의 틀을 설정하고 있다. 분석틀에 따라서 정책의 설계에 대한 관점이 정해진다. 조혜진(2013: 233)은 정책형성 단계에서 정책의 실패 요인을 중심으로 정책의 설계 구조를 분석하였다. 이러한 분석 틀에서 기술적 측면은 상세하게 반영하고 있으나, 역사적 맥락과 규범 가치를 중심으로 교육정책의 정합성을 검토하기는 어렵다.

교육정책의 전개과정에서 역사적 맥락에 따른 교육정책의 발전적 일관성을 보여 주는 경우를 발견할 수 있다. 미국의 경우, 「낙오학생방지법(NCLB)」이 이에 해당한다. 이는 노예제도 폐지 이후에 미국의 연방헌법이 '법 앞에 평등한 권리'를 보장하였으며, 이에 기초하여 연방대법원은 Brown 대 교육위원회의 재판에서 "분리하되 균등한 교육(separate but equal education)은 위헌"이라는 역사적 판결을 내렸다. 1960년대에 미국에서의 교육 기회균등에 관한 Coleman 보고서에 이어서 관련 정책이 입법화되고 이 법률들이 최근의 낙오학생방지법(NCLB)으로 계승되었다(Fowler, 2013: 300-327). 미국의 낙오학생방지법은 역사적 맥락에서의 교육정책의 전개과정을 보여 준다.

2) 교육정책분석의 규범 논리

교육정책분석에서 교육정책이 지향하는 규범과 가치는 교육정책에 대한 관점과 정책이 지향하는 방향을 결정한다. 또한 교육정책의 성격과 내용을 결정한다. Kahne(1996)은 교육정책의 재구조화를 논하는 *Reframing of Educational Policy: Democracy, community and individual*에서 교육정책의 분석에서 활용할 수 있는 규범적 관점으로서 다음의 네 가지를 제시하였다.

- 공리주의 관점(utilitarianism)
- 기본권에 근거한 정의론 관점(right-based justice theory)
- 민주적 공동체론(democratic communitarianism)
- 인간계발론(psychological humanism)

공리주의(功利主義)와 기본권의 보장에 근거한 정의론은 자유 민주주의 체제를 운영하는 사회윤리에 관한 이론적 근거가 되어 왔다. 이러한 이유로 이 두 유형의 규범 논리는 교육정책을 정당화하는 기본 관점이 되어 왔다. 공리주의 관점에 기초한 인간자본론(human capital theory)은 교육정책분석에 지대한 영향력을 행사하여 왔다. 인간자본론은 교육의 기회균등이나 수월성 등에 대하여서는 물론 다음과 같은 관점에서도 그 의미를 규정하고 정당화하는 논리를 제공한다.

- 경제성장을 위한 교육정책
- 발전교육론(development education)
- 교육의 효율성
- 교육의 기회균등론
- 교육의 수월성

교육정책분석의 주류 이론이 되어 온 공리주의와 기본권 보장에 입각한 교육의 기회균등론의 정책논리는 그 유용성에도 불구하고 이 관점만으로는 타당한 정책논리를 제공하는 데 문제점을 안고 있으며 한계를 보이고 있다. 교육정책이 추구해야 할 다른 중요한 측면을 외면하게 되고, 정책의 중심이 균형을 잃고 한쪽에 편중할 가능성이 있다. 따라서 교육을 인간자본론의 관점에서만 볼 수는 없다.

Kahne(1996)은 공리주의 관점에 대한 대안적 규범논리로서 '공동체 관점'(communitarian thought)과 인간계발론(psychological humanism)을 제시하였다. 여기서는 인간계발론을 전인교육론으로 정리하여 검토한다. 대안적 관점은 교육의 역할을 새롭게 규정할 수 있으며, 교육정책분석의 교육적 타당성을 설정할 수 있는 '교육학의 규범 논리'를 반영할 수 있다. 교육정책에 대한 규범적 관점에 따라서 교육정책 문제를 새롭게 규정할 수 있고, 이에 대한 정책적 대응을 다르게 설계할 가능성이 있다. 대학입학제도, 교육의 책무성, 과외문제, 고등학교 교육체제와 학생의 학교선택, 학교폭력문제 등의 주제에 대하여 다양한 관점에서 논의하고 대안을 설계할 수 있다.

2. 공리주의 관점과 정책논리

1) 공리주의 관점

Bentham은 "최대 다수의 최대 행복"이라는 표현으로 공리주의의 공리(公理)를 제시하였다(Kahne, 1996: 9). 공리주의의 관점은 법과 사회제도는 개인의 행복에 기여하는 효용을 극대화하는 방향으로 설계되어야 한다는 논리를 제시한다. 공리주의에 내포된 중요한 문제점으로 쾌락적 공리주의(hedonistic utilitarianism)와 다양한 행복 간의 질적 차이를 고려하지 못하고, 활동의 가치를 구분하지 못한다는 점이 제기되었다(Kahne, 1996: 10-13). 공리주의에 대한 비판에 따라 공리주의는 그 나름으로 발전적으로 논리를 전개하여 왔다. 공리주의는 행복의 질적 차이를 고려하고, 활동 혹은 범주에 따른 효용(utility)을 규정하고 효용의 총합을 극대화할 뿐만 아니라 평균 효용의 향상을 정책목표로 선정하는 논리를 형성하였다.

공리주의는 그 주장 안에 활동의 가치는 만족에 대한 결과적 기여도에 의하여 결정된다는 '결과적 복리'의 관점을 포함하고 있다. 복리주의(welfarism)는 개인의 만족, 선호, 효용에 근거하여 상황 혹은 활동의 가치를 규정하는 논리다. 결과주의(consequentialism)는 어떤 활동, 정책 혹은 사업의 가치는 그 활동이 개인의 복지 혹은 편익에 주는 결과에 의하여 결정된다는 논리다. 따라서 그 일의 내재적 속성에 따라 가치를 부여하지 않는다. 공리주의 관점은 행위 혹은 활동의 가치를 성과 중심으로 보며, 성취한 결과를 평가(payoff evaluation)하는 입장을 취한다.

2) 공리주의 정책논리와 교육정책

경제학에서 제공하는 대부분의 교육정책분석의 논리는 공리주의 관점을 내포하고 있다. 교육정책분석에서 효용에 대한 측정치를 달리한다 하더라도 '결과적 복리'의 관점을 공유하는 경향이다. 공리주의 관점에서는 교육의 목적과 교육정책의 목적을 개인적 혹은 사회적 차원의 공리(功利)의 증진에 두고 있다. 여기서 공리란 편익(benefits) 혹은 효용을 산출하는 것이다. '학교교육의 경제적 가치(economic value of schooling)'를 탐구하는 교육경제학의 논리가 공리주의의 대표적인 교육정책 논리가 된다. 교육을 통하여 생성한 생산성(productivity)을 중요한 효용으로 간주한다. 인간자본론은 경제학이 제공하는 매우 중요한 이론으로서, 공리주의 정책론의 이론적 틀을 제시한다(Becker, 1993). 교육에 관한 개인적 차원의 의사결정 논리뿐만 아니라 국가 차원의 교육정책의 결정논리를 제시한다.

공리주의 관점에서는 교육에서 공리, 즉 행복에 기여하는 효용 혹은 편익으로서 학업성취 수준의 향상, 취업률, 장래의 기대 소득의 향상, 학생만족도 향상, 학생의 행복 등을 제시하여 왔다. 공리주의 교육정책론의 기본 관점은 교육의 생산성과 효율성 제고에 있다. 이 관점에서는 학습의 결과적 가치를 학생이 경험하는 학습의 내재적 즐거움보다 중요한 교육목적이나 중요한 교육가치로 간주한다. 공리주의는 교육에서 논의하는 평등, 효율, 수월성 등의 교육정책의 핵심가치에 대하여 공리주의 정책논리의 틀을 형성하여 왔다. 공리주의는 이 핵심 가치들을 그 나름으로 규정하고 정당화하는 논리를 제공한다.

공리주의 관점에서는 교육정책의 분석과 설계에서 학업성적, 졸업률, 취업률 등과 같은 학교교육의 기본적인 성취 결과에 그 관심을 국한하였으나, 최근에는 공리주의 틀 안에서도 행복, 고차적 만족, 타인에 대한 배려와 호혜적 행동 등과 같은 속성을 포함하는 역량의 개발을 교육의 중요한 가치로 제시하는 경향을 보인다. 이 맥락에서 OECD는 학교교육을 통하여 육성해야 할 핵심역량을 규정하는 정책제안을 하였다(Rychen & Salganik, 2001).

3. 교육의 기회균등론

1) 교육의 기회균등론의 유형

교육의 기회균등은 공리주의 관점이나 사회정의의 관점이나 공동체 관점에서 모두 중요하게 생각하는 가치다. 교육의 기회균등 그 자체로도 교육정책의 중요한 방향을 제시하지만, 더 중요한 것은 어떤 관점에서 교육의 기회균등을 보는가에 따라서 정책의 내용은 크게 달라진다는 점이다.

교육의 기회균등에 대한 관점은 〈표 11-1〉과 같이 두 개의 축에 따라서 설정할 수 있다. 첫 번째 축은 기회균등의 내용에 관한 측면으로서 '부당한 차별 철폐'와 '기회 활용의 공정성(fair opportunity)'으로 보는 두 개의 관점을 대

〈표 11-1〉 교육의 기회균등에 관한 세 가지 관점

기회균등의 내용 / 기회 배분의 원리	부당한 차별 철폐	기회 활용의 공정성
효율성 원리	자연적 자유주의 평등론	자유주의 평등론
차등적 보상 원리		민주적 평등론

비할 수 있다. 기회균등의 중점을 어느 쪽에 두는가에 따라서 교육의 기회균
등의 속성이 달라진다. 두 번째 축은 기회 배분의 원리로서 능력 혹은 실적에
따라 배분하려는 '효율성의 원리(efficiency principle)'를 적용하는 관점과 최
소수혜자의 편익을 배려하는 '차등적 보상의 원리(difference principle)'를 적
용하는 관점으로 구분하여 볼 수 있다. 두 축을 연결하는 방식에 따라 기본권
보장을 추구하는 자유주의 교육논리는 교육의 기회균등에 관하여 세 가지 관
점을 설정할 수 있다. 즉, 교육에 대한 자연적 자유주의의 평등론과 능력주의
관점에 터한 자유주의 평등론, 그리고 Rawls(1971)의 정의론의 관점을 대표하
는 민주적 평등론(democratic equality)이다.

부당한 차별 철폐 원리는 기회에 접근하는 데 성, 계층, 출신, 인맥 등의 기
준에 의한 부당한 차별이 없어야 한다는 원칙을 말한다. 교육의 기회뿐만 아
니라 사회적 가치와 지위를 포함한 모든 기회는 부당한 차별을 받지 않고 능
력을 발휘할 수 있도록 재능에 개방되어야 한다는 관점이다. 이에 비하여 기
회 활용의 공정성 원리는 기회의 공정한 개방뿐만 아니라 기회를 활용하는
과정에 작용하는 환경의 영향을 최소화하려고 노력하는 관점이다. 교육의 기
회에서 본인의 능력이나 노력을 제외한 가정과 학교 등 환경적 요인의 차별
적 작용을 최소화할 것을 요구한다.

기회 배분의 원리로서 효율성 원리와 차등적 보상의 원리는 교육기회 배분
의 기준에 관한 원리라고 볼 수 있다. 효율성 원리는 기회는 능력, 업적 등과
같이 성과를 가장 효율적으로 높일 수 있는 요인을 기준으로 하여 배분되어

야 한다는 입장이다. 가장 분명한 예를 대학수학능력시험의 성적에서 찾을 수 있다. 이는 대학교육 기회는 그 효과를 최대화할 수 있는 능력에 따라 배분되어야 한다는 논리다. 따라서 대학수학능력시험은 이 능력을 판별하는 도구가 된다. 이에 비하여 차등적 보상의 원리는 불리한 여건에 있는 사람도 기회를 가질 수 있도록 지원하려고 노력한다. 또한 불평등한 지원도 최소수혜자의 복지를 증진할 수 있을 때에는 용납될 수 있다는 입장이다.

공리주의 관점에서는 한계효용체감의 법칙을 고려할 때, 효율성의 추구를 통하여 사회 전체의 효용을 증대할 수 있고, 뒤처진 사람을 배려하는 균등성 원리도 역시 사회 전체의 효용을 증대하는 길이 된다고 본다. 교육에서 균등을 추구함으로써 교육을 통한 사회정의 구현에 기여할 수 있다고 본다. 이러한 관점은 학교교육을 '위대한 평등자(the great equalizer)'로 보았던 Horace Mann의 비전과 상통한다. 이 비전은 공교육을 확대하는 중요한 정당화 논거가 되었다(Tyack & Hansot, 1982).

2) 자연적 자유주의의 평등논리: 기회 개방의 공정성

자연적 자유주의(libertarian perspective)는 교육기회의 개방성 원리와 교육선택의 자유, 그리고 기회 배분에서 효율성 원리를 강조한다. 자유주의자는 사회적 지위(status)는 재능에 개방되어야 한다고 믿으며, 부당한 차별이 있어서는 안 된다고 믿는다. 인종, 성, 계층, 지역 등의 부당한 이유로 교육의 기회 혹은 과정에 제한이나 차별을 하는 것을 불공정한 것으로 평가한다. 기회활용의 공정성을 강조하는 '자유주의 평등론'과 구분하기 위하여 기회의 개방성을 강조하는 이 관점을 '자연적 자유주의 평등론'으로 명명하였다(Kahne, 1996: 16-17).

이 관점은 개인의 자유를 강조한다. 이 관점에서는, 다른 사람의 권리나 자유를 훼손하지 않는 범위에서 개인이(아동의 경우 부모가) 교육의 기회를 선택함에 있어 완전한 자유를 행사할 수 있는 사회체제를 지향한다. 타인의 권리와 자유를 훼손하지 않는 범위에서 개인은 자기에게 적합한 교육의 목적과 내용을 선택할 수 있어야 한다고 본다. 자유주의자는 자유경쟁과 선택의 과정이 보장된다면 그 과정의 결과는 공정한 것으로 평가한다. 이 관점에 따르면, 개인이 자기에게 적합한 교육을 스스로 규정하고 선택할 수 있어야 한다고 본다. 학교는 교육의 수요를 고려하여 다양한 교육 프로그램을 제공하고, 학생은 자기에게 적합한 교육 프로그램을 선택할 수 있어야 한다. 자유주의자는 선택의 자유를 허용하는 시장논리를 선호한다. 학교제도의 운영에서 학교선택과 시장에 의한 통제를 선호한다. 이들은 교육에 대한 선택, 경쟁, 적자생존론, 자유를 위한 교육, 자기결정론 등을 강조한다.

3) 자유주의 평등론: 능력주의 관점

자유주의 평등론(liberal equality)은 업적(merit)을 강조한다. 여기서 업적은 성취한 실적으로서 개인의 능력과 노력의 산물로 규정한다. 능력주의 관점(meritocracy perspective)을 제시한다. 교육의 기회를 포함하여 사회적 지위는 개인이 처한 경제적 · 사회적 · 문화적 요인에 의하여 결정되기보다는 업적에 의하여 결정되어야 한다고 본다. 자유주의 평등론은 기회 활용의 공정성과 효율성의 원리를 강조한다. 자유주의 평등론은 공정한 기회균등과 사회적 재화의 배분에 대한 효율성 원리가 결합된 것으로 볼 수 있다. 공정한 기회균등은 환경적 요인의 영향을 최소화할 때 가능하다고 본다. 따라서 모든 사람이 그들의 재능을 충분히 개발하고 그들이 소망하는 목적과 사회적 지위를 얻기 위하여 경쟁할 수 있도록 환경의 격차를 최소화해 주려고 노력한다. 보상적 지원(compensatory strategies)이 필요한 개인에게는 지원해 주어야 한다고 본다. 이때, 보상적 지원은 개인이 자연적으로 부여받은 천부적 차이에 대하여 보상하기보다는 개인이 처한 사회적 환경의 격차에 대한 보상적 지원을 의미한다.

Becker(1993)의 인간자본론에서 규정하는 교육의 기회균등에 대한 관점은 이 논리를 분명하게 제시한다. 이 모형에 따르면, 개인이 받아야 하는 적정 규모의 교육량은 개인 간의 학습능력의 차이(marginal rate of return: mrr)와 교육비 부담능력(marginal cost of funding: mcf)의 차이에 의하여 결정된다. 인간자본론의 관점에서는 교육 기회를 개인의 능력의 차이를 반영하는 효율성 원리에 따라 배분하되, 교육비 부담 능력의 격차에 의한 영향을 최소화할 때 교육기회의 균등이 이루어진다고 본다. [그림 11-1]은 이 관계를 보여 준다. 교육의 기회균등은 누구나 똑같은 양의 교육을 받는 것이 아니라 교육비 부담 능력의 격차를 최소화할 때의 교육량을 보장하는 것이라는 설명이다. [그림 11-1]에서 나타낸 mrr(H)는 높은 능력수준을 나타내고, mrr(L)는 낮은 능력수준을 나타낸다. 각자의 능력 수준에서 빈곤 상황인 mcf(P)와 부유 상황인 mcf(R)의 차이가 축소됐을 때의 교육량을 보장하는 것이 교육의 기회균등이라고 본다. 교육비 부담 능력의 격차가 축소될 때, 기대되는 적정 교육량은 같은 능력 수준에서 증가한다.

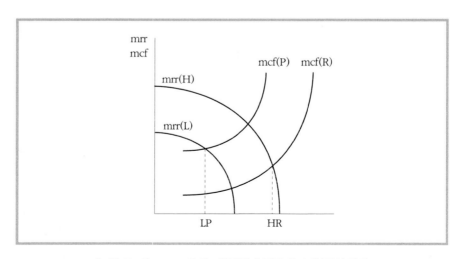

[그림 11-1] ··· 교육의 기회균등에 관한 인간자본론의 관점

　　교육에 대한 능력주의 관점에 따르면, 교육에 대한 기회는 모든 사람에게 차별 없이 공정하게 개방하되 교육 기회는 개인의 노력과 천부적 능력에 따라 배분되어야 한다고 본다. 따라서 경쟁의 과정이 효율성 원리에 따라 공정하게 배분된다면 이 결과에 따른 불평등은 수용할 수 있다고 본다. 이러한 배분 논리에도 불구하고, 능력주의 관점은 능력 수준이 낮은 사람에게도 이들이 사회 구성원으로서의 역할을 수행할 수 있도록 최소 필수의 교육을 보장하는 적절한 보상적 지원이 있어야 한다고 본다. 기회의 균등한 개방, 업적주의, 보상교육 등이 이들의 논리를 반영하는 주요 용어들이다.

　　자유주의 평등론은 모든 학생에게 교육에서뿐만 아니라 사회에서의 기회에 대하여 '균등한 기회'를 추구한다. 개인에 귀속하는 개인적 요인, 즉 개인의 노력과 능력 이외의 요인에 의한 차별은 부당한 것으로 보고 부당한 요인에 의한 영향력을 축소하려고 한다. 개인적 요인 이외의 요인으로 인종, 성, 계급, 가정환경과 부모의 영향력 등을 들 수 있다. 교육제도의 발전과정에서 교육의 기회균등 개념이 발전해 온 과정을 보면 가정환경의 차이에 의한 격차만을 어쩔 수 없이 용인하는 차별적 요인으로 간주한다. 그러나 교육정책을 통하여 가정환경의 격차를 축소하려고 노력한다. 이 맥락에서 교육에서 장학 지원의 필요와 중요성을 강조한다. 능력주의 원리를 기초로 한 관점에서는 우리나라에서 논의했던 기여입학제에 대하여 그 교육적 타당성을 부정하는 결론을 도출한다(홍창남, 2008: 25).

　　자유주의 평등론은 교육에서 공정한 경쟁의 장을 만들려고 노력한다. 교육 기회와 서비스를 균등하게 하고, 환경적 차이의 영향력을 축소하기 위하여 보상적 지원을 제공하려고 한다. 공무원 공개 채용 시험, 보상교육, 평준화, 동일한 교육과정, 교육에서의 평등의 추구 등을 강조한다. 이 관점에서는 미국에서 인종차별 문제를 해소하기 위한 방안으로 채택하여 온 '분리하되 균등한 교육(separate but equal education)'은 본질적으로 불평등한 교육으로 간주한다.

4) 민주적 평등론: Rawls의 차등적보상론의 관점

민주적 평등론(democratic equality)은 업적주의에 의한 사회적 재화의 배분의 타당성에 문제를 제기한다. 업적에 대한 보상은 최소수혜자의 복리를 증진할 수 있는 범위에서 그 타당성을 인정해야 한다는 입장이다. 민주적 평등론은 Rawls(1971)의 정의의 원칙을 반영하고 있다. 기본권에 대한 평등한 자유의 원칙과 최소수혜자의 이익을 위하여 차등적 보상의 원칙을 반영하는 관점이다. 민주적 평등론은 기회 활용의 공정성과 사회적 재화의 배분에 대한 '차등적 보상원칙'을 반영하는 논리다(Rawls, 1971: 75).

민주적 평등론은 교육의 기회균등을 위하여 공정한 기회균등과 차등적 보상의 원칙을 추구한다. 이 관점의 논지는 다음과 같이 정리할 수 있다.

- 민주적 평등론은 민주주의 제도를 운영하는 주인이 되는 민주시민을 육성하기 위해서 시민 역량의 기본 수준을 보장하고 역량 수준의 지나친 격차를 축소하려고 노력한다. 모든 학생이 그들이 추구하는 가치를 획득하기 위하여 필요한 역량을 갖출 수 있도록 교육의 기회는 균등하게 제공하여야 한다. '위대한 평등자'로서의 교육의 기능을 수행하여야 한다.
- 기회의 배분에서 업적에 대한 보상은 최소수혜자의 복지를 향상하는 방향으로 사용되어야 한다. 이 과정에서 자연적·사회적 자산의 불균등한 분배를 보상하려고 시도한다. 최소수혜자의 복지를 개선하는 방향으로 사회제도를 설계하려고 시도한다. 교육에서 사회적·자연적 자산의 불균등한 분배에서 불리한 위치에 놓인 개인이나 집단의 처지를 개선하기 위하여 보상적 노력을 시도한다.
- 특히 교육에서 학업 능력이 부족하거나 가정환경이 열악한 학생의 교육을 위하여 배려하는 관점을 설정하고 있다. 공정한 기회균등, 차별교육의 반대, 교육에서의 평등 추구, 교육의 보편화, 동등한 학업성취 수준의

보장 등이 이들이 선호하는 정책방향이다.

Strike(1982)는 민주적 평등론을 바탕으로 하여 '정의로운 사회의 교육정책'을 논하였다. 이 맥락에서 이종재(2000: 241-245)는 교육정책의 규범적 명제로서 정의의 관점을 설정하고, 이 관점에서 교육정책의 과제를 설정하였다. 그는 Rawls의 차등적보상론의 관점을 반영한 민주적 평등론을 정의의 관점으로 설정하였다. 또한 이 논의에서 차등적 보상 원칙에 의한 대학입학 특별전형 유형에 대한 원리와 논리를 제시하였다. 이종재(2000)는 이러한 논의를 통하여 교육정책의 연구에서 교육정책의 타당성에 대한 규범적 분석의 필요를 제기하였다. 한편, 조석훈(2003: 454)은 할당제 특별전형의 문제점을 지적하면서 집단보다는 개인의 특성에 기초한 차등적 보상 기준이 적용되어야 한다고 주장하였다. 조석훈(2003)의 연구는 교육정책의 분석과 설계에서 규범적 분석의 흐름을 보여 주고 있다.

4. 민주적 공동체 관점

교육정책을 정당화하는 주류 논리는 공리주의와 개인의 자유와 선택을 추구하는 자유주의 관점이었다. 교육의 기회균등에 대한 자유주의 관점 중에서 공정성과 기회 배분에서 능력주의 원칙을 적용하는 자유주의 평등론 관점이 대표적인 관점이 되었다. 이에 비하여 민주적 평등론은 큰 공동체를 전제하고 공동체 구성원의 역량 계발과 결과의 격차 축소를 추구하는 관점이다. 공동체 관점은 공유하는 목적과 가치를 추구하고, 개인의 자유와 공동체에 대한 책무 간의 균형과 조화를 추구한다. 그리고 서로 지원하는 결합력 있는 공동체의 역할을 강조한다(Olssen et al., 2004: 216-244). 민주적 공동체는 열린 공동체를 지향한다.

1) 민주적 공동체의 관점과 조건

(1) 개인과 공동체 간의 조화와 균형

민주적 공동체가 취하는 가장 중요한 관점은 개인과 공동체 간의 조화와 균형을 취하는 것이다. 개인 간의 조화로운 상호작용과 공동의 목표를 추구하는 사회를 이상적 사회(good society)로 규정한다. 공리주의와 기본권 보장론자들(right theorists)은 '자율적 개인'을 전제하고 개인의 자유의 중요성을 공유하고 있으나, 자유주의 사상이 개인의 자유를 지나치게 강조할 때, 존재의 근본이 되는 공동체에 대한 인식을 상실하고 개인 간의 관계에서 소외와 단절 등의 문제를 유발할 수 있다.

근대적 공동체론을 Dewey(1930)의 논의에서 찾을 수 있다. Dewey는 개인이 행사하는 자유의 중요성은 인정하되 자유가 개인의 완전한 자율로 가야 한다는 자유주의 관점은 문제가 있다고 보았다. Dewey는 자유에 대하여 공동체의 존재와 작용을 인정하는 관점을 제시하였다. 이 관점에서는 공동체 속에 존재하는 개인과 개인으로 구성된 공동체 간의 조화와 균형을 추구한다. 개인이 추구하는 목표를 형성하는 과정에 영향을 주는 사회적 조직이 있고 개인과 대칭되는 사회적 존재가 있다고 본다(Dewey, 1930: 80-81; Kahne, 1996: 26 재인용). 이 사회적 존재와 조직이 공동체가 된다. Gutman(1985: 320)은 자유주의 사회의 질서 위에서 공동체의 목적을 추구할 수 있다고 보았다(Kahne, 1996: 40 재인용). 공동체의 관점은 자유주의의 기본 가치를 대체하기보다는 보완한다고 주장한다.

Dewey(1927: 149)는 민주주의를 삶의 한 형식으로 규정하였는데, 민주주의는 공동체에 대한 헌신을 지향한다. 공동생활, 삶에 대한 분명한 의식이 민주주의에 대한 관점을 형성한다(Kahne, 1996: 34 재인용). 이 맥락에서 Dewey는 '민주적 공동체' 모형을 제시하였다. 주요한 의미를 다음과 같이 정리한다.

- 합리적이고 민주적인 의사결정과정을 통하여 공유하는 목적을 추구하는 것이 공동체의 비전이다.
- 공동체는 개인이 추구하는 가치의 선택, 인식의 형성 그리고 행동 대안의 구안에 영향을 준다. 그러면서도 공동체는 '개인의 다양성을 포용하는 전체(wholeness)'를 추구한다.
- 개인과 공동체 간의 조화로운 균형을 추구한다. 개인은 공동의 목표와 필요를 지향하여 함께 일하여야 한다고 믿는다. 개인은 공동체의 비전을 공유하고 사회적 조화를 이루는 공동체의 역할을 인정하면서도 개인의 다양성을 추구하고 존중한다. 개인에게 고정된 역할을 배분하는 논리를 부정하고 공동체와 의견을 달리하는 개인도 공동체 안에서 성장할 수 있는 기회를 향유해야 함을 믿는다.
- 이 개인과 공동체 간의 균형을 추구하는 과정에서 열린 공동체로서 '민주적 공동체'를 구축할 수 있음을 주장한다. Dewey는 이 균형을 추구하는 민주적 과정을 강조함으로써 전통적인 공동체 관점과 그의 관점을 차별화하였다. 공동체에 대한 전통적 접근이 개인을 서열화한 불평등한 사회적 역할에 고정시킴으로써 개인의 잠재 가능성의 구현을 제약하며 공동체의 성장과 변화를 이끄는 기제가 부족하다고 비판하였다. 전통적 접근은 닫힌 공동체를 연상하게 한다. 사회 구성원의 다양성, 기술의 급격한 발전과 변화, 지역적 이동성, 자율을 강조하는 문화 등을 특징으로 하는 현대사회에서 앞서 상정한 것과 같은 민주적 공동체를 구성하는 것은 어려울 것으로 예상된다. 공동체 의식은 약화되고 있고, 탐욕과 파괴적 경쟁이 그 자리를 차지하고 있다. 이 점에서 동양의 공동체에 대한 전통적 사고의 틀을 정리할 필요가 있다.

교육행정학계에서는 신현석(2004: 135-156)이 교육공동체에 관한 동양과 서양의 이론적 관점을 깊이 있게 개관하였다. 그는 현대의 공동체주의자로서

MacIntyre, Barber, Walzer, Sandel, Taylor 등의 관점을 검토하고, 교육행정학 연구에서 교육공동체와 같은 주제에 대한 철학적 탐구의 필요성과 이에 대한 도전의 과제를 제시하였다. 또한 교육공동체에 대한 탐구의 과제로서 공동체와 자율적 개인과의 관계, 약간 느슨한 온건한 공동체 모형의 가능성에 대한 탐구, 다원화 사회에서의 '다름과 함께'가 공존하는 새로운 공동체주의의 가능성, 개인의 권리와 공동 선이 상호 보완되어 '좋은 것'과 '옳은 것'이 공존할 수 있는 공동체 모형에 대한 탐구 과제를 제시하였다.

(2) 민주적 공동체의 조건

① 개인의 다양성 포용

Gardner(1990: 16)는 공동체는 개인의 다양성을 포용하는 관점을 제공해야 한다고 지적하였다(Kahne, 1996: 37 재인용). 공동체는 개인의 다양성을 포용하는 전체에 대한 인식을 구성원들에게 제공해야 한다. 그는 개인들을 포용하는 공유하는 목적에 대한 관점을 제공하고, 사회의 양극화를 완화하며, 구성원 간의 연대를 형성하고, 공통의 의제(agenda)를 설정하고 절충과 협상에 기초하여 결정하는 과정과 제도적 틀이 있어야 함을 지적하였다.

② 비억압성과 비폐쇄성

공동체가 획일과 전체를 강조하는 폐쇄적 전체주의에 빠질 수도 있다. 또한 공동체가 억압적이고 비민주적일 수도 있다. Dewey(1916; 1966)는 공동체에서의 학습이 폐쇄적이고 배타적인 '패거리' 집단이 조성될 가능성을 우려하여 공동체의 폐쇄성을 점검하기 위하여 공동체의 속성을 평가하는 두 가지 기준을 설정하였다(Kahne, 1996: 39 재인용).

• 공동체는 다양한 관심을 의식적으로 공유하고 있는가? (비억압성)

- 그 공동체는 다른 형태의 연합체와 어느 정도 자유스럽고 완전하게 상호 작용하고 있는가? (비폐쇄성)

Gutman(1987)이 교육에 관한 자유민주적 관점으로 제시한 비차별(nondis-crimination) 원칙과 비억압(nonrepression) 원칙은 Dewey가 제기한 바람직한 공동체의 속성과 일치한다.

③ 민주성
공동체 안에서 개인은 다양한 이해관계와 관심을 가지고 있다. 이들이 의식하는 이해관계와 관심은 다양하고, 때로는 상충하는 경우도 있다. 민주적 공동체는 이해의 공유를 위한 논의의 과정과 토론의 장을 전제로 하며, 민주적 논의를 의사결정의 과정으로 본다. 민주적 공동체 관점은 구성원 간에 공동의 이해를 추구한다. 이 과정에서 과학적 탐구와 실험, 구성원 간의 공개적이고 자유로운 논의를 전제한다. 또한 이 과정에서 억압과 강제적 복종을 반대한다.

2) 민주적 공동체와 기회균등론

(1) 기회균등에 대하여
능력주의를 따르는 '자유주의 평등론'에서는 경쟁의 파괴적 속성을 피하기 어렵다. 모든 학생의 잠재적 가능성을 최대한 계발하는 교육공동체모형에서의 교육의 기회균등론은 무엇이 될 수 있을까? 교육공동체 관점은 능력주의를 넘어서는 평등론을 주목한다.
Dewey(1900; 1956)의 민주적 공동체론은 교육의 기회균등에 관한 공리주의와 인간자본론의 관점과는 분명한 차별을 보인다. 그러나 민주적 평등론과는 차이가 적다. 자유주의 평등론은 교육의 기회균등에 관하여 투입의 균등에서, 기회의 균등, 그리고 산출의 격차 완화까지 강조한다. 이 과정에서 최소수혜자 혹은 불리한 여건에 있는 학생에 대한 보상교육을 강조한다. 이를 위하여 행정적으로 평등을 관리해야 한다고 본다. 그러나 민주적 공동체론은 표준화된 기회균등에 대한 관점은 학교 구성원들 간의 사회적 연대를 약화시킬 수 있음을 우려한다. 학업성취의 내용을 표준화하고 그 결과를 상대적으로 비교할 경우에 교육의 기회와 성취를 위한 노력이 제로섬(zero-sum) 상황에서 이루어지게 된다. 성적 위주의 경쟁을 지향하는 교육은 교육공동체를 파괴할 수 있다고 본다. "자유주의 평등론은 공동체를 외면하는 결과를 초래할 수 있다."고 우려한다.

Dewey(1900; 1956: 7)는 균등을 획일로 보지 않는다. 그는 과정의 균등이 교수나 교육목표의 획일적 표준화를 의미하지 않는다. 또한 학생의 교육적 필요와 관심, 그리고 학습경험의 다양성을 고려할 때, 획일적 교육의 부당함을 지적한다. 균등한 산출을 위한 학업성취의 균등화는 교육의 목적을 협소하게 규정하게 되고, 이 과정에서 학생의 잠재적 가능성의 개발을 방해할 것으로 우려한다. 모든 학생의 의미 있는 성장이 공동체의 이상이 되어야 한다고 본다. 이 점에서 볼 때 Dewey의 공동체론은 기본권 보장론자의 평등론과는 차이를 보인다.

(2) 공동체론의 정의에 대한 관점

공리적 자유주의의 교육정책 논리는 보다 균등하게, 보다 효율적인 방법으로 지적 역량의 개발을 추구한다. 그러나 이 방향은 개인 간의 지나친 경쟁을 정당화하고 강화할 소지가 크다. 이러한 방향은 사회적 연대를 약화시키고, 민주적 공동체 형성의 기회를 제약할 가능성이 있다. 자유주의 평등론에서의 정의의 관점은 학생의 성품을 민주적 공동체를 구축하는 방향으로 함양하고자 하는 교육기관의 역량을 제한할 소지가 있다. 자유주의적 정의의 관점은 학생 상호 간에 서로에 대한 책무(interpersonal obligation), 사회적 목적의 중요성, 집단적 의사결정과정 등과 연관된 민주적 특성을 함양하는 교육과정과 교수 계획을 위축시킬 소지가 있다.

　Rawls(1971)가 정의를 사회 제도를 규정하는 제1원리로 규정한 것에 비해 Sandel(1982)은 자유주의의 한계를 지적하고, 정의를 '정의롭지 못함을 시정하는 배려의 덕(remedial virtue)'으로 규정하였다(Kahne, 1996: 44 재인용). Sandel (1982)은 정의에 초점을 두고 문제 해결을 시도할 경우에 서로를 배려하고 지원하는 결속력 있는 집합체에 근거하여 고차적이고 바람직한 제도적 틀을 지속적으로 발전시킬 기회를 놓치게 된다고 지적하였다. 정의에 중점을 두면 사회적 결속(social bond)은 필수가 아닌 선택의 대상이 된다. '이상적 가족'을 반영하는 관계는 정의에 근거하여 토의되는 관계보다는 더 바람직한 관계다. 이상적 가족관계에서의 결정은 정의에 대한 헌신보다는 자발적인 애정(spontaneous affection), 사랑 그리고 서로에 대한 헌신을 반영한다. Kahne (1996: 44)은 정의에 대한 Dewey의 입장은 '정의롭지 못함'보다는 정의로움을 선호하겠지만, 정의의 원칙이 교육기관의 목적과 실제를 규정하는 원칙이 될 수 없다는 Sandel의 주장에 동의할 것으로 평가하였다. 이상적 가족관계에서는 마치 율법에 의한 배려의 행위보다는 사랑에 터한 헌신을 추구하는 것과 비슷하다. 공동체의 정의는 법치(法治)보다는 덕치(德治)를 추구하는 것으로 생각된다.

(3) 민주적 공동체의 교육에 대한 관점

　공동체 주의는 개인이 사회와 무관하게 자율적 개체로 존재한다는 인식을 부정한다. 개인의 선호(preference)는 공동체를 형성하고, 또한 공동체에 의하여 형성됨을 인정한다. 개인의 자유와 자율만을 강조할 때 지나친 경쟁과정에서 소외, 시기, 이기주의를 유발하고, 공동체 구성원 간에 형성되는 공동의 목적, 의미, 상호 지원, 방향 의식을 상실한 개인을 양산할 가능성이 있음을 우려한다. 공동체주의자는 '서로에 대한 배려와 공동의 과제에 대한 헌신'을 공유한다. 이들은 공동체적인 삶, 사회적 조화, 공유하는 이해와 관심, 이성적 논의, 다양성을 포용하는 전체(wholeness)를 추구한다. 이들은 지원과 협력, 공동의 사명, 공동체에 대한 소속감을 추구하며 시기, 소외, 파괴적 경쟁 그리고 이기적 착취를 피하려 한다.

민주적 공동체 관점은 Dewey(1927: 149)의 "공동체적 삶에 대한 분명한 의식(consciousness)이 민주주의에 대한 관념(ideas)을 구성한다."는 주장을 따르고 있다. '민주적 공동체론'은 교육을 통하여 사회적 태도와 공동체의 과제에 대한 감수성(sensibility)의 함양을 목표로 한다. 교육에서 학생들이 공동체의 모형과 공동의 과제에 대한 관심을 공유하고, 다양성을 존중하며, 공동의 목적을 설정하고, 중요한 사회적 문제에 대하여 지성적 논의에 참여하기를 기대한다. 학습공동체, 협동과제, 지역사회학교, 공유하는 정체성, 시민교육, 다양성을 포용하는 전체와 같은 용어들이 이들의 논지를 드러내는 용어로 등장한다. 교육에 대한 민주적 공동체의 관점은 협동적 노력과 헌신, 지원과 협력, 지성적 논의에 가치를 부여한다.

3) 교육공동체

Dewey(1900; 1956)는 '교육공동체'의 교육적 적합성을 보았다. 교육기관이 교육공동체가 되기 위해서는 민주적 공동체에 대한 기본 관점을 반영한 교수내용과 교육과정을 포함하는 교육프로그램이 필요하다. Dewey(1900; 1956)는 교육을 통하여 상호 의존하고 공유하는 관심을 진작하는 교육경험을 제공하여 학생이 이 과정을 거쳐 변혁적 교육경험을 체득할 수 있기를 기대하였다. 이를 위하여 학교가 단순하게 교과의 내용을 가르치는 장소로부터 학교의 학습과정이 공동체 삶의 순수한 형식이 되기를 기대하였다(Kahne, 1996: 38 재인용). 학교는 학생들의 공동체 학습경험을 지원하기 위하여 농작활동(gardening), 공작활동, 소규모 사업 운영, 사회문제와 정책의 검토 등과 같은 공동체의 문제를 반영하는 과제를 탐구하는 과정을 제공할 필요가 있다.

이러한 학습과정에서 학생들은 공동의 목적을 위하여 '함께 작업'하고, 다양한 관점을 고려하는 사회적 관계에서 일함으로써 개인의 목적을 추구하는 능력도 개발된다. 상호 의존성과 상호 협력은 공동체의 공동활동 속에서 형성될 수 있다. 이 맥락에서 Dewey는 교과의 생활화를 강조하였다. 그는 교과의 내용을 학생의 삶의 경험과 연결함으로써, 교과 내용을 보다 분명하게 이해하고 개인과 사회의 관심과 맥락과 지식을 연결하는 교육적 의의를 강조하였다(Dewey, 1963: ch.7: Kahne, 1996: 39 재인용).

교육의 과정이 지나치게 선별 기능에 치중하고, 학업이 지나치게 개인 간의 경쟁이 될 경우에 공동체의 형성을 위한 학교교육은 사라져버린다. 이 과정에서 구성원 간의 사회적인 연대는 훼손되고 학생은 사회적 필요보다는 개인적 이익을 우선하게 된다. 학교는 학생들이 사회의 필요를 확인하고 논의하고, 대응하는 문제에 대하여 비판적으로 탐구하도록 안내하는 데 실패한다. 일제 강점기에 평안북도에 있던 오산학교는 공동체 학습을 성취한 학교로 이해된다(이종재, 2010). 일본의 경우, 동경대학교 부속 중등학교에서 학년별로 시행하는 공동 프로젝트 학습과제는 공교육에 대한 공동체 학교와 공동체 학습의 한 대안을 제시한다.

2000년대에 들어서 교육행정학 연구에서도 교육공동체모형에 대한 관심을 보여 왔다. 허병기(2000: 215-216)는 교육행정의 새로운 패러다임으로 개성, 자율, 창의를 중시하고 학습자에 대한 깊은 관심, 유기체적 조직관, 평등과 공존하는 권력, 성숙한 윤리의식 등을 제시하였다. 이 새로운 패러다임은 교육공동체를 지향하는 가치를 제시하고 있다. 양정호(2002: 213)는 학교공동체가 공유하는 가치와 규범과 신념, 공동의 의제, 구성원 간의 독특한 사회적 관계를 학교교육 공동체의 구성요소로 개념화하였다.

민주적 공동체로서의 학교모형에 대한 연구가 필요하다. Sandel(1982)의 공동체모형으로서의 '이상적 가족모형'은 현대사회의 실재에서 구현하기 어려운 모형이다. 이상적 가족모형은 관념상의 모형으로서 국가가 이러한 이상적 가족의 관계를 제도화하기는 어렵다. Dewey(1916)는 교육기관인 학교를 민주적 공동체로 나아갈 가능성이 매우 높은 '사회조직'으로 보았다. 이러한 공동체적 학교모형은 어떻게 가능할 것인가? 이 문제는 매우 중요한 탐구 과제다. 이 논리를 교육에 적용할 때, 공동체적 교육 경험을 제공하기 위하여 공동체적 교육과정의 개발이 필요하다. 개인의 목적과 공동의 목적을 추구하는 학생의 성품과 역량을 계발하기 위하여 교육공동체 학교모형을 설정할 필요가 있다(Sergiovanni, 1994).

김인희(2011: 52)는 교육 정책과 행정을 교육복지를 구현하는 공동체적 접근으로 재구축해야 함을 강조하였다. 그는 학교를 교육복지 공동체로 개념화하고 공동체의 구성요소별로 요건을 설정하였다. 그리고 이러한 요건으로서 학습자의 학습권, 역량 계발, 소외 없는 학교, 학교의 응집력과 생산적 관계의 형성, 신뢰, 연대와 공감, 자율성과 다양성, 협력적 학습, 협력 네트워크의 구축 등을 강조하였다.

교육공동체의 관점에서 교육정책의 과제를 다룬 연구들도 등장하였다. 김성렬(2001: 125)은 교육공동체의 관점에서 학교 분쟁의 해결 전략을 검토하였다. 정제영(2008)은 학교자율화정책과 관련된 쟁점과 주요 과제의 분석에서, 학교자율화에는 공공선택론의 관점과 공동체 관점이 있음을 지적하고 공동체 관점을 반영하여 학교자율화 정책 과제를 설정할 필요가 있음을 지적하였다. 정수현(2003: 208-211)은 교육공동체 관점에서 학교평가를 검토하면서, 학교평가의 원칙으로 대화, 지속적인 학습과정, 돌봄의 과정, 참여와 헌신 유발 과정을 제안하였다. 이종재와 김왕준(2003)은 교육공동체 관점에서 교원인사 제도 혁신 논의의 틀을 검토하였다. 전문가 학습공동체 구축을 위한 교장의 역할 탐색에 대한 이경호(2011)의 연구나 학교공동체 문화의 기능에 대한 위은주(2013)의 연구 등은 교육공동체의 요소와 다른 요인 간의 관계에 대한 개념적·실증적 분석연구의 경향을 보여 준다.

5. 전인교육론

Kahne(1996)은 교육정책의 규범적 지향을 규정하는 또 다른 대안적 틀로서 인간 계발론 관점을 제시하였다. 이 관점은 소질 계발론 또는 인간계발론으로 이해할 수 있다. 인간의 자아실현을 궁극의 목적으로 간주한다. 여기서는 인간계발론을 전인교육론(김정환, 1983)의 관점에서 접근한다. 인간계발론은 재능, 역량, 잠재 가능성의 계발과 활용을 주장한다. 이 관점은 자아실현(self actualization), 잠재 가능성 계발 , 전인적 성장, 삶에 대한 다양한 영역에서의 경험과 체험을 추구한다(정범모, 1997; 2012a).

인간계발론은 교육의 목적을 개인적 성장, 인격의 함양, 자율적 존재의 지향에 둔다. 자아실현의 이상이 인간계발론 관점의 핵심을 구성한다. 자아의 실현을 지적 영역에서뿐만 아니라 정의적, 도덕적 그리고 심미적 영역에서까지 추구한다. 인간계발론의 중요한 내용은 다음의 네 가지 원리로 정리할 수 있다.

- 자아발견: 자기 자신의 내재하는 성향과 소질을 계발
- 전인교육론: 지·덕·체의 영역에서 균형있는 성장을 추구
- Maslow의 인간 동기론을 반영하는 기본욕구의 체계에서 자아실현을 지향
- 학습의 자유를 존중

인간계발론은 인간성(human nature)과 인간발달(human development)에 관한 관점을 포함한다. 자아실현론은 사회와 무관하게 개인의 내적 성향을 계발하는 것을 강조하는 경향이 있다. 그럼에도 불구하고 교육정책의 설계를 위한 대안적 기본 관점의 하나로 포함하는 이유는, 인간계발론은 교육이 인간의 육성과 인격 함양에 기여해야 한다는 교육에 대한 전통적 기대를 반영

하고 있고, 교육 외적 가치를 획득하기 위한 방편으로 교육을 이용하는 도구적 관점의 문제점을 지적하기 때문이다. 인간계발론은 진보주의 교육이상과 맥을 같이 한다. 교육의 기회는 학생의 성향 및 욕구와 보조를 맞추어야 할 것으로 본다. 학생의 신체적 건강을 추구하고 자기주도적 학습과 자기표현의 기회를 제공하며 자율적 통제를 지향하고 학생의 필요와 성향을 존중하는 교육과정을 구성하는 학생중심교육론과 맥락을 같이 한다.

서양교육에서는 교육 본연의 본질적 가치와 자연적 학습과 성장과정을 강조하는 Rousseau의 자연주의적 인간계발론과 맥락을 같이하고 있다. 이는 사회 요구를 교육에 반영하려는 인위적 교육의 폐해(지나친 경쟁 구조와 위계적 관계의 강조)와 물질적 관점에서 협소하게 교육목적을 규정하는 교육의 도구적 관점을 초월할 것을 추구한다. 또한 사회적 악영향에서 벗어나 자연 상태에서의 교육을 통한 인간계발을 추구한다.

인간계발론과 교육에 대한 공리주의 관점이 양립하기는 어렵다. 인간계발론은 기능 습득에 중점을 두기보다는 인간 존재를 위한 교육의 중요성을 강조한다. 인간계발론은 개인이 자신의 성장을 자유롭게 추구할 수 있도록 지원해야 한다고 본다. 자유로운 개인(free individual)은 자연적이고 바람직한 다양한 경험을 통하여 성장할 수 있다고 본다. 이 관점은 학생주도적 학습, 전인적 발달, 학습 조성자로서의 교사, 내재적 동기의 중요성, 비지시적 관계, 보살핌으로서의 교육, 자유학교 등을 강조한다.

이 관점에서는 학교교육에 대하여 다음과 같은 질문을 제기한다.

- 학교는 학생의 다양한 필요에 부응하고 있는가?
- 학생은 사회적·지적·정의적 특성을 충분하게 계발하고 있는가?
- 학교는 다양한 교육과정을 제공하고 있는가?
- 소속감, 자아존중, 신체적 안전과 생존을 위한 학습의 필요를 충족하고 있는가?

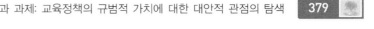

• 교육의 실제는 다양한 결과를 산출할 수 있고, 학생 간의 관계, 교사와 학생 간의 관계는 인간계발의 관점과 부합하고 있는가?

6. 전망과 과제: 교육정책의 규범적 가치에 대한 대안적 관점의 탐색

　교육정책을 분석하고 설계하는 기본적 틀은 공리주의 관점과 교육의 기회 균등론이었다. 이 기본적 틀을 교육정책의 분석과 설계에 적용하는 과정에서 우리 교육은 그 중요한 가치로서 인력 개발, 인적 자원 개발 등을 강조하였다. 교육정책을 주도하여 온 주류의 관점은 다음과 같은 몇 가지 요소를 포함하고 있다.

• 협소한 교육가치관
• 외재적 가치 획득을 위한 수단으로 교육을 보는 도구적 관점
• 능력주의에 기초한 교육의 기회균등론
• 교육에서의 개인 간의 지나친 경쟁

　이러한 요소들은 교육의 가치를 정당화하는 공리주의 관점과 능력주의 교육기회 균등론과 관계가 있다. 교육정책의 틀을 설계할 때 교육정책에 대한 규범적 관점은 정책의 방향과 정책수단의 선택에서 문제를 규정하고, 목표를 설정하며 접근 방법을 구안하는 근거를 제공한다. 또한 이들을 상호 연결하여 내적 일관성을 높인다. 이것이 정책의 내적 정합성(coherence)이다. 교육정책의 규범적 정당화 논리는 교육정책의 외적 정합성을 높이는 데에도 기여할 수 있다. 한 예로, 김동석(2000: 33-34)은 규범적 관점에 기초하여 교육정책의 논지를 분석함으로써 과열 과외에 대한 정부의 대책과 헌법재판소의 해석 법

리를 보완할 수 있는 교육 논리가 필요함을 제기하였다.

정책의 분석과 설계 과정에서는 엄청난 정치적 압력과 합리적 분석 능력의 기술적 제약조건하에서 정책을 분석하고 설계하게 된다. 정책대안의 정치적·기술적 실현 가능성 범위 안에서 검토하기 때문에 창의적인 정책대안을 설계하는 데 한계가 있게 된다. 정책문제는 더욱 복잡해지고 문제 해결을 위한 대안을 형성하기는 어려워지는 데 비해, 정책형성의 정치적 과정에서 정책주도자가 인기 영합적인 정책대안을 추구하는 경향을 보이고 있기 때문에 올바른 정책형성은 더욱 어려워질 것으로 예상된다.

이런 상황에서 정책형성의 내적·외적 정합성을 높이기 위해서는 정책의 관점을 형성하는 전략적 논의의 틀(frame)을 설정하는 일과 이 틀을 재설정(reframing)하는 일이 필요하다. 정책분석에서 관행을 넘어서는 대안적 검토가 필요하다. 정책형성의 정치적 과정의 인기 영합적 압력을 이겨 내기 위하여 규범적 관점을 설정하고 정책구조의 정합성을 세워야 한다. 이를 위해 정책에 대한 규범적 관점의 전환이 필요하다. 기존의 관행으로 굳어진 정책논리의 한계를 넘어서 우리 사회와 우리 교육이 안고 있는 문제를 새롭게 들여다보고 정책문제를 새롭게 정의할 필요가 있다. 경쟁 지향 속의 전인교육의 한계, 사회 양극화, 그리고 새로운 도전으로서의 남북한 통일 문제 등은 문제 상황에 새롭게 규정할 수 있는 정책적 관점과 대응논리를 필요로 한다.

교육정책에 대한 대안적 관점으로서 전인교육론과 민주적 공동체론을 고려할 수 있다. 교육적 관점으로서 전인교육론과 민주적 공동체론의 중요성과 그 의의에 대해서 보다 깊은 관심과 검토가 필요하다. 2014년 세월호 침몰사고로 수많은 학생이 희생되었다. 배의 균형을 잡기 위한 '평형수'가 있다는 것이 알려졌는데, 배에 평형수가 확보되지 않을 때 배는 전복하기 쉽다고 한다. 정책의 설계에도 평형수가 있을 수 있다. 정책의 중심을 잡고 균형을 잡기 위한 평형수가 필요하다. 교육정책의 규범적 관점이 정책의 중심을 잡아 교육정책의 '평형수'를 채울 수 있기를 기대한다.

추천도서

정범모(2012). 내일의 한국인: 성숙하는 사회의 교육이념. 서울: 학지사.

　교육의 성취목표로서 전인, 공인, 생산인과 자율인을 제시한다. 발전과정의 병리적 사고를 극복할 수 있는 관점으로서 내재적 가치, 역사적 현재, 보편과 특수, 자연과의 조화를 논한다.

이홍우 역(2007). **민주주의와 교육**(Dewey, J., 1916, *Democracy and education*). 파주: 교육과학사.

　Dewey의 교육사상을 확인할 수 있는 저술은 방대하다. 이 책은 그 방대한 저술을 관통하는 핵심사상을 담고 있다. 이 책은 Dewey의 역저(力著)를 깊이 있는 해설과 함께 번역한 책이다.

Kahne, J. (1996). *Reframing educational policy: democracy, community and individual*. New York: Teachers College, Columbia University.

　교육정책을 규범적으로 정당화하는 관점으로서 공리주의와 교육의 기회균등론, 공동체 관점 그리고 인간계발론을 제시하였다. 이 관점으로 계열분리(tracking), 학교선택론, 8년연구과제를 재검토한다. 교육정책의 틀을 새로 구성하는 문제(reframing)를 제기하였다.

Olssen, M., Codd, J., & O'Neill, A-M. (2004). *Education policy: Globalization, citizenship & democracy*. (김 용 역, 2015). **신자유주의 교육정책, 계보와 그 너머.** 서울: 학이시습.

　세계화 추세에서의 교육정책에 대한 10개의 관점을 논의한 책이다. 비판이론, 자유주의 및 신자유주의 관점, 제도주의, 시장의 통제, 공동체관점 등을 논의하였다. 교육정책의 논지 분석을 위한 틀을 세우는 데 도움을 준다.

참고문헌

김동석(2000). 과열과외에 대한 정부정책, 헌법재판소 해석법리 및 교육적 대책의 논리. 교육행정학연구, 18(2), 1-37.

김성열(2001). 학교 분쟁의 해결 전략. 교육행정학연구, 19(3), 125-147.

김안중, 홍윤경 역(2011). 플라톤의 국가론 강의(Nettleship, R. L. Lectures on the Repullic of Plato, Macmillar & co., Limiled London, 1925). 파주: 교육과학사.

김인희(2011). 학교의 교육복지공동체 관점 고찰. 교육정치학연구, 18(4), 29-60.

김정환(1983). 전인교육론. 서울: 세영사.

신현석(2004). 교육공동체의 형성과 발전. 교육행정학연구, 22(1), 135-156.

심성보(1999). 초 중등 교육개혁의 정치학적 접근: 참여민주주의 관점. 교육정치학연구, 6(1), 20-50.

양성관(2009). 대학입학사정관제의 특징 및 개선방안 분석: Cooper 등의 4차원 정책분석모형을 사용하여. 교육정치학연구, 16(3), 125-148.

오욱환(2013). 사회자본의 교육적 해석과 활용. 파주: 교육과학사.

오천석(1977). 발전 한국의 교육이념 탐색. 서울: 배영사.

위은주(2013). 학교공동체문화가 교사의 직무만족 및 조직몰입에 미치는 영향. 교육행정학연구, 31(2), 1-27.

이경호(2011). 전문가 학습공동체 구축을 위한 교장의 역할 탐색. 교육행정학연구, 29(3), 195-221.

이경호, 박종필(2012). 전문가 학습공동체가 학교혁신에 주는 정책적 시사점. 교육정치학연구, 19(4), 133-153.

이돈희(1999). 교육정의론. 서울: 교육과학사.

이종재(2000). 교육정책의 규범적 명제와 정책논리의 구조에 관한 연구-정의의 관점과 원칙을 중심으로. 교육행정학연구, 18(2), 217-247.

이종재(2010). 남강 이승훈과 오산학교. 씨알재단 씨알사상 6월 월례모임 발표논문. 미간행자료.

이종재, 김왕준(2003). 교원인사제도 혁신 논의의 방향과 과제. 교육행정학연구, 21(4), 259-278.

이종재, 이차영, 김 용, 송경오(2012). 한국교육행정론. 파주: 교육과학사.

이홍우 역(2007). 민주주의와 교육(Dewey, J., 1916, Democracy and Education). 파주: 교육과학사.

장덕호(2009). 교육정책의 정합성 관점에서 본 2008학년도 대학입학제도 개선안 사례분석 연구. 교육정치학연구, 16(3), 53-82.

정범모(1997). 인간의 자아실현. 서울: 나남.

정범모(1993). 교육의 본연을 찾아서. 서울: 나남.

정범모(2012a). 내일의 한국인: 성숙하는 사회의 교육이념. 서울: 학지사.

정범모(2012b). 한국교육의 신화. 서울: 학지사.

정수현(2003). 교육공동체 개념에 근거한 학교평가의 방향 탐색. 교육행정학연구, 21(2), 206-227.

정일환(1998). 교육정책분석에서의 가치론에 관한 탐구. 교육정치학연구, 5(1), 102-126.

정제영(2008). 학교 자율화의 쟁점과 주요 과제. 교육행정학연구, 26(2), 415-435.

조석훈(2003). 차등적인 교육적 보상기준에 의한 대학입학 특례전형의 법적 논리와 한계. 교육행정학연구, 21(2), 431-454.

조혜진(2013). 대학입학사정관제도 정책형성단계에 대한 평가 연구. 교육행정학연구, 31(3), 233-254.

허병기(2000). 교육행정의 새로운 패러다임. 교육행정학연구, 18(1), 206-232.

홍창남(2008). 기여입학제의 교육적 정당성. 교육행정학연구, 26(3), 25-48.

Yang, J. H. (2002). Designing the school as community: A new possibility of school reform. 교육행정학연구, 20(4), 207-228.

Becker, G. S. (1993). *Human capital: A theoretical and empirical analysis with special reference to education* (3rd ed.). Chicago: University of Chicago Press.

Chung, B. M. (2010). *Development and education: A critical appraisal of the Korean case*. Seoul: SNU Press.

Cooper, B., Fusarelli, L., & Randall, E. (2004). *Better policies, better schools: Theories and application*. Boston: Pearson Education, Inc.

Dewey, J. (1900; 1956). "The schools and society." In *The child and the curriculum and the school and society.* Chicago: University of Chicago Press.

Dewey, J. (1916; 1966). *Democracy and education.* New York: Free Press.

Dewey, J. (1927). *The public and its problems.* Athens, OH: Swallow Press.

Dewey, J. (1930). *Individualism old and new.* New York: Minton, Balch.

Dewey, J. (1938; 1963). *Experience and education.* New York: Collier Macmillan.

Etzioni, A. (ed.) (1995). *New communitarian thinking: Persons, virtues, institutions, and communities.* Charlottesville: University Press of Virginia.

Fowler, F. C. (2013). *Policy studies for educational leaders* (4th ed.). Boston: Pearson Education, Inc.

Gardner, J. W. (1990). *Building community.* Prepared for the Leadership Studies Program of Independent Sector.

Gutman, A. (1985). *Democratic education.* Princeton: Princeton University Press.

Kahne, J. (1996). *Reframing educational policy: Democracy, community and individual.* New York: Teachers College, Columbia University.

Olssen, M., Codd, J., & O'Neill, A-M. (2004). *Education policy: Globalization, citizenship & democracy.* (김 용 역, 2015). 신자유주의 교육정책, 계보와 그 너머. 서울: 학이시습.

Rawls, J. (1971). *A theory of justice.* Cambridge, MA: Harvard University Press.

Rychen, D., & Salganik, L. (eds.) (2001). *Defining and selecting key competencies.* Gottingen, Germany: Hogrefe & Huber Publishers.

Sandel, M. J. (1982). *Liberalism and the limits of justice* (2nd ed.). Cambridge: Cambridge University Press.

Sergiovanni, T. J. (1994). *Building community in schools.* San Francisco: Jossey-Bass, Inc.

Strike, K. A. (1982). *Educational policy and just society.* Urbana: University of Illinois Press.

Tyack, D., & Hansot, E. (1982). *Managers of virtue: Public school leadership in America, 1820–1980.* New York: Basic Books.

제**12**장

교육정책 설계의 역사적 맥락

교육정책은 그 나름의 역사적 흐름 속에 있다. 교육정책을 설계할 때 교육정책의 역사적 맥락을 검토할 필요가 있다. 역사적 맥락을 검토하는 일은 세 가지 과제를 요구한다. 정책의 역사적 흐름 속에서 정책의 발전적 승계를 고려해야 하며, 시대적 과제와 도전에 대하여 대응하는 전략을 반영할 수 있어야 한다. 또한 정책에 대한 '학습효과'를 반영할 수 있어야 한다. 이 장에서는 이러한 세 가지 과제를 역사적 맥락에서 고려해야 할 정책설계의 과제로 설정하여 살펴본다.

1. 교육정책의 맥락부합성

1) 교육정책의 역사적 맥락부합성

교육정책은 맥락의존성(path dependency)을 보이는 경향이 있다. 맥락의존성은 과거로부터 답습하여 왔던 관행을 따르는 속성을 의미한다(Lowi et al., 2012, 21-22). 부정적 의미의 맥락의존성과는 달리, 역사적 맥락부합성은 과거로부터 내려왔던 한국교육발전의 역사적 전개과정의 흐름과 부합해야 함을 의미한다. 교육정책은 우리나라 교육정책이 추구하여 온 역사적 발전의 방향 및 과제와 부합되어야 한다. 이것을 교육정책의 역사적 전개과정과의 부합성이라고 규정한다.

주요 선진국은 교육의 발전을 이끌어 온 역사적 흐름 위에서 시대마다 중요한 교육정책의 이정표를 세워 왔다. 교육정책의 전개과정에는 교육정책의 학습과정이 담겨 있고, 교육정책의 발전적 승계와 변화가 내포되어 있다. 교육정책의 역사적 맥락부합성은 시간적 차원에서 교육정책의 중요한 속성이 된다. 한국교육을 이끌어 온 역사적 입법, 교육 발전 단계의 획을 그은 교육정책, 교육의 방향을 새로 정하는 사법판결 등이 한국교육의 역사적 전개 과정을 표시하는 중요한 이정표가 될 것이다. 교육정책의 역사적 맥락부합성은 이러한 이정표가 제시하는 발전적 방향과 부합해야 함을 의미한다. 이제 한국교육도 그 역사적 이정표를 되돌아볼 정도의 시간을 지나왔다.

한국교육은 교육기회의 확대 면에서 초등교육의 의무교육을 완성하고, 중학교까지 의무교육을 연장하였으며, 중등교육의 보편화에 이어 고등교육까지 보편화를 이룩하였다. 이제 한국교육은 교육기회의 양적 확대 단계를 지나왔다. 한국교육은 질적 수준을 높이고 교육의 타당한 성과를 성취해야 할 과제를 안고 있다. 교육제도와 교육기관의 운영에서 자율과 책무성을 높이고 교육기관과 교육제도의 운영에서 협력적으로 통합하는 협치(governance)를 지향하는 교육제도 운영의 혁신 과제를 안고 있다(이종재, 이차영, 김 용, 송경오, 2012: 307-338; Lee, Kim, & Byun, 2012).

　한국교육은 평등의 가치를 중심으로 초·중등교육을 운영하여 왔고, 고등교육에서는 경쟁을 통한 효율을 추구하는 접근으로 수준 향상을 도모하고 있다. 한국교육정책의 발전 방향과 과제는 한국교육이 추구하여 온 교육발전의 역사적 과제와 부합해야 할 것이다. 교육정책의 역사적 전개과정에서 유지하여 온 교육발전의 역사적 흐름을 발전적으로 승계하고 시대적 과제와 도전에 대응하는 역사적 의미를 드러낼 수 있어야 한다.

　미국의 경우, 노예해방에 이어서 수정헌법에서 부당한 차별을 금지하고, 연방대법원의 Brown 판결에 이어 교육기회 균등에 관한 Coleman 보고서(1966)가 나오고, 교육의 기회균등을 지원하는 법률과 지원 프로그램이 만들어졌다. 이 방향의 연장선상에서 연방정부가 지원한 관련 정책과 법률 등을 통합하여 「아동낙오방지법(No Child Left Behind)」이 탄생하였다. 미국 사회에서 교육의 기회균등을 실현하려는 역사적 사건들과 이에 대응하는 정책들이 교육발전의 이루는 장대한 흐름을 형성하여 온 것이다(Fowler, 2013: 348).

　2000년대 이후로 우리나라의 교육행정학계와 교육정치학계에서도 이제는 한국의 교육정책을 역사적 맥락에서 조명하고 분석하는 연구가 등장하고 있다. 시간의 긴 흐름 속에서 정책의 전개과정과 역사적 경로의존성의 맥락을 검토하고 있다. 몇 가지 중요한 연구를 예시하면 다음과 같다.

- 송기창(2010): 행정효율성과 교육자주성, 주민대표성과 교육전문성, 개방성 대 정치적 중립성, 지방교육 자율성의 한계 등을 중심으로 지방교육자치구조 개편의 역사적 전개과정을 검토하였다.
- 신현석(2007): 한국고등교육의 시장화와 다양화 추세를 역사적 흐름에서 분석하였다. 고등교육의 시장화 경향은 고등교육의 특성화와 다양화를

이끌어 왔음을 분석하였다.

- 장석환(2007): 문민정부 이후 대학의 정원정책을 분석하여 학령 인구 감소가 예측되는 상황에서도 정원이 확대되어 온 과정을 역사적으로 분석하였다.
- 변기용(2009): 대학자율화정책에 대하여 시장적 대학자율화정책이 관치자율화의 한계를 갖게 되는 역사적 상황을 분석하였다.
- 한숭희(2005): 문민정부 이후 참여정부에 이르기까지 평생교육정책의 역사적 전개과정을 분석하여 평생학습사회 구축의 이상이 사라지고 작은 제도와 정책의 흔적만 남았다고 비판하였다. 역사적 분석을 기초로 한 교육정책의 비판은 정책담론 구조의 형성과 유지가 중요함을 제기하였다.
- 이종재, 장효민(2010): 정부의 사교육대책의 역사적 전개과정을 분석하고, 향후 사교육 대책의 방향을 제시하고 있다.
- 강주홍(2011): 신제도주의적 관점에서 한국의 사교육대책을 분석하였다. 제도적 관점에서 사회적 보상의 분배구조의 왜곡에 의한 학력지상주의가 사교육 수요를 유발한다는 이론적 관점을 제시하였다.
- 윤인제, 나민주(2013): 정책연구의 관점으로서 신제도주의를 검토하였다. '신제도주의'에 기반을 둔 국내의 교육정책 연구의 동향을 검토하고 과제를 제시하였다. 이 맥락에서 신제도주의 분파별 이론적 모형의 강점을 공유하고 구조와 행위를 통합적으로 보는 관점을 활용하여, 현장에 관한 경험적 연구 강화를 강조하였다. 또한 교육의 변화를 주도하는 교육 주체의 행위 양태의 영향에 관한 연구 필요성을 강조하였다.

2) 시대 과제에 대한 교육정책의 대응성

교육은 홀로 독립적으로 존재할 수 없다. 국가와 사회의 다른 부문과 상호 의존적 관계에서 그 발전을 모색해야 한다. 또한 국가의 경제, 사회, 문화 영역에서의 국가 발전의 수준과 부합해야 한다. 교육정책은 우리나라의 발전을 선도할 뿐만 아니라 국가 발전 수준에 부합하는 교육의 위상을 지켜야 한다. 이런 맥락에서 교육정책은 한국사회의 과제와 도전에 대응하는 교육정책을 설계해야 한다.

지난 1세기 동안 한국교육은 조선의 패망(1910)과 36년에 이르는 일제강점기, 남북한 분단, 1948년에 대한민국 정부가 수립된 이후 한국전쟁, 그리고 경제성장과 민주적 발전과정을 거치면서 발전하여 왔다(이종재, 김성렬, 아담스, 2010: 50-51). 1960년대 초기에 1인당 국민소득은 80달러 수준으로, 한국은 세계에서 최빈국의 범주에 속하였다. 당시 아시아 지역 내에서도 한국은 필리핀이나 태국 수준에도 미달하였다. 세계은행(World Bank)은 당시의 한국수준을 아프리카의 케냐 수준과 비슷한 것으로 비교한다.

1980년대의 한국은 대만, 홍콩, 싱가포르와 함께 아시아의 떠오르는 네 마리 용(四龍)으로 인정받았다. 2000년대에 이르러 한국은 경제 규모로 세계 10~12위 수준에 이르고, 1인당 국민소득은 20,000달러 수준이고, 인구 규모가 5,000만 명에 이르는 국가 범주인 20~50 클럽에 포함되었다. 또한 세계 최초로 수원국가에서 원조 제공국인 공여국(Development Aids Countries: DAC's) 회원국이 되었다.

한국교육은 1990년대 후반 이후부터 국제적으로 우수한 학업성취 수준을 보였다. OECD의 PISA와 국제학업성취도 평가연구(IEAS)의 TIMMS에서 15세와 8학년 기준의 국제학업성취도 평가에서 우수한 학업성취 수준을 보여 초등교육과 중학교 교육 수준이 높다는 평가를 받고 있다. 한국은 핀란드, 싱가포르 등과 함께 세계적으로 우수한 교육 성취를 보이는 나라로 평가받고 있다. 한국교육은 세계적 수준의 교육을 통하여 국가의 격을 높이는 데 일조하고 있다. 한국교육 발전과정은 개발도상국가에게 교육 발전의 하나의 롤모델이 되고 있다(Lee, Kim, & Byun, 2012).

한국은 세계적으로 정치, 경제, 사회 제도뿐만 아니라 학문과 예술, 문화의 영역에서 수입하는 국가에서 이제는 한국의 스타일과 한류(韓流)를 세계에 소개하는 국가가 되었다. 이제 한국은 전 세계에 소개된 조선시대의 전통적 궁중음식을 주제로 삼은 드라마 〈대장금〉과 조선의 의학을 소개하는 『동의보감』뿐만 아니라 조선의 철학, 사상, 문화, 교육에서 우리의 전통과 문화를 소개하는 시대에 들어 왔다. 따라서 한국의 역사적 교육 전통과 그 흐름을 정리할 필요가 있다.

이제 한국은 선진국 수준으로의 진입을 목표로 하고 있다(박세일, 2010: 5-21). 교육은 우리나라의 다른 부문의 발전과 보조를 같이 해야 한다. 교육은 한국의 국가경쟁력과 국민의 역량을 높이는 데 크게 기여해야 할 것이다. 그러나 우리 교육은 지나친 진학 경쟁과 높은 과외비 부담, 그리고 자녀 양육의 부담으로 삶의 질과 국민복지의 개선을 제약하는 '사회발전 제약 요인'의 하나로 지적되고 있다.

한국교육의 과제는 한국 사회의 문제와 밀접하게 연결되어 있다. 한국의 발전과정에서 제기되는 사회적 쟁점과 국가의 과제에 대응하는 교육정책이 논의 · 설계되어야 할 것이다. 다음과 같은 것들이 국가적 과제가 될 것이다.

- 경제와 사회에서의 양극화 문제
- 출산율 저하와 초고령화 사회 문제
- 청년실업 문제
- 남북관계와 통일 문제

교육은 우리나라 정치, 경제, 사회, 문화 그리고 남북통일의 문제와 연결된다. 교육정책은 인간교육을 통해 사회의 인적 기반구조(infrastructure)를 구축하는 핵심적 역할과 기능을 수행한다. 이러한 과제에 대응하는 교육의 방향, 우선순위, 역할, 과제를 설계함으로써 교육정책은 그 외연에서 중요한 의의(意義)를 제기할 수 있다.

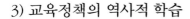

3) 교육정책의 역사적 학습

교육정책의 형성, 결정 그리고 집행 과정에서 터득한 역사적 학습이 있다. 여기서는 정책에 대한 기술적 평가보다는 교육정책의 기본 골격을 형성한 생각과 관점, 전략적 접근에 대한 반성적 문제제기를 교육정책의 역사적 학습으로 삼아 검토한다. 이것을 한국교육 60년의 역사 과정에서 우리가 터득한 역사적 학습이라고 규정한다.

한국교육에서 '발전교육론(Development Education)'은 정부의 정책을 형성하는 중요한 전략적 관점 중의 하나다. 발전교육론은 국가발전과 교육의 관계, 교육의 역할과 교육의 산출, 교육제도 운영 원리 등에 관하여 관점을 제시하였다. 정범모는 '발전을 넘어서'와 '발전의 병리'라는 제목으로 발전교육론에 대한 반성적 논의를 제시하였다(Chung, 2010: 79-96). 이 논의에서 정범모는 발전론에 내포되어 있는 경제제일주의(economism), 단기적 관점과 도구주의(instrumentalism), 능력주의(meritocracy), 개발주의 등을 반성해야 할 관점으로 지적하였다.

(1) 경제제일주의

경제제일주의는 발전을 경제 성과 중심으로 편협하게 규정하는 관점이다. 경제적 이득을 위한 개발 논리, 일의 결과만을 중시하는 수단주의, 단기간에 성과를 보려는 단기적 관점 등은 서로 연관되어 있다. 이 관점에서는 교육의 성과를 인력(manpower)으로 보고 교육의 과제를 인력개발로 규정한다. 인력이 1960~1970년대를 주도한 중요한 정책 관점이었다면, 인적자원개발론(human resources development)은 1990년대와 2000년대를 주도한 관점으로 볼 수 있다(김신복, 2012). 이 관점이 교육정책의 설계를 주도할 때 인간교육이나 전인교육 등 교육의 이상은 그 의미를 드러내기가 어렵다. 또한 인간의 지적 성장뿐만 아니라 사회적 · 정서적 · 심미적 성장과 발달을 보는 안목이 제약을 받으며, 교육의 목표와 가치를 보는 관점도 협소해진다.

교육은 교수-학습 자체에 내포된 내재적 가치보다는 외재적 가치를 얻기 위한 수단으로서 의미를 갖는 것처럼 간주된다. 앎의 보람, 학습의 즐거움, 호기심, 열정 등의 교육 가치를 분명하게 깨닫지 못하게 된다. 교육에 대한 경제제일주의에 대한 반성으로 인간교육과 전인교육의 중요성, 교육의 내재적 가치에 대한 재인식을 해야 할 필요가 제기되고 있다. 이제는 인간교육도 인간개발의 효용성에 주목하기보다도 인간 성품과 덕목에 주목하게 되었다.

(2) 단기적 관점

단기적 관점은 단기간에 가시적 성과를 내려고 집착하는 관점이다. 현재 하는 일에 충실하지 못하고 적당히 대충하려 한다. 시간적 차원에서 현재(現在)의 중요성에 대한 인식이 투철하지 못하고, 하는 일 그 자체가 안고 있는 내재적 가치의 중요성을 소홀하게 취급한다. 정범모(2010)는 '역사적 현재 (historic present)'라는 개념으로 현재와 지금 하고 있는 일의 중요성을 지적하였다. 그는 현재에 내포된 역사적 의미와 현재 하고 있는 일에 대한 역사적 평가에 주목할 필요성을 제기하였다. 현재의 역사성을 생각할 때 원칙과 대의에 어긋나게 일을 수행하기 어렵다. 서양에서는 현재(present)는 하늘이 준 선물(present)라는 말이 있고, 동양에서는 진인사 대천명(盡人事 待天命), "지금 최선을 다하고 하늘의 명을 기다린다."는 말을 중히 여긴다.

(3) 업적주의

계급, 집안, 지역, 학벌 등의 소속을 평가의 기준으로 삼는 귀속주의에서 한 단계 발전한 원칙이 업적주의(meritocracy)다. 능력과 업적을 평가의 기준으로 삼는 업적주의는 보다 공평하고 정의로운 사회를 운영하기 위한 원칙으로 볼 수 있다. 그러나 업적주의는 몇 가지 문제를 안고 있다. 교육의 기회균등에서 기회의 배분을 업적주의에 따를 경우, 환경 요인에 의한 보이지 않는

본인 이외의 요인에 의한 불평등이 존재하게 된다. 표면적 평등 속에 이면적 불평등이 작용한다. 실력대로 경쟁하는 업적주의는 과열 경쟁을 유발하고, 그 결과로 양극화 경향을 확대할 가능성이 있다.

(4) 개발주의

개발에 따른 이익에 집착하는 개발주의는 자연환경을 훼손하여 왔다. 개발주의의 관점에 내포된 가치 지향은 다양한 관계에서의 '상호 의존성'을 깊이 고려하지 못한다. 인간과 자연과의 상호 의존적 관계에서 조화와 공존을 생각하기보다는 개발과 착취의 관점을 반영하기 쉽다. 개발주의에 대한 반성은 '더 큰 하나' 안에서의 상호 의존적 공존과 상생의 공동체적 가치관을 제기한다.

2. 한국교육정책의 전개과정

교육정책은 문제에 대한 대응으로 형성된다. 교육정책은 시간의 흐름에 따라 변화한다. 정책의 추진과정에서 어떤 정책은 시대적 사명을 완수하고 사라지기도 하고, 어떤 정책은 중심에서 벗어난 주변 정책으로 그 의의가 축소되기도 한다. 또한 새로운 형태의 정책으로 발전하기도 하고, 교육체제를 움직이는 중요한 기간 정책으로 자리를 잡기도 한다. 교육정책의 전개과정에는 상황의 변화, 상황과 문제를 보는 관점의 변화, 정책의 추진과정에서 얻은 정책학습효과가 반영되어 있다.

한국교육과 교육정책의 전개과정은 한국의 발전단계의 틀 안에서 형성되어 왔다. 1948년 대한민국 정부 수립 이후 교육의 발전 단계를 다음과 같이 4단계로 구분하고 교육정책의 주요 과제를 검토하면 다음과 같다(이종재, 김성렬, 돈 아담스, 2010: 50-52; 이종재, 이차영, 김 용, 송경오, 2011: 308-328).

- 1948~1960: 교육 재건과 초등교육의 완전 취학
- 1960~1980: 중등교육 기회의 확대와 직업교육의 확충
- 1980~1998: 교육의 질적 개선과 고등교육의 확충, 교육 운영체제의 개혁
- 1998~2012: 교육의 재구조화와 자율과 참여의 확대

1) 교육 재건과 초등교육의 완전 취학(1948~1960)

대한민국 정부는 정부 수립과 함께 두 가지 교육과제를 우선적으로 추진하였다. 즉, 학교제도를 세우는 일과 6년제 초등의무교육의 수용능력을 확충하는 일이었다. 학제 설립의 기준으로서 학교에 접근할 수 있는 기회를 확대하고, 학생에게 적합한 교육기회를 제공하며, 세계적 동향과 흐름을 같이할 수 있는 미래 지향적인 발전적 학제를 만들 것 등을 고려하여 6-3-3-4의 기간 학교제도를 수립하였다. 교육에 대한 국민의 열망에 부응하기 위하여 전쟁으로 파괴된 학교 시설을 복구하고 초등의무교육의 완전 취학을 달성하였다. 1950년대의 학교제도의 구축과 초등의무교육의 완전 취학은 한국교육발전의 기초를 확립하였다.

2) 중등교육 기회의 확대와 직업교육의 확충(1960~1980)

이 시기는 한국의 개발 시기로서 경제 도약과 비약적인 경제성장에 따라 교육에 대한 사회적 수요가 폭발적으로 증가하였다. 중등교육 기회를 양적으로 확대하고 균등화해야 할 도전에 직면하였다. 또한 경제개발을 지원하기 위하여 직업교육을 확충하고 과학·기술 인력 교육을 강화하였다. 경제성장의 결과로 교육을 위한 재정 지원을 확대할 수 있었다. 이 기간은 경제성장에 기반하여 교육성장을 이룬 시기라고 볼 수 있다(McGinn, Snodgrass, Kim, & Kim, 1980).

이 시기의 교육기회 확대와 교육의 양적 성장은 1950년대의 초등의무교육의 완성으로부터 시작하여, 1960년대와 1970년대의 중등교육의 확대를 거쳐, 1980년대의 고등교육의 확대로 교육의 양적 성장의 과업을 이룩하였다. 완전 취학을 진학률 90%를 기준으로 규정한다면 초등교육은 1957년에, 중학교 교육은 1979년에, 그리고 고등학교 교육은 1985년에 완전 취학을 완성하였다고 볼 수 있다. 한국의 교육기회 확대는 다음과 같은 특징을 보였다. 이 특징은 한국교육의 양적 확대 전략을 보여 준다.

- 초등교육 완전 취학의 조기 달성
- 교육기회 확대의 상향적·순차적 확대: 한국교육은 초등교육, 중학교교육, 고등학교 교육 그리고 고등교육 순으로 취학 기회를 순차적으로 확대하여 왔다.
- 저비용에 의한 학생수용 확대정책: 초등교육의 완전 취학은 저비용에 의한 학생수용 확대정책으로 가능하였다. 인구가 유입되는 대도시 지역에서는 과밀학급, 2부제와 3부제의 학급 편성으로 취학 대상 학생을 수용하였다.
- 사립학교의 역할: 중등교육의 확대 시기에서는 사립학교가 입학 수요를 상당 부분 수용하였다. 학교 단계가 올라갈수록 사립학교의 학생 수 비중이 증가한다.
- 중학교 무시험 진학제도와 고교평준화정책: 중학교와 고등학교가 서열화되어 있는 상태에서 입학시험에 의한 학생 선발은 입시 위주 교육과 사교육 수요를 유발하였다. 이에 대한 대응으로 입학시험을 폐지하고 추첨에 의한 학교 배정 방식과 학교평준화정책을 시행하였다.
- 법정 재원의 확보: 초·중등교육을 위한 재원을 법으로 규정하여 안정적으로 재원을 확보하는 길을 열었다.

학부모의 교육열이 동인이 되어 이 시기에는 교육기회의 확대와 양적 성장을 이루었다. 중학교 무시험 진학제도와 고교평준화정책으로 진입 장벽을 완화한 것도 중요한 정책동인이 되었다. 경제성장에 따른 국가의 재정규모의 확대는 교육을 지원할 수 있는 안정적 재원을 확보할 수 있게 하였다. 중등교육과 고등교육의 확대는 지속적인 경제 성장과 발전을 위한 인력 공급을 가능하게 하였다. 경제성장과 교육의 양적 확대가 협력적으로 진행되었으며, 이러한 협력관계는 교육의 질적 발전을 도모하는 토대가 되었다(김영화, 2000: 317-354).

3) 교육의 질적 개선 고등교육의 확충과 교육운영체제의 개선 (1980~1998)

이 시기에는 정치적 민주화 도전이 제기되었다. 여당과 야당 간에 평화적으로 정권이 교체되는 중간 과정의 시기이기도 한다. 정치적 민주화에 대한 요구는 교육에서 민주화 과제를 제기하였다. 이 시기에는 학교 운영의 민주화와 자율화, 책무성 요구가 제기되었고, 실질적인 지방교육자치제의 발전을 모색하였다. 교원노조가 합법적으로 출범하였고, 학교운영위원회가 구성되었다. 또한 한국교육의 양적 성장을 넘어서 교육의 질적 발전을 모색한 시기다. 교육성과에 대한 평가체제가 도입되고, 고등교육이 양적으로 확대되기 시작하였다.

(1) 투입 확대를 통한 교육의 질적 개선

초·중등교육의 질적 발전을 위하여 투입의 확대와 교육정보화 지원체제를 구축하고 행정 관리를 통하여 교육의 질적 개선을 추구하였다. 중요한 정책과제는 다음과 같다.

• 학교교육 여건의 개선과 교사 역량개발 지원: 이 시기에 학교교육 여건의

개선을 본격적으로 추진하였다. 교육의 양적 성장기에 증가하였던 교원당 학생 수, 학급당 학생 수, 교사 수업시간 수 등을 크게 축소하여 교육 여건 의 개선을 이룩하였다. 이때부터 공교육 개선의 대장정이 시작되었다고 볼 수 있다. 수업의 질에 직접적으로 영향을 주는 학교교육의 질적 요인 (quality factor) 형성에 중점을 두었다. 교육과정을 주기적으로 개편하였 고, 교원 역량개발을 위하여 초등교원 양성기관인 교육대학의 수업 연한 을 4년으로 상향 조정하였다. 또한 교원의 처우를 개선하기 시작하였다.

- 소요 교육재원을 안정적으로 확보할 수 있는 제도적 여건 마련: 교육기 회 확대 시기의 '저비용에 의한 학생 수용 확대정책'은 교육의 질적 개선 을 위한 재정지원 정책으로 대체되었다. 교육 여건의 개선은 교육재원을 안정적·지속적으로 확보할 수 있었기 때문에 가능하였다. 지방교육양 여금제도와 교육세 제도가 이에 해당한다.

- 교수-학습과정에 교육정보화 지원체제의 구축: 교육학술정보원(KERIS) 를 설립·운영하고, 이에 따라 2000년대에 전국의 학교교육 상황을 정 보망으로 연결하여 운영하는 국가교육정보체제(NEIS)를 구축하게 되었 다. 교실정보화지원사업을 추진하였고, 교육방송(EBS)을 통한 이러닝 시스템을 구축하여 전국적으로 과외방송을 제공하게 되었다.

(2) 교육의 질 개선을 위한 행정통제

① 교육의 질 개선을 위한 '행정적 통제'

한국교육은 중앙집권적 교육행정체제를 통하여 운영되어 왔다. 지역 간에 경제적·문화적 격차가 있는 상황에서 중앙의 행정통제를 통하여 전국적으 로 균등한 수준의 교육여건을 조성할 수 있었다. 중요한 교육문제 그리고 정 책적 이슈들에 대하여 정부 차원에서 즉각적으로 대응할 수 있는 정치적 대 응을 할 수 있었다. 그러나 교육의 질적 과제에 대한 행정적 대응은 교육의 획일화, 타율적 운영체제, 책무성의 약화 등의 문제를 남겼다.

② 대통령 자문 교육개혁위원회 운영

교육의 과제를 행정적으로 관리·통제하는 방식을 넘어서 교육을 중요한 국정 과제로 추진하기 위하여 '교육에 관한 대통령자문위원회'를 설치, 운영하였다. 1980년대의 '교육개혁심의회'와 '교육정책자문회의'는 교육정책의 개발과 심의과정에서 우리 사회의 폭넓은 참여와 전문적 검토, 공론화 과정을 제도화한 계기를 이루었다. 1990년대의 문민정부의 '교육개혁위원회'는 1995년에 5·31 교육개혁안을 제시하였다.

'5·31 교육개혁안'은 학습자 중심 교육, 교육의 다양화, 학교 운영의 자율화와 책무성, 자유와 평등이 조화된 교육, 교육의 정보화, 질 높은 교육을 새로운 교육체제의 특징으로 규정하였다. 교육체제의 운영 방법으로 자율성, 책무성, 평가기제의 활용을 제안하였다. 세계화의 흐름에서 지식정보 사회로의 이행을 전망하며 '교육체제를 운영하기 위한 새로운 틀'을 제시하였다는 평가를 받는다. 이 교육개혁안은 국민의 정부와 참여정부에서도 교육정책의 청사진으로 활용되었다. 그러나 교육정책과 주요 사업을 추진하는 과정에서 교육개혁의 핵심가치와 정책 방향, 전략적 접근 등의 교육개혁의 정체성이 흐릿해졌다.

③ 평준화 체제의 유지

교육의 개선을 위한 행정적 관리체제에서 평준화 체제를 계속 유지하였다. 평준화 정책에 대한 찬반론의 대립 속에서, 정부는 평준화 정책의 기본 방침은 유지하되 보완을 위한 과제는 추진한다는 입장이었다. 평준화 정책은 교육의 다양성과 학교 선택에 대한 요구와 갈등을 빚는다. 그러나 평준화 정책의 해체는 고등학교 진학을 위한 입시경쟁의 부활과 사교육 조장을 초래할 것이기 때문에 이 정책을 포기하기도 어렵다. 대학입시를 지향하는 일부 특수목적 고등학교의 비정상적 교육과정 운영과 대학입시에서의 성적을 중심으로 하는 학생 선발로 평준화의 기본 취지가 퇴색하여 왔다. 고교평준화정책에서 관련된 정책들이 정책의 취지를 살리는 방향으로 서로 유기적으로 연결되지 못할 때 평준화 교육정책의 정합성이 훼손된다. 이 문제는 2014년 교육감 선거 이후 진보 성향의 교육감과 교육부 간의 자율형사립고 체제에 대한 정책 대결의 양상으로 전개되었다.

④ 교육성과 평가체제의 운영

1990년대 이후에 교육의 질적 수준을 평가하고 그 결과에 따라 보상을 차등화하는 '질 관리 방식'을 적용하였다. 학교평가, 시·도 교육청 평가, 대학평가, 교육개혁평가사업 등이 이에 해당한다. 교육부가 주관하는 교육기관 평가에서 실적에 의한 객관적 자료 평가보다는 기준을 설정하고 기준 부합 여부에 대한 위원회의 평가 방식을 적용하기 때문에 평가의 임의성이 높고, 평가를 통한 개선의 과제를 설정하기 어려운 점이 있다. 평가를 통한 교육의 질 관리 방식은 종전의 '투입과정'에 대한 행정감사적 통제보다는 개선되었으나, 평가에 의한 교육의 질 관리 제도로서는 질적 개선을 이루는 데 한계가 있다. 교육성과 평가체제는 2000년 이후 평가지표에 의한 질 관리체제로 이행되었다.

교육산출 성과에 대한 15세 학생에 대한 OECD의 PISA와 8학년을 대상으로 한 국제학력평가연구의 TIMMS 등의 국제적 평가에서 한국 학생들이 높은 학업성취도를 보임으로써 한국교육에 대한 세계의 관심을 받게 되었다. 학업성취 수준에 대한 국제적 평가는 한국교육에 대한 세계의 인식을 개선하는 계기를 마련하였다. 그러나 한국학생들은 학습에 대한 관심, 자신감, 동기 등의 정의적 태도에서 매우 열악한 수준을 보임으로써 학업성취의 어두운 측면을 보이고 있다. 교육의 질적 수준을 개선하기 위한 정부 주도의 행정 통제 방식과 재정 지원은 교육의 질적 수준을 개선하는 효과도 이룩하였으나, 교육에 대한 타율적 규제와 관리라는 빛과 그림자를 내포하게 되었다.

4) 교육의 재구조화: 자율과 책무(1998~2012)

1998년 이후부터 2012년까지는 새로운 변화를 모색하는 재구조화의 도전에 대응하여 온 시기다. 1997년의 금융위기를 극복하고, 사회 경제 모든 면에서 한국의 국제 경쟁력을 확보하고 지식기반 경제로의 변환을 모색하는 '재구조화'의 도전에 대응해 온 시기다. 정치적으로는 야당이 집권하여 '국민의 정부'와 '참여정부'가 2000년대 전반의 10년 동안을 이끌어 왔고 2008년 이후 정권교체로 '이명박 정부'가 교육개혁에 새로운 접근을 전개하였다. 문민정부 이후 참여정부에 이르기까지 5·31 교육개혁의 '수요자 중심주의, 시장통제'에 입각한 교육개혁의 추진은 비판의 대상이 되어 왔다. 5·31 교육개혁이 추진 전략으로 삼은 신자유주의 교육개혁에 대한 접근은 교육의 양극화 현상을 심화하고 국민 통합을 저해할 수 있다는 비판이 대표적인 문제로 제기되었다(신현석, 2005: 44-45).

교육 부문에서도 '재구조화'를 위한 몇 가지 도전을 받게 되었다. 김영삼 대통령의 문민정부에서는 세계화 추세 속에서 '교육에서의 국제경쟁력'을 생각하게 되었고, 김대중 대통령의 국민의 정부에서는 지식기반 사회에 적합한 교육 성취로서의 '역량개발'과 '평생학습'이 중요한 과제로 제기되었다. 인적자원의 개발이 다시 강조되었고, 국가의 인적자원 개발 차원에서 고등교육의 개혁을 중요 과제로 설정하여 추진하였다(김신복, 2012). 이명박 정부에서는 교육에서 다양화와 특성화가 중요한 과제로 대두되었고, 이를 위한 자율과 책무에 기반을 둔 교육기관의 운영체제가 제도 개혁의 과제로 등장하였다. 재구조화를 위한 방법론에 대한 문제도 제기되었다. 사립대학의 구조개혁 사업이나 고등교육 개혁을 위한 재정지원 정책이 관료적 통제 관리 방식에 의존함으로써 의미 있는 구조 개혁의 성과를 내는 데 미흡하고(신현석, 2009:

185-185), 획일적으로 평가 기준을 적용하여 대학에 대한 재정 지원을 함으로
써 대학의 자율적 조정 기능을 훼손하였다(신재철, 2007: 7).

(1) 교육의 재구조화 동인

교육의 외적 도전과 교육 내적인 과제가 교육의 재구조화를 요구하는 중요
한 맥락을 형성하였다. 중요한 동인으로서 첫째, 세계화 추세와 이와 관련된
사회변화다. 1998년의 금융위기 이후 국제경쟁력에 대한 요구, 정보화와 지
식기반 사회로의 이행은 학교교육에서 적합한 학업성취에 대한 문제를 제기
하였다. 평생학습시대의 도래는 학교교육의 역할과 기능에 대하여 재조정을
요구하였다. 이 시기에 '국가인적자원의 개발' '역량개발' '창의력개발' '인
성함양' 'global 인재육성' 등이 교육정책의 중요한 성취 목표로 대두하였다.
고등교육의 연구역량, 취업률로 측정하는 인재육성을 위한 고등교육의 개혁
을 요구하였다. 세계화의 추세 속에서 교육개혁에 대한 문제도 제기되었다. 세
계화 담론에 의거하여 교육개혁에 시장원리를 도입하는 신자유주의 교육개혁
방향은 교육의 불평등을 심화시킬 것이라는 우려가 제기되었다. 국가경쟁력
강화도 교육의 본질을 훼손할 가능성이 많다고 우려한다(김용일, 1997: 283).

둘째, 사회양극화 현상이 심화됨에 따라 사회통합과 복지에 대한 요구가
제기되었다. 이러한 요구는 교육에서는 '교육약자'에 대한 배려와 돌봄을 요
구하였다. 이 문제제기는 참여정부의 교육에서의 복지를 위한 정책과제로 처
음 제기되었다. 또한 한국사회가 '저출산 고령화사회'로 이동함으로써 저출
산으로 인한 학령인구의 감소와 학생 수의 감소는 고등교육의 구조조정을 요
구한다.

셋째, 방과 후의 학원과외 등의 사교육은 이제 공교육과 병행하여 학교교
육의 보충교육 기능과 시험준비를 하는 선행학습 기능을 수행할 정도로 성장
하였다. 학교교육보다 사교육에 더욱 의지하게 될 때 학교교육은 활력을 잃
고 교육력이 훼손되었다. 사교육의 제도화 경향은 더욱 심화되었다(이종재

외, 2010). 특히 2000년에 학원과외에 대한 규제가 법적 효력을 상실한 이후 학원과외에 대한 대응책으로서 정부는 공교육 내실화를 추진하였다. 사교육 수요의 억제와 사교육 효과의 감소에 대한 기여도는 정부의 교육정책 개발의 주요 기준이 되었다.

정부별로 정책변동의 중요한 계기는 정권교체에 따른 정치적 요인이었다. 선거에 의한 정권교체가 새로운 정책의 설계와 추진의 계기를 제공하였다. 정권의 특성에 따라서 사립고등학교 자율화정책이 달라졌고, 의회 지배 세력의 변경에 따라서 「사립학교법」의 제정이 달라졌다. 교육 재구조화 시기의 역대 정부별로 교육재구조화를 위한 중요한 정책대응을 살펴보면 다음과 같다.

(2) 문민정부(1993~1997)

김영삼 대통령의 문민정부는 '신한국의 창조'라는 국정지표 아래 도덕성과 전문성의 조화를 이루는 '신한국인 상'을 교육비전으로 설정하고 인간교육, 개별화교육, 과학기술교육진흥, 자율과 책무성 제고, 질 높은 교육기반 조성을 교육정책의 추진방향으로 설정하였다.

유아교육의 공교육화 기반을 확충하고, 학교운영위원회의 운영, 열린교육의 확산을 시도하였다. 학교교육의 다양화와 자율화를 추진하였고, 교육재정 지원의 확대를 추진하였다. 고등교육에서는 대학 운영의 자율화, 다양화, 특성화, 대학평가체제의 구축, 연구비 지원의 확대 등을 추진하였다. 교육에서 문민정부의 가장 주요한 성과로서 교육개혁위원회의 '5·31 교육개혁안'의 수립을 들 수 있다. 5·31 교육개혁안은 교육 재구조화 시기의 교육정책의 골격을 형성하였다. 5·31 교육개혁과 관련하여 법제를 정비한 것이 교육개혁안의 제도화에 크게 기여하였다.

(3) 국민의 정부(1998~2002)

국민의 정부는 '민주주의와 시장경제의 발전'을 정책기조로 삼고, 교육비전을 '사람다운 사람을 기르는 교육, 지식정보화 사회 교육, 국민의 고통을 덜어 주는 교육'으로 삼았다. 이를 위한 교육정책의 추진방향으로, 지식 위주의 교육에서 사람교육으로, 획일화된 교육에서 교육의 자율화·다양화·특성화된 교육으로, 공급자 중심에서 수요자 중심으로, 열린 평생교육, 학벌 중시에서 능력 중시 교육으로, 양적 확대보다는 질 높은 교육을 교육정책의 틀로 새롭게 설정하였다. 5·31 교육개혁안을 교육정책의 근간으로 삼되, 교육개혁의 추진에서 현장 중심의 민간 참여를 확대하여 '시민운동'과 접목하는 교육개혁을 '공동체적'으로 접근하려고 시도하였다. 이를 위하여 대통령자문위원회로 '새교육공동체위원회'를 구성하여 운영하였다. 국민의 정부 후반기에는 '국가인적자원위원회'를 구성하여 효율적인 국가 인적 자원 개발 체제의 구축을 시도하였다(김신복, 2012). 교육부의 명칭을 교육인적자원부로 개칭하였다.

2000년 4월에는 과외교습을 금지한 규정이 위헌판결을 받으면서 재학생의 학원 수강의 문호가 열려 공교육과 학원과외 간의 경쟁이 일어나게 되었다. 학원의 선행학습과 재학생의 과외수강으로 '학교붕괴론'이 대두되었다. 국민의 정부의 교육 재구조화를 위한 시도는 초·중등학교 교육에서 '새 학교 문화창조계획' '교직발전계획' 그리고 '교육발전5개년계획'으로 제시되었다. '새 학교 문화창조계획'은 학교교육과 학습을 혁신하기 위한 정책으로 구성되었다. 중요한 내용은 다음과 같다.

- 자기주도적 학습능력, 창의성 신장, 인성교육을 지향하는 열린교육의 추구
- 학습활동과 평가활동의 다양화
- 자율과 참여의 학교 공동체 운영
- 새로운 대학입학제도(수행평가와 학교생활기록부의 반영, 교장추천제와 연계)
- 교원 전문성의 향상을 지향하는 교원연수와 인사관리 등이다.

1998년 11월에는 교원노조를 합법화하였고, 교원노조에 단체교섭권을 부여하였다. 정부 차원의 금융위기에 대한 대응책으로서 1999년 1월에 교원정년을 65세에서 62세로 단축하였다. 수요자 중심 교육론, 이에 따른 교원성과급제 도입을 시도함으로써 교육개혁의 경제 논리와 교육 전문성을 존중하는 교육논리 간의 갈등이 표출되었다. 교직사회의 전문화와 안정을 기하기 위하여 2001년에 '교직발전 5개년' 계획이 수립되었다.

1999년에는 창조적 지식국가 건설을 위한 '교육발전5개년 계획'을 수립하였다. 특성화 고등학교를 최초로 개교하고, 대학의 연구와 교육을 지원하기 위한 'BK 21 사업'(Brain Korea 대학원 연구역량 강화 지원사업)을 추진하였다. 이로서 대학의 연구와 교육을 지원하는 재정 지원사업의 중요한 틀을 형성하였다. 특성화 고등학교와 BK 21 사업은 이후 정부에서 발전적으로 계승, 확대되었다.

국민의 정부의 교육정책은 몇가지 중요한 특징을 보인다(신현석, 2005: 19-50). 첫째, 5·31 교육개혁의 방향을 추진하는 새로운 접근을 시도하였다. 교육개혁의 추진에서 자율, 경쟁, 시장통제 활용을 중심으로 하는 '신자유주의 정책논리'를 도입하였고, 여기에 현장 중심의 상향식 접근과 시민사회의 참여를 도입하였다. 소비자 중심의 시장통제의 맥락에서 교육의 산출목표로서 지식기반 사회형 인적 자원의 개발을 설정하였다. 둘째, 일부 정책은 정책 구상의 혁신적 요소에도 불구하고 제대로 실천되지 못한 경우가 있다. '새학교문화창조'가 여기에 해당한다. 실천과정의 부진으로 정책 구상 자체가 정책으로 발전하지 못하고 소멸하였다. 이에 비하여 BK 21 사업은 이후 정부의 대학정책의 한 모형을 제시하였다. 셋째, 정책의 형성과정에서 이념적, 지역 간, 계층 간 갈등이 표출되기 시작하였다. 교육의 수월성과 평등성, 정책 추진에서 '신자유주의'와 공동체주의, 책무에 대한 시장통제와 공공성 평가 간의 갈등이 표출되었다. 이념적 갈등, 집단 간 갈등 그리고 수도권과 지방 간의 지역 간 이해관계의 갈등이 표출되었다. 정책의 사회적 통합기능에 대한 요구가 제기되는 시기였다.

(4) 참여정부(2003~2007)

참여정부는 국민의 정부의 교육정책을 승계하되 정책의 우선순위를 달리 반영하였다. 5·31 교육개혁의 큰 방향을 전제하되, 정책의 형성과정과 목표설정에서 소외계층의 참여와 배려를 반영하려고 노력하였다. 특히 지방의 균형발전을 위하여 수도권에 소재한 공공기관의 지방이전과 지방대학의 발전을 지원하는 지방대학 육성사업(NURI)을 개발하였다. 초·중등교육에서는 평등과 공공성을 정책의 목표로 하되 고등교육에서는 수월성과 경쟁의 원리를 반영하려고 시도하였다. 인적 자원의 개발과 평생학습사회의 구현, 그리고 교육격차 해소를 통한 사회통합을 위한 교육정책을 전개하였다(교육인적자원부, 2006).

초·중등교육 분야에서는 사교육에 대한 의존과 사교육의 영향력을 축소하기 위하여 공교육의 신뢰를 회복하는 데 정책의 중점을 두었다. 먼저, 평준화정책의 기조를 유지하면서 학교교육의 수월성을 강화하려고 하였다. 교육의 다양화 맥락에서 특성화 고등학교의 확대와 개방형 자율학교를 운영하였다. 교육의 수월성을 위해서는 수월성 학교를 강조하기보다는 수준별 이동수업, AP제도, 영재교육 강화 등으로 '수월성교육'을 강화하려고 하였다. 둘째, 2004년에 중학교 무상의무교육을 완성하였고, 공교육의 여건을 지속적으로 개선하였다. 셋째, 사교육비 경감을 지원하는 차원에서 방과후학교, EBS 수능강의 확대, 2008년 대입제도의 개선을 추진하였다. 공교육을 지원하는 차원에서 성적 부풀리기를 방지하는 생활기록부 반영을 확대하고 수능시험에 등급을 도입하고 특별전형을 활성화하는 것을 골자로 하는 '2008년도 대학입학제도' 개선을 추진하였다. 넷째, 교원의 전문성 제고를 위한 교장초빙공모제와 능력 중심의 교원인사제도의 개선을 추진하였다.

사회안전망 구축사업은 1998년 국민의 정부에서부터 시작하였다. 참여정부는 이 연장선에서 사회통합정책의 일환으로 교육격차를 해소하는 정책을 추진하였다. 2003년부터 '교육복지투자우선지역사업'을 시범적으로 시행하였다. 복합적 장애 상황에 있는 학생의 안전과 학습을 위하여 장애학생을 위한 '특수교육5개년계획'을 수립하여 추진하였다. 장애인, 새터민, 660만 명에 이르는 중학교 졸업 미만자, 학업 중단 청소년 등의 교육 소외계층에 대한 교육지원과 저소득계층에 대한 재정지원사업을 전개하였다. 취학 전부터 대학교육까지 저소득계층에 대한 재정지원체제를 갖추었다. 낙후지역의 교육을 지원하기 위하여 농산어촌에 우수학교를 지정하여 운영하도록 하였다.

고등교육은 대학의 특성화를 통한 국제경쟁력을 강화할 수 있는 구조개혁과 지역 균형발전을 위한 지방대학 육성을 지원하였다. 대학의 구조개혁을 추진하고, 제2단계 BK 21 사업을 통하여 세계적 수준의 연구역량의 구축을 지원하였다. 지역혁신을 선도하는 NURI 사업, 산학협력을 강화하기 위한 재정 지원사업을 전개하였다. 참여정부에서도 국민의 정부에 이어서 정부차원에서 인적자원 개발정책을 추진하였다. 평생학습의 맥락에서 인적자원 개발 문제를 접근하였다. 인적자원 개발계획을 수립하였고, 평생학습도시사업과 역량개발형 열린직업 교육체제의 구축, 군 인적자원 개발사업을 추진하였다 (교육인적자원부, 2006).

(5) 이명박 정부(2008~2012)

이명박 정부에서는 '인재대국' '세계적 수준의 우수인재육성'을 정책의 비전으로 설정하고, 5·31 교육개혁 방향에 따라서 수요자 중심의 '시장에서의 경쟁'을 강조하는 신자유주의적 교육정책을 추진하였다. 교육에서의 다양화와 특성화를 추구하기 위하여 교육기관의 운영에서 자율과 책무의 원칙을 강조하였다. 그러나 정책의 추진은 교육과학기술부가 주도하였다. 평가기준의 설정을 포함하여 행정 주도로 성과에 따른 차등지원 방식을 적용하였다. 교육복지 기반을 확충하기 위하여 기초학력의 향상, 저소득층과 교육소외계층에 대한 지원, 맞춤형 국가장학제도 구축, 전 국민의 평생학습 활성화 등의 정책을 추진하였다(서정화, 2009: 485).

　이명박 정부 전반기에는 학교교육의 자율성과 다양성을 확대하는 데 정책의 중점을 두었다. 학교운영의 자율화정책의 추진, 고등학교 다양화 정책의 추진, 학교선택권의 확대, 교육기관의 평가와 정보공시제 등이 이에 해당한다. 고등학교 다양화 정책으로 이전 정부에서 추진하여 왔던 학교의 유형을 더욱 다양하게 발전시켰다. 마이스터 고등학교가 새롭게 등장하였고, 농산어촌 우수학교는 '농산어촌 기숙형 고등학교'로 발전하였다. 자율형 사립고등학교에 이어 자율형 공립학교를 설정하여 자율운영 학교가 많이 등장하였다. 시·도 교육청 평가가 계속되었고, 전국적으로 학업성취도 평가가 시행되었다. 학교별로 그 성취수준에 대한 평가결과가 공개되었다. 다양한 고등학교 유형의 등장은 고등학교의 서열화 가능성에 대한 우려를 제기하였다(이종재, 김성렬, Don Adams, 2010: 92). 공교육의 내실화 강화를 지원하기 위하여 참여정부부터 시도하였던 입학사정관제를 확대하였다. 대학입학에서 시험성적 중심의 경직된 학생선발에서 벗어나 소질과 적성을 고려한 '전형'의 입학사정관제 선발방식을 확대하였다. 사교육비 절감을 위하여 방과후학교, EBS 수능강의, 교육기부 프로그램을 운영하였다.

　이명박 정부 후반기에는 고등교육의 구조개혁에 중점을 두었다. 고등교육의 재구조화는 고등교육의 국제경쟁력 강화와 교육기관의 특성화에 중점을 두었다. 고등교육기관들이 자율적 경쟁을 통하여 국제경쟁력을 강화해 가도록 정책적으로 유도하였다. BK 21에 이어서 '학부교육선도대학(ACE)사업' '세계수준의 연구중심대학 육성사업(WCU)' 등의 다양한 고등교육 재정지원사업을 추진하였다. 지표달성 수준에 의한 재정지원 방식(formular funding)을 도입하여 재정지원을 주요 고등교육 정책목표와 연계하여 고등교육의 재구조화를 추진하였다. 대학재정 지원방식에 의한 통제기제를 통하여 학령인구 감소에 대한 대비, 부실대학의 정비, 국립대학교의 총장직선제를 공모제로 전환하는 지배구조 개혁과 책임경영 목표제 도입 등의 정책목표를 추진하였다. 국립대학교의 법인화를 개별법으로 추진하였고, 이에 따라 서울대학교가 법인으로 전환하여 운영하게 되었다.

교육복지의 확대를 위하여 유아교육누리과정, 안전한 학교 만들기, 사교육비 경감대책 및 대학등록금 부담완화 등 관련 정책을 개발 추진하였다. 만 5세 아동에 대한 보육과 교육을 국가가 책임지는 '5세누리과정'으로 5세 교육의 공교육화를 실현하였다. 학교폭력의 근절과 예방을 위한 대책을 법제화하였다. 한국장학재단을 설립하여 저소득계층에 대한 국가장학금제도를 운영하였다.

3. 주요 교육정책의 흐름

앞에서는 한국교육의 발전 단계를 검토하였고, 교육의 재구조화 시기의 최근 20년 동안의 역대 정부별로 주요 역점 교육정책을 개관하였다. 여기서는 한국교육정책의 흐름을 취학기회의 확대(access), 교육의 질 개선(quality), 교육에서의 성취목표(outcomes), 교육행정의 변화(governance) 그리고 교육정책에 대한 기본 관점의 변화(perspectives)를 중심으로 살펴본다. 주요 교육정책의 흐름은 한국교육이 추구해야 할 방향을 시사하고 있는지 살펴볼 필요가 있다.

1) 교육기회의 확대

교육기회의 확대과정은 한국교육의 가장 독특한 발전 형식을 보여 주었다. 이 과정에서 교육기회 확대정책의 중점이 이동하였다. 교육기회의 양적 확대에서 시작하여 교육기회의 배분으로 이행한 중요한 특징을 보면 다음과 같다.

(1) 상향식 순차적 양적 확대

'상향식 순차적 양적 확대' 과정을 거쳐 왔다. 교육기회의 확대는 양적인 확대로부터 시작하였다. 초등의무교육의 완전 취학부터 시작하여 중등교육의 확대에 이어 고등교육을 확대하였다. 고등교육의 확대 이후에 유아교육의 공교육화와 평생학습 기회를 확대하였다. 교육의 상향식 순차적 양적 확대과정은 한국의 경제성장 과정과 대응하여 확대하여 왔다는 평가를 받는다(김영화, 2000: 317-354). 초등교육의 완전 취학과 중등교육의 확대에서 교육의 질적 수준의 희생 위에 교육기회의 양적 확대를 시도한 '저비용에 의한 학생수용 확대 정책(low cost approach)'으로 취학 기회를 확대하였다. 이 과정에서 사립학교의 역할과 기여가 컸다.

(2) 평준화 접근

입학경쟁과 입시위주 교육을 완화하기 위하여 중학교 무시험 진학제도와 고등학교 평준화정책(학생, 교사, 재정, 사학에 대한 정책 등)을 추진하였다. 평준화정책은 교육정책의 근간이 되는 정책으로 추진하여 왔다. 고등학교의 서열화에 대하여 평준화정책으로 대응하여 왔다. 평준화정책은 평등과 수월성 간에 정부의 교육정책의 이념적 지향을 가름하는 리트머스 시험지 같은 기능을 하여 왔다.

(3) 대학입학자 선발에서 배려 반영

대학입학 선발을 제도화하는 과정에서 초기에는 부정입학을 방지하기 위한 '시험에 의한' 선발의 공정성을 중시하였다. 이후 대입선발제도는 선발의 적합성을 지향하는 방향으로 제도 개선을 해 왔다. 학업적성을 나타내는 수학능력을 측정하기 위한 학력고사, 수학능력시험, 내신성적 등의 시험과 시험의 활용 방법을 발전시키는 방향으로 제도개선을 시도하여 왔다. 선발의 객관성과 타당성 논리가 공정성의 기준이 되었다.

공정한 선발방법으로 시험제도를 세웠고, 시험성적이 공정한 선발기준이 되었다. 공정성의 기준으로서 능력과 학업적성을 설정하였다. 학생선발에서 자유주의 평등론과 업적을 강조하는 업적에 기초한 효율주의를 반영하였다. 이 결과로 입시위주 교육과 과외의 사교육에 대한 수요가 증가하였고, 공교육을 위협할 정도로 학원과외가 성행하게 되었다. 학원과외에 대한 행정적 규제가 위헌판결을 받았다. 능력을 기준으로 하는 선발의 공정성의 한계를 인식하게 되었다. 이에 대한 대응으로 '대학입학시험제도'에서 학생선발의 다양한 요소를 반영하는 '대학입학전형제도'로 변화하게 되었다. 선발기준에도 효율의 기준뿐만 아니라 차등적 보상의 원칙을 반영하는 다양한 기준을 고려하게 되었다. 지역균형 선발기준, 고교장추천 입학기준, 저소득계층에 대한 배려 등이 이에 해당한다. 대학입학선발제도는 제도로서 적합한 선발기준을 설정하고 기준 간에 적합한 균형과 조화를 이룰 필요가 있다. 학생 구성의 다양성, 학업성취 가능성, 교육약자에 대한 배려의 원칙, 공교육의 정상화에 대한 기여 등의 기준을 고려할 필요가 있다.

(4) 사교육에 대한 규제로부터 '국가과외'로의 지원

사교육 수요 억제는 우리나라 교육정책의 중요한 기준의 하나였다. 사교육 수요를 유발하는 정책은 교육정책으로 채택되기 어려웠다. 과외에 대한 가장 강력한 규제는 1980년의 '7·30 교육대책'이었다. 과외에 대한 규제와 처벌까지 대책으로 포함하였다.

1990년대 후반 이후 사교육에 대한 정부의 대책은 공교육의 강화와 교육약자에 대한 보충과외교육을 지원하는 것으로 그 방향을 수정하였다(이종재 외, 2010: 403-436). 초등학교에서의 방과후학교 프로그램을 지원하고, EBS 수능과외방송을 제공하고, EBS 수능방송과 수능의 연계 출제율 70% 유지, 대학생의 학업지도 지원(mentoring services) 등으로 정부가 지원하는 소위 '국가과외' 시대를 열었다(한준상, 2005: 293-300). 공교육 강화를 위해서는 학교의 혁

신과 대입제도의 적합성 개선이 핵심 정책과제가 될 것으로 보인다.

(5) 새로운 도전

교육기회의 확대는 초등교육에서 고등교육에 이르기까지 확대되었다. 취학률을 기준으로 본다면 한국의 취학율은 OECD 국가 중에서도 상위에 속한다. 이제 유아교육의 공교육화도 이루어졌고 평생학습 기회도 확대되고 있다.

교육의 기회는 평등성 면에서 학교 간 격차는 축소되어 왔다. 초등학교와 중학교 교육에서 최소필수의 학업성취 수준을 보장하는 수준 높은 기초교육과 장래의 진로를 개척하는 데 도움이 될 수 있는 다양한 학습기회를 제공하는 중등교육으로 발전시키는 과제를 안고 있다. 중등교육의 다양화와 고등교육의 특성화가 수직적 서열화를 이루지 않고 각각의 개성을 들어내는 수평적 다양화를 지향할 수 있느냐가 중요한 관건이 될 것으로 전망된다. 평생학습을 통하여 학습하는 사회의 구축도 중요한 과제로 제기된다.

2) 교육의 질

교육의 양적 확대와 성장 이후에 한국교육은 학교교육의 질적 수준을 개선하는 과제를 추진하였다. 교육의 질은 다양한 의미를 갖는다(Acedo, Adams & Popa, 2012). 한국교육에서 교육의 질적 개선을 위한 정책은 물적 여건의 개선에서 시작하여 교육의 질적 조건을 결정하는 교사의 역량강화, 교육 내용의 개편 그리고 학교혁신으로 이어졌다.

(1) 학교교육의 여건 개선

먼저 학교교육의 여건을 개선하기 위하여 학급의 규모를 축소하고 교사당 학생 수를 감축하였다. 1980년대 이후부터 여건 개선을 위한 재정지원으로 학교교육의 여건이 크게 개선되었다. 국민의 정부 시기에 학교교육의 여건을 획기적으로 개선하였다.

(2) 교육성과에 대한 평가체제 도입

교육성과에 대한 평가체제를 도입하였다. 초·중등교육 분야에서는 시·도 교육청 평가에 이어서, 학교평가를 시작하였다. 행정적으로 평가기준을 설정하고 위원회를 구성하여 평가하는 방식이다. 평가 결과에 따라서 차등적으로 보상하는 체제를 운영하였다. 평가체제를 도입하면서 교육의 성과에 대한 개념 규정과 그 측정에 관심을 경주하기 시작하였다. 점차로 실적을 반영하는 평가기준을 반영하였다. 교사에 대한 평가도 도입하였다.

대학평가도 도입되었다. 초·중등교육과는 달리 대학에서는 비교적 객관적인 업적평가 기준을 적용할 수 있었다. 교수의 업적평가에서 학술지에 게재된 논문을 연구실적으로 활용함으로써 대학의 연구와 교육에서 평가의 제도화를 구축할 수 있었다. 대학에 대한 평가도 평가기준에 문제가 있으나 실적을 반영하는 평가기준에 따라 평가하고 그 결과에 기초하여 재정지원을 함으로써 한국 대학은 국제적 대학서열평가에서 그 서열을 획기적으로 개선하게 되었다. 우리나라 고등교육기관의 국제경쟁력도 올라가고 국제대학평가체제의 도입으로 우리나라 대학은 경쟁적으로 그 질적 수준의 향상을 위해서 노력하게 되었다.

(3) 교육의 질적 요인에 대한 투자와 질관리체제의 운영

교육의 질적 요인(quality factors)은 교사의 전문성, 열성, 헌신, 책임감이다. 교사의 질을 개선하기 위하여 교사양성을 위한 교육대학의 연한을 4년으로 연장하고 교직의 전문성을 지원하는 방향으로 교원인사제도의 개선을 지속적으로 추진하면서 교직구조를 개편하여 왔다. 교육과정도 주기적으로 개편하여 왔고 필요시 수시 개편체제를 갖추었다.

(4) 새로운 도전

평준화 접근이 실질적으로 해체되어 가고 학교유형이 서열화되는 경향을 보였다. 학교평준화 정책 이후에 특수목적 고등학교 설립으로 학교 유형에서 새로운 학교 서열화가 형성되었다. 1990년대 후반 국민의 정부와 참여정부는 고교평준화정책의 근간을 유지하려고 노력하였다. 이명박 정부는 고등학교 다양화 정책으로 자율형고등학교, 자립형사립고등학교의 확대, 특성화 고등학교의 설립 등을 추진하였다. 이 과정에서 학교의 유형에서 수직적 서열화가 형성되었다. 평준화정책이 실질적으로 약화된 이후에 학교 유형의 다양화가 학교 유형의 수직적 서열화로 가지 않고 수평적 특성화로 갈 가능성이 중등교육의 속성을 결정하는 중요한 관건이 된다. 이 맥락에서 학교 유형의 수평적 다양화를 위하여 비선호 일반고등학교에 대한 지원정책이 필요하다(박선환 외, 2013: 68).

학교와 교사에 대한 평가는 필요한데, 적합한 평가의 틀을 구안하는 것이 중요한 과제로 등장한다. 송경오(2009)는 공교육체제의 발전을 위해서는 역량강화형 성과평가정책이 효과적임을 PISA 자료를 분석하여 제시하였다. 또한 송경오와 정지선(2011)은 공교육 발전을 위해서는 성과 중심의 책무성 전략보다는 교사의 자율성을 보장하는 방향에서 책무성을 평가하는 방식이 적합한 것으로 제안하였다.

학교교육에서 좋은 학교를 만드는 학교혁신이 주요 과제로 등장하였다. 좋은 학교를 규정하는 관점에 따라서 학교의 이상적인 모습을 달라질 수 있다. 국민의 정부에서 '새 학교문화창조' 사업을 추진하였으나 소기의 성과를 거두지 못하였다. 학생을 보살피며, 꿈을 키워 주고 학습의 동기를 부여하는 학교, 함께 도와주며 노력하는 공동체적 배려의 문화가 중요한 요소가 될 수 있다. 학교의 자율화는 학교혁신과 연결될 수 있다. 한국교육에는 오산학교(이종재, 2010)의 전통이 있고, 최근에는 이우학교 등의 대안학교에서 새로운 학교의 가능성을 실험하고 있다. 평가체제의 타당성을 높일 수 있는 평가체제의 혁신이 필요하다.

3) 교육의 성취목표

(1) 인력과 진학 중심의 성취목표

교육의 성과 차원에서 추구하는 교육목표에 대한 인식도 변화하여 왔다. 중요한 교육정책에서 정책이 추구하는 목표로서 교육의 성취목표를 설정하였다. 우리나라 교육이념이 '홍익인간'임에도 불구하고 학교교육의 실제에서 홍익인간의 교육이념을 교수-학습과정에서 구체적으로 구현하는 데 미흡하였다(오천석, 1977). 개인적 차원에서는 좋은 학교와 좋은 대학에 입학하기 위한 시험성적이 중요한 학습성취목표가 되었다.

1960년대에는 보다 구체적인 교육정책의 목표로서 '인력(manpower)' 개념이 등장하였다. 경제발전과정에서 소요되는 학교교육 단계별 인력 수요와 공급 간의 양적 조절이 교육정책의 중요한 목표가 되었다. 인력 수요는 직업기술교육을 위한 실업학교의 확대와 고등교육의 계열별 정원을 책정하는 논리로 작용하였다. 1990년대 후반에 '인적 자원(human resources)' 개념이 등장하였다(김신복, 2012).

(2) 새로운 도전

교육학계에서는 교육의 성취에 대하여 인간교육론과 전인교육론을 제기하였다. 전인교육과 인간교육의 이상이 교육의 중요한 성취의 모습으로 제기되었으나, 이러한 논의는 교육과정의 설계와 교수-학습 프로그램 개발의 실제에서는 충분히 반영되지 못하였다. 전인교육론의 이상과 학교교육의 실제와의 연결고리가 약하였다.

최근에는 입시위주 교육과 시험성적을 넘어서 기초학습기능, 자기주도적 학습역량, 지식사회형 역량개발, 미래형 기술(future skills) 등의 다양한 이름으로 교육의 성과 지표를 제시하고 있다. OECD가 중심이 되어 지식기반 사회에서 요구되는 인간의 역량(competency)을 규정하였다(이종재, 송경오, 2007). 이 맥락에서 역량개발형 교수–학습과정을 논하게 되었다. 이 연장선에 인재대국론과 창의인재개발론이 있다.

김정환(1983)은 도덕 · 윤리교육의 기초로서 '전인교육론'을 제시하였다. 정범모(2012)는 인간의 자아실현의 관점에서 전인교육론을 제기하였다. 그의 전인교육론은 성숙한 사회의 교육이념으로 제시하였다. 내일의 한국을 이끌어갈 한국인으로서 정범모(2012)는 전인(全人), 공인(公人), 생산인(生産人) 그리고 자율인(自律人)을 제시하였다. 그리고 이 관점에서 한국교육을 비판하고 있다. 인간교육과 전인교육론은 한국교육에 새로운 과제와 도전을 제시하고 있다.

4) 교육행정의 변화: 중앙집권체제에서 교육 거버넌스로

교육행정도 국가의 정치 행정체제의 변화에 따라서 변화하여 왔다. 이 과정에서 중앙집권체제에서의 정부주도형 행정통제체제에서 다양한 주체가 참여하는 교육 거버넌스 체제로 변화하여 왔다. 교육 거버넌스에 참여하는 주요 주체에는 국가기구와 비국가기구가 있다. 국가기구로서 입법부와 사법부, 지방자치단체와 지방교육위원회가 중요한 참여 주체로 등장하였다. 비국가기구로서는 언론과, 이익단체, 시민단체 그리고 시장의 통제기능이 작용한다. 교육 거버넌스에서는 다양한 참여 주체들이 긴밀한 상호작용을 통하여 교육의 통치에 영향을 준다. 여기서 교육 거버넌스는 "고정된 규칙체계나 행정적 위계를 벗어나 다양한 주체의 참여와 그들 사이의 상호 의존적 관계망 속에서 조정이 이루어지는 양식"(이종재, 이차영, 김 용, 송경오, 2012: 185-271)으로 그 의미를 정하고, 협치의 관점에서 교육행정의 변화를 개관한다.

(1) 행정부 주도형 중앙집권체제(1960년대~1980년대)

1950년대의 교육행정은 미국식 교육행정제도를 운영하였다. 지방교육자치제도를 운영하였고, 학교운영에서 자율의 폭을 넓게 허용하였다. 대학의 자치와 자율을 인정하였던 시기였다. 교육의 민주화 시대로 그 성격을 규정할 수 있는 시기였다. 행정의 작용이 미흡하여 '자유방임'의 시기라고 불리기도 하였다. 민주적 교육행정은 1961년 군사정부의 등장으로 중단되었다. 1960년대는 군사정부가 우리나라에서 개발연대를 열었다. 이 시기의 정부행정은 행정 효율을 중시하는 개발행정과 발전행정이 정부행정의 중심을 형성한 시기였다.

이 시기는 기획 중심의 정책분석과 이에 토대를 둔 정책과 집행이 특징을 이룬 시기였다. 행정부 내에서도 교육행정에 영향을 주는 타 부처의 작용을 들 수 있다. 특히 교육관계 예산의 심의, 정원을 관리하는 일반행정안전부, 법안을 심의하는 법제처와 교육부의 업무와 연관되는 과학기술, 영유아 보육 등에 관한 정책은 관련 부처의 이해와 협조를 받아야 할 부분이다. 이 시기에 입법부와 사법부의 역할과 기능은 상대적으로 미약하였다. 언론기관이 교육문제를 제기하고 정책의제를 제기하는 중요한 역할을 담당한 시기였다. 이 시기는 정책의 합리성을 세우는 데는 크게 기여하였으나, 정책형성의 민주성에는 한계가 있었다.

기획이 정책형성의 중요한 행정수단이 되었다. 기획으로부터 기본전략을 수립하고, 중요한 정책사업을 형성하여 왔다. 1960년대 초에 '경제개발5개년계획'을 수립하기 시작하였고, 이후 교육 부문도 경제사회발전계획의 중요한 부문으로 선정되었다. 이 맥락에서 교육부문 발전계획을 수립하기 시작하였고, 장기종합교육계획도 수립하였다. 발전계획은 정책의 맥락을 형성하였다. 발전계획의 수립과정이 정책을 분석하는 과정이 되었다. 장기 전망은 정책의 비전을 세우고 중요한 전략을 개발하는 중요한 도구가 되었다(김신복, 1983).

정부는 정책과 전략을 개발하기 위한 싱크탱크(Think Tank)로서 정부출연 연구기관을 설립하기 시작하였다. 한국개발연구원(KDI)를 출발점 연구기관으로 하여 분야별로 연구기관을 설립하기 시작하였다. 이후 한국개발연구원은 한국경제개발 정책과 전략의 산실로 그 위치를 세웠다. 한국교육개발원(KEDI)도 교육부문의 정부출연 연구기관으로 1972년에 설립되어 이제는 한국교육 발전을 선도하는 교육정책 전문연구기관으로 국내에서뿐만 아니라 국제적으로도 인정을 받고 있다. 이후에 한국교육개발원은 교육과정연구, 직업교육, 교육정보화를 추진하는 한국교육과정평가원(KICE), 한국직업능력개발원(KRIVET), 한국교육학술정보연구원(KERIS) 등의 전문연구기관을 배출하는 모태가 되었다.

(2) 삼권분립, 지방교육자치 그리고 교육기관의 자율(1990년대)

중앙정부 차원에서는 행정부 중심의 중앙집권체제가 교육체제의 운영에 영향력을 행사하는 국가기구와 비정부기구의 등장으로 교육통치의 독점적 위치가 위축되어 왔다. 국회의 입법과 재정, 국정감사권은 행정부의 교육통치를 견제하여 왔다. 주요 교육정책과 사업에 대한 입법과 예산조치가 후속되지 않으면 정책과 사업을 형성할 수 없게 되었다. 교육의 행정과 운영에서 정치가 등장하는 맥락이 형성되었다. 즉, 교육정치의 시대가 열렸다. 교육에 대한 정치작용에 대한 관심과 연구가 필요하게 되었다. 사법부는 위헌소원심판과 명령규칙심사 및 재판권을 통하여 교육제도 운영에 관여하여 왔다. 헌법재판소는 교육 거버넌스의 중요한 작용을 하였다. 교육행정의 행정부 독주를 견제하고 입법과 사법 그리고 행정이 균형을 이루는 삼권분립의 시대를 열었다(표시열, 2007: 207-208).

1991년에 본격적인 지방자치 시대를 열었다. 이에 따라 지방교육자치를 위한 제도를 운영하게 되었다. 지방분권의 차원에서 교육운영에 관한 중앙정부 권한의 일부를 지방교육자치기관인 교육감과 교육위원회에 이관하는 분권이 이루어졌다. 이에 따라 교육행정에서 지방교육행정기관의 일정 부분을 관장하고 책임지는 지방교육자치의 시대가 열렸다. 수평적 차원에서는 지방교육자치단체와 지방자치단체와 지방의회와의 관계에서 협력과 견제의 과제를 제기한다. 지방교육자치의 시대에서는 수직적 차원에서는 지방교육자치기관이, 수평적 차원에서는 지방자치단체가 교육운영의 참여 주체로 등장하였다.

1990년대는 교육기관 운영의 자율화를 본격적으로 시도한 시기다. 교육기관은 행정과 통치의 대상이 되기도 하지만, 기관 내적으로는 주요 행위 주체가 정치적 작용을 하는 하나의 작은 정치세계(micro politics)이기도 하다. 교육기관의 운영에서 분권과 자율 그리고 민주화 요구가 제기되는 교육조직이다. 초·중·고등학교와는 달리 고등교육기관은 외적으로 대학의 자율과 자치 그리고 내적으로 운영의 민주화에 대한 요구가 높다. 이러한 이유로 교육의 민주화 추세에서 교육부는 고등교육기관의 자율을 먼저 확대하였고, 대학은 내부적으로 그 운영에서 민주화조치들을 확대하여 왔다. 초·중등교육에서는 사안에 따라 학교운영에 대한 심의 및 의결기구로 학교운영위원회를 구성하여 운영하고 있다.

(3) 비국가기관의 등장: 전교조, 이익단체, 시민단체

우리 사회는 이해관계와 추구하는 가치에서 다원화하는 방향으로 분화하여 왔다. 이 과정에서 그들의 의사를 결집하고 이해관계를 지키기 위한 이익단체가 자연스럽게 등장하였다. 또한 집단의 이익뿐만 아니라 공적인 뜻을 추구하는 시민단체도 등장하였다. 이 시민단체는 공인의식을 반영하는 공인(公人)으로서의 교육의 공익을 추구하는 단체로 볼 수 있다. 교육 부문에서 가장 강력한 이익단체로서 교원노조가 결성되었다. 전교조는 합법화되었고, 교육부와 시·도 교육청을 상대로 단체교섭을 할 수 있게 되었다. 국민의 정부에서는 새교육공동체위원회를 구성하여 시민사회가 교육정책의 형성과 집행에 참여할 수 있는 문호를 개방하였다. 참여정부에서는 시민사회의 참여를 더욱 확대하였다.

이익단체와 시민단체는 여론을 형성하고, 문제를 제기하고, 집단의사를 결집하여 압력을 통하여 그들의 뜻을 관철하려고 시도한다. 이 목적을 위하여 이들은 관련된 기관과 단체들과의 협력과 공조를 통하여 상호 의존성을 높이고, 파트너십과 네트워크의 형성을 추구한다. 이들은 상호 성찰적인 학습과정을 통하여 대안탐색의 역량을 강화한다. 공동의 합의를 이루어 내기도 하고 그렇지 못할 경우에는 이해관계의 갈등을 증폭하고 타협이 어려운 대결을 강요할 수도 있다. 이 점을 유의하여 이익단체활동을 넘어서는 교육시민운동의 역할이 제기되었다(심성보, 2003: 88-95).

(4) 시장통제의 등장

시장의 통제는 단위기관에 자율성과 시장기제에 대한 신뢰를 전제로 한다. 단위기관은 자율성을 토대로 하여 자기주도적 혁신 노력과 시장에서의 소비자의 선택을 통하여 서비스 경쟁을 하게 된다. 이 과정에서 교육 서비스의 다양화가 촉진되고, 성과와 실적에 대한 정보의 공개와 소비자의 평가는 공급자 간의 경쟁을 촉진하여 궁극적으로 성과의 향상과 책무성의 증진에 기여할 것으로 기대한다. 시장통제기능의 긍정적 측면이다.

5·31 교육개혁 방안은 교육개혁의 방법론으로 '교육수요자의 선택권 강화'를 선택하였다. 교육 서비스에 대한 교육 수요자와 소비자의 평가를 통제 작용으로 활용하기 시작하였다. 특히 우리나라가 OECD에 가입한 이후 그리고 1997년의 외환위기 이후 신자유주의 개혁 방법이 공공부문 개혁의 방법으로 등장하면서 교육분야에서도 시장통제를 적극적으로 활용하기 시작하였다. 학부모 선택과 시장에서의 경쟁원리가 도입되었다. 시장의 통제는 국민의 정부에서 고등교육 분야에서의 개혁방법론으로 활용하였다. 대학 간 경쟁을 적극 활용하였다. 이후 이명박 정부에서 중등교육 다양화정책과 고등교육의 재정지원정책을 추진하는 과정에서 교육시장에서의 선택과 경쟁원리를 중요한 교육 거버넌스의 한 요소로 활용하였다. 정부의 평가 기준에 따라 성

과에 대한 측정과 정부의 재정지원이 이루어지기 때문에 시장에서의 평가가 행정관리에 반영되는 형식을 띠고 있다.

(5) 국제적 영향력의 등장

우리나라 교육제도의 수립과 정책의 형성과정에서 국제적(global) 영향력은 시기별로 달리 작용하여 왔다. 건국 초기에는 미국의 영향을 많이 받았다. 한국교육이 국제화하는 과정에서 국제적 협약과 권고사항이 교육 거버넌스에 영향을 주었고, 국제적 평가 결과가 간접적으로 영향을 주고 있다.

한국교육은 그 출발에서부터 미군정의 영향을 받았다. 교육제도를 수립하고 주요 교육정책을 세우는 데 미군정과 조선교육심의회가 협의하여 세계적으로 통용되는 6-3-3-4의 기간학제를 수립하였고, 국립종합대학교로서 서울대학교를 설립하였다. 미국의 주립대학체제와 유사한 고등교육체제로서 각 지방별로 일부 대학들을 국립대학교로 개편하였다. 한국전쟁 이후에는 교육체제의 복구과정에서 UN 등의 국제기구의 지원과 정책자문을 많이 받았다. 1950년대부터 외국의 장학금 지원을 받아 다방면에서 인재육성의 기회를 얻게 되었다. 특히 미국의 정책자문을 많이 받았다. 피바디(Peabody) 교육사절단, 미네소타(Minesota) 대학교의 대학역량강화 지원사업 등은 중요한 지원사례로 평가받고 있다. 1960년대와 1970년대는 교육의 제도발전과 정책을 수립하는 데 일본의 영향을 많이 받았다. 특히 교육제도를 법제화하고 주요 정책사업을 개발하는 데 일본의 법률을 많이 참조하였다. 대학의 개혁을 지원하기 위한 '실험대학사업'이나 학술연구를 지원하기 위한 '학술연구조성비' 등은 그 당시 정책의 차용(policy borrowing) 사례로 볼 수 있다.

1980년대 이후에는 미국, 영국, 독일, 프랑스 등의 유럽 국가들의 교육제도와 교육개혁방안을 많이 참조하였다. PISA에서 우수한 성취도를 보인 핀란드를 우리나라도 깊은 관심을 가지고 연구하였다. WTO 등의 국제협약사항과 ILO, UNESCO 등의 권고사항이 우리나라 교육정책의 형성에 제약사항으로 제기되었다.

(6) 전망과 과제

1990년대에는 OECD의 PISA와 국제학업성취도 평가기구(IEA)의 TIMMS 평가결과에서 한국 학생들이 높은 학업성취를 보임으로써 학업성취에 대한 국제비교평가연구는 한국교육의 위상을 높여 주었다. 한국교육이 국제적 평가결과에 관심을 기울임으로써 국제적 평가결과는 간접적으로 한국교육의 거버넌스에 영향을 주게 되었다. 특히 국내 상위에 있는 대학들이 국제적으로 세계 100위의 대학순위에 선정됨으로써 국제적 평판을 대학운영의 중요한 기준으로 삼기 시작하였다. 아시아권에 있는 일본의 동경대학, 중국의 북경대학, 그리고 싱가폴 대학 등이 세계적 대학의 순위에 선정됨으로써 국내 대학들도 국제적 대학서열을 외면할 수 없게 되었다. 국제화 시대에 교육개혁정책의 동질화 현상이 대두하였다. 이 과정에서 국가 간에 정책의 차용현상이 일어나고 정책뿐만 아니라 정책으로 인하여 유발되는 문제까지 국제적으로 확산되는 경향을 보이고 있다(이수정, 2012: 521).

국제적 거버넌스에 보다 적극적으로 대응하기 위해 교육제도의 운영과 교육정책의 형성에서 국제적으로 통용되는 보편적 기준을 우리도 준수할 필요가 있다. 예를 들면, 교육에서의 인권문제, 교육의 책무성 문제 등에 관한 국제적 규범을 참조할 필요가 있다. 또한 국제적인 교육 문제(issues)에 대하여 국제적 협력과 한국교육의 기여도를 높일 수 있는 방안도 검토할 필요가 있다. 평생학습, 학교의 책무, 전인교육, 통합교육, 산학협동, 진로지도, 교육복지문제에 대한 한국교육의 모범적 접근을 개발할 필요가 있다.

5) 교육정책에 대한 기본 관점의 변화

한국교육정책의 전개과정과 주요 정책의 흐름은 교육정책의 관점의 변화를 시사한다. 보다 분석적인 연구를 통해 교육정책의 관점의 변화를 추적하고 정리할 필요가 있다. 여기서는 예시적으로 교육정책의 틀을 구성한 주도적 관점과 이에 대한 대안적 관점의 가능성을 검토한다. 여기서 제기하는 질문은 "21세기 우리나라 교육정책을 주도할 관점은 무엇이 될까?"라는 것이다.

1960~1980년대에는 공리주의적 사고와 발전교육론의 관점이 교육정책의 형성을 주도하였다고 볼 수 있다. 1980년대 이후 2000년까지 교육의 기회균등과 평등성 그리고 신자유주의적 교육개혁론이 교육정책을 주도하였다. 2000년 이후로 교육에서의 민주화, 참여, 공동체에 대한 관심이 높아졌다. 이러한 흐름은 시기를 달리하며, 한 관점이 다른 관점에 대체하기보다는 새로운 관점이 등장하면서 병렬적으로 혼재하며 주요 정책 혹은 쟁점별로 주도하는 관점이 등장하였다.

김재웅(1996: 63-66)은 1980년의 7 · 30 교육개혁의 과외금지조치와 졸업정원제를 비판하면서 교육정책의 형성에서 정치적 목적의 교육개혁을 보완할 수 있는 교육적 접근의 필요성과 가능성을 제시하였다. 교육적 관점에 대한 기대를 강조하였다. 최근에 한용진(2010: 215)은 세계화 3.0 시대에 기대되는 교육론에서 국가주의와 시장주의를 넘어서 인간을 위한 교육론과 교육공동체 접근의 필요성을 강조하였다. 허병기(2000: 232)는 개체적 개인보다는 남과 함께 공존하고 생활하는 '인간'을 위한 교육론의 필요성을 강조하였다.

교육정책의 관점을 단순화하여 주도적 관점과 이에 대한 대안적 관점을 비교하기 위하여 [그림 12-1]과 같이 두 개의 축을 설정할 수 있다. 한 축은 개인의 자유를 중시하는 입장과 공동체론을 대비하고, 다른 한 축은 교육의 외재적 가치를 지향하는 공리주의 관점과 교육의 내재적 가치를 전제하는 전인교육론을 대비할 수 있다. 공리주의적 자유주의 입장과 공동체적 전인교육의 입장으로 구분하여 비교하고자 한다.

이 두 관점을 교육제도의 운영원리, 교육의 가치, 교육의 성취, 교육의 기회균등, 관련된 가치관에 대한 관점 등 5개의 측면으로 나누어 비교해 보고

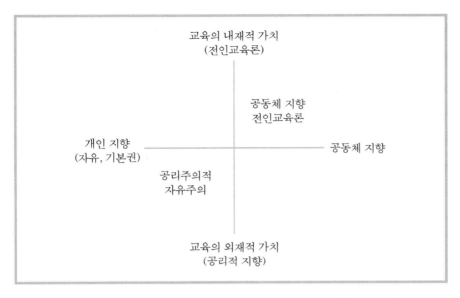

[그림 12-1] ··· 교육정책 지향: 공리적 자유주의와 공동체 지향 전인교육론

자 한다(〈표 12-1〉 참조). 여기 관련된 가치관은 발전교육론에서 많이 인용한 Kluckhorne(1961)의 가치관 모형을 활용하여 민주적 공동체 모형에 부합하는 가치지향이 무엇이 될지 생각해 본 것이다.

이 장에서는 교육정책의 설계에서 규범적 정합성을 검토하였다. 교육정책을 주도한 관점으로서 공리주의 관점과 교육의 기회균등론을 제시하였다. 이 관점의 기본적 틀을 교육정책의 분석과 설계를 통해 교육의 중요한 가치로서 인력개발, 인적 자원의 개발 등을 강조하였고, 협소한 교육가치관, 교육을 외재적 가치 획득을 위한 수단으로 보는 교육의 수단적 관점, 능력주의를 기초로 한 교육의 기회균등론을 핵심으로 함을 지적하였다.

전인교육을 지향하는 민주적 공동체의 관점에서는 교육제도의 운영원리로서 교육에서의 평등성을 강조할 것으로 예상된다. 여기서 평등성은 다양성 속에서의 수월성을 포함한다. 교육의 내재적 가치를 존중하고 교육 본연의 모습을 추구하는 방향으로 정책을 추구할 것이다. 교육의 성취로서 사회적

〈표 12-1〉 교육정책에 대한 두 개의 관점

구 분	신자유주의 접근 (공리주의적 관점)	민주적 공동체 지향 (전인교육 관점)
교육제도의 운영원리	효율과 선택	평등성
교육의 가치에 대한 속성	외재적 도구주의	내재적 가치
교육의 성취	인적 자본 생산성, 실적	사회적 자본 신뢰, 협동, 덕
교육의 기회균등 (공정성 원리)	능력에 따른 경쟁 효율성	지원과 배려 차등적 보상
관련된 가치관 (시간 관계 중점)	미래 지향 독립성 역량(doing)	현재 지향 상호 의존성 존재(being)와 성품

자본의 형성을 고려하고(오욱환, 2013), 생산성과 실적도 중요하지만 인성과 성품, 덕스러움까지 포함할 것이다. 교육의 기회균등에 대하여 경쟁보다는 지원과 배려를 중시하고, 기회의 배분원리로서 차등적 보상의 원칙을 적용할 것이다.

교육정책의 규범적 관점이 병렬적으로 나열되어 우리가 그중에서 취사선택하기보다는 정책의 중심과 외연을 구성하는 규범가치와 중층적으로 연결되는 구조를 생각할 수도 있다. 이 경우에 교육정책의 중심에 가치관의 지향과 전인교육을 지향하는 민주적 공동체의 관점 혹은 공리주의 관점이 있을 수 있고 그 외연에 교육의 기회균등론이 연결되는 것으로 볼 수 있다.

Kluckhorne(1961) 가치관의 모형에 비추어 향후 교육정책의 지향을 살펴볼 때, 1960년대의 개발연대에서 근대적 가치지향으로 설정하였던 시간 차원의 '미래지향', 자연과의 관계에서의 인간의 '독립성', 행동 동기의 목적으로서 '역량(doing)'의 강조보다는 당시에 오히려 전근대적으로 간주하였던 '현재 지향'과 자연과의 조화, 인간관계에서의 '상호 의존성', 그리고 역량보다는 새로운 의미에서의 '존재(being)'의 가치를 보다 적합한 가치지향으로 설정할 것으로 추측한다.

추천도서

김종철(1989). 한국교육정책연구. 서울: 교육과학사.

　한국의 교육정책에 대한 종합적 검토를 시도한 책이다. 특히 1940년대 이후 1980년대에 이르기까지 우리나라 교육정책의 전개과정에 대한 검토와 평가의 틀을 볼 수 있다.

이종재, 김성열, 돈 아담스(편저)(2010). 한국교육 60년. 서울: 서울대학교 출판문화원.

　한국교육 60년의 전개과정을 개관하였다. 교육발전을 위한 한국적 접근과 성취, 교육발전의 동인을 탐색하고 새로운 도전을 검토하였다.

이종재, 이차영, 김 용, 송경오(2012). 한국교육행정론. 파주: 교육과학사.

　한국교육정책의 전개과정과 교육정책과 행정의 주요 과제를 검토하였다. 한국교육을 구조적으로 분석하는 틀을 시사한다.

Chung, B. M (2010). *Development and education: A critical appraisal of the Korean case*. Seoul: SNUPRESS.

　한국의 국가 발전과정에서 교육과 발전과의 관계를 재검토하였다. 특히 발전의 병리에 대한 문제제기와 교육과 사회와의 관계에서의 새로운 관점은 교육발전을 설계하는 중요한 지침이 된다.

참고문헌

강주홍(2011). 한국의 사교육 대책에 관한 신제도주의적 분석. 교육정치학연구, 18(2), 7-31.

교육인적자원부(2006). 교육백서. 교육인적자원부.

교육혁신위원회(2007). 학습사회 실현을 위한 미래교육 비전과 전략, 대통령 자문 교육혁신위원회(2007. 9. 12).

국가교육과학기술자문회의(2012). MB 정부의 교육과학기술 정책 평가(제52회 전체회의 보고안건, 2012.12.10). 국가교육가기술자문회의.

국정브리핑 특별기획팀(2007). 대한민국 교육 40년. 서울: 한스미디어.

김경근, 박부권(2007). 참여정부 교육정책 추진사례분석연구 I 교육격차해소. 교육인적자원부.

김신복(1983). 발전기획론. 서울: 박영사.

김신복(2012). 교육 인적자원 행정과 발전. 서울: (주) 미래엔.

김영화(2000). 한국의 교육과 사회. 서울: 교육과학사.

김용일(1997). 교육개혁에서 세계화 담론의 정책적 귀결. 교육행정학연구, 15(2), 269-288.

김재웅(1996). 1980년대 교육개혁의 정치적 의미와 교육적 의미: 졸업정원제와 과외금지 정책을 중심으로. 교육정치학연구, 3(1), 42-67.

김정환(1983). 전인교육론. 서울: 세영사.

김종철(1989). 한국교육정책연구. 서울: 교육과학사.

박세일(2010). 창조적 세계화론. 서울: 서울대학교 출판문화원.

반선환, 안선희(2013). 고교다양화와 고교선택제에 따른 학교체제 변화연구: 서울시 일반 고등학교 사례를 중심으로. 교육정치학연구, 20(4), 41-72.

변기용(2009). 대학자율화정책의 쟁점과 대안: 5 · 31 교육개혁 이후의 '시장적 대학 자율화' 논의를 중심으로. 교육정치학연구, 16(1), 135-164.

서정화(2009). 이명박정부의 교육개혁 추진진단 및 시사점. 교육행정학연구, 27(2), 481-499.

송경오(2009). 공교육체제 발전전략으로 채택한 정책수단의 국가간 비교연구. 교육행정학연구, 27(4), 437–464.

송경오, 정지선(2011). 공교육 개혁방향의 국제비교. 교육행정학연구, 29(4), 13-537.

송기창(2010). 지방교육자치구조 개편의 정치학적 쟁점과 과제. 교육정치학연구, 17(4), 121-145.

신재철(2007). 정부의 고등교육 개혁을 위한 재정지원 정책의 정치학. 교육정치학연구, 14(1), 7-27.

신현석(2005). 교육개혁의 이념과 철학: 교육개혁 10년의 반성과 과제. 교육정치학연구, 12(1), 19-50.

신현석(2009). 사립대학 구조개혁 지원정책의 정치학적 분석 – 정부와 대학간의 쟁점 분석을 중심으로. 교육정치학연구, 16(3), 149-190.

심성보(2003). 정치지형의 변화와 교육시민운동의 새로운 과제. 교육정치학연구, 9(10), 77-97.

오욱환(2013). 사회적 자분의 교육적 해석과 활용. 파주: 교육과학사.

오천석(1977). 발전한국의 교육이념탐색. 서울: 배영사.

윤인제, 나민주(2013). 신제도주의에 기반한 국내 교육정책 연구의 동향과 과제. 교육정치학연구, 20(2), 75-101.

윤정일 외(2008). 전환기의 한국교육정책. 서울: 학지사.

이돈희 외(1996). 한국의 교육정책: OECD 한국 교육정책 검토를 위한 배경보고서. 한국교육개발원.

이수정(2012). 국제화 시대의 교육개혁정책과 정책 차용현상 분석. 교육행정학연구, 30(4), 505-533.

이종재 외(2010). 사교육: 현상과 대응. 파주: 교육과학사.

이종재(2010). 남강 이승훈과 오산학교. 미간행 씨알사상연구회 발표문. 씨알재단.

이종재, 김성열, 돈 아담스(편저)(2010). 한국교육 60년. 서울: 서울대학교 출판문화원.

이종재, 송경오(2007). 핵심역량개발과 마음 계발: 중용의 관점에서. 아시아교육연구, 8(4), 137-160.

이종재, 이차영, 김 용, 송경오(2012). 한국교육행정론. 파주: 교육과학사.

장석환(2007). 문민정부 이후 대학 정원정책 분석. 교육행정학연구, 25(4), 389-412.

정범모(1997). 인간의 자아실현. 서울: 나남.

정범모(2012). 내일의 한국인: 성숙하는 사회의 교육이념. 서울: 학지사.

정범모(2012). 한국교육의 신화. 서울: 학지사.

최상덕 외(2012). 미래 한국교육의 발전방향과 전략: 2013-2017년 핵심교육정책과제를 중심으로(연구보고 RR 2012-09). 한국교육개발원.

표시열(2002). 교육정책과 법. 서울: 박영사.

표시열(2007). 교육정책에 관한 사법부의 권한과 주요 결정. 교육행정학연구, 25(2), 189-211.

한국교원단체총연합회 외(2008). 이명박정부 교육정책의 방향과 과제. 교육정책대토론회자료.

한국교육개발원(2003). 국민의 정부 교육정책 평가. 한국교육개발원.

한국교육정치학회 편(2005). 교육개혁 10년의 성과와 과제. 2006 연차학술대회 자료.

한국교육학회(2008). 이명박정부의 교육정책 과제와 방향. 한국교육학회 2008 춘계 학술대회.

한국교육학회(2010). 한국교육의 이슈와 현 정부의 리더쉽. 2010 한국교육학회 춘계 학술대회.

한국교육행정학회(편) (2013). 한국교육행정학 연구 핸드북. 서울: 학지사.

한국정책학회(2009). 이명박정부 교육개혁의 성과와 향후과제. 정책토론 자료집.

한림대학교 일송 기념사업회 편(2011). 통일이후 통일을 생각한다. 서울: 푸른역사.

한숭희(2005). 문민정부 교육개혁과 평생교육정책의 향방. 교육정치학연구, 12(1), 111-126.

한용진(2010). 세계화 3.0시대의 교육론. 교육정치학연구, 17(4), 203-216.

한준상(2005). 국가과외. 서울: 학지사.

Acedo, C., Adams, D., & Popa, S (2012). *Quality and qualities: Tensions in education reforms*. Rotterdam: Sense Publishers.

Bray, M. (2009). *Confronting the shadow education system: What government policies for what private tutoring?* Paris: UNESCO.

Chung, B. M. (2010). *Development and education: A critical appraisal of the Korean Case*. Seoul: SNUPRESS.

Coleman, S. J. (1966). *Equality of educational opportunity.* U.S. Office of Health, Education, and Welfare. Washington, DC: U.S. Printing Office.

Fowler, F. C. (2013), *Policy studies for educational leaders* (4th ed.). Boston: Pearson Education, Inc.

Kahne, J. (1996). *Reframing educational policy: Democracy, community and individual.* New York: Teachers College, Columbia University.

Kluckhohn, F. R., & Strodtbeck, F. L. (1961). *Variations in value orientations.* Oxford, England: Row, Peterson.

Lee, C. J., Kim, Y., & Byun, S. Y. (2012). The rise of Korean education from the ashes of the Korean War. *Prospects (UNESCO's Quarterly Review of Comparative Education), 42*(3): 303-318.

Lowi, T. J., Ginsberg, B., Shepsle, K. A., & Ansolabehere, S. (2012) *Americal government power and purpose* (12th ed.). New York: W. W. Norton and Company.

McGinn, N. F., Snodgrass, D., Kim, Y., Kim, S. B., & Kim, Q. (1980). *Education and Development in Korea.* Cambridge: Harvard University Press.

Olssen, M., Codd, J., & O'Neill, A-M. (2004). *Education policy: Globalization, citizenship & democracy.* (김 용 역, 2015). 신자유주의 교육정책, 계보와 그 너머. 서울: 학이시습.

Tyack, D. B. (1974). *The one best system: A history of American urban education.* Cambridge: Harvard University Press.

제13장

교육정책의 주장과 정책지도성

교육을 변화시키려는 사람은 정책을 주장한다. 정책을 통하여 교육의 변화를 도모한다. 이 과정에서 문제를 제기하고 방향을 설정하고 대안을 제시한다. 이렇게 정책을 주장하는 것을 정책의 주창(policy advocacy)이라고 한다. 제13장에서는 교육정책의 설계와 주장을 다룬다. 이것은 정책지도성에 관한 문제다. 정책을 주장하기 위해서는 먼저 문제에 대한 자기의 입장을 세우고 뜻을 향하는 힘을 모을 수 있어야 한다. 정책을 주장하기 위해서 정책문제에 관여해야 하고, 관점과 생각을 제시해야 한다. 다음으로, 정치작용의 한계를 넘어서 통합과 소통을 추구하는 정치적 접근을 시도할 수 있어야 한다. 정책의 설계에서 통합과 소통의 관점을 세우려는 정치적 접근의 중요성을 강조하였다. 정책의 제한된 합리성을 넘어서기 위해서 '쓸모 있는 정책지식'의 창출과 지원을 받아야 한다.

한국교육의 발전 단계에서, 1960~1980년대의 경제개발 기간 중에는 교육의 경제적 측면이 강조되기도 하였고, 사회적 측면이 중시되기도 하였다. 1980년

대 이후, 거버넌스(governance) 관점이 등장하면서 교육과 정치의 관계가 중요
한 측면으로 제기되었다(이종재, 이차영, 김 용, 송경오, 2012: 83-91). 우리나라에
서도 교육과 정치의 관계에 대한 학문적 탐구의 필요성을 반영하여 1994년에
한국교육정치학회가 결성되었다. 안기성(1994: 73)은 교육과 정치가 불가분의
관계에 있음을 인식하는 것에서부터 탐구를 시작할 것을 제안하였다. 김용일
(1994: 20-24)은 교육행정학과 교육정치학을 대비하면서 규범적 가치에 대한 탐
구와 교육에 영향을 미치는 정치작용에 대한 탐구의 필요성을 제기하였다.

1. 정책문제에 대한 관여

1) 정책관점과 입장의 설정

교육을 변화시키기 위해서는 현상에 대하여 수동적으로 접근하기보다는
비전(vision)을 제시하고, 새로운 관점을 기초로 하여 새롭게 문제를 제기하고
문제를 해결하는 변화의 방향과 전략을 제시해야 한다. 시대를 이끌고 가는
관점과 시대정신에 관심을 가져야 하는 이유가 여기에 있다. 이러한 관점에 서
서 문제를 제기하고 방향을 제시하여야 한다. 변화를 지향하는 입장에서는,
정책형성 과정을 가치 구현의 사회적 과정으로 본다. 정책의 논지를 세우기
위해서는 관점에 따라 입장을 정하고 이에 따른 정책제안을 하게 된다. 관점
과 입장을 달리하는 다른 생각과 끊임없이 경쟁하면서 협력할 수 있어야 한다.
이 과정에서 정책논지의 성격과 틀을 세우는 것(framing)이 중요하다(Fischer &
Forester, 1993: 1-2).

정책을 주장하려는 정책제안자는 교육정책에 대한 자기의 관점과 입장을
설정해야 한다. 이 정책제안자는 개인일 수도 있고, 집단일 수도 있으며, 기
관일 수도 있다. 정책제안자는 문제를 제기하는 이유와 관점을 분명하게 제

시하여야 한다. 이 과정에서 중요하게 생각하는 핵심가치를 드러내야 한다. 정책을 통하여 추구하는 변화의 모습을 제시해야 한다. 이 과정에서 스스로 자기의 입장을 검토하고 점검하는 반성적 과정이 필요하다. 정책을 주창하기 위해서는 자신이 추구하는 핵심가치와 문제를 제기하는 이유를 스스로 확인할 수 있어야 한다.

2) 정책의 실제에 대한 참여와 교육정책 지도성의 발휘

(1) 정책의 실제에 대한 참여

정책탐구자가 정책논지를 주창하기 위해서는 정책형성의 정치과정에 참여해야 한다. 정책문제를 제기하거나 정책의 비전을 제시하고 정부의 정책개발과정, 국회와 정당의 정책 입안과정에도 참여해야 한다. 때로는 정책을 추진하는 운동에도 참여해야 한다. 정책혁신자 혹은 학자로서 정책형성에 참여하기 위해서는 '정책의제(agenda)와 정책강령(platform)'이 있어야 한다. 이러한 정책의제가 있어야 정책지도성을 발휘할 수 있다.

결국 세상을 움직이는 것은 생각(ideas)이다. 세상을 움직이고 교육을 변화시키려면 문제의식이 있어야 하고 변화를 이끌어 갈 주제와 논지가 있어야 한다. 우리 교육학계에서도 1960년대에 정범모의 '교육과 국가발전론'이 국가발전과 교육발전을 지향하는 정책을 이끌었다. '교육과 교육학 탐구'를 통하여 교육과 교육학의 과학화를 주도하여 왔다. 김종철은 1970년대 이후의 안정적 교육재정의 확보와 고등교육의 발전을 위한 정책의제를 주도하였다. 2010년대에 박세일은 한국의 선진화 발전과 '선진통일전략'을 제시하여 남북통일의 전략적 추진방향을 제시하였다. 한국교육개발원, 한국교육과정평가원, 한국직업능력개발원, 한국교육학술정보원, 한국평생학습진흥원 등의 정부 출연 연구기관들은 기관 나름의 정책연구 프로그램을 통하여 문제를 제기하고 정책의 방향을 제시하여 왔다. 주요 언론사들도 주요 기획 기사를 통하여 사회

의 변화를 위한 문제와 주제를 제기하여 왔다. 이러한 기관의 역할과 기능을
그들이 주도하고자 하는 정책의제를 통하여 평가할 수 있다.

(2) 교육정책 지도성의 발휘

정책지도성은 협상가형, 전략가형, 정책 관리자형으로 구분할 수 있다. 협
상가형이 정치적 절충과 타협을 모색하는 정치가형이라면, 전략가형은 관점
과 입장을 세워서 정책이 추구하는 가치와 목표의 달성에 초점을 두는 유형
이다. 정책 관리자형은 주어진 정책을 집행하는 전문성을 발휘하는 유형이
다. 교육정책의 지도성을 세우기 위해서는 이 세 가지 유형이 모두 필요하다.

그러나 교육정책을 주장하기 위해서는 정책의 효율적 관리를 추구하는 관
료적 관리지도성(bureaucratic management leadership)만으로는 교육의 변화를
만들어 내기 어렵다. 효율성을 추구하는 관리적 모형에 대한 대안적 관점으로
서 Marshall 등(2005: 268-269)은 '교육지도성 관점'을 제시하였다. 이들은 효율
적 관리를 넘어서 교육의 문제와 정책의 방향을 탐색하는 정책의 관점으로서
비판적 다원주의 관점, 변혁적 지도성 관점 그리고 보살핌의 관점을 강조하였
다. 여기서 보살핌의 관점은 교육적 관점으로서 중요한 의미를 제시한다.

첫째, '비판적 다원주의' 관점은 민주적 관점이다. 정책형성과정에 민주적
참여를 강조한다. 교육정책 형성과정에서 실질적으로 정치적 약자의 관점이
반영될 수 있도록 노력한다.

둘째, '변혁적 지도성' 관점은 혁신적 관점으로서 정치적 · 경제적 모순과
그 사회의 강압적 요소의 문제점을 드러내고 이에 저항하는 비판적 의식화를
형성함으로써 사회의 변화와 혁신을 이루기 위해 노력하는 관점이다. 소외된
자의 관점을 대변하려고 한다.

셋째, '보살핌의 관점'은 교육적 관점으로서 교육의 규범적 가치를 반영하
는 관점을 제시한다. 교육조직은 학생의 양육과 계발에 있음을 인정하고, 교
육과 학교의 목적과 가치에 대한 철학적 탐구에 관심을 집중한다. 학생의 지

적 성장과 인품의 계발을 위하여 학생에 대한 사랑과 보살핌, 능력 배양, 인격의 함양, 학습능력의 계발 등의 교육 가치를 추구한다. 모든 학생을 위한 가르침을 강조한다. 배려와 보살핌의 모성적 지도성(caring feminist)은 모든 학생을 대상으로 하여(inclusive), 가족과 공동체 관계 의식을 증진하고, 학생의 양육과 계발에 전인적으로 노력해야 함을 분명하게 한다. 보살핌의 관점(ethics of caring)은 교육정책의 중요한 관점으로 제기된다(Noddings, 1992).

교육적 관점은 따뜻한 학교와 사회를 만들 수 있는 비전을 제시한다. 학교는 학생에게 쉼터가 되고, 자아의 정체성을 확립하는 것을 도와주는 장소가 되어야 한다. 관심과 사랑의 지도를 줄 수 있는 장소가 되어야 한다. 학교는 경쟁보다는 보살피는 관계 속에서 함께 성장하는 장소가 되어야 한다. 교육의 가치와 학교의 역할에 대한 대안적 비전과 신뢰와 공동의 비전과 가치에 근거한 협력관계를 중시하는 관점은 교육정책의 틀을 새롭게 세우고 새로운 교육정책을 형성하는 관점을 제시할 수 있다.

(3) 정책연합과 연대 형성

정책을 주장하기 위해서는 정책주장에 동조하는 개인과 조직을 연합하여 연대(networking)을 형성함으로써 지지기반을 확대하고 정책형성에 대한 영향력을 확대하여야 한다. 제2부에서 논의한 정책옹호연합이론은 정책형성의 실제에 유용한 분석모형과 지침을 주고 있다. 우리나라의 교육정치학회와 교육행정학회를 중심으로 정책옹호연합 현상에 관한 분석적 연구가 발표되고 있다.

김덕근(2006: 81)은 NEIS 정책사례를 중심으로 정책참여자들 사이의 상호작용의 특성을 분석하였다. 정책의 형성 단계에서 제기되는 쟁점에 따라 이해관계, 협상의 양태, 조정은 동태적으로 변화하였다고 보고한다. 아직 정책연합의 양태에 대하여 정형화된 유형을 찾기는 어려운 단계에 있다. 정책연합과 연대를 형성하는 핵심요인이 무엇인지 분명하지 않다.

2. 정책형성의 과제와 역기능적인 정치작용

1) 정책형성의 과제: 합리성과 민주성

민주주의 정치체제에서 교육정책의 주장은 두 가지 과제를 안고 있다. 정책제안은 제기된 교육문제를 해결하는 능력을 가지고 있어야 할 뿐만 아니라 국민의 생각과 뜻을 반영할 수 있어야 한다. 전자가 정책주장의 합리성 준거라고 한다면, 후자는 정책주장의 민주성 준거라고 할 수 있다.

그러나 교육정책 형성의 실제에서 이 두 가지 준거를 충족하는 정책제안을 설계하기는 쉽지 않다. Lindblom과 Woodhouse(1993)는 민주주의 정치체제의 정책형성과정을 분석하여 정책의 합리성을 제한하는 요인을 지적하고 정책설계의 방법론으로서 점진주의(incrementalism)를 제시하였다. 합리성을 제한하는 중요한 제약 요인으로서 다음 세 가지 요인을 지적하였다.

첫째, 인간의 능력은 사회적 문제를 해결하는 데에 본질적인 한계를 지니고 있다. 인간의 인지적 분석능력에는 한계가 있기 때문에, 교육정책문제를 포함하여 사회적 문제는 다양한 형태의 불확실성을 내포하고 있다. 정책문제는 대단히 복잡한 문제다. 이 맥락에서 정책분석에 대한 합리성 모형에 대한 대안으로 '제한된 합리성' 모형이 제기된다.

둘째, 정책형성에 대한 정치작용의 왜곡이 있다. 정치작용에 관여하는 정책행위자 사이에 생각, 이해관계, 추구하는 가치가 서로 다르기 때문에 갈등과 상충을 안고 있다. 더구나 정책형성과정에 참여하는 다양한 행위 주체들은 자신의 이해관계를 우선적으로 추구한다. 정치인, 선출직, 행정 관료 등은 그 사회의 다양한 출처에서 제기하는 다양한 압력, 관점, 문제제기, 정책제안을 정책형성과정에 반영하고, 때로는 굴절하는 반사경의 역할을 수행한다. 이 과정에서 이들은 대의(大義)를 추구하기보다 자기가 처한 이해관계 속에서 자기의 이익[즉, 소리(小利)]을 추구하는 경향을 보인다. 정책문제를 민주적 원칙에 따라 논의하고 합리적 정책제안을 만드는 데 정치과정의 한계가 있다. 이 맥락에서 정치작용을 '작은 정치작용'과 '큰 정치작용' 혹은 '견리사의(見利思義)'라는 말에서 뜻을 취할 때 '견리적(見利的) 작용'과 '사의적(思義的) 작용'으로 구분할 수도 있다.

셋째, 정책문제에 대응하기 위한 시간과 재원은 한정되어 있다. 이러한 제약조건 속에서 합리적으로 사회적 문제를 해결하려고 접근하는 데는 한계가 있다. 이러한 상황에서 Lindblom과 Woodhouse는 정책형성과정의 제한된 합리성과 정책결정의 민주성을 높이기 위하여 '점진적 접근(incremental approach)'과 사회적 문제 해결 방안에 대하여 열린 자세로 대화하고 논의하고 심의하고 절충하는 '정치적 접근(political approach)'을 제안하였다.

2) 정치작용의 왜곡과 한계

정책제안이 만들어지기까지 다양한 사람들이 여러 경로를 통하여 정책제안과정에 관여한다. 이 관여가 정책형성과정에 작용하는 정치작용이다. 정당, 국회, 지방의회, 중앙정부, 지방정부 등이 정치작용이 이루어지는 중요한 장소가 된다. 대통령, 국회의원, 지방의회의원, 자치단체장 등의 선출직과 행정부의 행정관료, 각종의 이익집단이 정치작용에 관여하는 중요한 관여자가 된다. 정치작용은 크게 두 가지 경로를 생각할 수 있다. 정책형성의 합리성과 민주성을 왜곡할 수도 있고, 합리성과 민주성의 수준을 높일 수도 있다. 당리당략과 소리(小利)에 집착하는 '작은 정치작용'과 '견리적(見利的) 작용'의 경로는 정책형성의 합리성과 민주성을 왜곡하는 경로로 볼 수 있다. 이에 대비하여 다른 경로로서 '큰 정치작용'과 '사의적(思義的) 작용'으로 정책형성의 합리성과 민주성을 지향하는 소통과 통합의 경로로 생각할 수 있다.

민주정치 체제에서 국민은 선거를 통하여 정책형성에 관여할 수 있다. 이 과정에서 다양한 정치집단이 자신의 영향력을 확대하기 위하여 정치세력화 하려고 한다. 모든 집단은 잠재적 정치세력이 될 수 있다. 대기업, 지역주민, 이해집단, 군대, 학생 조직 등도 정치세력이 될 수 있다. 이러한 정치세력은 공동체의 중심에서 벗어나 각자의 이익을 추구하는 원심력을 발휘한다. 원심 력의 힘은 그들이 추구하는 이익이다. 민주주의 체제에서 궁극적으로 선거과 정이 이 원심력을 통제하지 못하면 정책과정에 참여하는 정책관여자는 정책 의 합리성과 민주성의 준거를 충족하는 데 제약요인으로 작용하게 된다.

(1) 선거의 정치작용: 합리성의 왜곡

선거는 국민의 뜻을 대의할 대표자를 선출한다. 선거는 민주정치 체제에서 정치적 상호작용을 통하여 국민의 뜻을 반영하는 가장 중요한 기제다. 이 선 거과정에서 국민의 뜻을 반영함으로써 정책형성의 민주성을 높일 수 있다. 선거를 통하여 정책방향을 결정할 수 있는가? 2012년 서울에서의 무상급식에 대한 주민투표에서처럼, 특정 문제에 대한 국민투표는 분명하게 그 문제에 대한 정책방향을 제시할 수 있다. 그러나 일반 선거과정에서는 논란이 된 쟁 점에 대해서는 국민의 뜻을 해석할 수 있으나, 정책별로 정책의 방향을 가늠 하기는 쉽지 않다. 선거가 정책형성에 대한 구체적 방향과 내용을 시사하지 는 않는다 하더라도, 정당이나 선출직에 대한 신뢰의 심판을 보임으로써 간 접적으로 영향력을 행사한다.

교육정책 변동에 관한 연구는 정책변동을 유발하는 가장 중요한 요인으로 서 정치적 요인을 지적한다. 이 정치적 요인은 대통령 선거와 이에 따른 정권 교체이고, 국회의원 선거를 통한 의회권력의 교체를 의미한다. 정권교체는 정책변동의 중요한 계기를 제공한다. 정권에 따라 정책입장을 달리하는 쟁점 사항일수록 정권교체에 따라 정책이 변동하는 모습을 보인다. 교육정책에서 사학정책, 사립고등학교 자율화정책 등이 이에 해당한다. 김보엽(2008: 16-17) 은 국민의 정부와 참여정부의 「사립학교법」 개정과정에서 정권교체를 가장 중요한 정책변동 유발요인으로 분석하였다. 정권교체에 따라 사립고등학교 자율화정책의 변동이 이루어지기도 하였다(조홍순, 2011: 165).

선거과정은 매우 중요한 정책변동 요인이 된다. 그러나 선거과정이 정책의 합리성과 민주성을 왜곡할 가능성도 있다. 정책의 합리성을 왜곡하는 선거과정에서의 중요한 요인으로 다음 요인을 들 수 있다.

- 인기영합형(populism) 공약 제시
- 나열식 정책제시
- 공약의 정책화

국민의 동의를 얻는 정책의 제시는 중요하다. 인기영합형 공약 제시는 유권자의 단기적인 개인적 이해관계를 자극하여 득표하려는 선거전략이다. 이것은 정권 획득에는 도움이 될지 몰라도 국정 운영에 큰 해악을 남긴다. 복지에 관련된 정책이 인기영합형 공약 제시의 주 대상이 된다. 교육정책으로는 '무상급식' '반값 등록금' 등이 이에 해당한다. 땀을 요구하기보다는 사탕발림을 제시한다. 정당은 장기적인 정책을 개발하는 기능이 약하다. 선거 때가 되면 공약을 급하게 조합한다. 정책의 기조와 핵심, 전략을 생각할 여유가 없다. 이에 따라 나열식으로 정책을 열거하게 된다. 선거에 따른 정권교체가 중요한 정책변동 요인으로 등장하는 상황에서 선거 때의 공약(公約)이 정책방향을 결정하는 경향을 보이고 있다. 공약(公約)이 공약(空約)이 되지 않게 하는 것은 바람직하지만, 깊이 검토되지 않은 공약이 정책이 되는 것은 정책의 합리성을 크게 훼손한다. '행정수도 이전'과 같은 중요한 정책문제가 깊이 검토되기도 전에 선거의 공약이라는 이유만으로 정책이 되는 것이 정책의 합리성을 훼손하는 경우에 해당한다.

(2) 정당정치와 선출직의 행태

우리 「헌법」은 입법, 사법, 행정의 삼권분립의 통치체제를 세우고 있다. 또한 교육에 관한 기본적 사항에 대한 법정주의(法定主義)를 채택하고 있다(「헌법」 제31조 6항). 삼권분립제와 법정주의는 국정의 운영에서 국가권력의 전횡을 막기 위한 상호 견제와 균형을 유지하기 위한 제도적 장치다. 상호 간의 견제와 간섭이 가능한 구조다. 그러나 삼권분립의 통치체제가 정상적으로 작동하지 않을 경우에는 정책형성을 훼손하는 제도가 될 수 있다. 개인의 자유를 보호하고 국가권력의 남용을 규제하기 위한 제도가 정치체제의 당리당략의 도구가 될 때 정치제도가 정책의 문제해결을 방해하는 결과를 초래할 수 있다. 이것이 정치개혁을 요구하는 중요한 이유가 되기도 한다.

정책의 형성과정에서 국회를 장(arena)으로 하는 정치체제의 영향력은 막강하다. 정치체제는 정당을 중심으로 당리를 추구하는 당략을 따르기 때문에 정치체제가 당리당략을 따르는 '작은 정치'의 틀 속으로 빠질 가능성이 있다. 사회적 문제를 해결하기 위한 정책 본연의 정책논리를 왜곡하고 정책결정을 지연시킬 가능성이 있다. 정당의 이합집산 과정에서 정당의 정체성은 모호해지고 정책의 기조는 그 정합성을 유지하기 어렵다. 정당은 당리당략에 따른 정치투쟁을 우선하기 때문에 정당의 정책기능은 상대적으로 취약하다. 민주적 정책형성 과정의 복잡성은 정책형성의 책임을 묻기 어렵게 하기도 한다. 국회의 심의, 의결, 논의 과정의 절차의 복잡성 때문에 정책심의가 분절되고 지연될 수 있다. 또한 참여자 간 책임 소재도 불분명하다. 때로는 다수결 원칙도 무력화된다. 정당은 국가 공동의 목적을 공유하기보다는 당파적 목적과 공익에 대한 당파적인 관점과 입장을 우선하는 경향을 갖는다.

선거과정을 통하여 선출되는 선출직에 있는 대통령, 국회의원, 자치단체장과 이들이 임명하는 공무수행자의 정책형성에 작용하는 영향력은 막강하다. 이들은 일종의 정치엘리트 집단을 형성한다. 이들의 행태에 따라서 정책과 정책형성과정은 영향을 받는다. 이들의 정치행태에 따라서는 국민의 뜻을 반영하는 데 어느 한쪽에 편중될 가능성도 있다. 일반 국민이 느끼는 문제의식과 이 정치엘리트의 문제의식 사이에는 차이가 있을 수 있고, 정당과 정치인의 왜곡된 관점은 정책의 문제 해결 능력을 훼손할 가능성도 있다. 정책의 합리성과 민주성을 왜곡하는 요인으로 정치인의 문제 해결 능력의 부족, 인기영합주의, 당리당략에 따라 갈등을 증폭하는 경향, 이익집단의 영향력 등을 들수 있다. 이들의 행동지향과 행태는 정책의 형성에 커다란 영향을 준다.

정치작용은 본질적으로 당파적(partisanship)이다. 서양에서는 정당을 'party'라고 한다. 'party'는 분리한다는 'part'에서 유래하였다. 동양에서는 당(黨)자를 헤쳐보면 '흑심을 품은 사람들이 모인 집'이라는 의미를 내포하고 있다. 정당과 정치인의 당파적 속성을 인정하고 심의와 타협을 통하여 합의에 이룰 수 있는 '정치의 틀'을 발전시키도록 노력해야 한다. 이에 따라서 큰 정치와 작은 정치가 구별될 수 있다. 정치작용의 부작용과 한계가 있을지라도 정치를 대체할 수 있는 완벽한 민주적 대의체제는 없다. 정치체제의 정책 결정에 대한 책무성(responsiveness)은 결국 국민의 통제를 받는다. 정당의 정치작용에 대한 견제가 요구된다. 국민이 입법과정과 행정부의 정책형성과정을 평가하고 심판하는가에 따라서 이들의 정책행위는 달라질 수 있다. 국민의 정치의식, 평가 능력, 공인의식이 정책에 대한 정치체제의 작용을 통제하게 된다.

교육정책의 형성은 이 과정에 참여하는 정책행위자의 '합리적 탐구노력'과 이들의 뜻과 이익을 관철하려는 '권력작용'의 영향을 받는다. 이들의 행위지향이 어느 쪽을 향하는가에 따라서 정치작용의 결과가 달라진다. 정책의 분석과 제안이 순수하게 합리적 근거에 따라 논의, 형성, 결정되기보다는 권력작용의 영향을 받을수록 정책의 형성은 정치적 대결과 권력투쟁의 영향을 받게 된다. 최근 의원발의 교육법률안이 증가하는 경향을 보이고 있다(강석봉, 주철안, 2008: 312-314). 시민단체의 의원평가 활동과 이익단체의 영향 등으로 의원발의 교육법률안이 증가하는 경향을 보였음을 지적한다. 이 과정에서

졸속 입법에 따른 입법 기회비용의 증가, 비생산적인 규제의 남발 등의 문제점과 가결률이 저하되는 경향을 보여 왔다. 이러한 문제에 대하여 이덕난(2009: 202)은 '사전적(事前的) 교육입법 평가'의 필요성을 제기하였다.

(3) 행정부 관료제의 병폐와 부작용

행정 관료는 현장에 가까이 있기 때문에 정책의 세부사항에 대한 정보가 풍부하므로 정책형성에 대한 이들의 영향력이 크다. 현장 사정을 파악하기 쉽기 때문에 시의적절하게 정책을 개발할 수 있다. 이러한 이유로 문제가 복잡하고 고도의 전문성과 기술적 능력을 요하는 문제나 과제에 대한 정책의 제안을 행정 관료에게 위임하는 경향이 있다. 원자력 안전 문제, 환경문제, 교통문제가 그 예가 된다.

정책의 결정과 집행의 과정에서 행정 관료의 영향력은 막강하다. 정책의 형성에서 정책제안이 관료에게 많이 위임되어 있다. 그러나 정책형성과정이 이들의 전문적 검토를 맹종할 경우에 문제가 발생한다. 입법부 역시 정책안을 개발할 때 이들에게 의존하게 된다. 국회에서 행정부 발의안을 의원입법안으로 형식만을 바꾸어 제안하는 경우도 많다. 행정입법의 경향은 불가피하기도 하고 바람직한 측면도 있다. 그러나 관료가 소관 예산 확보, 조직과 권한 유지, 소관 정책 업무 확보 등 자신의 이익에 우선적으로 집착할 경우 행정 관료 중심의 정책형성은 정책의 합리성과 민주성을 왜곡할 가능성이 있다.

관료제의 병폐는 정책형성에서도 드러난다. 정책형성과정에 작용하는 부작용은 규제 남발, 책임 회피, 무능으로 나타난다. 관료의 권한을 유지하기 위하여 규제를 만들고 조직과 예산과 업무는 있되 공적 책임은 애매모호하게 만들어 책임을 질 사람이 없게 만드는 것이다. 순환 보직으로 좋은 자리를 분배하는 과정에서 과업 수행의 전문성과 책무성이 형성되지 못하는 경향이 있다. 규제 권한을 산하기관에 위임하여 주는 대가로 공직 이후의 자리를 확보하는 소위 '관피아(관료+마피아)' 현상도 등장한다.

행정 관료에 대한 민주적 통제장치로서 국회의 국정감사와 감사원의 감사 기능이 있다. 그러나 정부의 기능이 방대한 반면에 감사는 시간과 노력의 한계를 지닌다. 감사는 임시적이고, 중요한 문제에 대한 비체계적인 감사를 하게 되는 경우가 많다. 국회의 감사 또한 정당의 이해관계에 따라 움직이는 정당정치의 한계를 갖게 된다. 국민의 뜻을 반영하고 정책문제 해결을 위하여 합리적으로 심의하지 못할 수도 있다. 이 과정에서 행정부의 고위 관료는 정치권의 눈치를 보게 됨으로써 관료가 '정치화'되는 경향을 보인다. 관료의 정치화는 행정 본연의 임무와 책임에 충실성과 헌신을 훼손할 가능성이 있다.

결론적으로, 행정 관료에게 정책형성의 권한을 위임하는 것은 불가피하고 당연한 측면이 있다. 그러나 행정 관료의 정책형성에는 정책의 합리성과 민주적 참여와 통제 면에서 한계가 있다. 행정 관료에 의한 정책형성은 자신의 이해관계에 집착하는 경향, 문제 해결 보다는 기득권을 보호하는 경향, 정책문제에 대한 단편적 접근, 타성에 집착하는 한계를 안고 있다. 제한된 범위의 문제만을 인식하고 책임지기를 싫어하는 경향을 갖는다. 국민의 필요에 제대로 부응하지 못하는 정책적 대응성과 책무성이 관료제의 병폐를 드러내 보인다.

(4) 정책형성 과정에서의 이익집단

이익집단은 특정의 이익을 공유하고 이 이익을 확대하려고 노력하는 집단으로서, 정부 밖의 사적 집단이다. 이익집단은 자신들의 이익을 극대화하기 위하여 정책결정에 영향을 주는 공직자에게 영향력을 행사하려고 노력한다. 이익집단의 활동은 불가피하고 긍정적인 측면도 있다.

이익집단은 정책문제에 대한 다양한 관점을 제시하고, 전문화된 의견과 국민의 의사를 반영함으로써 정책의 문제 해결 능력 혹은 정책의 합리성을 높이는 데 기여하는 긍정적 기능을 수행할 수 있다. 이해집단은 수많은 정책문제 중에서 보다 많은 사람들이 공감하는 문제와 과제를 자기들의 정책의제로 집약함으로써 국민이 원하는 것을 보다 분명하게 하고, 다양한 관점과 정보를 제공한다. 이 과정에서 이익집단은 실현성이 있는 정책의제를 제시하고 정책과제의 수행 상황을 점검하여 문제를 제기한다. 정책의 운영체제를 점검하고, 문제해결을 위한 대안을 제시함으로써 문제해결에 기여할 수 있고, 정책연대(coalition building)를 통하여 정책형성을 위한 정책세력을 형성할 수도 있다.

　이익집단은 투표에 대한 참여, 정치헌금 그리고 문제제기와 설득을 통하여 정책형성에 영향력을 행사한다. 그러나 그 영향력은 제한적이고 이익집단의 정책지도성에 따라 달라진다. 이해집단의 긍정적 작용에도 불구하고 이익집단의 부작용도 있다. 이익집단이 영향력 있는 집단의 정치도구가 되어 막강한 영향력을 행사할 수 있기 때문이다. 특히 이익집단이 공익보다 사적 이익을 추구함으로써 정책의 형성이 때로는 소리(小利)를 위하여 대의(大義)를 포기하게도 한다. 이들은 정책제안을 방해하거나 막음으로써 정책형성의 장애요소가 되기도 한다. 국민의 이익을 반영하는 과정에서 정치적 영향력이 사회 내에서 균등하게 분포되지 않기 때문에 정책형성 요구에서 소외되는 '정치적 약자' 집단과 계층이 발생한다.

　교육 분야의 중요한 이익집단으로 교원노조, 교직단체, 대학교육협의회, 학부모단체, 민주화를 위한 교수협의회 등을 들 수 있다. 특히 교육문제의 경우에 교사와 학부모의 다양한 요구를 수렴하여 정책의제화하는 다양한 형태의 시민단체가 등장하였다. 이름만 있는 단체도 있고 시민 없는 시민단체도 있다. 이병기(1997: 493-494)는 전문직 단체로서의 교직단체의 정치적 기능과 로비활동에 대하여, 로비활동을 넘어서는 '정책적 지도성'의 발휘가 필요함을 강조하였다.

　정치적 약자는 조직, 자금, 정보와 정책과정에 대한 접근에서 취약하다. 다양한 정치세력 간의 정책형성에 대한 정치적 영향력의 불균등은 정책형성에서 민주성을 제약하고, 민주정치체제의 문제 해결 능력을 훼손한다. 이러한 이유로 교육정책 문제에서도 교육 약자의 관점과 시각이 반영되기 어렵다. 교육 약자의 교육문제, 지방대학의 문제, 실업계 학교, 지방 소재 소규모 학교의 문제, 다문화가정의 교육문제 등이 중요한 정책의제로 제기되기 어렵다.

3. 정책주장을 위한 순기능적 정치적 접근

1) 정책형성의 정치적 맥락

　김용일(1995: 93)은 교육에서 '비정치의 신화'를 허구적 신념체계라고 비판하였다. 비정치의 신화 속에 교육부와 전문가가 논의를 독점하고, 결과적으로 교육 부문의 정치력의 빈곤을 초래했다고 지적하였다. 또한 중요한 교육정책의 형성과정에 관한 연구들은 정책의 형성이 정치적 맥락에서 이루어졌음을 지적하였다. 참여정부의 「사립학교법」 제정에 관하여 박호근(2002: 143-145)은 "「사립학교법」 개정은 두 정당 간의 투쟁과정에서 정치적 흥정과 거래로 타협점을 찾게 될 것"으로 분석하였다. 이미석과 김재웅(2007: 86-87)은 「유아교육법」 제정 과정이 부처 간 그리고 단체 간 이기주의와 타협으로 이루어졌음을 분석하였다. 대학등록금 부담 완화정책도 정당과 국회의 정치활동의 결과임을 지적하였다(김시진, 김재웅, 2012: 181). 수석교사제 정책도 정책결정과정의 우발적 산물이다(박소영, 김민조, 2012: 149).

　「헌법」에서는 교육의 중립성과 교육법정주의를 설정하고 있다. 교육의 중립성은 정치적 중립성과 종교적 중립성을 요구한다. '교육의 정치적 중립성'은 교육과 정치의 관계에서 교육의 본질을 훼손하고 교육을 정치투쟁의 도구로 사용하려는 정치작용을 부정한다. 교육법정주의에 따라 교육제도와 그 운영을 위한 기본정책은 법률로 정하도록 제도가 만들어졌다. 그러나 국회에서의 입법 과정은 고도의 정치적 과정이다. 따라서 교육과 정치의 관계는 중립적 관계가 되기 어렵다. 교육은 고도의 정치작용이 될 수 있고, 차원 높은 정치작용이 되어야 한다. 정책주장은 정치적 맥락을 고려해야 한다.

2) 정책설계에 대한 순기능적 정치작용

정치는 감정과 열정 등의 비합리적 요소를 자원으로 권력을 사용하여 단기적 관점에서 정치적 이익을 추구한다. 정책에 대한 합리적 분석접근을 취할 수 있으나, 정책의 실제에서 정책형성은 정치의 맥락에서 형성된다. 정책형성에 대한 정치적 접근에 대하여 Lindblom과 Woodhouse(1993)는 정치작용의 역기능과 순기능의 두 가지 가능성을 제기하였다. 정책형성의 합리성과 민주성을 저해하는 역기능도 있고, 그 합리성과 민주성을 높이는 순기능적 정치작용도 있다. 순기능적 정치작용은 통합과 공동체적 배려와 정치적 소통을 이루는 정치작용이다. 순기능적 정치작용은 다음 요인을 포함해야 한다.

(1) 소통과 통합적 접근

통합적 관점은 좁은 정치적 이해관계와 당리당략을 넘어서 개인과 공동체 간의 이해관계에서 균형과 조화를 추구하고, 대결과 갈등을 넘어서는 통합적 관점을 형성한다. 공동체의 중심 가치와 원칙을 유지하고 시대의 도전이 되는 정책과제를 다루는 전략을 포함한다. 정치논리는 통합적 접근을 지향한다. 소리(小利)에 입각한 해석은 구성원을 분리하지만, 대의(大義)에 입각한 소망은 통합할 수 있다. 공동의 목표에 개인적 소망을 갖도록 하는 것이 구심력이다. 정치적 탐구의 본질은 개인적 인식을 공동의 목표에 통합하는 이 구심력을 형성하는 것이다. 이 정치적 구심력 혹은 압력으로 개인은 소통하게 되고 공동체를 유지하게 된다. 정치적 탐구는 자기의 생각과 의지를 넘어서 타인과 소통하고, 설득하고, 상호작용할 것을 요구한다. 소통의 정치작용은 정책형성과정에 정치적 약자의 참여를 확대하고, 주요 정책에 대하여 설명하고, 정책에 대한 기대에 반응한다.

개인의 생존과 공동체의 존재 사이에서, 범주의 경계선상에서 발생하는 갈등과 긴장은 고통스러울지 몰라도 삶의 차원을 높이는 새로운 도전이 되기도 한다. 이 점에서 정치적 접근은 혐오의 대상이 되기보다는 우리가 누릴 수 있는 새로운 가능성의 특혜가 될 수도 있다. 범주의 경계를 정하는 문제를 물리적 힘으로 해결하려 하기보다는 창조적 상상력으로 해결할 수 있는 길을 열어 주기 때문이다. 우리 사회의 극단적인 정책대립과 사회 갈등, 민주화 이후 정부의 반복적인 실패, 사회경제적 양극화, 이념적 양극화, 북한과 통일문제 등에서 정치적 통합 기능에 대한 기대와 요구가 등장하고 있다. 정책에 대한 정치적 접근은 그 가능성을 보일 수 있다.

(2) 공동체의 관점

합리적 분석모형은 사회에 대한 관점으로서 '시장'을 생각한다. 시장이란 개인이 그 사익을 추구하기 위하여 다른 사람과의 거래를 통하여 서로에게 유익이 될 때 재화와 용역을 교환하는 사회체제다. 자율적 합리적 의사결정 자인 개인의 집합을 사회로 간주한다. 개인은 합리적 계산을 통하여 사익을 극대화할 수 있다고 생각한다. 이에 반하여 순기능적인 정치작용은 공동체적 배려와 지원을 지향한다. 공동체의 관점에서 낙후된 지역과 소외된 계층을 배려하고 이들의 필요에 부응하는 지원을 제공하는 정책을 설정한다. 정치적 관점은 '공동체의 작용'을 전제한다. 공동체는 공동의 노력을 발휘하는 사회체제다. 공동체는 공익을 추구한다. 공익은 공동의 사익, 합의가 이루어진 목표, 공동체에 유익이 되는 것들을 포함한다.

집합체로서 공동체에는 공동의 의지, 구성원의 자격, 통합작용 그리고 상호 지원이 있다. 정치공동체에서 가장 중요한 과제는 개인의 이익을 지향하는 개인에게 공적 문제를 우선적으로 생각하게 하는 것이다. 공동체에서는 사익과 공익의 조화와 균형을 취하는 것을 중요한 과제로 간주한다. 정치공동체에서는 공동체 안에서의 협동과 공동체에 대한 충성을 통하여 공익과 사익 간의 간격을 축소하려고 한다. 이 과정에서 개인의 선호와 행동은 공동체 안에서 타인과 공적 영향력의 영향을 받게 된다(Stone, 1997: 52). 공정성, 정의, 권리 그리고 선에 대한 사람들의 생각은 서로 다르다. 그러나 정책문제와 정책에 대한 개인의 인식은 공익을 추구하는 정치공동체에서 형성된다고 본다.

권력은 공동체의 핵심적인 현상이다. 권력의 목적은 공익을 위하여 사익을 규제함에 있다. 권력을 사용하여 영향력을 행사하고, 협동과 충성을 조성하고, 정보를 전략적으로 활용하고, 정치적 열정을 실행한다. 공동체는 권력을 통하여 정치력을 발휘한다. 이것이 권력을 사용하는 길이다.

3) 정책설계를 위한 정치적 접근: 문제의 규정과 관점의 차별화

(1) 문제를 보는 관점의 중요성

정책형성에서 정치적 접근은 현상과 문제를 보는 관점을 중시한다. 현상과 문제에 대한 생각과 그 의미를 중시한다. Stone(1997: 373-382)은 생각의 소통과 관점의 통합을 강조하는 정치적 탐구논리를 제시하고 그 가능성을 전망하였다. Stone은 정책설계에 대한 정치적 관점과 논리를 제시하였으며, 또한 시장모형에 근거한 경제논리와 대비되는 정책분석 모형으로서 정치공동체에 근거한 정책분석 모형을 제시하였다. 이 정치공동체 모형에서 개인은 사익뿐 아니라 공익(公益)을 추구한다. 이를 위해서 개인은 공동체와 상호 의존적 연합관계 속에서 존재한다고 보았다. 개인의 선호는 이 공동체와의 상호 의존적 연합관계 속에서 형성되는 것으로 보았다. Stone은 공동체의 맥락에서 정치작용과 정책분석과 형성을 검토하였다.

무엇이 왜 문제인가를 규정할 때, 어떤 관점에서 보느냐에 따라서 문제의 규정이 달라진다. 객관적으로 '존재하는 문제'를 발견하기보다는 어떤 현상을 문제라고 규정한 것이 '문제'라고 본다. 1970년대에 논의되었던 '재수생 문제'만 해도 그 상황을 여러 가지로 규정할 수 있었다. 어떤 관점에서 보느냐에 따라서 문제의 규정은 달라지고, 이 문제의 규정에 따라 정책의 내용이 영향을 받는다. 정치적 관점은, 문제는 객관적으로 존재하는 것이 아니라 우리가 부여하는 의미 안에서 존재한다고 본다. 현상과 현실에 대한 관점을 해석하는 입장이다. Stone(1997)은 정책문제를 규정할 때 두 개 이상의 때로는 상충하는 해석이 존재하는 상황을 '정책의 역설(policy paradox)'이라고 표현하였다. 정책의 역설은 의미 규정의 애매성(ambiguity)과 두 개 이상의 의미 규정 간의 갈등을 지적한다. 정책설계에서 이러한 상황은 곤란한 상황을 의미하는 것으로 해석한다. 정책분석의 실제에서 문제의 규정, 정책목표의 설정, 대안의 구성에서 상충하는 의미를 부여하는 것이 가능하고, 이것들을 통합하는 의미 규정도 가능하다. 이것이 정책의 역설이 된다.

문제의 규정뿐만 아니라 정책목표에 대해서도 그 의미에 대해서 다양한 규정이 가능하다. 모든 정책 영역에 공통적으로 적용할 수 있는 당연하게 여기는 포괄적 가치가 되는 평등, 효율, 안전 및 자유에 대해서도 그 의미를 조작적으로 규정할 때 복합적인 의미 규정과 때로는 상충하는 규정과 해석이 가능하다. 정책분석 과정은 하나의 답을 찾는 것에 있기보다는 의미의 차이를 드러내어 조정하고 일치하도록 돕는 데 그 의의가 있다.

정책설계에서 현상이나 문제에 대한 의미를 선택함으로써 정책에 대한 관점을 형성한다. 정책설계에 대한 정치적 접근은 상충하는 해석이 가능한 여러 관점 중에서 정책을 이끄는 관점을 선택하여 제시한다. 설득의 목적을 위하여 전략적으로 현상에 대한 관점을 형성하려고 시도한다(Stone, 1997: 9). 이 점에서, 정책에 대한 관점과 논의의 틀을 세우려는(framing) 접근은 정치적이고, 생각을 통제함으로써 행위를 통제하려는 점에서 매우 전략적이다. 우리가 규정하는 문제에 대한 정치적 탐구(political reasoning)는 현상의 의미에 대한 범주를 선정한다. 범주(categories)는 세상을 보고 이해하는 데 도움을 주는 관념 혹은 구념체(mental construct)로서 사고의 틀을 구성하는 관점이 된다. 사회 현상 혹은 현실을 논의할 때 어떤 관점에서 보느냐에 따라서 문제와 문제에 대한 논의의 성격이 규정된다. 정치적 접근은 문제의 범주를 규정하는 문제를 매우 중요한 과제로 인식한다.

(2) 관점의 차별화와 정당화

우리가 실제에 대하여 범주화하고 이름을 붙이고 의미를 부여할 때 비로소 우리는 실제를 알 수 있다. 범주화는 우리가 규정하는 문제에 성격을 부여하는 것이다. 정치적 탐구는 현상의 성격을 범주화한다. 범주를 통하여 현상을 본다. 사실(facts)에 대한 해석과 의미의 부여가 정책의 주장을 구성한다. 의사결정에 관한 합리적 모형은 범주 안에서의 계산에 중점을 둔다. 그러나 범주가 먼저 정해지고 나서야 계산을 할 수 있다(Stone, 1997: 375). 정치적 탐구는 이성적 계산을 넘어서 은유적으로 그 의미를 제시한다. 의미를 먼저 설정함으로써 정책을 주도하는 경쟁에 대응하려 한다는 점에서 정치적 탐구는 매우 전략적이라고 볼 수 있다.

정책문제에 대한 논리적 분석의 배후에는 관점 혹은 사상의 범주(categories of thoughts)가 있다. 다양한 관점이 서로 경쟁한다. 관점의 설정은 그 자체가 정치적 선택에서 이루어진다. 정책관점의 설정은 정치적이고 관점이 행위를 통제한다는 점에서 정책관점의 설정은 전략적이다. 정책에 대한 정치논리는 정책의 틀을 세워서 정책 대상 집단의 행동을 유도하고 문제 해결 과정을 통하여 권력을 행사하려 한다. 정치적 접근은 현상에 대한 복합적 의미 규정의 가능성을 이해하고, 논의의 틀을 세우는 전략을 구사한다. 핵심요인을 중심으로 문제를 규정하고 그것의 역사적 의미와 의의를 고려한다.

정책에 대한 정치적 관점은 본질적으로 현상에 대한 범주가 형성되지 않았을 때에 현상을 범주로 구분하고 차별화하는 것이다. 정책주장은 이러한 범주의 구분의 합당성을 믿게 하려는 것이다. 현상에 대하여 같은 것과 다른 것, 옳고 그름, 선한 것과 악한 것을 구별하려는 과정이다. 범주 안에서 양적인 정도의 차이를 논하는 것은 2차적인 과제다. 정책논쟁에서 범주 안에서의 2차적 논의는 범주 그 자체에 대한 논의와 경쟁하기가 어렵다. 최근의 교육감 선거의 교육정책 논의에서 '무상급식'의 관점과 교육재원의 효율적 배분 문제가 충돌하였다. 교육재원의 효율적 배분 문제는 무상급식 범주 안에서의 2차적 논의로 인식되어 '무상급식' 정책주장은 지역주민의 마음을 강력하게 이끄는 정책주장이 되었다.

정책에 대한 정치 논리는 정치행위자가 추구하는 정치적 목적과 가치를 지향하는 방향으로 정책의 결과를 끌고 가려 한다. 이를 위하여 원하는 방향으로 쟁점을 설정하고 논의의 틀을 구성하려 한다. 쟁점과 논의의 틀로서 대항논리에 대응하고 동조 세력을 형성하고, 반대 세력을 무력화하고 설득할 수 있는 정당성을 세우려 한다. 정치적 탐구는 이를 위한 범주와 경계를 형성하고 변경하고 옹호하기 위한 탐구 과정이다. 관점을 차별화하려는 과정에서 정책의 이름을 과대포장하거나 초점을 흐리게 하여 정책의 취지를 훼손하는 사례를 볼 수 있다. 다음의 칼럼은 이 문제를 지적하고 있다.

어설픈 작명이 정책 망친다.

곧 있으면 다양한 이름의 정책들이 전국 각지에서 쏟아져 나온다. 6·4 동시 지방선거 당선자들이 7월 1일 일제히 취임한다. 박근혜 정부의 2기 내각도 '국가 개조'를 위해 새 정책들을 내놓을 게다. 정책은 겉보기에 그럴듯한 이름으로 세상에 나온다. 혜택을 보는 사람이 많아 보이도록, 그리고 효과가 커 보이게 하는 게 작명(作名)의 원칙이다. 이름에서 소외감을 느끼는 사람도 없어야 한다. 이미 경험한 사례가 '무상급식'이다. 탐탁지 않아하는 쪽에선 '세금급식'이라 부른다. 전자는 수혜집단, 후자는 비용부담 집단의 관점을 반영한다. 빈곤층도, 부유층도 아닌 국민 대다수는 두 집단의 교집합에 속해 있다.

정책의 작명권(作名權)은 1차적으론 정책 당국에 있다. 정책 작명가들은 이름에 따라 정책 지지와 성과가 갈린다는 것을 유의해야 한다. 최근의 경험을 반면교사로 삼을 필요가 있다. 개인적으로 박근혜 정부의 작명 능력이 뛰어나지 않다고 본다. 이름을 잘못 짓는 바람에 정책 혼선을 자초한 측면이 크다. '기초 연금'이 대표적이다. 보건복지부의 관련 홈페이지에선 기초 연금을 '어려운 노후를 보내시는 어르신들을 도와드리기 위한 제도'라 설명한다. 애초에 '어르신 노후 지원금' 정도로 이름을 정했어야 했다. 그런데 수혜집단이 많아 보이게 하려고 '기초'를 넣고, 지원금을 받는 이의 기도 살려주려고 '연금'을 넣었다. 이 바람에 고령자 아닌 국민연금 가입자 대다수를 혼란스럽게 하고 원성을 샀다. 중학교 '자유학기제'도 비슷하다. '진로탐색 집중 학기' 정도로 해도 학생·학부모·교사들은 도입 필요성에 공감했을 것 같다. 그런데 거창하게 '자유'를 넣으면서 원래 취지보다 정책 내용이 커져 버렸다. 결국 자유학기제에 대한 교육부 설명도 장황할 수밖에 없다. '중학교 교육과정 중 한 학기 동안 학생들이 중간·기말 고사 등 시험부담에서 벗어나 꿈과 끼를 찾을 수 있도록 수업 운영을 토론·실습 등 학생 참여형으로 개선하고 진로탐색 활동 등 다양한 체험활동이 가능하도록 교육과정을 유연하게 운영하는 제도'다. 그럼 나머지 학기들은 이런 활동을 하지 않는 '부자유 학기'여야 하나. 교육 당국은 2016년부터 전국의 모든 중학교에서 자유학기제를 '전면' 실시한다고 한다. 일부에선 '자유학기제를 하지 않아도 되는 자유는 없다'는 우스갯소리가 나온다. 어설픈 이름에 의욕이 앞서면서 자초한 비판이다. 이름에 정책의 실체를 정확히 담아야 한다. 그래야 정책 토론이 합리적으로 이루어진다. 이는 일찍이 공자도 강조한 바다.

제자인 자로(子路)가 공자에게 물었다. "위나라 임금이 선생님을 모시고 정치를 한다면 무슨 일부터 하시겠습니까." 공자의 답변은 "이름을 바로잡는 일(正名)"이었다. "이름이 바르지 않으면 주장이 정연하지 못하고, 그럼 정사(政事)가 제대로 이루어지지 못한다."

출처: 성시윤. 어설픈 작명이 정책 망친다(중앙일보, 2014. 6. 20.)

(3) 생각의 경쟁

정책에 대한 합리적 접근(rationality project)은, 당파적 이해관계에 집착하는 정치 부작용으로부터 탈피하여 합리적 분석과 과학적 방법을 적용하여 정책 분석과 설계의 합리성을 지향하려는 취지로 시작된 접근이다. 이 접근은 정책 설계의 비정치화를 지향한다. Simon의 행정의 과학화(science of administration) 나 Lasswell의 정책과학론(science of policy forming and execution) 등이 그 예가 된다. 목표의 규정, 대안의 설정, 대안의 결과에 대한 평가, 최적의 대안을 선택하는 과정에서 합리성을 전제한다. 합리적 분석모형은 문제, 정책목표, 대안에 대한 객관적인 분석을 통하여 정책을 합리적으로 형성할 수 있다고 본다.

그러나 정치공동체 모형에서는 현상과 문제에 대한 '생각의 경쟁'을 통하여 정책이 형성된다고 본다. 현상에 대한 여러 가지의 해석이 가능하다. 생각과 관점의 차이가 정치적 갈등의 핵심이다. 생각(ideas)은 타인의 행위에 영향력을 행사하는 매우 강력한 매개체다. 공유하는 생각은 사람들에게 행위의 동기를 부여하고, 이것이 집단행동 혹은 공동체적 행위를 형성한다. 합리적 접근이 결과 지향적이라면 정치적 접근은 과정 지향적이다.

정책형성은 본질적으로 관점을 설정함으로써 현상과 문제에 대하여 그 성격을 규정하는 범주(categories)를 설정하고, 그 범주의 경계(boundaries)를 그린다. 정치의 무기는 생각과 말이다. 이 생각과 말을 통하여 다른 사람의 생각과 마음을 움직이려 한다. 모든 생각은 경계를 포함하고 있고 정책은 이 경계를 규정한다. 논지(arguments)는 세상을 보는 관점에 따른 주장의 집합체다. 다양한 관점이 존재하고 다양한 논지가 세워질 수 있다. 때로는 표면적 논지와는 달리 정치적 목적을 위한 이면적으로 숨겨진 주장(hidden argument)이 있을 수 있다.

4. 정책의 주장을 위한 유용한 정책지식의 창출

정책혁신가는 정책을 통하여 교육을 변화시키려 한다. 이를 위하여 정책혁신가는 정책을 주장해야 하고 전략적으로 접근해야 한다. 대개 이들은 정책의제를 제시한다. 그리고 전략적으로 연대하여 제시한 의제를 정책화하기 위하여 노력한다. 정책을 주장하기 위해서는 먼저 정책문제에 관여하고 유용한 정책지식을 창출하고 제시할 수 있어야 한다. 이명박 정부의 교육개혁정책을 주도한 이주호(2001: 79-98)는 교육정책을 주도하기 전에 평준화정책의 보완과 입시제도의 개혁, 행정개혁 그리고 학교정보의 공개에 이르기까지 일련의 정책과제를 정책의제화하였다. 그리고 교육개혁의 실제를 주도하였다. 강보길(2007: 77-78)은 Kingdon의 다중흐름모형을 활용하여 우리나라에서의 정책혁신가의 정책형성에 관한 전략적 접근을 추적하였다. 이들의 성향은 정치의 창(대통령 선거)과의 연결을 모색하고, 전문성, 개인적 노력 그리고 네트워킹에서는 양호하지만 협상능력에서 부족한 경향을 보였다고 평가하였다.

정책제안을 설계하기 위해서는 유용한 정책지식(usable policy knowledge)을 만들어 내야 한다. 합리적 분석의 틀만으로 유용한 지식을 산출하기는 어렵다. 유용한 정책지식은 합리적 계산만으로는 부족하다. 우리의 탐구는 분석의 한계를 갖는다. 또한 문제의 규정과 정책과제의 설정에서 관점의 선택이 불가피하다. 계산을 넘어서서 계산의 근거가 되는 관점과 입장의 선택, 불확실성에 대한 대응, 추구하는 가치의 갈등과 같은 문제에 대응할 수 있는 접근이 필요하다.

Lindblom과 Woodhouse(1993)는 정책분석 과정의 완전한 합리성을 전제하지 않았다. 이들은 인간의 합리성은 제한되었다고 보았다. 그리고 복잡한 사회적 문제의 불확실성에 대한 완벽한 분석적 연구는 불가능하다고 보았다. 이 전제 위에서 정책형성의 한계를 극복하기 위해서는 정책문제와 문제 해결 방안에 대한 다양한 견해를 논의할 수 있는 것이 더 중요하다고 하였다. '생각의 경쟁(competition of ideas)'은 합리적이고 민주적인 정책형성 체제의 핵심이 된다.

　이러한 입장에서 사회적 문제에 대한 고도의 합리적인 답을 찾기보다는, 다양한 정치적 관점에 따른 다양한 정책논리를 사려 깊게 논의하고 심의할 수 있는 방법을 모색하는 데 중점을 둔다. 정책분석에 활용할 수 있는 시간적, 재정적, 그리고 관심의 제약 상황에서 정책문제의 불확실성과 정책방향에 내포된 가치 갈등에 대처할 수 있어야 한다. 보다 지성적인 접근, 기득권에 영합하기 쉬운 정책연구의 상황적 한계를 극복할 수 있는 방안에 주목한다. 이러한 문제의식에 대한 대응으로서, Lindblom 등(1993: 126-138)은 세 가지 과제를 제시하였다. 첫째, 합리적 정책분석과 정치적 판단과의 조화를 취하는 것이다. 둘째, 불확실성에 대처하기 위하여 합리적 시행착오(intelligent trial and error)를 통한 정책의 학습화를 기하는 것이다. 셋째, '열린 자세'로 정책탐구를 하자는 것이다.

1) 객관적 분석에서 정치논리의 활용

　전문적 정책분석 활동은 객관적·분석적 정보의 제공을 목적으로 한다. 그러나 분석적 활동 이전에 정책문제를 규정하고 분석의 틀을 세우기 위해서는 관점과 틀을 설정해야 한다. 정책문제와 과제를 보는 관점과 틀은 다양하고 이들 간에 긴장과 갈등이 있다. 이러한 상황에서 상황 분석에만 집중하는 정책연구만으로는 관점의 갈등과 긴장을 피하기 어렵다. 객관적·분석적 접근은 정책형성을 위한 유용한 지식을 창출하는 데에 충분하지 않다. 이 점에서 정책연구도 관점의 설정을 검토하는 정치적 탐구가 불가피하다.

　이러한 관점에서 정책연구가 지향해야 할 방향으로 정치적 판단을 추구하는 방향을 다음과 같이 제시한다. 첫째, 정책탐구는 다양한 정치적 관점 사이의 논의에 중점을 두어야 한다. 정책적 대응을 요구하는 사회적 문제는 불확실성, 가치 갈등, 견해의 상충을 본질로 한다는 것을 인정하고, 사회적 문제를 논의·검토·심의하기 위해서 정책탐구는 다양한 정치적 관점 사이의 논의(partisan interaction)를 보다 사려 깊고 효과적으로 하도록 노력할 필요가 있다. 사회문제에 대하여 관점의 차이를 깊이 있게 논의하기 위해서는 정책문제에 대하여 정치적 중립성의 관점에서 정치적 탐구를 배제하고 접근하기보다는, 오히려 다양한 정치적 관점 중에서 특정의 정치적 관점에서 정책문제를 철저하게 분석하여 연구하는 것이 보다 유용하다. 상이한 파당적 정책적 관점(partisan perspectives)을 대상으로 선정하여 논의함으로써 정치적 상호작용의 내용과 수준을 개선할 수 있고 정책논의의 지성을 높일 수 있게 된다. 논의의 유용성을 높이기 위해서 각자 다른 관점에서 논의하고 심의할 수 있는 것이 중요하다.

둘째, 정책탐구는 문제의 핵심에 집중하여야 한다. 사회적 문제는 불확실성과 가치 갈등, 의견의 상충을 본질로 한다. 시간, 자원, 정책에 대한 관심의 제약조건 속에서 관점의 차이를 넘어서서 사회적 문제를 완벽하게 중립적인 입장에서 논의하는 것은 불가능하다. 갈등의 해소를 위해서 선동과 거짓선전, 뇌물 제공 등의 비합리적 접근에 의존하기보다는, 상호 이해를 위한 소통과 전체적인 합의는 이루지 못할지라도 부분적 합의를 통한 갈등의 해소를 시도해야 한다. 정책분석을 통하여 문제에 대한 이해를 높이고 이성적으로 논의하고 설득할 수 있는 근거를 제시하여야 한다. 정책탐구는 문제의 핵심에 집중하고, 분석은 추가 정보가 필요한 부분에 집중함으로써 갈등의 해소에 기여해야 한다.

셋째, 정책탐구는 사려 깊은 정치적 관점(thoughtful partisanship)을 제시해야 한다. 정책연구과 분석은 서로 다른 입장이 상호작용할 수 있도록 돕는 것을 목표로 삼아야 한다. '모 아니면 도' 식으로 양자택일의 길로 가는 것이 아니라 서로가 인정할 수 있는(win-win) 타협 지향적인 분석이 필요하다.

이러한 관점에서 볼 때, 참된 정치적 관점(authentic partisanship)에 서 있는 정책연구는 다음과 같은 몇 가지 특징을 지닌다. 첫째, 누구를 위한 정책연구인가를 분명하게 한다. 둘째, 완벽한 분석을 전제로 하지 않는다. 제한적 분석만이 가능한 점을 인정한다. 소통과 이해를 중시한다. 셋째, 타협을 전제로 한다. 입장에 따라 지향과 논리가 다를 수 있음을 인정한다. 대결에서 상대를 제압하기보다는 상생을 추구한다. 넷째, 최소한의 공통분모를 찾으려고 노력한다. '더 큰 하나'를 추구한다. 마지막으로, 점진적 개선을 추구한다.

이러한 지향과 속성을 반영하는 분석과 정책연구가 참된 정치적 관점에 서 있는 분석이 된다. 정치논리를 반영하는 정책연구는 정치적 관점에 따른 갈등(partisan conflict)의 불가피성을 인정한다. 이 갈등의 긍정적 측면과 바람직한 측면을 인정하고 여기에 적합하게 대응하려 한다.

정치적 접근은 문제의 성격을 범주화하고 그 내용의 경계를 설정함으로써 문제를 규정하고 분석하려고 한다. 정치적 접근은 상이한 관점에서 논의함으로써 정책문제에 대한 합리적 논의에 기여하려 한다. 정책연구를 통한 분석은 정치적 상호작용의 질을 향상하기 위한 것이다. 이 과정에서 민주적 정책형성의 합리성을 높일 수 있다. 그러나 정치적 관점에 선 정책연구가 상대적 부분 이익만을 관철하려 할 경우에 공익 훼손, 부패, 분석의 왜곡 가능성과 같은 부정적 측면이 드러날 수 있다.

2) 불확실성과 가치갈등에 대응하는 정책학습의 체제화

사회문제는 불확실성과 가치갈등을 내포하고 있다. 이 특성이 사회문제의 본질적 특성이 된다. 사회문제의 해결과정은 보통 시행착오의 경험을 통하여 문제의 해결을 시도한다. 이 과정에서 학습 효과를 체제화할 수 있는 '정책학습의 체제화'가 필요하다. 정책과정에서 어떻게 학습할 수 있는가? 정책대안을 구상할 때 정책실패의 악영향을 극소화할 수 있도록 설계할 필요가 있다.

이를 위한 제도적 조치, 절차의 설정, 전략의 도입 등을 검토할 수 있다. 이렇게 할 때 정책의 시행착오는 정책탐구를 위한 '합리적 시행착오(intelligent trial and error)'가 될 수 있다(Lindblom & Woodhouse, 1993: 32).

　치명적 정책실패를 줄이기 위하여 정책의 설계에서 다음 사항을 반영할 필요가 있다. 첫째, 예방적 조치를 취하는 것이다. 소규모 실험을 통한 실험적 접근으로 정책의 효과성을 사전에 점검함으로써 정책이 실패하더라도 그 실패비용을 최소화하는 것이다. 한국교육개발원(KEDI)의 설립 목적이 되었던 '초·중학교 발전사업(EM Project)'을 시범사업형으로 추진하는 경우가 이에 해당한다. 둘째, 정책추진 과정에서 문제가 드러났을 때 시정하거나 보완하는 조치를 취할 수 있는 융통성을 부여하는 것이다. 막대한 사전 투자를 요하는 경우에 주기적으로 점검을 강화하여 시정과 보완 조치를 준비하는 경우이다. 미국의 NASA의 '우주 왕복선 사업(Space shuttle project)'이 이에 해당한다. 수많은 점검 단계와 장치를 설정할 수 있다. 셋째, 정책학습을 체계화하는 것이다. 정책문제와 상황, 과정, 결과에 대하여 점검(monitoring)과 해석을 통한 학습을 체계화해야 한다. 환류(feedback)가 핵심이다. 정책에 대한 효과 검증을 의무화할 필요가 있다. 미국의 경우 '헤드 스타트 프로그램(Head start program)'을 시작할 때 이 사업에 대한 평가 결과의 반영을 의무화하였다. 교육개혁 사업의 경우에 그 효과를 평가하기에 시간이 너무 오래 걸리고 요인의 작용에 대한 분석이 복잡한 특징을 갖는다. 이에 따라 교육개혁에 관한 정책의 학습화가 어려운 측면이 있다. 중요한 정책이나 개혁 조치에 대하여 정책 기록을 남기고 중요 정책에 대한 '정책백서'의 발간도 필요하다.

3) 정책논지와 담론의 설계와 분석

　정책논지의 설계와 담론의 설계와 분석이 유용한 정책 지식을 창출하는 도구가 될 수 있다. 교육정책의 형성에서 정책탐구의 결론으로 정책 내용만을 제시하는 경우가 많다. 이는 마치 건축의 설계에서 설계도면만 제시하는 것과 비슷하다. 설계도도 필요하고 시방서도 필요하고 건축을 설계하는 '밑그림'이 되는 개념도와 설계 논리를 제시하는 설계 관점이 제시되어야 하는 것과 비슷하다. 교육정책의 경우에도 정책 내용의 밑그림이 되는 정책의 논지와 배경 담론을 제시해야 한다. 우리 교육행정학계와 교육정치학계에서도 교육정책의 논지와 담론 분석에 관심을 경주하기 시작하였다. 정영수(1991)와 김동석(1998)은 중요한 교육정책의 논지 분석을 시도하였다.

교육정책 담론에 관한 의미 있는 분석의 예를 '삼불정책(三不政策)'으로 표시되는 교육부의 정책입장에 대한 분석에서 찾을 수 있다. 정기오(2007: 66)는 삼불정책에 대한 논란의 근저에 있는 학업 성취와 대학입학 자격을 수량화하려는 관료적 도구화를 전제하고 있음을 지적하였다. 그는 삼불정책의 찬성과 반대의 논지는 이 전제에 대한 근본적 검토 없이 자기들의 이익에 따라 정치적·정략적으로 주장함을 지적하였다. 변수연 등(2011)의 「삼불정책 논쟁에 나타난 옹호연합 간의 상호 적대화(devil shift) 현상 분석」은 신념체계의 대립과 적대 현상이 장기화될 경우에 '진영논리'에 함몰될 가능성을 지적하고 있다. 관점을 달리하는 정책논지 상호 간 신뢰의 구축과 대화를 위하여 담론분석이 필요하다. 「2008 대입제도 정책주장에 관한 실제적 타당성 분석」에서 안선회(2009: 189-191)는 정책주장의 실제적 타당성을 높이기 위한 분석틀을 제시하고 그 가능성을 검토하였다. 이 타당성 분석은 실제적 타당성 분석을 수반해야 함을 지적하고 있다.

정책에 대한 논쟁이 '정략적 담론논쟁'으로 비화되기 전에 합리적인 정책논의의 구조로 귀속시킬 필요가 있다(김경희, 2012: 1). 무상급식을 둘러싼 서울특별시장과 교육감의 갈등은 무상급식 논란이 정략적 담론구조로 변질되어 학교급식에 관한 보다 실제적인 방안을 마련하지 못하였다. 하봉운(2010: 153-154)은 학교급식 무상성 논쟁의 쟁점과 과제에 대한 분석에서 정책의 담론을 분석하고 정책대안을 설계함으로써 유용한 정책지식을 창출할 수 있음을 제안하였다.

정책의 설계가 정책논지를 구성하고 담론을 형성하는 것이라면 담론분석은 논지를 해체하여 담론의 구조를 드러내 분석한다고 볼 수 있다. 안선회(2010: 81)는 참여정부의 사교육비 경감대책의 논지를 분석함으로써 논지에 내포된 '정책 인과 가설' 설정의 오류 가능성을 분석하였다. 손준종(2010: 112-113)은 이명박 정부의 교원정책을 구성하는 교사 전문성 담론의 성격을 분석함으로써 교사 전문성을 보는 이명박 정부의 정책관점이 기술적(technical) 차원을 강조하고, 교사의 윤리적 차원과 보살핌(caring)의 관점이 결여되어 있음을 지적하였다.

4) 정책연구의 전문성 제고

정책탐구는 원칙적으로 정책형성 과정이 합리성을 견지할 수 있도록 장애요소를 제거해 나가야 할 것이다. 정책을 통하여 변화의 폭을 확대할 수 있도록 노력할 필요가 있다. 정책탐구는 제기된 문제, 기회, 정책대안에 관한 깊이 있는 정책토론을 하도록 지원할 수 있어야 할 것이다. 정책탐구는 정책추진 과정과 그 성과에 대하여 약간의 회의적 관점(skepticism)을 가질 필요가 있다. "무식할 때 겁이 없다."는 말이 있다. 정책연구 전문가는 무모한 낙관론보다는 회의적 시각에서 정책을 검토할 필요가 있다. 정책을 통하여 소기의 성과를 거두기는 어렵기 때문이다. 정책탐구는 정책제안의 논거를 확인하고 증거를 제시하고, 그리고 다양한 문제제기에 대하여 열린 자세로 임하는 것을 중요한 학습과제로 삼아야 한다.

정책탐구에서 소통을 중시하는 것과 아울러, 정책연구자가 흔히 범하는 결점을 극복할 필요가 있다. 의사소통을 방해하는, 불필요하게 뜻을 알기 어려운 전문적 용어(jargon)의 사용을 자제할 필요가 있다. 정책탐구의 결과를 알아들을 수 있게 설명할 수 있어야 한다. 연구 설계를 강화하여 간결하게 성과를 검증할 수 있어야 한다. 지나친 계량적 분석에만 의존하는 경향을 극복할 필요가 있다. 정책탐구도 정책연구의 유행과 연구비 지원 경향에 따른 영향을 받기 쉽다. 그러나 정책을 통하여 교육의 변화를 추구하려 할 경우에는 유행에 따라가기보다는 정책탐구자의 관점에 따른 정책문제를 제기할 수 있는 제안을 준비해야 할 것이다. 이를 위하여 정책연구의 의제라고 할 수 있는 '교육정책연구 연구프로그램(education policy research program)'이 있어야 한다.

정책탐구가 기득권 체제를 옹호하는 경향으로 갈 수도 있다. 기존의 사회질서와 기득권을 유지하려는 속성을 극복할 필요가 있다. 기득권과 기존 정책주도 세력에 영합하려 하기보다는 이에 도전하는 자세와 대의(大義), 공익, 정치적 약자를 배려하는 문제의식과 문제제기가 필요하다.

결론적으로, 정책탐구는 원칙적으로 정책형성과정의 합리성과 민주성을 구비할 수 있도록 탐구의 폐쇄성을 극복해야 한다. 정책의 문제와 과제에 대하여 폭 넓게 검토하고, 문제, 기회, 대안에 대하여 깊이 있는 정치적 논의가 가능하도록 해야 할 것이다. 이를 위하여 정책탐구의 정치적 중립성보다는 사려 깊고 책임 있는 정책입장을 제시하는 데 중점을 두어야 할 것이다. 불확실성에 대처할 수 있는 정책의 틀을 형성하는 합당한 정책에 대한 정치적 입장을 제시하는 것이 바람직하다. 바람직하지 않은 정책실패에 대처하는 사전 예방적 조치를 강구하고, 정책의 수정과 보완을 할 수 있는 융통성을 확보할 필요가 있다. 이를 위한 정책학습의 지속화와 체계화를 갖추어야 할 것이다.

추천도서

Lindblom, C. E., & Woodhouse, E. J. (1993). *The policy-making process* (3rd ed.). Englewood Cliffs, NJ: Prentice Hall.
　　정책형성의 정치적 측면을 검토한 책이다. 정책분석의 합리성의 한계를 인정하는 전제 위에서 정책형성의 과정과 점진적 접근의 가능성을 논하였다.

Stone, D. (1997). *Policy paradox: The art of political decision making.* New York: W. W. Norton & Company, Inc.

　이 책은 정책문제의 규정과 정책의 대응을 설계하는 과정에서 애매함과 모호성이 존재함을 '정책의 역설'로 이해하고 있다. 정책의 역설은 합리적 분석의 한계를 지적함과 동시에 정치적 접근의 가능성을 시사한다. 정책의 설계에서 관점의 중요성과 정치논리의 가능성을 논의한다.

Wildavsky, A. (1979). *Speaking truth to power: The art and craft of policy analysis.* London: The Macmillan Press, LTD.

　정책의 분석과 설계에서 분석은 'art'이면서 'craft'라는 입장에서 정책분석의 여러 측면을 조명한, 정책학의 고전적 책이다.

참고문헌

강보길(2007). 정책혁신가와 학교선택제. 교육행정학연구, 25(3), 57-83.

강석봉, 주철안(2008). 의원발의 교육법률안 증가와 그 영향 분석. 교육행정학연구, 26(4), 293-317.

국정브리핑 특별기획팀(2007). 대한민국 교육 40년. 서울: 한스미디어.

김경희(2012). 무상급식을 둘러싼 서울특별시장과 교육감 간의 갈등 분석. 교육정치학연구, 19(1), 1-28.

김덕근(2006). 교육정책 참여자들의 이슈네트워크 분석. 교육행정학연구, 24(2), 81-102.

김동석(1998). 새 대학입학전형제도에 내포된 정책주장의 논리적 분석. 서울대학교 대학원 박사학위 논문.

김보엽(2008). 한국 사학정책의 변동 요인 및 과정 분석: 국민의 정부 및 참여정부의 사립학교법 개정 사례를 중심으로. 교육행정학연구, 26(3), 1-23.

김시진, 김재웅(2012). Kingdon의 정책흐름모형에 의한 대학등록금 부담완화정책

분석. 교육행정학연구, 30(3), 181-203.

김용일(1994). 교육정치학의 학문적 성격에 관한 고찰. 교육정치학연구, 1(1), 1-35.

김용일(1995). 교육에서 '비정치의 신화'에 관한 고찰. 교육정치학연구, 2(1), 78-97.

김종철(1989). 한국교육정책연구. 서울: 교육과학사.

박세일(2010). 대한민국 세계화전략: 창조적 세계화론. 서울: 서울대학교출판문화원.

박세일(2013). 21세기 한반도의 꿈, 선진 통일 전략. 서울: 21세기북스.

박소영, 김민조(2012). Kingdon의 다중정책흐름 모형을 활용한 수석교사제 정책분석. 교육행정학연구, 30(4), 149-171.

박호근(2002). 교육정책 결정과정에 나타난 정치행태에 관한 연구-제16대 국회교육위원회의 사립학교법 개정과정을 중심으로-. 교육행정학연구, 20(2), 123-149.

변수연, 이희영, 박혜경(2011). 3不정책 논쟁에 나타난 옹호연합간의 상호 적대화 (devil shift) 현상 분석. 교육행정학연구, 29(4), 47-73.

손준종(2010). 교사전문성 담론의 성격 분석: 이명박정부 교원정책을 중심으로. 교육정치학연구, 17(4), 91-119.

신현석 · 박균열(2012). 교직단체의 이념과 정체성 확립을 위한 발전적 협상모형의 탐색. 교육정치학연구, 19(4), 111-131.

안기성(1994). 한국교육정치학의 과제. 교육정치학연구, 1(1), 55-74.

안선회(2009). 2008 대입제도 정책주장에 관한 실제적 타당성 분석. 교육정치학연구, 16(1), 165-196.

안선회(2010). 참여정부 사교육비 경감정책 인과가설 분석연구. 교육정치학연구, 17(3), 81-113.

이덕난(2009). 사전적(事前的) 교육입법평가의 기준 설정과 그 적용에 관한 연구. 교육행정학연구, 27(3), 185-204.

이동훈(2012). 프레임은 어떻게 사회를 움직이는가. 서울: 삼성경제연구소.

이미석, 김재웅(2007). 유아교육법 제정 과정 분석: Campbell의 정책결정 모형을 중심으로. 교육행정학연구, 25(2), 71-91.

이병기(1997). 교원단체의 정치적 기능과 로비활동. 교육행정학연구, 15(3), 466-498.

이종재, 이차영, 김 용, 송경오(2012). 한국교육행정론. 파주: 교육과학사.

이주호(2001). 학교정책의 개혁 의제. 교육행정학연구, 19(3), 79-98.

정기오(2007). "3不 정책" 논란의 정책담론 분석. 교육행정학연구, 25(2), 45-69.

정범모(2000). 한국의 교육세력: 나라 마음을 방향 짓는 사람들. 서울: 나남.

정범모(1975). 교육과 교육학. 서울: 배영사.

정영수(1991). 교육정책 평가의 논리와 실제적 방법론 탐색: 정책규범에 대한 평가방법을 중심으로. 서울대학교 대학원 박사학위 논문.

조홍순(2011). 사립고 자율화 정책 변동의 특성과 정치적 요인 분석. 교육정치학연구, 18(3), 145-170.

최상덕 외(2012). 미래 한국교육의 발전방향과 전략: 2013-2017년 핵심 교육정책과제를 중심으로(연구보고 RR 2012-09). 서울: 한국교육개발원.

Kaletsky, A. (2010). Capitalism 4.0: The birth of a new economy in the aftermath of crisis. (위선주 역, 2011). 자본주의 4.0. 서울: 컬처앤스토리.

하봉운(2010). 학교급식 무상성 논쟁의 쟁점과 과제. 교육정치학연구, 17(3), 137-157.

한국교육행정학회(편)(2013). 한국교육행정학 연구 핸드북. 서울: 학지사.

Birkland, T. (2005). *Policy process: Theories, concepts, and models of public policy making* (2nd ed.). Armonk: M. E. Sharpe.

Cooper, B., Fusarelli, L., & Randall, E. (2004). *Better policies, better schools: Theories and application.* Boston: Pearson Education, Inc.

Fischer, F., & Forester, J. (1993). *The argumentative turn in policy analysis and planning.* Durham, NC: Duke University Press.

Fowler, F. C. (2013). *Policy studies for educational leaders* (4th ed.). Boston: Pearson Education, Inc.

Kahne, J. (1996). *Reframing educational policy: Democracy, community and individual.* New York: Teachers College, Columbia University.

Kingdon, J. W. (1995). *Agendas, alternatives, and public policies.* New York: Harper Collins College Publishers.

Lindblom, C. E., & Woodhouse, E. J. (1993). *The policy-making process* (3rd ed.). Englewood Cliffs, NJ: Prentice Hall.

Marshall, C., & Gerstl-Pepin, C. (2005). *Re-framing educational politics for social justice.* Boston: Pearson Education, Inc.

Michell, D. E., Crowson, R. L., & Shipps, D. (2011). *Shaping education policy: Power and process.* New York: Routledge.

Noddings, N. (1992). *The challenge to care in schools: An alternative approach to education.* New York: Teachers College Press.

Olssen, M., Codd, J. A., & O'Neill, A-M. (2004). *Education policy: Globalization, citizenship and democracy.* (김 용 역, 2015). 신자유주의 교육정책, 계보와 그 너머. 서울: 학이시습.

Sabatier, P. A., & Jenkins–Smith, H. C. (Eds.) (1993). *Policy change and learning: An advocacy coalition approach.* Boulder: Westview Press, Inc.

Sabatier, P. A. (Ed.) (2007). *Theories of the policy process* (2nd ed.). Boulder: Westview Press.

Stone, D. (1997). *Policy paradox: The art of political decision making.* New York: W. W. Norton & Company, Inc.

Wildavsky, A. (1979). *Speaking truth to power: The art and craft of policy analysis.* London: The Macmillan Press, LTD.

찾아보기

내용

저자 소개

이종재(Lee Chong-jae)

〈학력〉 서울대학교 교육학과(학사)
미국 플로리다 주립대학교(박사)

〈경력〉 (현) 서울대학교 명예교수
(전) 서울대학교 교수
한국교육개발원 원장
한국교육행정학회 회장

〈저서〉

이종재, 김성렬, 돈 애덤스(공편)(2010). 한국교육 60년. 서울: 서울대학교 출판문화원.

이종재, 이차영, 김용, 송경오(2012). 한국교육행정론. 파주: 교육과학사.

이종재 외(2010). 사교육: 현상과 대응. 파주: 교육과학사.

〈학술 논문〉

Lee, C. J. Kim, Y., & Byun, S. Y. (2012). The rise of Korean education from the ashes of Korean War. *PROSPECTS*. v. XLII, n.3.

Lee, C. J., Park, H. J., & Lee, H. S. (2009). Shadow education systems. In G. Sykes, B. Schneider, & D. Planks (Eds), *AERA handbook of educational policy research*. New York, NY: Routledge.

Lee, C. J. (2008). The development of education in Korea: Approaches, achievement and current challenges. In Birger Fredricksen & TAN Jee Peng (Eds.), *An African exploration of the East Asian education experience*. World Bank.

이차영(Lee Cha-young)

〈학력〉 서울대학교 교육학과(학사)
서울대학교 대학원 교육행정 전공(석사 및 박사)

〈경력〉 (현) 한서대학교 교수
한국교육정치학회 운영위원
(전) 서울대학교 강사

〈저서〉

이종재, 이차영, 김용, 송경오(2012). 한국교육행정론. 파주: 교육과학사.

이차영, 박찬주, 김영철(2003). 한국교원정책의 종합적 진단과 전망. 한국교육개발원.

남정걸, 이차영 외(2000). 한국교육개혁의 과제와 접근. 파주: 교육과학사.

〈학술 논문〉

이차영(2014). 고교체제 개편 정책의 이념과 방향. 교육문화연구, 제20권, 제2호.

이차영(2013). 대학교육의 효과와 그 비용 부담: 실태 및 정책방향. 교육문화연구, 제19권, 제2호.

이차영(2008). 한국과 미국의 고등교육법 비교. 교육행정학연구, 제26권, 제4호.

김 용(Kim Yong)

〈학력〉　서울대학교 교육학과(학사)

　　　　　서울대학교 대학원 교육학과(교육학박사)

　　　　　충북대학교 대학원 법학과(법학박사)

〈경력〉　(현) 청주교육대학교 교수

　　　　　대한교육법학회 학술이사

　　　　　국회 법제실 입법지원위원

〈저서 및 역서〉

김 용(역)(2015). 신자유주의 교육정책, 계보와 그 너머. 서울: 학이시습.

김 용(역)(2013). 교육의 사사화와 공교육의 해체. 파주: 교육과학사.

김 용(2012). 교육개혁의 논리와 현실. 파주: 교육과학사.

이종재, 이차영, 김용, 송경오(2012). 한국교육행정론. 파주: 교육과학사.

〈학술 논문〉

김 용(2013). 지방의회 통합형 교육위원회의 활동 및 그 특징 분석. 교육행정학연구, 제31권, 제3호.

Lee, C. J., Kim, Y., & Byun, S. Y. (2012). The rise of Korean education from the ashes of Korean War. *PROSPECTS. v. XLII*, n.3.

金龍, 勝野正章 (2012). アカウンタビリティのための自律性と自律性の萎縮. 東京大學大學院研究科紀要, 第51卷.

송경오(Song Kyong-oh)

〈학력〉　이화여자대학교 교육학과(학사)

　　　　　서울대학교 대학원 교육학과(석사)

　　　　　미국 미시간 주립대학교(박사)

〈경력〉　(현) 조선대학교 부교수

　　　　　한국교육행정학회 선임이사

　　　　　교육부 교직발전기획단 위원

〈저서〉

김병찬, 송경오 외(2014). 한국 교육책무성 탐구. 파주: 교육과학사.

이종재, 이차영, 김용, 송경오(2012). 한국교육행정론. 파주: 교육과학사.

〈학술 논문〉

송경오(2013). 상호적응적 교육정책 집행 가능성 탐색: 자율형 공립고 사례를 중심으로. 교육행정학연구, 제31권, 제4호.

송경오(2007). 미국의 No Child Left Behind(NCLB) 교육개혁을 보는 시각과 전망. 교육행정학연구, 제25권, 제4호.

교육정책론

Education Policy Studies

2015년 1월 15일 1판 1쇄 발행
2020년 9월 25일 1판 3쇄 발행

지은이 • 이종재 · 이차영 · 김 용 · 송경오

펴낸이 • 김 진 환

펴낸곳 • ㈜ 학지사

　　　　　 04031 서울특별시 마포구 양화로 15길 20 마인드월드빌딩 5층

대표전화 • 02) 330-5114　　　 팩스 • 02) 324-2345

등록번호 • 제313-2006-000265호

홈페이지 • http://www.hakjisa.co.kr
페이스북 • https://www.facebook.com/hakjisabook

ISBN 978-89-997-0566-3 93370

정가 **18,000원**

이 도서의 국립중앙도서관 출판시도서목록(CIP)은 서지정보유통지원시스템
홈페이지(http://seoji.nl.go.kr)와 국가자료공동목록시스템(http://www.nl.go.kr/kolisnet)
에서 이용하실 수 있습니다.
(CIP제어번호: CIP2014033328)

출판 · 교육 · 미디어기업 **학지사**

간호보건의학출판 **학지사메디컬** www.hakjisamd.co.kr
심리검사연구소 **인싸이트** www.inpsyt.co.kr
학술논문서비스 **뉴논문** www.newnonmun.com
원격교육연수원 **카운피아** www.counpia.com